Direito
Penal das
Licitações

www.editorasaraiva.com.br/direito
Visite nossa página

CEZAR ROBERTO
BITENCOURT

Direito Penal das Licitações

2ª edição
2021

Av. Paulista, 901, 3º andar
Bela Vista – São Paulo – SP – CEP: 01311-100

SAC sac.sets@saraivaeducacao.com.br

DADOS INTERNACIONAIS DE CATALOGAÇÃO NA PUBLICAÇÃO (CIP)
VAGNER RODOLFO DA SILVA - CRB-8/9410

B624d Bitencourt, Cezar Roberto
Direito penal das licitações / Cezar Roberto Bitencourt. - 2. ed. - São Paulo : Saraiva Educação, 2021.
416 p.

ISBN: 978-65-5559-783-7

1. Direito. 2. Direito penal. 3. Licitações. I. Título.

2021-2083
CDD 345
CDU 343

Índices para catálogo sistemático:
1. Direito penal 345
2. Direito penal 343

Diretoria executiva	Flávia Alves Bravin
Diretoria editorial	Ana Paula Santos Matos
Gerência editorial e de projetos	Fernando Penteado
Novos projetos	Dalila Costa de Oliveira
Gerência editorial	Isabella Sánchez de Souza
Edição	Deborah Caetano de Freitas Viadana
Produção editorial	Daniele Debora de Souza (coord.)
	Rosana Peroni Fazolari
Arte e digital	Mônica Landi (coord.)
	Camilla Felix Cianelli Chaves
	Claudirene de Moura Santos Silva
	Deborah Mattos
	Guilherme H. M. Salvador
	Tiago Dela Rosa
Projetos e serviços editoriais	Daniela Maria Chaves Carvalho
	Kelli Priscila Pinto
	Marília Cordeiro
	Nicoly Wasconcelos Razuk
Diagramação	Cássia Souto
Revisão	Denise Pisaneschi
Capa	Deborah Mattos
Produção gráfica	Marli Rampim
	Sergio Luiz Pereira Lopes
Impressão e acabamento	Gráfica Eskenazi

Data de fechamento da edição: 18-8-2021

Dúvidas? Acesse www.editorasaraiva.com.br/direito

Nenhuma parte desta publicação poderá ser reproduzida por qualquer meio ou forma sem a prévia autorização da Saraiva Educação. A violação dos direitos autorais é crime estabelecido na Lei n. 9.610/98 e punido pelo art. 184 do Código Penal.

CL 607175 CAE 774132

Para as minhas filhas, **NATASHA** e **SHANNA**, aquela, psicóloga, esta, pós-doutora em Biologia Hepática pela Universidade da Bélgica.

PROFESSOR DOUTOR RENÉ ARIEL DOTTI, *in memoriam*

Minha homenagem póstuma ao querido amigo Professor René Ariel Dotti, o último romântico do Direito Penal, um literato, um homem multicultural, uma pessoa afável, sensível, respeitosa e sempre dedicado à cultura em todos os seus segmentos, sempre atento e amoroso com a sua família e os seus amigos. Perdemos uma alma pura, doce, meiga, altiva e sempre pronta a fazer o bem a todos indistintamente. Era amigo de seus amigos. Recebi, no meu aniversário de janeiro de 2019, o seguinte telegrama dele, o qual desejei fazer um quadro e colocá-lo na parede. O seu texto é o seguinte:

"Prezado amigo e colega, aceite meus cumprimentos pela portentosa edição de seu *Tratado de Direito Penal*, em cinco densos volumes e que alcança a louvável marca de 24 edições, tratando o primeiro da Parte Geral, e os demais da Parte Especial.

Reconheço a excelente qualidade da obra tanto pela sua apresentação formal como pelos densos comentários que preferindo método distinto de outras obras que consistem na análise de *articolo per articolo*, o critério que você adotou é muito mais adequado porque permite ao leitor uma visão generalizadora do Direito Penal, compreendendo a legislação, a doutrina e a jurisprudência. Ao tempo em que o livro impresso vai tendo reduzida a sua impressão em favor da improvisação e das erronias de textos publicados pela Internet e transcritos pelos alunos e alguns professores, é muito oportuno ver que obras como a sua que têm vida e duração para permanecer nas bibliotecas para o presente e para o futuro.

Com o abraço de seu amigo e admirador, Prof. RENÉ ARIEL DOTTI".

Pois essa foi a mensagem recebida do inesquecível amigo e companheiro de muitas e muitas jornadas penalísticas, o nosso querido Prof. René Ariel Dotti, uma sumidade jurídica e humanística. A transcrição aqui dessa mensagem com que ele, bondosamente, nos agraciou, seria o nosso "quadro de parede", que preferimos estampar aqui, dividindo-o com todos os leitores de nossas obras, esta homenagem extraordinária do nosso inesquecível grande Maestro, cuja lembrança e respectivos ensinamentos nos acompanharão até o fim de nossa existência!

Obrigado, Prof. René Ariel Dotti, descanse em paz no Reino de Deus!

SUMÁRIO

Apresentação à 2ª edição... 17

Apresentação à 1ª edição... 19

Primeira Parte

ASPECTOS GERAIS

Capítulo I
EVOLUÇÃO EPISTEMOLÓGICA DO DIREITO PENAL

1. Considerações preliminares.. 23
2. O modelo positivista do século XIX 24
3. O modelo neokantista... 26
4. O ontologismo do finalismo de Welzel... 29
5. Pós-finalismo: os modelos funcionalistas 33

Capítulo II
RELAÇÃO DE CAUSALIDADE E IMPUTAÇÃO OBJETIVA

1. Considerações gerais... 37
2. Teoria da equivalência das condições ou *conditio sine qua non*.............. 38
3. Limitações do alcance da teoria da *conditio sine qua non* 40
   3.1. Localização do dolo e da culpa no tipo penal 41
   3.2. Causas (concausas) absolutamente independentes...................... 42
       3.2.1. Causas relativamente independentes 42
   3.3. Superveniência de causa relativamente independente que, por si só, produz o resultado.. 44
4. Outras teorias da causalidade 47
5. A relevância causal da omissão 48
6. A teoria da imputação objetiva e âmbito de aplicação 50
   6.1. Considerações críticas.. 61

9

Capítulo III
ANTIJURIDICIDADE GERAL E ESPECIAL

1. Considerações gerais. Antecedentes da antijuridicidade 63
2. Terminologia: antijuridicidade e injusto. Antinormatividade e antijuridicidade. Ilicitude e antijuridicidade........................... 65
3. Antijuridicidade formal e antijuridicidade material............................... 67
   3.1. Concepção unitária de antijuridicidade............................... 69
4. Antijuridicidade genérica e antijuridicidade específica 70
   4.1. Antijuridicidade penal e antijuridicidade extrapenal: ilicitude única e independência de instâncias 72
5. Desvalor da ação e desvalor do resultado 76

Capítulo IV
CRIMES CONTRA A PESSOA E RESPONSABILIDADE PENAL

1. Considerações introdutórias 79
2. Princípio da reserva legal e Estado Democrático de Direito................... 80
3. Responsabilidade penal da pessoa jurídica........................... 83
   3.1. Antecedentes históricos........................... 84
       3.1.1. O Direito Romano........................... 84
       3.1.2. Os glosadores........................... 85
       3.1.3. Os canonistas........................... 86
       3.1.4. Os pós-glosadores........................... 87
   3.2. Incompatibilidades dogmáticas da responsabilidade penal da pessoa jurídica 89
       3.2.1. Função do Direito Penal........................... 89
       3.2.2. A (in)capacidade de ação da pessoa jurídica........................... 90
       3.2.3. A (in)capacidade de culpabilidade das pessoas jurídicas........ 94
   3.3. Criminalidade moderna e Direito Administrativo sancionador 96
   3.4. Responsabilidade penal da pessoa jurídica à luz da Constituição Federal........................... 98

Capítulo V
FUNCIONÁRIO PÚBLICO

1. Conceituação penal de funcionário público 106
2. Equiparação do conceito de funcionário público: irretroatividade 108
3. Causa especial (genérica) de aumento 109

Capítulo VI
CONFLITO APARENTE ENTRE A LEI N. 14.133/21
E O DECRETO-LEI N. 201/67

1. Considerações preliminares...111
2. Princípios regentes do conflito aparente de normas................................112
   2.1. Princípio da especialidade...112
   2.2. Princípio da subsidiariedade 113
   2.3. Princípio da consunção...114
3. A visível configuração de conflito aparente de normas no confronto da Lei n. 14.133/21 e o Decreto-Lei n. 201/67 116
4. Existência de *bis in idem* na aplicação simultânea do art. 337-F – incluído no Código Penal pela Lei n. 14.133/21 e do art. 1º, I, do Decreto-Lei n. 201/67 . 122

Segunda Parte

CRIMES EM ESPÉCIE

CONSIDERAÇÕES PRELIMINARES SOBRE A LEI N. 14.133 DE 2021 ... 133

Capítulo VII
CONTRATAÇÃO DIRETA ILEGAL

1. Considerações preliminares...137
2. Bem jurídico tutelado e conteúdo do injusto 139
3. Sujeitos ativo e passivo do crime...142
   3.1. Sujeito ativo do crime 142
      3.1.1. Concorrente particular (sem a qualificação de agente ou autoridade pública – art. 6º, incisos V e VI, da Lei n. 14.133)..145
      3.1.2. Procurador jurídico de órgão público: emissão de pareceres 147
   3.2. Sujeito passivo do crime 151
4. Tipo objetivo: adequação típica 153
   4.1. Inexigência de licitação – art. 74 155
   4.2. Dispensa de licitação – art. 75 159
      4.2.1. Fora das hipóteses previstas em lei 161
5. Deixar de observar formalidades pertinentes à dispensa ou à inexigibilidade de licitação 164
6. Atipicidade da utilização equivocada de uma modalidade de licitação por outra...166
7. Tipo subjetivo: adequação típica 167
   7.1. (Des)necessidade de elemento subjetivo especial do injusto 170

8. Inobservância de formalidades e falsidade ideológica: princípio da consunção 173
   8.1. Irrelevância da diversidade de bens jurídicos e da maior gravidade do crime-meio 176
9. Normas penais em branco e retroatividade das normas integradoras 178
10. Consumação e tentativa 182
   10.1. Desistência voluntária e arrependimento eficaz nos crimes licitatórios 185
11. Classificação doutrinária 188
12. Pena e natureza da ação penal 189

Capítulo VIII
FRUSTRAÇÃO DO CARÁTER COMPETITIVO DE LICITAÇÃO

1. Considerações preliminares 191
2. Bem jurídico tutelado 193
3. Sujeitos ativo e passivo 194
4. Fraude civil e fraude penal: ontologicamente iguais 195
5. Tipo objetivo: adequação típica 198
   5.1. Mediante ajuste, combinação ou qualquer outro expediente 202
      5.1.1. Mediante "ajuste" *ou* "combinação" 203
      5.1.2. Mediante "qualquer outro expediente" 205
   5.2. Elementares inexistentes: exigência de vantagem ilícita e prejuízo alheio 207
   5.3. Vantagem decorrente da adjudicação do objeto da licitação: irrelevância da natureza econômica 208
6. Tipo subjetivo: adequação típica 212
   6.1. Elemento subjetivo especial do injusto: intuito de obter, para si ou para outrem, vantagem decorrente da licitação 212
7. Fracionamento do objeto licitado e emprego de outra modalidade de licitação 213
8. Consumação e tentativa 217
9. Classificação doutrinária 218
10. Pena e ação penal 218

Capítulo IX
ADVOCACIA ADMINISTRATIVA NOS CRIMES LICITATÓRIOS

1. Considerações preliminares 219
2. Bem jurídico tutelado 220
3. Sujeitos ativo e passivo do crime 221
4. Tipo objetivo: adequação típica 223

4.1. Causar a instauração de licitação ou celebração de contrato........... 226
4.2. Invalidação de licitação ou de contrato decretada pelo Poder Judiciário 228
5. Tipo subjetivo: adequação típica... 231
5.1. (Des)necessidade de elemento subjetivo especial do injusto............. 232
6. Consumação e tentativa... 233
7. Classificação doutrinária 234
8. Pena e ação penal.. 234

Capítulo X
MODIFICAÇÃO OU PAGAMENTO IRREGULAR
EM CONTRATO ADMINISTRATIVO

1. Considerações preliminares.. 237
2. Bem jurídico tutelado... 239
3. Sujeitos ativo e passivo do crime... 240
3.1. Sujeito ativo do crime 240
3.1.1. Contratado (sem a qualificação de funcionário público) 241
3.1.2. Procurador jurídico de órgão público: emissão de pareceres 241
3.2. Sujeito passivo do crime 243
4. Tipo objetivo: adequação típica 243
4.1. Qualquer modificação ou vantagem, inclusive prorrogação contratual 245
4.2. Durante a execução do contrato, no ato convocatório da licitação ou nos instrumentos contratuais 247
4.3. Elemento normativo especial da ilicitude: sem autorização em lei .. 251
4.4. Elementar implícita e exercício regular de direito 252
5. Pagamento de fatura preterindo ordem cronológica de sua exigibilidade . 253
5.1. Vinculação do pagamento a cada unidade de Administração, obedecendo a cada fonte diferenciada de recurso 257
6. Contratado que concorre para a ilegalidade: limitação de sua punibilidade .. 261
7. Norma penal em branco: sem autorização em lei, no ato convocatório da licitação e prorrogação contratual 263
8. Elemento subjetivo: adequação típica 265
9. Consumação e tentativa.. 267
10. Classificação doutrinária 268
11. Pena e ação penal.. 268

Capítulo XI
PERTURBAÇÃO DE PROCESSO LICITATÓRIO

1. Considerações preliminares.. 271

2. Bem jurídico tutelado..272
3. Sujeitos do crime..272
4. Tipo objetivo: adequação típica 272
   4.1. Elementares implícitas ou exercício regular de direito....................274
   4.2. Descaracterização de possível excesso em exercício regular de um direito..275
5. Tipo subjetivo: adequação típica...279
6. Consumação e tentativa...280
7. Classificação doutrinária 282
8. Pena e ação penal...282

Capítulo XII
VIOLAÇÃO DE SIGILO EM LICITAÇÃO

1. Considerações preliminares..285
2. Bem jurídico tutelado..286
3. Sujeitos ativo e passivo 287
4. Tipo objetivo: adequação típica 289
   4.1. Proteção penal específica do dever de fidelidade funcional..............291
5. Tipo subjetivo: adequação típica...292
6. Consumação e tentativa...293
7. Concurso de crimes e conflito aparente de normas 294
8. Classificação doutrinária 296
9. A desproporcional cominação de penas e sua questionável constitucionalidade..297
10. Pena e ação penal..300

Capítulo XIII
AFASTAMENTO DE LICITANTE

1. Considerações preliminares..301
2. Bem jurídico tutelado..302
3. Sujeitos ativo e passivo do crime..303
4. Tipo objetivo: adequação típica 306
   4.1. Mediante violência, grave ameaça, fraude *ou* oferecimento de vantagem de qualquer tipo......................................307
      4.1.1. Mediante violência (*vis corporalis*)....................307
      4.1.2. Mediante grave ameaça (*vis compulsiva*) 308
      4.1.3. Mediante fraude..309
      4.1.4. Mediante o oferecimento de vantagem de qualquer tipo: irrelevância da natureza ou espécie da vantagem oferecida.....310

5. Abstenção ou desistência de licitar, em razão de vantagem oferecida 314
6. Crime praticado mediante violência: concurso material de crimes ou cúmulo material de penas 316
7. Tipo subjetivo: adequação típica 317
8. Consumação e tentativa 318
9. Classificação doutrinária 320
10. Pena e ação penal 320

Capítulo XIV
FRAUDE EM LICITAÇÃO OU CONTRATO

1. Considerações preliminares 322
2. Bem jurídico tutelado 323
3. Objeto material: licitação instaurada ou contrato dela decorrente 324
4. Sujeitos do crime 325
   4.1. Sujeito ativo do crime 325
   4.2. Sujeito passivo do crime 326
5. Tipo objetivo: adequação típica 326
   5.1. Meios executórios da conduta fraudulenta descrita no *caput* do art 337-L 329
   5.2. "Licitação instaurada" para aquisição ou venda de bens ou mercadorias, ou contrato dela decorrente 336
6. Tipo subjetivo: adequação típica 338
   6.1. (Des)necessidade de elemento subjetivo especial do injusto 339
7. Consumação e tentativa 343
8. Classificação doutrinária 344
9. Pena e ação penal 345

Capítulo XV
CONTRATAÇÃO INIDÔNEA

1. Considerações preliminares 347
2. Bem jurídico tutelado 348
3. Sujeitos ativo e passivo do crime 349
4. Tipo objetivo: adequação típica 350
   4.1. A elementar normativa "declarado inidôneo" 355
5. Declarado inidôneo que vier a licitar ou contratar com o Poder Público 356
6. Tipo subjetivo: adequação típica 359
7. Consumação e tentativa 360
8. Classificação doutrinária 362
9. Pena e ação penal 363

Capítulo XVI
IMPEDIMENTO INDEVIDO

1. Considerações preliminares... 365
2. Bem jurídico tutelado.. 367
3. Sujeitos do crime.. 368
4. Tipo objetivo: adequação típica 370
5. Tipo subjetivo: adequação típica.. 372
6. Consumação e tentativa... 373
7. Classificação doutrinária 374
8. Pena e ação penal.. 375

Capítulo XVII
OMISSÃO GRAVE DE DADO OU DE INFORMAÇÃO POR PROJETISTA

1. Considerações preliminares... 377
2. Bem jurídico tutelado.. 378
3. Sujeitos ativo e passivo 378
4. Tipo objetivo: adequação típica 378
5. Tipo subjetivo: adequação típica.. 380
6. Consumação e tentativa... 380
7. Pena e ação penal.. 381

Capítulo XVIII
A PENA DE MULTA NOS CRIMES LICITATÓRIOS

1. Considerações preliminares sobre a pena de multa nos crimes licitatórios .. 383
2. O Direito Penal positivo brasileiro... 385
   2.1. Cominação e aplicação da pena de multa 385
3. O sistema dias-multa aplicado pelo Código Penal..................................... 386
4. Limites da pena de multa 386
5. Competência para execução da pena de multa a partir da Lei n. 13.964/19 387
6. A inaplicabilidade do sistema trifásico adotado pela Reforma Penal de 1984 para a pena de prisão.. 391
7. Sistema trifásico da aplicação da pena de multa, a partir da Lei n. 13.964/19 392
   7.1. As três fases do cálculo da pena de multa 394

REFERÊNCIAS BIBLIOGRÁFICAS 399

APRESENTAÇÃO À 2ª EDIÇÃO

A publicação da Lei n. 14.133 no dia 1º de abril de 2021, aliás, data propícia e adequada ao anedotário nacional, posto que conhecido como "o dia da mentira" (!), surpreendeu a todos, embora seu Projeto de Lei já tramitasse há algum tempo, especialmente pela profundidade das alterações que apresentou. Com efeito, além de regulamentar integralmente a política de licitações públicas no País, alterou profundamente o próprio Código Penal, acrescentando-lhe um novo capítulo ao Título XI da Parte Especial do Código Penal (Capítulo II-B), com o título "Dos crimes em licitações e contratos administrativos" (art. 178 da nova lei). Ademais, criou, digamos, uma espécie *sui generis* de Parte Geral dos crimes licitatórios, adotando *novas normas gerais de licitação e contratação para a administração pública*. Modificou, por outro lado, leis correlatas, revogou *totalmente* a Lei n. 8.666/93, a despeito de mantê-la vigente, ainda por dois anos, a parte cível, enquanto a parte criminal entrou em vigor, *incontinenti*. Aqueles crimes previstos na Lei n. 8.666/93 não existem mais, pois o novo diploma legal substituiu todos eles por outros, muitos dos quais com redação semelhante, mas elevando consideravelmente as penas cominadas. Referidas penas não podem ser aplicadas a fatos ocorridos antes de sua vigência. Aliás, a Lei n. 14.133/21 alterou, inclusive, a *metodologia* adotada pelo diploma anterior, determinando em seu art. 178 que os *crimes licitatórios* passam a integrar o Título XI da Parte Especial do Código Penal. Incluiu-os dentre os "crimes praticados por particular contra a administração pública em geral", que tipificam *crimes comuns*, isto é, que podem ser praticados por qualquer pessoa, sendo ou não funcionário público.

Referido diploma legal determinou a revogação de todos os crimes contemplados por aquele diploma legal, previstos nos artigos 89 a 108, na data de sua publicação, qual seja, a partir de 1º de abril do corrente ano de 2021. Manteve, contudo, em vigor a parte não penal da Lei n. 8.666/93, pelo prazo de dois anos, a partir da publicação desta nova lei. Esse novo diploma legal apresenta, basicamente, as mesmas figuras penais, com algumas variantes, sem desfigurá-las em demasia, além do acréscimo de algum novo tipo penal. Logo, nos próximos dois anos há, vigendo, duas leis especiais de licitações que podem ser escolhidas pelos licitantes, as quais, certamente, surtirão efeitos, inclusive na esfera penal, podendo apresentar algumas complexidades conflituosas entre os dois diplomas legais, especialmente entre o novo art. 337-E com o art. 89 do diploma revogado, por exemplo.

Apresenta, assim, algumas questões de natureza *temporal* que nos obrigarão, necessariamente, a revisitar velhos questionamentos de velhos-novos institutos relativamente à temporalidade dos crimes, tais como *abolitio criminis*, *novatio legis in mellius* e *novatio legis in pejus*.

Esperamos atender à expectativa e às necessidades de nossos consulentes.

Brasília, primavera de 2021.

O Autor.

APRESENTAÇÃO À 1ª EDIÇÃO

Escrever sobre crimes licitatórios há quase vinte anos de vigência da Lei n. 8.666/93, e após mais de duas dezenas de autores terem enfrentado essa tarefa, não nos pareceu um empreendimento de fácil execução. Contudo, premido pela necessidade profissional (o exercício da advocacia alimentado por verdadeira enxurrada de problemas que só um País continental oferece) e temperado pelo gosto acadêmico e científico da temática, resultaram esmaecidos nossos temores literários e alimentaram nossa ousadia, levando-nos a aventurar-nos na tarefa de desenvolver algumas de nossas ideias sobre essa seara da criminalidade, que abrange, ao mesmo tempo, grandes empresários e inúmeros gestores públicos, independentemente da motivação que os envolve.

Pareceu-nos importante, com todo respeito aos administrativistas que se ocuparam dessa matéria, levar a público a visão de um penalista comprometido com a cientificidade e as garantias que só a dogmática de um Direito Penal da Culpabilidade oferece, no marco de um Estado Constitucional e Democrático de Direito. Considerando que, pelo menos que seja do nosso conhecimento, apenas dois penalistas haviam enfrentado esse assunto com mais profundidade.

Não tivemos a pretensão de esgotar a matéria, tampouco apresentar um trabalho completo, na realidade, motivou-nos somente o desejo de oferecer aos colegas que militam nesse setor especializado da advocacia alguns subsídios para tornar menos espinhosa a difícil missão de convencer julgadores de que forma é garantia e de que a ilicitude penal distingue-se da ilicitude administrativa, fundamentalmente, pelo marco da tipicidade. Nesse desiderato, pareceu-nos conveniente, além da abordagem técnico-dogmática dos crimes em espécie, apresentar uma forma, *sui generis*, de Parte Geral dos *crimes licitatórios*, tratando de alguns institutos mais vinculados aos tipos penais dessa Lei especial, tais como *evolução epistemológica do Direito Penal, relação de causalidade e imputação objetiva, antijuridicidade geral e especial, crimes contra a pessoa e responsabilidade penal (da pessoa jurídica), funcionário público* e, por fim, *conflito aparente entre a Lei n. 8.666/93 e o Decreto-Lei n. 201/67*.

Enfim, esperando contribuir para com os profissionais do quotidiano forense, colocamos nosso vigésimo quinto livro no mercado, contando com a compreensão de todos com nossos eventuais equívocos; todas as críticas serão, como sempre, recebidas como estímulo.

Brasília, outono de 2012.
O Autor

PRIMEIRA PARTE
ASPECTOS GERAIS

Capítulo I
EVOLUÇÃO EPISTEMOLÓGICA DO DIREITO PENAL

Sumário: 1. Considerações preliminares. 2. O modelo positivista do século XIX. 3. O modelo neokantista. 4. O ontologismo do finalismo de Welzel. 5. Pós-finalismo: os modelos funcionalistas.

1. Considerações preliminares

A dogmática jurídico-penal é a disciplina que se ocupa da sistematização do conjunto de valorações e princípios que orientam a própria aplicação e interpretação das normas penais. Seu principal objeto de estudo é a *teoria geral do delito*, também referida pela doutrina especializada como *teoria do fato punível*[1], em cujo núcleo estão as normas inscritas na Parte Geral do Código Penal que nos auxiliam a identificar e delimitar os pressupostos gerais da *ação punível* e os correspondentes requisitos de imputação. O conhecimento dos temas abrangidos pela teoria geral do delito é, por isso, extraordinariamente importante, pois somente através do entendimento dos *elementos que determinam a relevância penal de uma conduta*, e das regras que estabelecem *quem, quando* e *como* deve ser punido, estaremos em condições de exercitar a prática do Direito Penal. Assim sendo, embora não haja espaço para aprofundar, nesta obra, o estudo sobre toda a teoria geral do delito, dedicaremos esta Primeira Parte ao estudo de alguns institutos dogmáticos mais vinculados à criminalidade econômica, inclusive quanto à responsabilidade penal da pessoa jurídica.

---

[1] Claus Roxin, *Derecho penal*: parte general – fundamentos. La estructura de la teoría del delito. Trad. Diego-Manuel Luzón Peña, Miguel Díaz y García Conlledo y Javier de Vicente Remesal. Madrid: Civitas, 1997, t. I, p. 192.

No entanto, a título introdutório parece-nos conveniente uma análise de como a *teoria geral do delito* evoluiu ao longo dos anos, na elaboração das *categorias sistemáticas do crime*. A perspectiva que adotamos tem o propósito de identificar o entendimento mais adequado acerca dessas categorias, atendendo ao disposto nas normas do Código Penal, mas sem perder de vista os postulados do *Direito Penal garantista* num Estado Democrático de Direito.

A *teoria geral do delito* não foi concebida como uma construção dogmática acabada, pelo contrário, é fruto de um longo processo de elaboração que acompanha a *evolução epistemológica do Direito Penal* e apresenta-se, ainda hoje, em desenvolvimento. O consenso francamente majoritário da doutrina no sentido de que a *conduta punível* pressupõe uma *ação típica, antijurídica e culpável*, além de eventuais requisitos específicos de punibilidade, é fruto da construção das categorias sistemáticas do delito – *tipicidade, antijuridicidade e culpabilidade* – que serão analisadas individualmente. O conteúdo, o significado e os limites de cada uma dessas categorias, assim como a forma com que elas se relacionam, foram e continuam sendo debatidos sob diferentes pontos de vista teóricos. Vejamos, em linhas gerais, como evoluíram os conceitos básicos da teoria do delito.

2. O modelo positivista do século XIX

A definição dogmática de crime é produto da elaboração inicial da doutrina alemã, a partir da segunda metade do século XIX, que, sob a influência do *método analítico,* próprio do "moderno pensamento científico", foi trabalhando no aperfeiçoamento dos diversos elementos que compõem o delito, com a contribuição de outros países, como Itália, Espanha, Portugal, Grécia, Áustria e Suíça. O *conceito clássico de delito* foi produto desse pensamento jurídico característico do *positivismo científico,* que afastava completamente qualquer contribuição das valorações filosóficas, psicológicas e sociológicas[2]. Essa orientação, que pretendeu resolver todos os problemas jurídicos nos limites exclusivos do Direito Positivo e de sua interpretação, deu um tratamento exageradamente *formal* ao comportamento humano que seria definido como delituoso. Assim, a *ação*, concebida de forma puramente naturalística, estruturava-se com um tipo objetivo-descritivo; a *antijuridicidade* era puramente objetivo-

---

[2]   Diego-Manuel Luzón Peña, *Curso de derecho penal*: parte geral. Madrid: Universitas, 1996, p. 228.

-normativa e a *culpabilidade*, por sua vez, apresentava-se subjetivo-descritiva. Em outros termos, Von Liszt e Beling elaboraram o *conceito clássico de delito*, representado por um movimento corporal (ação), produzindo uma modificação no mundo exterior (resultado). Essa concepção simples, clara e também didática, fundamentava-se num *conceito de ação* eminentemente naturalístico, que vinculava a *conduta* ao *resultado* mediante o *nexo de causalidade*. Essa *estrutura clássica* do delito mantinha em partes absolutamente distintas o *aspecto objetivo*, representado pela tipicidade e antijuridicidade, e o *aspecto subjetivo*, representado pela culpabilidade.

O *positivismo jurídico* do século XIX tinha, além de sua pretensão de cientificidade, um significado político razoável. De um lado, as aspirações humanísticas do Iluminismo haviam se convertido, em parte, em Direito Positivo, de tal modo que postular a subordinação da doutrina jurídica ao Direito vigente era optar por uma certa realização histórica dos ideais iluministas[3]. No entanto, adverte Silva Sánchez[4] que para compreender a doutrina de Von Liszt não se pode ignorar que ele atribuía à ciência dogmática uma dupla vertente: a de *ciência sistemática*, que opera de forma semelhante à concebida por Binding (análise, síntese das proposições jurídicas, construção do sistema), e, em segundo lugar, a de *ciência prática*.

Por outro lado, reconhece Mir Puig, a subordinação ao Direito Positivo realizava a garantia da segurança jurídica – um dos valores fundamentais do Direito, que, por sua vez, configurava o princípio basilar do Estado de Direito: o império da lei, que se traduzia no *princípio de legalidade*. O formalismo e a exclusão de *juízos de valor* do método positivista não deixava de ser uma forma a mais de analisar, reconstruir e aplicar o Direito, que, ademais, dificultava o risco de sua manipulação subjetiva por parte do intérprete. Com Von Liszt, o *naturalismo* oferecia, por outro lado, à elaboração dogmática uma base sólida, a realidade cientificamente observável, que também contribuiria para a segurança jurídica. Ao mesmo tempo, colocava o Direito atrás do fato e a serviço da vida real, abrindo uma brecha no sistema jurídico pela qual podia penetrar a realidade e que evitava a concepção do Direito como um fim em si mesmo. Como esclarece, porém, Régis Prado[5], o objeto da ciência

---

[3] Santiago Mir Puig, *Introducción a las bases del derecho penal*. 2. ed. Montevideo: Ed. IB de F, 2003, p. 275 e s.

[4] Jesús María Silva Sánchez, *Aproximación al derecho penal contemporáneo* Barcelona: Bosch, 1992, p. 53.

[5] Luiz Régis Prado, *Curso de direito penal*: parte geral. São Paulo: Revista dos Tribunais, 2006, p. 99.

do direito positivista era somente o direito positivado, que era composto, abrangido e limitado pelos códigos e leis, os quais não estavam infensos a considerações éticas, sociais, políticas ou filosóficas, antepondo-se a toda e qualquer referência de natureza jusnaturalista.

De todas as críticas que se fez ao positivismo – pode-se discordar de muitas delas – a mais procedente é aquela que recai sobre a sua *incapacidade* de admitir a invalidade de uma norma *formalmente* produzida, mas *materialmente* incompatível com o ordenamento jurídico vigente. Silva Sánchez sintetiza as objeções à dogmática de cunho positivista nos seguintes termos: reprova-se, de um lado, sua *inaptidão* para cumprir as funções de uma "disciplina prática" para orientar-se ante a realidade dos problemas penais na busca de soluções justas (politicamente satisfatórias). Por outro lado, e sob uma perspectiva substancialmente distinta, observa-se sua *inidoneidade* para afrontar uma análise científica da matéria normativa jurídico-penal.

Concluindo, o decurso do tempo e a superveniência de novas correntes doutrinárias determinaram o abandono das premissas fundamentais do positivismo jurídico: o objeto da ciência jurídica não pode estar limitado tão somente ao direito positivo e, por fim, não se lhe pode atribuir simplesmente sua análise e sistematização através do método (indutivo) de construção jurídica. Nesse sentido, destaca Vives Antón que "as regras jurídicas projetam-se para fora de si mesmas, e a 'teoria' do direito não pode elaborar-se sem pressupostos 'metateoréticos'. E, consequentemente, não se pode elaborar uma separação taxativa entre *direito positivo* e *direito ideal* ao qual este remete como fundamento legitimador"[6].

3. O modelo neokantista

A despeito da grande preocupação científico-naturalista de Von Liszt, ficaram claras as insuficiências do conceito positivista de ciência para o Direito Penal. A verdade é que a *reação neokantiana* que se produziu na teoria jurídica alemã em princípios do século XX chegou primeiro, como já referimos, ao Direito Penal e depois ao Direito Privado, e na versão da filosofia dos valores, especialmente *antinaturalista* da escola ocidental-sul, mais que na direção formalista da Escola de Marburgo. De qualquer sorte, a impossibilidade de explicar satisfatoriamente os elementos estru-

---

[6] Vives Antón, *Dos problemas del positivismo jurídico*, apud Silva Sánchez, *Aproximación al derecho penal contemporáneo*, p. 54.

turais da teoria jurídica do delito teve um papel fundamental na recepção dessa influência.

Com essa interpretação valorativa do *neokantismo* foram inevitáveis as significativas alterações produzidas na teoria geral do delito, originando uma ruptura epistemológica na dogmática penal. Foi o *neokantismo* da escola "sudocidental", inquestionavelmente, que ofereceu uma *fundamentação metodológica* que permitiu uma melhor compreensão dos institutos jurídico-penais como *conceitos valorativos*, sem por isso renunciar à pretensão de cientificidade. Vários penalistas que também eram filósofos do Direito, especialmente Radbruch, destacaram a utilidade deste enfoque metódico para a dogmática jurídico-penal, *determinando* uma reinterpretação de todos os conceitos da teoria jurídico-penal[7].

Com efeito, aquela formulação *clássica do conceito de crime*, atribuída a Liszt e Beling, sofreu profunda transformação, embora sem abandonar completamente seus princípios fundamentais, justificando-se, dessa forma, a denominação de conceito neoclássico. Esse *conceito neoclássico* correspondia à influência no campo jurídico da *filosofia neokantiana*, *que priorizava* o *normativo* e *axiológico*. Substituiu a *coerência formal* de um pensamento jurídico circunscrito em si mesmo por um conceito de delito voltado para os *fins pretendidos pelo Direito Penal* e pelas *perspectivas valorativas* que o embasam (*teoria teleológica do delito*). Como afirma Jescheck, "o modo de pensar próprio desta fase veio determinado de forma essencial pela *teoria do conhecimento* do neokantismo (Stammler, Rickert, Lask) que, junto ao método científico-naturalístico do observar e descrever, restaurou a metodologia própria das ciências do espírito, caracterizada pelo compreender e valorar"[8].

Com essa orientação neokantiana, todos os elementos do *conceito clássico de crime* sofreram um *processo de transformação*, a começar pelo *conceito de ação*, cuja concepção, puramente *naturalística*, constituía o ponto mais frágil do *conceito clássico de crime*, especialmente nos *crimes omissivos*, nos *crimes culposos* e na *tentativa*, conforme demonstraremos logo adiante. A *tipicidade*, por sua vez, com o descobrimento dos *elementos normativos*, que encerram um *conteúdo de valor*, bem como o reconhecimento da existência dos *elementos subjetivos do tipo*, afastaram definitivamente uma concepção clássica do tipo, determinada por fatores

---

[7]   Santiago Mir Puig, *Introducción a las bases*, p. 218 e s.
[8]   Jescheck, *Tratado de derecho penal*. Trad. Santiago Mir Puig e Francisco Muñoz Conde. Barcelona: Bosch, 1981, v. I, p. 277.

puramente objetivos. A *antijuridicidade*, igualmente, que representava a simples *contradição formal* a uma norma jurídica, passou a ser concebida sob um *aspecto material*, exigindo-se uma determinada danosidade social. Esse novo entendimento permitiu *graduar o injusto* de acordo com a gravidade da lesão produzida[9]. Dessa forma, onde não houver lesão de interesse algum, o fato não poderá ser qualificado de antijurídico[10].

Essa reformulação transformou o *tipo penal*, que era puramente descritivo de um processo exterior, em *tipo de injusto*, contendo, algumas vezes, *elementos normativos* e, outras vezes, *elementos subjetivos*[11]. A *antijuridicidade, por sua vez*, deixou de ser a simples e lógica contradição da conduta com a norma jurídica, num puro conceito formal, começando-se a adotar um *conceito material de antijuridicidade*, representado pela danosidade social, com a introdução de *considerações axiológicas* e teleológicas, permitindo a interpretação restritiva de condutas antijurídicas. A *culpabilidade*, finalmente, também passou por transformações nesta *fase teleológica*, recebendo de Frank a "reprovabilidade", pela *formação da vontade contrária ao dever*, facilitando a solução das questões que a *teoria psicológica da culpabilidade* não pode resolver[12].

Enfim, o neokantismo patrocinou a reformulação do velho conceito de ação, atribuindo *nova função* ao tipo penal, além da transformação material da antijuridicidade e a redefinição da culpabilidade, sem alterar, no entanto, o conceito de crime, como a *ação típica, antijurídica e culpável*. Enquanto teoria do direito, como destaca Andrei Zenkner Schmidt, o *neokantismo* teve o mérito de constatar a necessidade de harmonizar a

---

[9] Santiago Mir Puig, *Introducción a las bases*, p. 207-209: Com efeito, a ação, a antijuridicidade e a culpabilidade – as três categorias básicas do conceito de delito de Von Liszt – nenhuma delas podia ser entendida adequadamente sem seu significado valorativo. Constatou-se, destaca Mir Puig, que a *ação* não era só movimento físico, mas uma *conduta* que interessava ao direito penal em função de seu significado social, que pode depender de sua intenção. Mais evidente a situação da *antijuridicidade* que não podia limitar-se a mera descrição de uma causação, mas representava, inegavelmente, um *juízo de desvalor*, que também depende de aspectos significativos do fato não puramente causais. Do mesmo modo – continua Mir Puig – o significado negativo do conceito de *culpabilidade* não podia substituir-se pela simples constatação de uma conexão psicológica quase causal entre o fato produzido e a mente do autor, como se demonstra com a inexistência de tal vínculo psicológico na *culpa inconsciente*.

[10] Jescheck, *Tratado de derecho penal*, p. 279.

[11] Luzón Peña, *Curso de derecho penal*, p. 233.

[12] Jescheck, *Tratado de derecho penal*, p. 280.

convivência entre *ser* e *dever ser* do Direito; e enquanto teoria do Direito Penal, por sua vez, teve a grande virtude de superar a ideia de *crime como um fenômeno físico* causador de um resultado naturalístico: o crime é identificado axiologicamente por categorias jurídicas[13].

Finalmente, a superação do método científico-positivista é inegavelmente um mérito que ninguém pode retirar do neokantismo, especialmente quando demonstrou que toda *realidade* traz em seu bojo um *valor* preestabelecido (*cultura*), permitindo a constatação de que o Direito Positivo não contém em si mesmo um sentido *objetivo* que deve ser, simplesmente, "descoberto" pelo intérprete. Ao contrário, as normas jurídicas, como um produto cultural, têm como pressupostos *valores* prévios, e o próprio intérprete que, por mais que procure adotar certa neutralidade, não estará imune à maior ou menor influência desses *valores*[14].

4. O ontologismo do finalismo de Welzel

Como já indicamos no estudo da evolução epistemológica do Direito Penal, Welzel desenvolveu sua doutrina finalista (entre 1930 e 1960) sustentando a formulação de um conceito *prejurídico* de pressupostos materiais, dentre os quais a conduta humana, precedentes a qualquer valoração jurídica. Para contrapor-se ao subjetivismo epistemológico do *neokantismo*, afirmava Welzel que não é o homem, com a colaboração de suas categorias mentais, quem determina a ordem do real, mas sim o próprio homem que se encontra inserido numa *ordem real* correspondente a estruturas *lógico-objetivas* (não subjetivas)[15].

Indiscutivelmente o Direito Penal se ocupa de fatos dotados de *significado valorativo* e tais fatos lhe importam exatamente por seu *significado* e não por sua dimensão físico-naturalística. No entanto, destaca Mir Puig[16], não foi esse o objeto da crítica de Welzel ao *neokantismo*, mas seu

---

[13]   Andrei Zenkner Schmidt, *O método do direito penal*: perspectiva interdisciplinar. Rio de Janeiro: Lumen Juris, 2007, p. 42.
[14]   Andrei Zenkner Schmidt, *O método do direito penal*, p. 55-57.
[15]   Santiago Mir Puig, *Derecho penal*: parte general. 5. ed. Barcelona: Ed. PPU, 1998, p. 155-156 e 181.
[16]   Santiago Mir Puig, *Introducción a las bases*, p. 226 e s. Para os *neokantianos*, os fatos culturais suporiam a aplicação de formas *a priori* específicas configuradoras de significado cultural, como os valores, que seriam aportados, portanto, por nossa mente. Certamente, isto suporia uma subjetivização importante do questionamento kantiano, no sentido de que já não dependeria somente da subjetividade relativa, própria da estrutura da razão pura, idêntica em todo ser hu-

ponto de partida *metodológico subjetivista* segundo o qual o *caráter valorativo* de um fato não está no fato em si, mas naquilo que lhe é atribuído pelos homens. Contrariamente, sustentou Welzel que o significado dos fatos procede da sua forma de ser. Assim, uma vez descobertas as estruturas lógico-objetivas permanentes do ser, o método de produção do conhecimento será de natureza *dedutivo-abstrata*. E qual a repercussão dessa mudança metodológica na elaboração da dogmática jurídico-penal? Essa nova perspectiva deve ser entendida a partir do significado da ação humana para Welzel, que, diferentemente dos neokantianos, é concebida como uma "estrutura lógico-objetiva" cuja natureza consistia em estar guiada pela *finalidade humana*[17].

Com efeito, para Welzel, "ação humana é exercício de atividade final. A ação é, portanto, um acontecer *final* e não puramente *causal*. A *finalidade* ou o caráter final da ação baseia-se em que o homem, graças a seu saber causal, pode prever, dentro de certos limites, as consequências possíveis de sua conduta. Em razão de seu saber causal prévio pode dirigir os diferentes atos de sua atividade de tal forma que oriente o acontecer causal exterior a um *fim* e assim o determine finalmente"[18]. A atividade final – prosseguia Welzel – é uma atividade dirigida conscientemente em função do *fim*, enquanto o *acontecer causal* não está dirigido em função do fim, mas é a resultante causal da constelação de causas existentes em cada caso. Esse ponto de partida foi decisivo no processo de sistematização e elaboração dedutiva das categorias sistemáticas do delito, oferecendo um referente estável para a interpretação e aplicação das normas penais, e a consequente garantia de segurança jurídica das decisões judiciais em matéria penal.

A contribuição mais marcante do finalismo, aliás, que já havia sido iniciada pelo *neokantismo*, foi a retirada de todos os elementos subjetivos que integravam a culpabilidade, nascendo, assim, uma *concepção puramente normativa*. O finalismo deslocou o *dolo* e a *culpa* para o *injusto*, retirando-os de sua tradicional localização – a culpabilidade –, levando, dessa forma, a *finalidade* para o centro do *injusto*. Concentrou na culpa-

---

mano, mas que variaria segundo os indivíduos, como os valores variam de acordo com estes. Contra esta subjetivização da *epistemologia kantiana* – não contra esta – dirigiu-se a crítica de Welzel, conforme destaca Mir Puig.

[17] Silva Sánchez, *Aproximación al derecho penal contemporáneo*, p. 96.

[18] Hans Welzel, *Derecho penal alemán*, 3. ed. castelhana, Santiago: Ed. Jurídica de Chile, 1987, p. 53; *El nuevo sistema del derecho penal*: una introducción a la doctrina de la acción finalista, Barcelona: Ariel, 1964, p. 25.

bilidade somente aquelas circunstâncias que condicionam a *reprovabilidade* da conduta contrária ao Direito, e o objeto da reprovação situa-se no injusto[19]. Devem-se ao finalismo, inegavelmente, os avanços inquestionáveis da dogmática penal, podendo-se destacar, por exemplo, duas grandes conquistas, que, a rigor, não dependem do conceito finalista de ação, mas do qual tiveram um impulso fundamental para sua consolidação universal (reconhecidos por causalistas, não causalistas e até por funcionalistas, como Roxin).

Em primeiro lugar, o finalismo contribuiu decisivamente para o descobrimento do *desvalor da ação*, como elemento constitutivo do injusto penal, e para melhor delimitação da própria culpabilidade e de outros pressupostos da responsabilidade penal. Hoje, no entanto, ao contrário do que apregoava o finalismo, pode-se constatar que a *finalidade* é apenas um dentre vários fatores que determinam o *injusto penal*. Ademais, a *finalidade* representa apenas uma parte do *desvalor da ação*, porque, segundo a ótica do normativismo funcional, este consiste principalmente na *criação de um risco não permitido*, que independe dos fins do autor. Mas, de qualquer forma, deve-se reconhecer que o *finalismo* percebeu, com acerto, que a *representação* e os *fins do autor* exercem um papel importante na determinação do injusto, inclusive, é bom que se diga, nos próprios *crimes omissivos*.

Em segundo lugar, como o próprio Roxin reconhece, o *finalismo* possibilitou uma concepção mais adequada dos diversos tipos de crimes. O fato de o homicídio doloso representar um injusto penal distinto do de um homicídio culposo somente ganha esse destaque se a *finalidade* e o dolo forem integrados ao tipo, sendo irrelevante que a distinção entre homicídio doloso e culposo deva ser tratada como problema do injusto ou da culpabilidade. O *injusto da tentativa*, por exemplo, nem sequer chega a integrar um tipo penal se não se levar em consideração a intenção finalista do autor. Ademais, a distinção entre *autor* e *partícipe* no plano do injusto, tendo como base o *domínio do fato*, somente poderá ser realizada se o dolo for considerado elemento integrante do tipo. É bem verdade – critica Claus Roxin – que a locução "domínio final do fato", utilizada por Welzel, induz a erro, uma vez que dá a impressão de que a *finalidade* seja algo peculiar ao *domínio do fato*, a despeito de *instigador* e *cúmplice* também agirem finalisticamente. A verdade é que todos os

---

[19] Luzón Peña, *Curso de derecho penal*, p. 237; Santiago Mir Puig, *Derecho penal*: parte geral, p. 470.

coparticipantes devem agir com dolo para que se possa perguntar quem, dentre eles, tem o *domínio do fato* e quem não o tem. Por outro lado, se o tipo for reduzido à causalidade, a distinção entre autoria e participação ficaria reduzida a vagas, deficientes e incertas considerações de culpabilidade e de medição da pena, com sérios riscos ao dogma da responsabilidade penal subjetiva.

No entanto, o próprio Welzel deixou certas dúvidas acerca da preeminência do seu *método* sobre outros, admitindo que uma mesma coisa pode ser contemplada em mais de um de seus aspectos possíveis; da mesma forma, a *ação humana* pode ser considerada sob o ponto de vista *causal-naturalístico*, ou sob ponto de vista espiritual[20], de acordo com o que queremos examinar. Além disso, como já indicamos, o enfoque *ontologista do finalismo* é questionável à luz da evolução da filosofia, tendo levado tanto as correntes hermenêuticas como as analíticas a abandonarem a pretensão de apreender *essências* próprias do ontologismo. No mundo globalizado em que vivemos, onde as sociedades se caracterizam pela pluralidade cultural, estando sujeitas a mudanças contínuas em virtude dos intensos fluxos de pessoas e intercâmbio de informações, já não é possível sustentar a *razoabilidade da argumentação jurídica* partindo de estruturas lógico-objetivas imutáveis.

Questiona-se, por fim, a suficiência do finalismo, como sintetiza Mir Puig[21]: o ontologismo finalista parte de um *objetivismo essencialista*, que desconhece que os conceitos que temos não são puros reflexos necessários da realidade, mas construções humanas baseadas em um consenso social contingente. Não basta para isso a intenção de cada indivíduo. Nesse sentido, *junto ao fático* deve-se reconhecer, portanto, o papel decisivo do *normativo* na construção da dogmática jurídico-penal. A relevância da crítica deve-se ao fato de que a partir dos postulados do finalismo, especialmente nas primeiras formulações do pensamento welzelniano, não era possível explicar de maneira satisfatória a punibilidade dos delitos cometidos de maneira culposa, na medida em que o comportamento humano nestes casos não pode ser visto como um acontecimento causal guiado pela finalidade humana. Sendo, também, insatisfatório para a explicação da omissão, dado que a delimitação da conduta punível neste âmbito depende de valorações normativas.

---

[20] Mir Puig, *Introducción a las bases*, p. 232.
[21] Mir Puig, *Derecho penal*, p. 181.

Apesar das críticas, não se pode negar a necessidade de uma base empírica nos fatos relevantes para o Direito Penal, nem a necessidade de respeitar os condicionamentos da realidade para que os *princípios normativos do Direito Penal* possam influir adequadamente no comportamento humano e nas relações sociais.

5. Pós-finalismo: os modelos funcionalistas

A evolução da teoria do delito a partir dos *modelos funcionalistas* caracteriza-se, principalmente, pela tendência de normativização dos conceitos, isto é, pela elaboração de conceitos com base em *juízos de valor*, e pela orientação do sistema penal a finalidades político-criminais. Trata-se de um movimento com dois vértices: o primeiro, de natureza moderada – sustentado por Roxin –, que procura fundamentar o sistema penal com *caracteres teleológicos* e *axiológicos* (normativismo funcional teleológico); o segundo, mais radical – defendido por Jakobs –, que postula a total renormativização do sistema penal, *com fundamento sistêmico* (normativismo sistêmico). Distinguem-se, basicamente, a partir da renormativização total do sistema e suas categorias e no grau de relativização (ou absolutização) do *aspecto metodológico funcionalista*[22]. A diferença mais significativa, no entanto, reside nas referências funcionais mediante as quais atribuem conteúdo aos conceitos. O *normativismo teleológico* (Roxin) preocupa-se com os fins do Direito Penal, ao passo que o *normativismo sistêmico* (Jakobs) se satisfaz *com os fins da pena*, isto é, com as consequências do Direito Penal. Em síntese, a *orientação teleológica funcional* norteia-se por finalidades político-criminais, priorizando valores e princípios garantistas; a *orientação funcionalista sistêmica*, por sua vez, leva em consideração somente necessidades sistêmicas e o Direito Penal é que deve ajustar-se a elas.

Claus Roxin, na verdade, parte da ideia de que todas as categorias do sistema jurídico-penal baseiam-se em princípios reitores normativos político-criminais, que, no entanto, não contêm, ainda, a solução para os problemas concretos; esses princípios, porém, serão aplicados à "matéria jurídica", aos dados empíricos, e, dessa forma, chegarão a conclusões diferenciadas e adequadas à realidade. À luz de tal procedimento, sob uma perspectiva político-criminal, uma estrutura ontológica como a da ação finalista parece em parte relevante e em parte irrelevante, e, por isso,

---

[22] Silva Sánchez, *Aproximación al derecho penal contemporáneo*, p. 68.

necessita ser complementada por critérios valorativos orientados a partir da finalidade do Direito Penal. Assim, por exemplo, a finalidade do autor é decisiva quando se quer saber se há tentativa de homicídio ou um disparo meramente acidental, pois o injusto da tentativa fundamenta-se, mesmo que não exclusivamente, na finalidade do autor. No entanto, a modalidade do controle finalista é irrelevante quando se pretende responder à pergunta quanto a se aquele que dispara contra alguém em legítima defesa putativa, comete ou não uma ação dolosa de homicídio. Em outras hipóteses, a finalidade humana deve ser complementada por critérios de *imputação objetiva*, quando o que importa é saber se uma lesão de um bem jurídico desejada, ou cujo risco foi assumido pelo autor, representa ou não a realização de um risco permitido.

Com essa perspectiva normativa não se produz uma profunda alteração do entendimento analítico de delito, enquanto ação típica, antijurídica e culpável, mas no seio dos *modelos funcionalistas,* as categorias sistemáticas do delito admitem certa flexibilidade e seu conteúdo pode chegar a ser fragmentado e modificado em função das *finalidades político-criminais* outorgadas ao sistema penal. Justamente por isso tem-se criticado os *modelos funcionalistas* no sentido de que a vinculação do Direito Penal às decisões político-criminais do legislador nem sempre conduz ao alcance da justiça material. No entanto, essa práxis tanto pode ser identificada com a *ideologia dos Estados Democráticos de Direito*, garantidores das liberdades, como pode ser identificada com a *ideologia de Estados totalitários ou ditatoriais*, o que realmente é preocupante, mas tampouco uma *concepção ontológica* do Direito Penal (ou inclusive um conceito finalista de ação) pode evitar. Essa crítica torna-se ainda mais contundente diante do *modelo funcionalista de Jakobs*, o qual, como vimos, além de distanciar-se dos referentes ontológicos da realidade empírica, rejeita as limitações externas ao próprio sistema de Direito Penal. Essa orientação jakobseana conduz a um endurecimento do Direito Penal em prol de sua *eficácia simbólica*, naqueles ordenamentos jurídicos de *ideologia autoritária* ou naqueles em que os direitos e garantias individuais não estão devidamente consolidados.

Roxin, no entanto, assegura que é possível evitar tais excessos estatais através da invocação de direitos humanos e de liberdades invioláveis que se consolidaram, pelo menos teoricamente, em grande parte do mundo ocidental; na Alemanha – acrescenta – eles foram acolhidos pela Constituição, de modo que o seu respeito e sua realização efetiva são cogentes para qualquer dogmática penal que argumente político-criminalmente. Contudo, a flexibilização das categorias dogmáticas em função de finalidades político-criminais variáveis pode resultar contraproducente na sistematização racional do conhecimento jurídico-penal, como acontece, por exemplo, no âmbito da tipicidade como consequência da excessiva valorização da *teoria da imputação objetiva*, ou nas dificuldades que possam surgir na *valoração individualizada do injusto* como consequência da *relativização do conteúdo material da culpabilidade*. Por isso, não devemos renunciar ao grande legado deixado pelo finalismo na construção da dogmática jurídico-penal, substituindo-o por uma sistematização pautada exclusivamente nos resultados que se pretende alcançar.

Como já evidenciamos, no nosso entendimento, a elaboração dogmática deve ser o resultado da síntese entre os postulados filosófico-jurídicos que legitimam e limitam o exercício do *ius puniendis* estatal num Estado Democrático de Direito, e as pretensões de estabilidade normativa através da aplicação eficaz das normas penais. Assim, reconhecemos o valor decisivo da proposta de *abertura metodológica* formulada por Roxin, contudo, como veremos no estudo das categorias dogmáticas do delito e das normas do Código Penal brasileiro, não adotamos integralmente o modelo roxiniano, porque as peculiaridades e incoerências de nosso sistema penal requerem um esforço interpretativo e argumentativo *diferenciado*, adequados à realidade brasileira.

Capítulo II
RELAÇÃO DE CAUSALIDADE E IMPUTAÇÃO OBJETIVA

> *Sumário*: 1. Considerações gerais. 2. Teoria da equivalência das condições ou *conditio sine qua non*. 3. Limitações do alcance da teoria da *conditio sine qua non*. 3.1. Localização do dolo e da culpa no tipo penal. 3.2. Causas (concausas) absolutamente independentes. 3.2.1. Causas relativamente independentes. 3.3. Superveniência de causa relativamente independente que, por si só, produz o resultado. 4. Outras teorias da causalidade. 5. A relevância causal da omissão. 6. A teoria da imputação objetiva e âmbito de aplicação. 6.1. Considerações críticas.

1. Considerações gerais

O homem vive em um mundo que pode ser chamado de *mundo cinético*, um mundo em movimento, dinâmico, um mundo que, na expressão de Helmut Mayer, move a si mesmo. E esse movimento se dá em virtude de forças, de energias, que ocasionam as transformações que atingem inclusive o próprio homem. Mas, ao mesmo tempo em que o homem é *objeto de transformações*, porque vive em um contexto em mutação, é também *sujeito de transformações*, porque é capaz, com sua atividade, que também é energia, que também é força transformadora, de *direcionar processos causais* e provocar mudanças no mundo circundante. Essa realidade, esse fenômeno mutante e transformador não é ignorado pela ordem jurídica. O Direito Penal, no entanto, recolhe dessa realidade dinâmica apenas uma parte – aquela que se relaciona com a atividade humana –, e, ao fazê-lo, não a abrange por completo, isto é, não regula toda a realidade que compõe a atividade humana e suas consequências. O Direito Penal limita-se a regular a atividade humana (parte dela), uma vez que os demais *processos naturais* não podem ser objeto de regulação pelo Direito, porque são *forças ou energias cegas*, enquanto a atividade humana é uma *energia inteligente*.

No Código Penal há previsão de infrações chamadas de crimes de *mera atividade* ou de *mera conduta*, os quais se consumam com a simples realização de um comportamento, comissivo ou omissivo, não se dando importância às suas eventuais consequências. Outras vezes, ao contrário, o Código engloba, na sua descrição, a conduta humana e a consequência por ela produzida, isto é, o resultado, de tal forma que só haverá *crime consumado* quando esse *resultado* se concretizar.

Em razão dessa *integração na descrição típica de ação e resultado*, surge a necessidade de identificar-se um terceiro elemento, que é a *relação causal* entre aqueles dois, que examinaremos a seguir[1]. Essa relação de causalidade, enquanto categoria geral, é *elemento da ação*, visto que toda ação utiliza-se do processo causal, de natureza ôntica[2]. Algumas teorias procuram identificar, demarcar e explicar a natureza, conteúdo e limites dessa *relação de causalidade*. Por razões puramente didáticas, analisaremos, em primeiro lugar, a teoria adotada expressamente pelo nosso ordenamento jurídico, para, em segundo lugar, mencionar aquelas outras que serviram de antecedente lógico à *teoria da imputação objetiva*, deixando para o final deste capítulo a análise, desde uma perspectiva crítica, das principais características da teoria da imputação objetiva e suas vertentes.

2. Teoria da equivalência das condições ou *conditio sine qua non*

Dentro da parcela da atividade humana que o Direito Penal *valora negativamente*, como conduta indesejada, somente uma parcela menor – os crimes de resultado – apresenta relevância à questão da *relação de causalidade*. Nesses delitos, deve-se indagar a respeito da existência de um *nexo de causalidade* entre a ação do agente e o resultado produzido. Assim, nosso Código, com redação determinada pela Reforma Penal de 1984 (Lei n. 7.209/84), repetindo, no particular, a orientação contida na versão original do Código de 1940, determina no art. 13 que *o resultado, de que depende a existência do crime, somente é imputável a quem lhe deu causa. Considera-se causa a ação ou omissão sem a qual o resultado não teria ocorrido.*

---

[1] Para uma análise mais abrangente, veja-se, por todos, Paulo José da Costa Jr., *Comentários ao Código Penal*, São Paulo: Saraiva, 1986, v. 1, p. 74 e s.

[2] Hans Welzel, *Derecho Penal alemán*, Santiago: Ed. Jurídica de Chile, 1970, p. 66.

A primeira parte do dispositivo está afirmando que a *relação de causalidade* limita-se aos *crimes de resultado* (materiais)[3]. A segunda parte – *considera-se causa a ação ou omissão sem a qual o resultado não teria ocorrido* – consagra a adoção da teoria da equivalência das condições, também conhecida como teoria da *conditio sine qua non*, para determinar a relação de causalidade. Foram precursores dessa teoria John Stuart Mill e Von Buri[4], para os quais não há nenhuma base científica para distinguir *causa* e *condição*. É uma teoria que não distingue como prevalente ou preponderante nenhum dos diversos antecedentes causais de um determinado resultado. Todo fator – seja ou não atividade humana – que contribui, de alguma forma, para a ocorrência do evento é causa desse evento. *Causa,* para essa teoria, é a soma de todas as *condições*, consideradas, no seu conjunto, produtoras de um resultado[5].

Para que se possa verificar se determinado antecedente é *causa* do *resultado*, deve-se fazer o chamado *juízo hipotético de eliminação*, que consiste no seguinte: imagina-se que o comportamento em pauta não ocorreu, e procura-se verificar se o resultado teria surgido mesmo assim, ou se, ao contrário, o resultado desapareceria em consequência da inexistência do comportamento suprimido. Se se concluir que o resultado teria ocorrido mesmo com a supressão da conduta, então não há nenhuma relação de *causa e efeito* entre um e outra, porque mesmo suprimindo esta o resultado existiria. Ao contrário, se, eliminada mentalmente a conduta, verificar-se que o resultado não se teria produzido, evidentemente essa conduta é *condição* indispensável para a ocorrência do resultado e, sendo assim, é sua *causa*.

Mas a *teoria da equivalência das condições* tem a desvantagem de levar *ad infinitum* a pesquisa do que seja *causa*: todos os agentes das condições anteriores responderiam pelo crime! Na verdade, se remontarmos todo o *processo causal*, vamos descobrir que uma série de antecedentes bastante remotos foram condições indispensáveis à ocorrência do resultado. No exemplo clássico do *homicida* que mata a vítima com um

---

[3] José Cerezo Mir não gosta da classificação de crimes formais e crimes materiais (*Curso de derecho penal español*, Madrid: Tecnos, 1985, v. 1, p. 342, nota n. 2).
[4] Apud Paulo José da Costa Jr., *Comentários ao Código Penal*, v. 1, p. 85. Segundo Maurach, o estudo dessa teoria foi iniciado por Glaser, na Áustria, cabendo a Von Buri somente a sua introdução na Alemanha (*Tratado de derecho penal*, p. 229).
[5] Luiz Régis Prado e Cezar Roberto Bitencourt, *Elementos de direito penal*: parte geral, São Paulo: Revista dos Tribunais, 1995, v. 1, p. 73.

tiro de revólver, evidentemente que sua conduta foi necessária à produção do evento; logo, é causa. Mas o *comerciante* que lhe vendeu a arma também foi indispensável na ocorrência do evento; então, também é *causa*. Se remontarmos ainda mais, teríamos de considerar *causa* a fabricação da arma, e até os pais do criminoso, que o geraram, seriam *causadores*. Mas essa conclusão, evidentemente, se tornaria inconciliável com os propósitos do Direito Penal.

Em vista disso, procura-se limitar o alcance dessa teoria, utilizando-se outros critérios que permitam identificar, entre as contribuições causais do resultado, aquelas que sejam, desde uma perspectiva *normativa*, relevantes para a proteção do bem jurídico[6]. Esses critérios poderão ser estabelecidos de distintas formas: a) através de institutos do estudo dogmático-penal, como, por exemplo, os elementos subjetivos do tipo, com o objetivo de aferir se havia pelo menos previsibilidade de que a conduta realizada poderia produzir um resultado típico; b) através de considerações valorativas acerca da causalidade, como, por exemplo, as *concausas* absolutamente independentes, ou a superveniência de causas relativamente independentes que, por si sós, produzem o resultado, como veremos a seguir; c) ou através dos postulados das *teorias da imputação objetiva*, que serão analisados mais adiante.

Em qualquer caso, a concepção puramente naturalística funcionará – e não se pode ignorar esse aspecto – como *limite mínimo* do nexo causal, e não como critério definitivo de imputação jurídica. Assim, a *exclusão da causalidade física* impedirá o posterior reconhecimento de *um vínculo de imputação normativo*.

3. Limitações do alcance da teoria da *conditio sine qua non*

Como podemos observar, a principal crítica dirigida à teoria da equivalência das condições consiste em que esta não é capaz de oferecer critérios valorativos que auxiliem na delimitação das condutas relevantes sob a perspectiva jurídico-penal. Realmente, a tentativa de extrair consequências jurídicas diretamente de considerações acerca da *causalidade* constitui uma dificuldade reiteradamente apontada pela doutrina, pois representa uma confusão entre o plano *causal ontológico* e o *plano jurídico*[7]. Para superar essa dificuldade foi desenvolvida uma série de critérios

---

[6] Confira a esse respeito Carmen López Peregrín, *La complicidad en el delito*, Valencia: Tirant lo Bblanch, 1997, p. 169-186, 221-227.

[7] Margarita Martínez Escamilla, *La imputación objetiva*, Madrid: Edersa, 1992,

que, sem renunciar ao ponto de partida *causal ontológico*, auxiliam na redefinição do *conceito jurídico de tipicidade*, mais especificamente na redefinição *da causalidade*.

3.1. Localização do dolo e da culpa no tipo penal

A *relação de causalidade* entre a conduta humana e o resultado, que interessa ao Direito Penal, é sempre aquela que pode ser *valorada através* do *vínculo subjetivo* do agente. Isto é, a *causalidade relevante*, desde a perspectiva jurídico-penal, é aquela que pode ser prevista, ou seja, é aquela que é *previsível*, ou, ainda, é aquela que pode ser mentalmente antecipada pelo agente. Em outros termos, a cadeia causal, aparentemente infinita sob a ótica puramente naturalística, será sempre limitada pelo dolo ou pela culpa[8]. Toda conduta que não for orientada pelo dolo ou pela culpa estará na seara do acidental, do fortuito ou da força maior, não podendo configurar crime, situando-se fora, portanto, do alcance do Direito Penal material.

Com a consagração da *teoria finalista da ação*, situando o *dolo* ou, quando for o caso, a *culpa,* no tipo penal, consolidou-se um primeiro limite à *teoria da equivalência das condições*. Ora, segundo essa orientação, pode ser que alguém dê causa a um resultado, *mas sem agir com dolo ou com culpa*. E fora do dolo ou da culpa entramos na órbita do *acidental*, portanto, fora dos limites do Direito Penal. E isso porque a *relevância típica das contribuições causais ao resultado* depende da existência de, pelo menos, previsibilidade *ex ante* da produção do resultado e da correspondente possibilidade de evitar que o mesmo seja produzido. Com efeito, uma pessoa pode ter dado *causa* a determinado resultado, e não ser possível imputar-se-lhe a responsabilidade por esse fato, por não ter agido nem dolosa nem culposamente, isto é, não ter agido tipicamente; essa atividade permanece fora da esfera do Direito Penal, sendo impossível imputá-la a alguém pela falta de dolo ou culpa, a despeito da existência de uma relação causal objetiva, constituindo, por conseguinte, a primeira limitação à teoria da *conditio sine qua non*.

---

p. 4 e s.; Diego Manuel Luzón Peña, *Curso de derecho penal*. Madrid: Universitas, 1996, p. 365-371; López Peregrín, *La complicidad en el delito*, p. 178-182; Francisco Muñoz Conde e Mercedes García Arán, *Derecho penal*: parte general. 8. ed. Valencia: Tirant lo Blanch, 2010, p. 246.

[8] Francisco de Assis Toledo, *Princípios básicos de direito penal*, 4. ed., São Paulo: Saraiva, 1991, p. 113.

3.2. Causas (concausas) absolutamente independentes

Há outras limitações ao *nexo de causalidade*, formuladas no âmbito das teorias da causalidade, as chamadas *condições* que, de forma absolutamente independente, *causam* o resultado que se analisa. Essas *condições preexistentes*, *concomitantes* ou *supervenientes* à conduta podem *auxiliá-la* na produção do evento ou *produzi-lo* de maneira total, absolutamente independente da conduta que se examina. São condições – concausas – *preexistentes* aquelas que ocorrem antes da existência da conduta, isto é, antes da realização do comportamento humano; *concomitantes*, quando ocorrem simultaneamente com a conduta e, finalmente, uma concausa é *superveniente* quando se manifesta depois da conduta. As *concausas*, quaisquer delas, podem ser constituídas por outras condutas ou simplesmente por um fato natural.

Qualquer que seja a *concausa* – preexistente, concomitante ou superveniente –, poderá *produzir o resultado* de forma *absolutamente independente* do comportamento que examinamos. Nesses casos, fazendo-se aquele *juízo hipotético de eliminação*, verificaremos que a conduta não contribuiu em nada para a produção do evento. Nessas circunstâncias, a *causalidade da conduta* é excluída pela própria disposição do art. 13, *caput*, do CP. A doutrina é fértil em exemplos: concausa *preexistente*, totalmente independente da conduta – ocorre quando alguém, pretendendo *suicidar-se*, ingere uma substância venenosa, e, quando já está nos estertores da morte, *recebe um ferimento*, que não apressa sua morte, que não a determina nem a teria causado. Essa segunda conduta, a do *ferimento*, não é *causa*, portanto, do resultado morte, porque, se a eliminarmos, hipoteticamente, o resultado morte ocorreria da mesma forma e nas mesmas circunstâncias, e por uma condição estranha e independente dessa segunda condição. *O mesmo raciocínio aplica-se a uma causa concomitante ou superveniente.*

3.2.1. Causas relativamente independentes

Quaisquer que sejam as *concausas* – preexistentes, concomitantes ou supervenientes –, podem atuar de tal forma que, poderíamos dizer, *auxiliam* ou *reforçam* o *"processo causal"* iniciado com o comportamento do sujeito. Há, portanto, aquilo que se diria uma soma de esforços, *uma soma de energias*, que produz o resultado. Por exemplo, a vítima de um determinado ferimento, que, pela sua natureza ou por sua localização, não é um ferimento mortal, é portadora de *hemofilia*, que, no caso, é uma *condição preexistente*, pois já existia antes da conduta do sujeito, podendo vir a morrer em consequência de hemorragia. Não se pode afirmar que, suprimindo hipoteticamente o ferimento, a morte teria ocorrido da mesma forma. Na hipótese, o ferimento foi, portanto, *condição indispensável* à ocorrência do resultado. Evidentemente que esse resultado foi *facilitado* pela deficiência da vítima, que era hemofílica. Mas a hemofilia sozinha, isoladamente, não teria causado a morte da forma como ocorreu. Há, nessa hipótese, uma *causa preexistente*, hemofilia, que se *soma* à conduta do sujeito, e ambas, juntas, vão determinar o evento. O mesmo ocorre quando se tratar de causa concomitante ou superveniente.

Se dois indivíduos, um ignorando a conduta do outro, com a intenção de matar, ministram, separadamente, quantidade de veneno insuficiente para produzir a morte da mesma vítima, mas em razão do efeito produzido pela soma das doses ministradas esta vem a morrer, qual seria a solução recomendada pela *teoria da equivalência das condições*, consagrada pelo direito brasileiro? Responderiam ambos por tentativa, desprezando-se o resultado morte? Responderiam ambos por homicídio doloso, em coautoria? Ou responderia cada um, isoladamente, pelo homicídio doloso?

Outra vez, devemos socorrer-nos do *juízo hipotético de eliminação*: se qualquer dos dois não tivesse ministrado a sua dose de veneno, a morte teria ocorrido da forma como ocorreu? Não, evidentemente que não, pois uma dose, isoladamente, era insuficiente para produzir o resultado morte. Na hipótese, cada uma das doses foi *condição indispensável* à ocorrência do resultado, ainda que, isoladamente, não pudessem produzi-lo. É verdade que esse resultado só foi alcançado pela *soma das duas doses*. Há, nesse caso, uma *soma de energias*, que acabou produzindo o resultado. As duas doses de veneno *auxiliaram-se* na formação do *processo causal* produtor do resultado, unilateralmente pretendido e, conjuntamente, produzido. Houve algum vínculo subjetivo entre os dois agentes, concorrendo um na conduta do outro? Não; inclusive, um desconhecia a atividade do outro. Logo, não há que se falar em *concurso de pessoas*, em qualquer de suas modalidades. A nosso juízo, configuram-se *causas (concausas) relativamente independentes*, pois a supressão de qualquer delas inviabiliza a obtenção do resultado pretendido, razão pela qual ambos devem responder individualmente pelo *homicídio doloso consumado*. Trata-se de uma modalidade de *autoria colateral*, na qual não há vínculo subjetivo entre os autores, por isso não há coautoria. A hipótese de *causa superveniente relativamente independente que, por si só, produz o resultado* fica completamente afastada, na medida em que, pelo *juízo hipotético de eliminação*, suprimida qualquer das doses, anterior ou posterior, não importa, o resultado morte não se teria produzido. Por outro lado, nenhuma das duas doses criou um *novo nexo de causalidade*, inserindo-se, ambas, no mesmo *fulcro causal*. Há, nesse caso, uma *soma de esforços*, que se *aliam*, e as duas doses, juntas, vão determinar o evento.

Portanto, temos até agora *duas alternativas*: ou excluímos a causalidade do comportamento humano, porque um *juízo hipotético de eliminação* nos permite essa exclusão, e atribuímos a causação do resultado a um fator estranho à conduta, na hipótese, uma *concausa* absolutamente independente; ou não excluímos esse vínculo de causalidade, porque, pelo juízo hipotético de eliminação, a conduta foi necessária à produção do evento, ainda que *auxiliada* por outras forças, na hipótese, uma *concausa relativamente independente*.

3.3. Superveniência de causa relativamente independente que, por si só, produz o resultado

Há, no entanto, *uma terceira alternativa*, e é exatamente esta que vem disciplinada no § 1º do art. 13 do CP. Esse parágrafo exclui, desde logo, as causas *preexistentes* ou *concomitantes, referindo-se, portanto, somente às supervenientes*. Quando ocorrer uma daquelas causas ditas preexistentes ou concomitantes, só haverá as duas alternativas já referidas: ou são *absolutamente independentes* e excluem a relação causal, ou são *relativamente independentes* e se aliam à conduta, não excluindo o nexo de causalidade.

Tratando-se, porém, de *causas supervenientes* temos as duas alternativas referidas, e mais uma, a que vem disciplinada no dispositivo citado, que diz o seguinte: *A superveniência de causa relativamente independente exclui a imputação quando, por si só, produziu o resultado; os fatos anteriores, entretanto, imputam-se a quem os praticou* (§ 1º do art. 13).

A leitura preliminar desse dispositivo leva-nos, à primeira vista, a desconfiar que essa previsão legal é pleonástica, porque, se *é uma causa superveniente que, "por si só", produziu o resultado*, pode-se entender que é *independente da conduta*, e, portanto, o problema já estaria resolvido pelo *caput* do art. 13. Com o *juízo hipotético de eliminação* atribuiríamos o resultado a essa causa independente e afastaríamos o *nexo de causalidade* entre a conduta anterior e o resultado subsequente. Mas, como se afirma que a lei não contém palavras inúteis ou desnecessárias, devemos buscar o real significado da norma. E, realmente, constatamos que o legislador refere-se aqui a uma independência *relativa*, e não absoluta.

Mas ainda se poderá perguntar: se uma *causa é relativamente independente*, como poderá causar, *por si só*, o resultado? A situação deve ser interpretada da seguinte forma: quando alguém coloca em andamento determinado *processo causal* pode ocorrer que sobrevenha, no decurso deste, uma nova condição – produzida por uma atividade humana ou por um acontecer natural – que, *em vez de se inserir no fulcro* aberto pela conduta anterior, *provoca um novo nexo de causalidade*. Embora se possa estabelecer uma conexão entre a conduta primitiva e o resultado final, a segunda causa, a *causa superveniente*, é de tal ordem que determina a ocorrência do resultado, *como se tivesse agido sozinha*, pela anormalidade, pelo inusitado, pela imprevisibilidade da sua ocorrência.

Quando estamos, portanto, diante de uma *causa superveniente*, e queremos verificar se a *conduta anterior* é *causa* ou não, devemos partir, obrigatoriamente, do *juízo hipotético de eliminação*: excluímos mentalmente a conduta anterior e verificamos se o resultado teria ocorrido. Se a resposta for não, podemos afirmar que há uma *conexão causal* entre a conduta anterior e o resultado.

Mas, em se tratando da ocorrência de *causa superveniente*, teremos de suspeitar da possibilidade de tratar-se de causa superveniente nos termos do § 1º do art. 13. Por isso, temos de formular uma segunda pergunta: essa *causa superveniente* se insere no fulcro aberto pela conduta anterior, *somando-se* a ela para a produção do resultado, ou não? Se a resposta for afirmativa, *não excluirá o nexo de causalidade* da conduta anterior, porque a *causa posterior* simplesmente *somou-se à conduta anterior* na produção do resultado. Ao contrário, se respondermos que não, isto é, que a causa superveniente *causou isoladamente* o evento, estaríamos resolvendo a situação com base no § 1º, afastando a relação de causalidade da conduta anterior. Nesse caso, o autor da conduta anterior responderá pelos atos praticados que, em si mesmos, constituírem crimes, segundo seu elemento subjetivo.

Os seguintes exemplos podem auxiliar no esclarecimento da questão:

a) Suponhamos que uma pessoa é esfaqueada por "A", sofrendo lesão corporal. Socorrida e medicada, a vítima é orientada quanto aos cuidados a tomar, mas não obedece à prescrição médica, e, em virtude dessa falta de cuidado, o ferimento infecciona, gangrena e ela morre. Há aí uma conduta anterior, que é o ferimento, e uma *causa superveniente*, que é a infecção e a gangrena. Suprimindo-se o ferimento, a morte teria ocorrido? Não, pois sem ferimento não haveria o que infeccionar. Logo, podemos estabelecer uma relação entre a conduta anterior e o evento posterior.

Mas, como ocorreu uma causa superveniente, temos de fazer a segunda indagação: essa *causa superveniente*, que foi a infecção, somou-se ao ferimento anterior para produzir a morte, ou produziu-a de forma inusitada, de maneira totalmente imprevisível, inesperada? Por algum tempo, chegamos a sustentar que, nessa hipótese, *teria havido uma soma de esforços*, ou de energias, que, unidas, produziram o resultado morte, e que, por isso, o autor do ferimento, na hipótese, *responderia*, portanto, por esse resultado. No entanto, refletindo melhor, concluímos que atribuir a responsabilidade pela morte da vítima, descuidada, omissa e relapsa, a um simples ferimento que, com os cuidados básicos, não teria tido consequência alguma, constituiria uma inadmissível responsabilidade penal objetiva. Na verdade, a displicência da vítima criou um novo fluxo causal, inusitado, inesperado, causando, por si só, o resultado morte, ajustando-se, por conseguinte, ao disposto no art. 13, § 1º, ora em exame. O autor da lesão leve responderá somente por esse crime, nada mais.

b) Outro exemplo em que também *poderíamos excluir a relação de causalidade* da conduta anterior: uma pessoa, que foi ferida por "A", é levada ao hospital para ser medicada, mas a ambulância que a conduz envolve-se em um acidente de trânsito, projetando a vítima, que bate a cabeça no meio-fio da calçada e morre. Nesse caso, excluindo-se a conduta do ferimento, teria ocorrido o resultado morte? Se a vítima não tivesse sido ferida, *teria morrido naquele local e daquela maneira*? Não, nem estaria na ambulância, não teria sido projetada e muito menos batido a cabeça. Não se pode dizer que a conduta anterior não foi condição indispensável para a ocorrência do resultado subsequente. Foi. Mas houve também uma *causa superveniente*, o acidente que projetou a vítima para fora da ambulância. Assim, temos de perguntar se *essa causa superveniente aliou-se ao ferimento, somando energias na produção do resultado morte*, ou se a vítima morreu exclusivamente em virtude da segunda causa. Evidentemente que ela morreu de comoção cerebral, de maneira, portanto, inusitada, anormal, *imprevisível em relação à conduta primitiva*. Nessa hipótese, não houve, portanto, *soma de energias* entre as "causas", anterior e posterior. A segunda *causa* – superveniente e relativamente independente – produziu, por si só, o resultado morte.

A doutrina costuma dizer que, nesse caso, o *perigo* criado pelo comportamento do sujeito não chega ao dano final, *porque uma causa superveniente determina o surgimento de um novo perigo, de modo a determinar o dano final*. Essa situação então se enquadraria na previsão do § 1º do art. 13, *havendo a superveniência de uma causa relativamente independente da conduta anterior*. Nesse caso, realmente há uma *independência relativa*, porque se a vítima não estivesse ferida não se teria acidentado naquele local e daquela maneira; pois essa *concausa, por si só*, ocasionou o resultado, excluindo então a imputação relativamente ao fato anterior.

46

A pessoa que feriu não é autora de homicídio, mas causou somente uma lesão dolosa ou culposa ou, quem sabe, uma tentativa de homicídio, segundo o *elemento subjetivo* que orientou sua ação antecedente. Ou, ainda, não se lhe imputarão os fatos antecedentes, se o ferimento inicial da vítima, por exemplo, tiver sido acidental, isto é, sem dolo e sem culpa. O resultado morte, por fim, produzido pelo traumatismo craniano, em decorrência do acidente da ambulância, poderá ser imputado ao motorista desta, se resultar comprovado que sua conduta foi dolosa ou culposa.

4. Outras teorias da causalidade

Para uma exata compreensão do significado e alcance da *teoria da imputação objetiva,* e suas versões, é necessário mencionar, ainda que de forma sucinta, aquelas teorias sobre a causalidade que, com o avanço da dogmática penal, evoluíram à categoria de *princípio normativo de imputação objetiva.* Referimo-nos à *teoria da adequação,* também conhecida como *teoria da causalidade adequada,* e à *teoria da causa juridicamente relevante,* ou *da relevância típica.*

A *teoria da causalidade adequada* fundamenta-se originalmente no *juízo de possibilidade* ou de probabilidade da relação causal, formulados por Von Bar e Von Kries[9]. Ela parte do pressuposto de que *causa adequada* para a produção de um resultado típico (aspecto objetivo) não é somente a causa identificada a partir da teoria da equivalência das condições, mas, sim, aquela que era previsível *ex ante,* de acordo com os conhecimentos experimentais existentes e as circunstâncias do caso concreto, conhecidas ou cognoscíveis pelo sujeito cuja conduta se valora (aspecto subjetivo).

Martínez Escamilla[10] e López Peregrín[11] destacam que essa teoria permitiria excluir do âmbito da responsabilidade penal os *cursos causais irregulares* e aqueles resultados valorativos insatisfatórios. Imaginemos, por exemplo, que uma pessoa morra em decorrência de uma ferida leve causada intencionalmente por um terceiro. Sob a perspectiva estritamente *causal,* não é possível negar o nexo entre a conduta de quem realizou a lesão leve e o resultado morte (embora o aspecto subjetivo afaste essa consequência). Entretanto, através da *teoria da adequação,* seria possível

---

[9]   Luiz Régis Prado e Cezar Roberto Bitencourt, *Elementos de direito penal,* p. 74.
[10]   Martinez Escamilla, *La imputación objetiva,* p. 82.
[11]   López Peregrín, *La complicidad,* p. 181.

excluir o resultado morte do nexo de imputação quando faltasse para o autor da lesão a *previsibilidade objetiva* da possibilidade de produção daquele resultado concreto (imaginemos que o autor da lesão dolosa não saiba que a vítima é hemofílica). Essa teoria apresenta, sem embargo, a inconveniência do alto grau de indefinição acerca dos parâmetros valorativos necessários para medir algo como previsível ou imprevisível. Como veremos mais adiante, com a evolução da dogmática penal, essa teoria passou a ser complementada através de outros institutos, como as noções de *risco permitido* e *risco tipicamente relevante*. É bem verdade, que no caso da *hemofilia*, desconhecida pelo agente, estamos diante de uma *condição preexistente*, pois já existia antes da conduta do sujeito, facilitando a ocorrência do resultado. Há, nessa hipótese, uma *causa preexistente*, relativamente independente, a hemofilia (não abrangida pelo dolo, é verdade), que se *soma* à conduta do sujeito, e ambas, juntas, vão determinar o resultado.

Já para a *teoria da causa juridicamente relevante*, referida por Mezger, a relevância jurídica de uma determinada conduta, considerada inicialmente como causa de um resultado nos termos da *teoria da equivalência das condições*, deve ser abordada através da *interpretação do tipo penal* de que se trate. Essa ideia, entretanto, não foi desenvolvida, deixando apenas indicada a necessidade da utilização de critérios valorativos de imputação para a delimitação da tipicidade[12].

Em qualquer caso, ambas as teorias representaram um importante passo para a posterior consolidação do seguinte entendimento: as questões acerca da *causalidade* não devem ser confundidas com o *juízo valorativo de imputação* de um resultado típico.

5. A relevância causal da omissão

Em relação à *ação* não há maior dificuldade em se estabelecer o *nexo de causalidade*, porque há algo sensorialmente perceptível, que é o movimento corpóreo do agente, a sua atividade. O problema é diferente quando o agente permanece inativo, isto é, quando o agente não coloca em andamento um determinado processo causal. Estamos nos referindo aos *crimes omissivos*[13], sem ignorar que nem todos esses cri-

---

[12] López Peregrín, *La complicidad*, p. 181-182.

[13] Pe. Antônio Vieira, *Os sermões*: "A omissão é o pecado que se faz não fazendo. Por uma omissão perde-se um aviso, por um aviso perde-se uma ocasião, por uma ocasião perde-se um negócio, por um negócio perde-se um reino".

mes envolvem o problema da causalidade[14], como é o caso dos omissivos próprios.

Os *crimes omissivos próprios*, repisando, consistem simplesmente numa desobediência a uma norma mandamental, norma esta que determina a prática de uma conduta, que não é realizada. Há somente a *omissão* de *um dever de agir*, imposto normativamente, por isso, via de regra, os *delitos omissivos próprios* dispensam a investigação sobre a *relação de causalidade*, porque são delitos de mera atividade, ou melhor, *inatividade*[15], que não produzem qualquer resultado naturalístico. Há, no entanto, outro tipo de crime omissivo, como já afirmamos, o *comissivo por omissão* ou *omissivo impróprio*, no qual o *dever de agir* é para *evitar um resultado concreto*. Nesses crimes, o agente não tem simplesmente a obrigação de agir, mas a *obrigação de agir para evitar um resultado*, isto é, deve agir com a *finalidade* de impedir a ocorrência de determinado evento. Nos crimes comissivos por omissão há, na verdade, um crime material, isto é, um crime de resultado, exigindo, consequentemente, a presença de um *nexo causal* entre a ação omitida (esperada) e o resultado.

A possibilidade de imputar o resultado ao sujeito que se abstém de uma conduta devida significa reconhecer a existência de um *nexo de causalidade*, a exemplo da *ação ativa*, ou, ao contrário, significa apenas o reconhecimento de uma *causalidade jurídica*, portanto, de uma ficção do Direito?

Na doutrina predomina o entendimento de que *na omissão não existe causalidade*, considerada sob o aspecto naturalístico. Como já afirmava Sauer, sob o ponto de vista científico, natural e lógico, "do nada não pode vir nada". No entanto, o próprio Sauer admitia a *causalidade na omissão*, concluindo que "a omissão é causal quando a ação esperada (sociologicamente) provavelmente teria evitado o resultado"[16]. Na verdade, existe tão somente um *vínculo jurídico*, diante da equiparação entre *omissão* e *ação*. E toda a *equiparação* feita pelo Direito, quando não se fundamenta na realidade, nada mais é do que uma *ficção jurídica*.

---

[14] Luiz Régis Prado e Cezar Roberto Bitencourt, *Elementos de direito penal*, v. 1, p. 76: "Os tipos penais expressam-se normativamente em proibições e mandatos ou ordens, cuja infração dá lugar a delitos de estrutura diversa: a) *tipo de injusto comissivo*: a ação viola uma proibição (*delito comissivo*); b) *tipo de injusto omissivo*: a omissão transgride um imperativo, uma ordem de atuar (*delito omissivo*)".

[15] Juarez Tavares, *Crimes omissivos*, p. 23.

[16] Guillermo Sauer, *Derecho penal*, Barcelona: Bosch, 1956, p. 149-50 (§ 16, II).

Na *omissão* ocorre o desenrolar de uma *cadeia causal* que não foi determinada pelo sujeito, que se desenvolve de maneira estranha a ele, da qual é um mero observador. Acontece que a lei lhe determina a obrigação de intervir nesse processo, impedindo que produza o resultado que se quer evitar. Ora, se o agente não intervém, não se pode dizer que *causou* o resultado, que foi produto daquela energia estranha a ele, que determinou o processo causal. Na verdade, o sujeito não o *causou*, mas como não o *impediu* é equiparado ao verdadeiro causador do resultado. Portanto, na *omissão imprópria* não há o *nexo de causalidade*, há o nexo de *"não impedimento"*[17]. A *omissão* relaciona-se com o resultado pelo seu não impedimento e não pela sua causação. E esse *não impedimento* é erigido pelo Direito à condição de *causa*, isto é, como se fosse a causa real.

Determinado o nexo de causalidade e a relevância típica da conduta, necessitamos ainda, para responsabilizar alguém, analisar a ilicitude e a culpabilidade, logicamente. Assim, o *nexo de causalidade* é um primeiro passo na indagação da existência de uma infração penal que, finalmente, para poder ser atribuída a alguém, precisa satisfazer os requisitos da tipicidade, da antijuridicidade e da culpabilidade.

6. A teoria da imputação objetiva e âmbito de aplicação

Como lembra Mir Puig[18], todo tipo doloso requer certos requisitos mínimos na conduta externa, que devem ser estudados na teoria geral do tipo doloso – e que geralmente são comuns a todo tipo objetivo, inclusive aos crimes culposos. Porém, a *imputação do tipo objetivo* somente é um problema da Parte Geral quando o tipo requer um resultado no mundo exterior separado, no tempo e no espaço, da ação do autor. Nos crimes de *mera atividade*, como o de falso testemunho, de ameaça, de injúria, a imputação do tipo objetivo se esgota na subsunção dos elementos do tipo respectivo, que deve ser tratado na Parte Especial[19].

Como já afirmamos, a *relação de causalidade* não é o único elemento relevante para *a imputação objetiva do resultado* à conduta humana precedente. A *teoria da imputação objetiva* não tem, contudo, a pretensão de resolver a *relação de causalidade*, tampouco de substituir ou eliminar

---

[17] Ver, em sentido semelhante: Jescheck, *Tratado de derecho penal*, Barcelona: Bosch, 1981, v. 2, p. 826; Zaffaroni, *Manual de derecho penal*, 6. ed., Buenos Aires: Ediar, 1991, p. 453.

[18] Santiago Mir Puig, *Derecho penal*, p. 216.

[19] Claus Roxin, *Derecho penal*, p. 345.

a função da *teoria da "conditio sine qua non"*. Objetiva não mais que *reforçar*, do ponto de vista *normativo*, a atribuição de um resultado penalmente relevante a uma conduta. Em outros termos, não pretende fazer prevalecer um *conceito jurídico* de imputação sobre um *conceito natural* (prejurídico) de causalidade, mas acrescentar-lhe conceitos normativos limitadores de sua abrangência. Com efeito, nos crimes de ação (os materiais) a *relação de causalidade*, embora necessária, não é suficiente para a *imputação objetiva* do resultado. Nos crimes comissivos por omissão, a *imputação objetiva* não requer uma relação de causalidade propriamente, mas apenas que o sujeito não tenha impedido o resultado quando podia e devia fazê-lo, em razão de sua *condição de garante*.

Enfim, a *relação de causalidade* não é suficiente nos *crimes de ação*, nem sempre é necessária nos *crimes de omissão* e é absolutamente irrelevante nos *crimes de mera atividade*. Portanto, a teoria da *imputação objetiva* tem espaço e importância reduzidos.

Para a *teoria da imputação objetiva*, o resultado de uma conduta humana somente pode ser objetivamente imputado a seu autor quando tenha criado a um bem jurídico uma situação de risco juridicamente proibido (não permitido) e tal risco se tenha concretizado em um resultado típico. Em outros termos, somente é admissível a imputação objetiva do fato se o resultado tiver sido *causado* pelo risco não permitido criado pelo autor. Em síntese, determinado resultado somente pode ser imputado a alguém como obra sua e não como mero produto do azar. A teoria objetiva estrutura-se, basicamente, sobre um conceito fundamental: o *risco permitido*. Permitido o risco, isto é, sendo socialmente tolerado, não cabe a imputação; se, porém, o risco for proibido, caberá, em princípio, a imputação objetiva do resultado.

A *teoria da imputação objetiva* pode ser vista, sob essa perspectiva, como uma evolução da ideia da *causa juridicamente relevante*, na medida em que dá um passo adiante, em relação à proposta referida por Mezger, e oferece critérios normativos para a delimitação da tipicidade objetiva. Por outro lado, a *teoria da imputação objetiva* pode ser vista como uma *evolução da teoria da adequação*, na medida em que *aperfeiçoa o critério da previsibilidade objetiva* em prol de uma melhor delimitação da conduta típica relevante. Apresenta-se, nesse sentido, como uma teoria capaz de abordar os requisitos valorativos necessários para aferir a tipicidade objetiva de uma conduta, sem incorrer na clássica confusão entre o *plano causal ontológico* e o *plano normativo*[20].

---

[20] Luiz Régis Prado e Cezar Roberto Bitencourt, *Elementos de direito penal*, p. 74-75.

Para Martínez Escamilla, essa teoria hoje representa um contraponto ao *método ontológico do finalismo* e se estrutura a partir de considerações eminentemente valorativas, relacionadas com determinadas concepções de sistema penal, concretamente, com *concepções funcionalistas*[21]. Quanto a sua origem, atribui-se a Larenz a primeira aproximação aos problemas tratados no âmbito da *teoria da imputação objetiva*[22], e a Honig e a Roxin o moderno entendimento dessa teoria[23], como uma *teoria da imputação objetiva do resultado*[24].

Para Roxin, "um resultado causado pelo agente somente pode ser imputado ao tipo objetivo se a conduta do autor criou um perigo para o bem jurídico *não coberto pelo risco permitido*, e se esse perigo também se realizou no resultado concreto"[25]. Dessa forma, observa Roxin, os postulados básicos da teoria da imputação objetiva, gerando um amplo debate na doutrina que, apesar de aceitá-la em termos gerais, diverge quanto (a) aos critérios que devem integrar o *juízo de imputação objetiva* do resultado, (b) ao conteúdo de cada um desses critérios e (c) o seu âmbito de aplicabilidade.

Vejamos, exemplificativamente, algumas dessas (as mais relevantes) divergências existentes. Na concepção de Roxin, *a teoria da imputação objetiva* estabelece três requisitos básicos para a imputação objetiva do resultado, que representam, em realidade, três grandes grupos de problemas: a) *a criação de um risco jurídico-penal relevante, não coberto pelo risco permitido*; b) *a realização desse risco no resultado*; e c) *que o resultado produzido entre no âmbito de proteção da norma penal*[26].

---

[21] *La imputación objetiva*, p. 34.

[22] Martínez Escamilla, *La imputación objetiva*, p. 19-22; Carlos Suárez González e Manuel Cancio Meliá, Estudio preliminar. In: Günther Jakobs, *La imputación objetiva en derecho penal*, Madrid: Civitas, 1996, p. 22-28.

[23] Embora, no plano filosófico, se possa vislumbar resquício de imputação objetiva do resultado, enquanto teoria da imputação, nas obras de Platão (*República*) e Aristóteles (*Ética*), no campo do direito moderno, destaca Juarez Tavares: "(...) inicia-se ela com a obra de Larenz, que busca discutir acerca da teoria da imputação em Hegel e no direito penal, em particular, com um livro de Hardwig" (*Teoria do injusto penal...*, p. 223). A partir daí, começaram a surgir as mais variadas proposições em torno do tema, mais ou menos extravagantes, chegando-se ao extremo com Günther Jakobs, que propõe a *reformulação da teoria do crime*, transformando-a em *teoria da imputação* (*Derecho penal*, p. 226 e 237).

[24] López Peregrín, *La complicidad*, p. 183.

[25] *Derecho penal*, p. 363.

[26] *Derecho penal*, p. 365-387.

O primeiro requisito, *a criação de um risco jurídico-penal relevante*, visa identificar se a conduta praticada pelo agente infringe alguma norma do *convívio social*, e pode ser valorada como tipicamente relevante. Concretamente, se se trata de *uma conduta perigosa*, idônea para a produção de um resultado típico, *não coberta pelo risco permitido*. Em caso afirmativo, pode-se dizer que a conduta representa a *criação de um risco jurídico-penal proibido*, sendo, nesse sentido, relevante para o Direito Penal. Em caso negativo, isto é, se a conduta praticada não é idônea para a produção do resultado típico, ou, sendo idônea, está permitida pelo ordenamento jurídico, então fica afastada a relevância típica da conduta, que não poderá sequer ser punida a título de tentativa. Uma vez constatada a relevância típica da conduta praticada, é necessário analisar se o agente pode ser responsabilizado pela prática de um crime consumado, ou seja, se está presente o segundo requisito, a *realização do risco proibido no resultado*. A responsabilidade pelo delito consumado deve ser inicialmente inferida pela constatação da *relação de causalidade* entre a conduta do agente e o resultado típico. Além disso, é necessário demonstrar se o resultado típico representa, *precisamente*, a realização do risco proibido criado ou incrementado pelo agente. Quanto ao terceiro requisito, *âmbito de proteção da norma*, trata-se de um *limitador da imputação objetiva*, que visa à *interpretação restritiva dos tipos penais*, de tal modo que, em determinados casos, seja possível negar a imputação do resultado, inclusive quando os outros dois requisitos estejam presentes. Como adverte Roxin[27], no momento de valorar se o resultado é a realização do risco não permitido, é necessário estabelecer uma correspondência entre a *finalidade* e o *alcance da norma de cuidado* (sob a perspectiva *ex ante*) e o resultado, de modo que *não se pode imputar o resultado à conduta se a norma de cuidado era insuficiente ou inadequada para evitar o resultado finalmente produzido*. Ou seja, apesar de a conduta gerar um risco tipicamente relevante, não amparado por um risco permitido, não haverá imputação se se verificar, *ex post,* que os cuidados exigidos, *ex ante,* não eram suficientes nem adequados para evitar o *resultado desvalorado*, na medida em que fatores imprevisíveis ou desconhecidos (*ex ante*) também interferiram na produção do resultado típico.

Sem embargo, para Wolfgang Frisch, as questões relacionadas com o *risco proibido* são parte da teoria do injusto e, como tal, não entram no âmbito da teoria da imputação objetiva, que estaria restrita a um marco

---

[27] *Derecho penal*, p. 378.

de aplicação mais estrito, qual seja, o da determinação da relação entre a conduta típica e o resultado. Nas palavras desse autor, "a temática normativa da *imputação objetiva do resultado* começa unicamente quando se dá previamente resposta (na verificação do caso, afirmativamente) aos problemas *normativos do risco proibido*, referidos ao injusto do comportamento. Seu objeto não é a questão dos princípios em virtude dos quais devem ser determinados o *risco proibido*, ou os casos que devem ser considerados como exemplos de criação de um perigo aprovado ou desaprovado"[28].

Por outro lado, Jakobs propõe um desenvolvimento da *teoria da imputação objetiva* também distinto. Atribui, em princípio, uma finalidade similar à formulada por Roxin para a teoria da imputação objetiva. Com efeito, na concepção de Jakobs, essa teoria tem a missão de identificar "as propriedades objetivas gerais da conduta imputável"[29]. Entretanto, opta por uma *via metodológica* diferente à de Roxin, para determinar os *critérios de imputação objetiva*, estreitamente vinculada à sua *concepção funcional normativista* do sistema penal. Essa concepção vem sendo duramente criticada pela doutrina especializada por conduzir a *um juízo de valor eminentemente formal e abstrato* da relevância típica da conduta, carente de um referente material estável e empírico contrastável, para fins de delimitação da conduta punível[30]. Além disso, questiona-se o alcance que essa teoria assume na formulação de Jakobs, que pretende *reinterpretar, em sua totalidade, o conteúdo e significado dos elementos que compõem o injusto penal*, ultrapassando os limites da relevância típica de uma determinada conduta para projetar-se, inclusive, sobre o tratamento da *autoria* e *participação* no delito[31].

A teoria da imputação objetiva, a nosso juízo, tem grande utilidade para a delimitação da tipicidade nos crimes de resultado, isto é, para aqueles casos em que a descrição dos elementos do tipo exige que a consumação do delito somente ocorre com um resultado no mundo exterior separado, no tempo e no espaço, do comportamento que o precede (os

---

[28] Wolfgang Frisch, *Comportamiento típico e imputación del resultado*. Tradução da edição alemã (Heidelberg, 1988) por Joaquín Cuello Contreras e José Luis Serrano González de Murillo, Madrid: Marcial Pons, 2004, p. 65.

[29] *Derecho penal*, p. 224.

[30] Rafael Alcácer Guirao, *La tentativa inidónea. Fundamento de punición y configuración del injusto*, Granada: Comares, 2000, p. 351.

[31] Suárez González e Cancio Meliá, in *La imputación objetiva*, p. 39-50; Jakobs, *Derecho penal*, p. 226 e 237; idem, *La imputación objetiva*, p. 147 e s.; Juarez Tavares, *Teoria do injusto penal*, Belo Horizonte: Del Rey, 1998, p. 223.

denominados crimes materiais). Nesse âmbito, *os critérios de imputação objetiva* servem tanto para a delimitação da(s) conduta(s) penalmente relevante(s) como para a atribuição do resultado típico àquela(s) conduta(s) que se identifique(m) como relevante(s) para o Direito Penal, e apta(s) para a produção do resultado. Com essa configuração, estamos de acordo com Roxin, Jakobs, Martínez Escamilla, Mir Puig, entre outros, no sentido de que a *teoria da imputação objetiva* encerra um *duplo juízo de imputação*: (a) um juízo *ex ante* sobre a relevância típica da conduta e (b) um juízo *ex post*, sobre a possibilidade de atribuição do resultado típico àquela conduta.

Nos crimes de *mera atividade*, como o de falso testemunho, de ameaça, de injúria, entre outros, a imputação do tipo objetivo esgota-se no primeiro juízo de imputação, ou seja, uma vez que se constate que o *risco proibido criado pelo comportamento do sujeito* apresenta a idoneidade para ofender o bem jurídico protegido, ou seja, com a subsunção dos elementos do tipo respectivo, de acordo com os elementos descritos na Parte Especial[32].

E quais são, exatamente, esses critérios que, em linhas gerais, conformam o primeiro e segundo juízos de imputação?

No nosso entendimento, o *primeiro juízo de imputação* (relevância típica da conduta) está diretamente vinculado à valoração da *criação de um risco proibido*. Vale advertir, desde logo, que as considerações sobre a *criação de um risco* jurídico-penalmente relevante não constituem uma descoberta da teoria da imputação objetiva. Em realidade, desde que Welzel destacou que o ilícito penal não poderia ser explicado somente como *desvalor do resultado*, e que a lesão ou exposição ao perigo de um determinado bem jurídico somente interessa se, previamente, se identifica uma conduta relevante para o Direito Penal, os estudiosos da dogmática penal vêm se preocupando com os requisitos que identificam a perigosidade da conduta *ex ante* e sua relevância típica, isto é, o *desvalor da ação*[33]. O mérito da teoria da imputação objetiva consiste em haver sistematizado critérios para este fim desde uma perspectiva normativa, consolidando na doutrina o entendimento de que *as valorações jurídico-penais não devem estar limitadas a considerações ontológicas.* Cabe, sem embargo, destacar que com a afirmação da necessidade de identificar a criação de um *risco*

---

[32]   Claus Roxin, *Direito penal*, p. 345.
[33]   Martínez Escamilla, *La imputación objetiva*, p. 76-77; López Peregrín, *La complicidad*, p. 230-233.

jurídico penalmente relevante, somente estamos indicando o problema normativo que deve ser resolvido, e não, propriamente, os critérios que nos auxiliam na sua resolução. Com efeito, existe uma ampla discussão em torno de quais seriam esses critérios, bastando, por exemplo, comparar as diferenças existentes entre a postura de Jakobs e Roxin.

Apesar das divergências, quanto a relevância *ex ante* da conduta, destacamos que ela poderá ser aferida através dos critérios que consideramos realmente úteis para este fim, e que passamos a analisar a seguir. Em primeiro lugar, é necessário realizar um *juízo de valor* acerca da perigosidade da conduta, nos termos da teoria da adequação social. Ou seja, entendendo a *perigosidade* como característica da ação, reconhecível e possível de valorar desde a perspectiva *ex ante*, e que constitui um *requisito básico do desvalor da ação*. Dessa forma, analisaremos – elaborando um *juízo de probabilidade* – se o risco criado pela conduta, objetivamente adequado para a produção do resultado, é, ademais, previsível *ex ante* para o sujeito que o realiza.

Ultrapassado esse primeiro filtro valorativo, o passo seguinte consiste em identificar se o risco *ex ante* adequado à produção do resultado é, de fato, *um risco permitido*, ou se constitui *um risco proibido*. É nesse momento que começamos a valorar se a conduta corresponde, ou não, à prática de uma atividade lícita, socialmente útil, realizada dentro do limite mínimo da prudência, isto é, atendendo aos cuidados minimamente necessários para a vida em sociedade. Esse *critério* pode ser explicado através da *função preventiva do Direito Penal*, no sentido de que este não tem a finalidade de proteger de maneira absoluta os bens jurídicos relevantes para a sociedade, mas somente de maneira residual e fragmentária.

Pode ocorrer, no entanto, que apesar de a conduta do sujeito ser adequada para a produção do resultado e de representar *a criação de um risco proibido*, não deva ser considerada relevante para efeitos penais. Referimo-nos aos casos em que a conduta realizada represente *uma diminuição do risco de lesão* do bem jurídico. Este critério, proposto por Roxin, aplica-se às hipóteses em que o sujeito *modifica o curso causal e diminui a situação de perigo já existente* para o bem jurídico, e, portanto, melhora a situação do objeto da ação[34]. Assim, de acordo com esse crité-

---

[34] Claus Roxin, *Derecho penal*, p. 365.

rio, "apesar de ser causa do resultado, quem pode desviar a pedra que vê voar em direção à cabeça de outrem, sem a tornar inócua, mas fazendo-a atingir uma parte do corpo menos perigosa, não comete lesões corporais. Tampouco as comete o médico que, através de suas medidas, consegue unicamente postergar a morte de seu paciente"[35]. E a aplicação desse critério possibilitaria decidir, já no âmbito da tipicidade, a relevância penal da conduta, não sendo necessário, nesses casos, indagar sobre a caracterização de uma *causa de justificação*.

Com relação ao *segundo juízo de imputação*, neste âmbito, trata-se de verificar se o resultado típico pode ser atribuído à conduta previamente identificada como relevante. Para este fim são úteis os seguintes critérios sistematizados pela teoria da imputação objetiva que passamos a analisar a seguir.

Em primeiro lugar, é necessário constatar a relação de causalidade nos termos da teoria da *conditio sine qua non*. Esta constitui, como já advertimos, o primeiro fator a levar em consideração: se a conduta não pode ser vista como causa do resultado, não há que seguir indagando sobre a relevância típica do comportamento[36]. Superado esse primeiro requisito, isto é, constatado que a conduta deu causa ao resultado, desde uma *perspectiva naturalista*, passamos a indagar se esse resultado representa, desde uma *perspectiva normativa*, justamente a realização do *risco proibido criado pelo autor*, ou se outros fatores interferiram na sua produção. A esse respeito são precisas as palavras de Frisch, segundo o qual, "os resultados que não possam ser concebidos como a realização do risco típico desaprovado, criado pelo autor, ficam excluídos como resultado típico imputável ao (obrar do) autor"[37].

E de que forma demonstra-se essa *relação de risco* que integra o *segundo juízo de imputação*? Através de que critérios?

---

[35] Claus Roxin, *Funcionalismo e imputação objetiva no direito penal*, tradução e introdução de Luis Greco, Rio de Janeiro/São Paulo: Renovar, 2002, p. 313.

[36] Martínez Escamilla, *La imputación del resultado*, p. 168; Wolfgang Frisch, *Comportamiento típico e imputación del resultado*, trad. da edição alemã (Heidelberg, 1988) por Joaquín Cuello Contreras e José Luis Serrano González de Murillo, Madrid: Marcial Pons, 2004, p. 551.

[37] *Comportamiento típico e imputación del resultado*, p. 550-551.

Nesse âmbito não encontramos um elenco de critérios devidamente definidos. Em realidade, com a afirmação de que deve ser constatada a *relação de risco* para a imputação objetiva do resultado, somente logramos identificar o problema que deve ser resolvido desde a perspectiva normativa, e não, propriamente, os critérios que são válidos para esse fim. Com efeito, com esse ponto de partida, vem sendo utilizada uma série de critérios para resolver antigos problemas que já vinham sendo suscitados pelas *teorias da causalidade*. Entre os critérios utilizados, vale destacar o *juízo de adequação do resultado*, a *teoria da evitabilidade*, o critério do *incremento do risco* e o critério *do fim de proteção da norma*.

Como primeiro degrau de valoração, devemos analisar se existe uma relação de adequação entre o resultado produzido e a conduta que representa a criação de um risco proibido. O *juízo de adequação* será agora realizado, não como um juízo de prognóstico sobre a previsibilidade da produção do resultado desde a perspectiva *ex ante*, mas desde a perspectiva *ex post*, ou seja, uma vez conhecidas todas as circunstâncias do fato, para que seja possível aferir se o resultado foi realmente produzido pela conduta (*ex ante*) adequada e jurídico-penalmente relevante, ou se foi provocado pelo *desvio do curso causal*, pela concorrência de outros fatores causais, ou pela ação de elementos imprevisíveis[38].

Esse critério é, sem embargo, insuficiente para valorar a relação de risco quando *ex post* se constata que o resultado se produziria de qualquer forma, inclusive se o autor tivesse adotado um comportamento conforme ao Direito. Dito de outra forma, para aqueles casos em que existe *desvalor de ação*, o autor com o seu comportamento cria um *risco proibido*, mas, desde a perspectiva *ex post*, se observa que o resultado não poderia ser evitado, nem mesmo na hipótese de que o risco houvesse permanecido dentro dos limites permitidos. Assim, por exemplo, imaginemos o caso do gerente de uma fábrica de pincéis que entrega a seus trabalhadores pelos de cabra que não foram previamente esterilizados, contraindo os trabalhadores um bacilo que provoca a morte de quatro deles, e que, finalmente, fique demonstrada a inutilidade das medidas convencionais de esterilização para evitar o contágio[39]. A questão de fundo suscitada por esse caso é formulada por Martínez Escamilla nos seguin-

---

[38] Corcoy Bidasolo, *El delito imprudente*, p. 436; Mir Puig, *Derecho penal*, p. 246-250.

[39] Esse caso paradigmático, amplamente discutido pela doutrina especializada para a explicação do critério do incremento do risco, foi referido inicialmente por Roxin, e pode ser visto na obra *Funcionalismo e imputação objetiva*, p. 332.

tes termos: "Que relevância possui para a imputação objetiva de um resultado o fato de que com segurança, probabilidade ou, possivelmente, esse mesmo resultado também se produzisse com o comportamento conforme o direito?"[40].

Nesses casos, a discussão gira em torno da possibilidade de imputação de resultados não planificados, pelo menos, a título de imprudência. Deve a conduta ser punida (sem ignorar o *princípio da excepcionalidade do crime culposo*)? Ou a impossibilidade de evitar o resultado afasta, inclusive, o *desvalor de ação*? Na opinião de Frisch, quando, desde a perspectiva *ex post*, chega-se à conclusão de que um acontecimento perigoso não poderia ser controlado com uma medida de cuidado planificável (no exemplo referido, através da esterilização dos pelos de cabra utilizando os métodos convencionais), *o comportamento que deu lugar a esse risco não entra no âmbito do risco proibido*, pois faltaria, para o autor desse comportamento, a possibilidade de evitar o resultado. E isso porque "os perigos em virtude dos quais é desaprovada a ação estão também caracterizados [...] por aspectos instrumentais (possibilidade e probabilidade de evitar o resultado); se, com referência ao fato real, não se realiza *ex post* o critério instrumental determinante, fica assim verificado, ao mesmo tempo, que não se realizou nenhum curso causal que a norma tenha que (ou possa) prevenir, e, portanto, nem mesmo o perigo desaprovado pela norma"[41].

O *juízo de evitabilidade* nos conduz, portanto, a isentar de responsabilidade nesses casos. Mas quando exista certa margem de *dúvida sobre a evitabilidade do resultado*, isto é, quando não se saiba, com segurança, se a conduta realizada dentro do *risco permitido* poderia evitar o resultado típico (no exemplo citado, imaginemos que não se pudesse determinar com certeza a ineficácia das medidas de desinfecção dos pelos de cabra), as soluções são divergentes.

Para Roxin, se o autor ultrapassa o *risco permitido* e, dessa forma, incrementa as possibilidades de acontecimento do resultado típico, então este resultado deve ser imputado àquela conduta perigosa[42]. Através do *critério do incremento do risco* poderíamos chegar, portanto, justamente a uma solução contrária ao princípio *in dubio pro reo*, sendo, nesse sentido, favorável à imputação do resultado à conduta. Essa concepção ro-

---

[40] *La imputación objetiva*, p. 193.
[41] *Comportamiento típico e imputación del resultado*, p. 566-567.
[42] *Funcionalismo e imputação objetiva*, p. 338-341.

xiniana é criticada por Martínez Escamilla – com a qual fazemos coro – que considera o *critério do incremento do risco* carente, em última instância, de referências normativas que fundamentem os resultados a que conduz[43].

Com essa perspectiva crítica, a doutrina especializada considera mais adequado solucionar os casos duvidosos através do *critério do fim de proteção da norma*, refletindo sobre os riscos que a norma penal pretende e pode evitar. Através desse critério, não poderá ser atribuído um resultado típico a uma conduta perigosa se a medida de proteção, *ex ante* adequada para evitar o resultado típico, é considerada *ex post* inadequada para evitá-lo. Na verdade, não entraria no *âmbito de proteção da norma de cuidado* evitar resultados impossíveis de controlar, de maneira *ex ante* planificada: assim, ficaria afastada a imputação do resultado, mesmo estando demonstrado o *nexo de causalidade* entre a conduta e o resultado[44]. Ocorre que, inclusive entre os autores que defendem esse critério, não existe unanimidade quanto ao seu alcance. E essa é uma questão de especial importância, porque repercute diretamente no *juízo de valoração* acerca da atribuição, ou não, de responsabilidade penal. Se entendermos, como Martínez Escamilla, que no caso dos pelos de cabra a finalidade da norma de cuidado (o dever de esterilização) abrange, de um modo geral, o dever de evitar ou diminuir os riscos de contágio de enfermidades pela manipulação de ditos pelos, então esse critério fundamenta a relação de risco e justifica a imputação do resultado ao empresário que infringiu a referida norma de cuidado. Entretanto, se entendemos como Corcoy Bidasolo[45], que a norma de cuidado corresponde ao dever de cuidado a ser observado no caso concreto, com conhecimento de todas as circunstâncias existentes (*ex ante* e *ex post*), então o conteúdo e a finalidade do *dever de cuidado* se limitariam ao âmbito da capacidade desta norma de efetivamente controlar ou evitar os riscos de contágio da enfermidade específica transmitida pela, até então desconhecida, bactéria, quando da manipulação dos pelos de cabra. Considerando que a esteri-

---

[43] *La teoría da imputación objetiva*, p. 219-233. O critério do incremento do risco também é criticado por Jakobs, *Derecho penal*, p. 285-287; Feijoo Sánchez, *Resultado lesivo e imprudência*, p. 162-171. Corcoy Bidasolo também realiza uma análise crítica desse critério e indica que ele deve ser complementado pelo critério do fim de proteção da norma (*El delito imprudente*, p. 519-520).

[44] Veja a este respeito Martínez Escamilla, *La imputación objetiva*, p. 262-268; Corcoy Bidasolo, *El delito imprudente*, p. 564-574.

[45] *El delito imprudente*, p. 564-574.

60

lização convencional não era apta a evitar o específico contágio produzido, porque era desconhecida esta possibilidade, então este dever não se circunscreve no âmbito do fim de proteção da norma; logo, não é possível demonstrar o nexo entre a criação do risco proibido e o resultado produzido, nem justificar a imputação do resultado ao empresário, porque a norma de cuidado no caso, *ex ante* aplicável, não tinha por finalidade evitar aquele tipo de contágio, nem, finalmente, o resultado produzido.

6.1. Considerações críticas

Os reflexos da *teoria da imputação objetiva* e suas versões devem ser muito mais modestos do que o *furor de perplexidades* que andou causando no continente latino-americano. Afinal, a única *certeza,* até agora, apresentada pela teoria da imputação objetiva é a *incerteza* dos seus enunciados, a imprecisão dos seus conceitos e a insegurança dos resultados a que pode levar quando comparamos as inúmeras propostas formuladas pela doutrina a respeito! Aliás, o próprio Claus Roxin, maior expoente da teoria em exame, afirma que "o conceito de risco permitido é utilizado em múltiplos contextos, mas sobre seu significado e posição sistemática reina a mais absoluta falta de clareza"[46]. Por isso, sem opor-se às inquietudes e investigações que se vêm realizando, há já alguns anos, recomenda-se cautela e muita reflexão no que se refere aos progressos e resultados "miraculosos" sustentados por determinado segmento de *aficionados* de tal teoria.

Na realidade, a teoria da imputação objetiva *tem natureza complementar*, uma vez que não despreza de todo a solução oferecida pela teoria da *conditio*, pois admite essa solução causal. Propõe-se, na verdade, a discutir e sugerir *critérios normativos limitadores dessa causalidade*, sendo desnecessário, consequentemente, projetar critérios positivos, mostrando-se suficientes somente critérios negativos de atribuição. Nesse sentido, afirma, com muita propriedade, Juarez Tavares que "a teoria da imputação objetiva, portanto, não é uma teoria para atribuir, senão para restringir a incidência da proibição ou determinação típica sobre determinado sujeito. Simplesmente, por não acentuarem esse aspecto, é que falham no exame do injusto inúmeras concepções que buscam fundamentá-lo"[47]. E, nessa mesma linha, afirma Paulo Queiroz que ela "é mais uma

---

[46] Roxin, *Derecho penal*, p. 371.
[47] Juarez Tavares, *Teoria do injusto penal*, Belo Horizonte: Del Rey, 2000, p. 222-223.

teoria da 'não imputação' do que uma teoria 'da imputação'"[48]. Na verdade, a teoria da imputação objetiva, mais que *imputar*, tem a finalidade de *delimitar* o âmbito e os reflexos da *causalidade física*.

Por fim, as dificuldades ainda existentes na sistematização dos *critérios de imputação objetiva* não desvirtuam, contudo, o grande *mérito* dessa teoria, qual seja, a consolidação na dogmática penal da utilização de *considerações normativas*, próprias do discurso jurídico, já na delimitação da tipicidade. De tal forma que sempre que realizemos o juízo de subsunção de uma conduta em face de um delito de resultado, deveremos analisar se a conduta sobre a qual recai o *juízo de tipicidade* cria um risco proibido (desvalor e ação) e, para a atribuição do delito consumado, se esse risco se realizou no resultado típico (desvalor de resultado). A eleição dos *critérios valorativos* é certamente discutível, mas não a necessidade de realizar esse *duplo juízo de imputação*.

---

[48] Paulo Queiroz, Crítica à teoria da imputação objetiva, *Boletim do ICP*, n. 11, dez. 2000, p. 3.

Capítulo III
ANTIJURIDICIDADE GERAL E ESPECIAL

Sumário: 1. Considerações gerais. Antecedentes da antijuridicidade. 2. Terminologia: antijuridicidade e injusto. Antinormatividade e antijuridicidade. Ilicitude e antijuridicidade. 3. Antijuridicidade formal e antijuridicidade material. 3.1. Concepção unitária de antijuridicidade. 4. Antijuridicidade genérica e antijuridicidade específica. 4.1. Antijuridicidade penal e antijuridicidade extrapenal: ilicitude única e independência de instâncias. 5. Desvalor da ação e desvalor do resultado.

1. Considerações gerais. Antecedentes da antijuridicidade

Tipicidade, antijuridicidade e culpabilidade estão de tal forma relacionadas entre si que cada elemento posterior do delito pressupõe o anterior[1]. A divisão do delito em três aspectos, para fins de avaliação e valoração, facilita e racionaliza a aplicação do Direito, garantindo a segurança contra as arbitrariedades e as contradições que frequentemente poderiam ocorrer. Essa divisão tripartida da valoração permite a busca de um resultado final mais adequado e mais justo. Dessa forma, uma vez afirmada a tipicidade da conduta, o seguinte degrau valorativo corresponde à análise da antijuridicidade, em cujo âmbito cabe determinar se a conduta típica é contrária ao Direito, isto é, ilícita, e constitui um injusto. O termo antijuridicidade expressa, portanto, um *juízo de contradição* entre a conduta típica praticada e as normas do ordenamento jurídico[2].

Destacamos em capítulo anterior que a tipicidade é indiciária da antijuridicidade, assim, uma vez realizado o *juízo de subsunção* do fato

---

[1]   Hans Welzel, *Derecho penal alemán*, p. 73.
[2]   Francisco Muñoz Conde e Mercedes García Arán, *Derecho penal*: parte general, 8. ed., Valencia: Tirant lo Blanch, 2010, p. 299.

executado pelo autor a um determinado tipo de injusto, o passo seguinte consiste em analisar se o fato típico é realmente desaprovado pelo ordenamento jurídico ou se, no caso, existe alguma circunstância que o autorize. Nesses termos, como veremos ao longo deste capítulo, o operador jurídico realiza *um juízo de valor* para determinar se o *indício de antijuridicidade* se confirma, ante a ausência de *causas de justificação*, ou se pode ser desconstituído, pela presença de uma dessas causas. Ou seja, para afirmar-se a antijuridicidade da conduta típica é necessário negar-se a existência de causa de justificação. Na lição de Maurach, a teoria da antijuridicidade *limita-se* à caracterização negativa do fato; além disso, ela é um juízo sobre o acontecer, não sobre a personalidade[3].

Essa moderna conformação da antijuridicidade, como já demonstramos, é de data recente, após um longo período de elaboração dogmática. As primeiras construções partiam da separação entre "antijuridicidade objetiva" e "culpabilidade subjetiva", superando um amplo conceito anterior de culpabilidade, em prol da sua independência como característica específica do delito. Na verdade, a formulação da *antijuridicidade* como conceito autônomo deve sua origem, sobretudo, a Ihering[4], no ano de 1867. Essa concepção de antijuridicidade, que se impôs paulatinamente, apesar de algumas resistências, pertence, como dizia Welzel, àqueles conceitos "fundamentais simples de validade universal, de acordo com os métodos do pensamento incondicionalmente necessário de nossa ciência"[5]. Nessa época, Ihering percebeu que a posição do "possuidor de boa-fé" era diferente da do ladrão. Ao primeiro, precisamente por sua boa-fé, não se lhe pode *censurar* por ter em seu poder a coisa alheia. Já, ao segundo, sim, como registro da reprovabilidade social de sua conduta. Apesar disso, não se pode considerar a situação do possuidor de boa-fé conforme ao Direito. Em síntese, a posição do *possuidor* é antijurídica, mas não é culpável. A culpabilidade, no ordenamento jurídico, justifica a imposição de outras consequências jurídicas peculiares ao Direito Penal. Assim, a posição do ladrão, que subtraiu a coisa alheia, além de ser antijurídica, é também culpável, fundamentando, além da *ação restituitória*, as sanções próprias do Direito Penal.

---

[3]   Maurach e Zipf, *Derecho penal*, Buenos Aires: Astrea, 1994, v. 1, p. 419.
[4]   Welzel, *Derecho penal alemán*, p. 73; Rodriguez Mourullo, *Derecho penal*, Madrid: Civitas, 1978, p. 321.
[5]   Welzel, *Derecho penal alemán*, p. 74.

Sob esse ponto de vista Ihering distinguiu duas formas de contrariedades ao ordenamento jurídico: uma *objetiva* e outra *subjetiva*. Sobre a base dessa dicotomia, acolhida pelos *pandectistas*[6] contemporâneos, desenvolveu-se a teoria que diferencia a "antijuridicidade", concebida como expressão dos elementos objetivos, da "culpabilidade", entendida como expressão dos elementos subjetivos das infrações jurídico-penais. Aliás, somente na 2ª edição do *Tratado* de Von Liszt, em 1884, foi que se desenvolveu pela primeira vez, claramente, a separação entre *antijuridicidade* e *culpabilidade*, segundo os critérios objetivos e subjetivos[7].

Nessas primeiras formulações a antijuridicidade é concebida fundamentalmente de um modo objetivo, o que, aliás, é perfeitamente explicável, uma vez que se tratava de dotá-la de autonomia ante a característica da culpabilidade, concebida então como a parte subjetiva das infrações penais. A formulação da tipicidade, como característica primária do delito, é de data ainda mais recente, devendo-se a Beling, em 1906, a sua elaboração, também, inicialmente, em uma concepção puramente objetiva. Beling, como já tivemos oportunidade de afirmar, refez, em termos, a sua teoria em 1930.

2. Terminologia: antijuridicidade e injusto. Antinormatividade e antijuridicidade. Ilicitude e antijuridicidade

Alguns autores utilizam a expressão "antijuridicidade" para definir o próprio *injusto*, que é a ação qualificada de antijurídica. Essa ambiguidade de sentidos pode levar a equívocos, pois se trata de conceitos absolutamente distintos. Como afirma Jescheck, "*antijuridicidade* é a contradição da ação com uma norma jurídica. *Injusto* é a própria ação valorada antijuridicamente"[8]. A antijuridicidade é um predicado e o injusto um substantivo. O injusto é a forma de conduta antijurídica propriamente: a perturbação arbitrária da posse, o furto, a tentativa de homicídio etc. A antijuridicidade, por sua vez, é uma qualidade dessa forma de conduta, mais precisamente a contradição em que se encontra com o ordenamento

---

[6] *Pandectistas*: denominação atribuída aos comentadores das *Pandectas* ou seguidores de sua doutrina. *Pandectas*, por sua vez, é a compilação das decisões dos antigos jurisconsultos, que foram convertidas em lei por Justiniano, imperador romano (c. 483-565).

[7] Welzel, *Derecho penal alemán*, p. 89.

[8] Jescheck, *Tratado de derecho penal*, p. 315.

jurídico. Todas as matérias de proibição, reguladas nos diversos setores do Direito, são antijurídicas para todo o ordenamento jurídico[9].

Welzel estabelecia uma distinção entre *antinormatividade* e *antijuridicidade*. Lembrava Welzel que o tipo é uma figura conceitual que descreve mediante conceitos formas possíveis de conduta humana[10], e que a norma proíbe a realização dessas formas de conduta. A eventual realização da conduta descrita no tipo de uma norma proibitiva caracteriza uma contradição com a exigência da norma, originando, na expressão de Welzel, "a antinormatividade" da conduta. Para Welzel, "toda realização do tipo de uma norma proibitiva é certamente antinormativa, mas nem sempre é antijurídica"[11], em razão de que o ordenamento jurídico não se compõe somente de normas proibitivas, mas também de preceitos permissivos. A interferência de uma norma permissiva impede que a norma geral, abstrata, converta-se em dever jurídico concreto para o autor, autorizando, excepcionalmente, a realização de conduta típica. Nesse sentido, segundo a doutrina welzeliana, quando concorre uma causa de justificação, apesar de a conduta ser *antinormativa* (por infringir uma norma proibitiva), não se apresenta como *antijurídica*, eis que autorizada, excepcionalmente, por outra norma permissiva. Por isso, Welzel conceitua a antijuridicidade como "a contradição da realização do tipo de uma norma proibitiva com o ordenamento jurídico em seu conjunto (não somente com uma norma isolada)"[12].

A Reforma Penal de 1984, seguindo a orientação de Assis Toledo, adotou a terminologia *ilicitude,* abandonando a tradicional, *antijuridicidade,* que o Código Penal de 1940 utilizava, de resto consagrada na maioria dos países europeus, com exceção de Portugal[13]. Assis Toledo, na sua argumentação, segue o magistério de Carnelutti, que apontava como equívoco chamar de "antijurídico" uma criação do Direito, o delito, que é essencialmente jurídico.

Não se pode negar que o delito, no plano abstrato-jurídico, é uma criação do Direito, que o define, traça os seus contornos e estabelece as consequências de sua realização. O próprio Direito Privado relaciona o

---

[9] Welzel, *derecho penal alemán*, p. 78; *El nuevo sistema de derecho penal*, Barcelona: Ariel, 1964, p. 48-49.
[10] Welzel, *Derecho penal alemán*, p. 76.
[11] Welzel, *Derecho penal alemán*, p. 76.
[12] Welzel, *Derecho penal alemán*, p. 76.
[13] Assis Toledo, *Princípios básicos de direito penal*, 4. ed., São Paulo: Saraiva, 1991, p. 159.

delito como um fato jurídico ao incluí-lo entre os chamados atos ilícitos. Nessa linha de orientação, Binding já afirmava que quem pratica um delito não contraria a lei, que prevê o tipo proibitivo; ao contrário, amolda-se a ela ao realizar exatamente o modo de conduta que a mesma descreve. Contraria, na verdade, a *norma de proibição* que o tipo legal encerra, sendo exatamente essa contrariedade à proibição que caracteriza a antijuridicidade. No entanto, mesmo conhecendo a preferência da atual redação de nosso Código Penal e ainda reconhecendo a relevância dos argumentos do Ministro Assis Toledo, preferimos manter a utilização da expressão *antijuridicidade,* que se mantém atualizada nas principais dogmáticas europeias. E a invocação constante que fazemos da doutrina estrangeira, por outro lado, nos recomenda essa preferência terminológica.

3. Antijuridicidade formal e antijuridicidade material

A antijuridicidade, como destaca Jescheck, não se esgota na relação de contrariedade existente entre ação e norma, possuindo também um conteúdo *substancial*, que caracteriza a antijuridicidade material, representada pela *danosidade social*, isto é, pela lesão ao bem jurídico tutelado[14]. Essa distinção remonta a Von Liszt, para quem é *formalmente antijurídico* todo comportamento humano que viola a norma penal, ao passo que é *substancialmente antijurídico* o comportamento humano quando fere o interesse social tutelado pela própria norma[15].

A essência da antijuridicidade deve ser vista, segundo uma corrente minoritária, como a *violação do dever de atuar ou de omitir* estabelecido por uma norma jurídica. Essa contradição da ação com o mandamento ou proibição da norma é qualificada, segundo essa concepção, como *antijuridicidade formal*. No entanto, a antijuridicidade formal confunde-se com a própria tipicidade, pois a contradição entre o comportamento humano e a lei penal exaure-se no primeiro elemento do crime, que é a tipicidade[16]. A antijuridicidade não se esgota, contudo, nessa simples oposição entre a ação humana e a norma, sendo necessário averiguar se dita contradição

---

[14] Jescheck, *Tratado*, p. 316; Muñoz Conde, *Teoria geral do delito*, Porto Alegre: Sérgio A. Fabris, Editor, 1988, p. 86.

[15] Bettiol, *Direito penal*: São Paulo, Revista dos Tribunais, 1977, v. 1, p. 376; Jiménez de Asúa, *Principios de Derecho penal – la ley y el delito*, Buenos Aires, Abeledo-Perrot, 1990, p. 277-278.

[16] Damásio, *Direito penal*, São Paulo: Saraiva, p. 307; Bettiol, *Direito penal*, v. 1, p. 379.

formal possui um conteúdo *material* que se adeque ao fim de proteção de bens jurídicos do Direito Penal. A *antijuridicidade material*, por sua vez, constitui-se precisamente da ofensa produzida pelo comportamento humano ao interesse jurídico protegido. Nesses termos, para afirmar a antijuridicidade, ou o caráter injusto da conduta típica, é necessário constatar, além da contradição da conduta praticada com a previsão da norma, se o bem jurídico protegido sofreu a lesão ou a ameaça potencializada pelo comportamento desajustado. Essa ofensa que consubstancia a antijuridicidade material, evidentemente, não deve ser entendida em sentido naturalístico, como causadora de um resultado externo de perigo ou de lesão, sensorialmente perceptível, mas como *ofensa ao valor ideal que a norma jurídica deve proteger*. A lesão ou exposição ao perigo do bem jurídico protegido pela norma penal supõe uma ofensa para a comunidade que justifica a caracterização do delito como "comportamento socialmente danoso"[17].

Para Jescheck, há consequências práticas que decorrem diretamente da antijuridicidade material:

a) Permite a *graduação do injusto* segundo sua gravidade e sua expressão na medição da pena. Assim, segundo o ponto de vista da antijuridicidade formal, o tratamento médico-cirúrgico constitui uma lesão da integridade física, somente justificável através do *consentimento*. Já, sob o ponto de vista da antijuridicidade material, a intervenção médico-cirúrgica não constitui uma lesão, uma vez que a integridade corporal, ainda que temporariamente perturbada, não resulta violada, mas restabelecida. Mesmo quando a intervenção cirúrgica não é bem-sucedida, quando realizada em obediência aos princípios da *lexis arts*, não haverá lesão alguma, visto que a *intenção curativa* do médico exclui o injusto da ação[18]. Na verdade, a intervenção efetuada *sem consentimento* do paciente não constitui, em tese, lesão da integridade física, mas tratamento curativo unilateral. Além disso, a antijuridicidade material contribui na elaboração de princípios limitadores do *ius puniendis*, como é o caso do princípio de insignificância, de intervenção mínima, de ofensividade, restringindo a incidência do Direito Penal para os casos de ataques relevantes aos bens jurídicos mais importantes[19].

---

[17] Jescheck, *Tratado*, p. 316.
[18] Jescheck, *Tratado*, p. 317.
[19] Muñoz Conde e García Arán, *Derecho penal*, p. 301.

b) Outra consequência prática da consideração material da antijuridicidade é a possibilidade de admitir a existência de *causas supralegais* de justificação – como é o caso do *consentimento do ofendido* – com base no princípio da ponderação de bens, como demonstraremos em tópico adiante.

3.1. Concepção unitária de antijuridicidade

A corrente majoritária, contudo, considera a distinção entre *antijuridicidade formal* e *antijuridicidade material* absolutamente desnecessária. Um comportamento humano que seja contrário à ordem jurídica (formal) não pode deixar de lesar ou expor a perigo de lesão bens jurídicos tutelados (material) por essa mesma ordem jurídica. Nessas circunstâncias, só se pode falar em uma antijuridicidade, aquela que se pretende denominar "material". Toda conduta materialmente antijurídica também o será formalmente[20], sendo, portanto, inseparáveis os aspectos material e formal da antijuridicidade. Nesse sentido, Jiménez de Asúa, depois de referir que Von Liszt confundia antijuridicidade formal com tipicidade, afirmava: "A antijuridicidade formal é a tipicidade e a antijuridicidade material é a própria antijuridicidade"[21].

No mesmo sentido, Bettiol assinalava que a distinção entre antijuridicidade formal e antijuridicidade material não tem razão de ser mantida viva, porque "é antijurídico apenas aquele fato que pode ser julgado lesivo a um bem jurídico. Fora desse conteúdo a antijuridicidade não existe"[22]. Seguindo essa linha de raciocínio, Assis Toledo definia a *ilicitude* como "a relação de antagonismo que se estabelece entre uma conduta humana voluntária e o ordenamento jurídico, de modo a causar lesão ou expor a perigo de lesão um bem jurídico tutelado"[23]. Não há, pois, uma antijuridicidade formal, ou seja, uma simples infração de um dever, uma desobediência à norma, mas uma antijuridicidade material, constituída pela lesão de um bem jurídico tutelado por essa mesma norma. Dentre as inúmeras consequências práticas, pode-se destacar a possibilidade de admitir a construção de causas supralegais de justificação, como já referimos, além da despenalização de fatos que, com a evolução ético-

---

[20] Cobo del Rosal e Vives Antón, *Derecho penal*, 3. ed., Valencia: Tirant lo Blanch, 1991, p. 232.

[21] Luis Jiménez de Asúa, *Princípios de derecho penal*, p. 278.

[22] Bettiol, *Direito penal*, v. 1, p. 381-382.

[23] Toledo, *Princípios básicos*, p. 163.

-social, perderam seu caráter lesivo e a consequente reprovabilidade, possibilitando, igualmente, a exclusão do injusto das chamadas lesões insignificantes.

A *ilicitude* na área penal, como destacava o Ministro Assis Toledo, não se limita à *ilicitude típica*, ou seja, à ilicitude do delito, sempre e necessariamente típica. Exemplo de ilicitude atípica pode ser encontrado na exigência da ilicitude da agressão – "agressão injusta" – na legítima defesa, que nada mais é do que *agressão ilícita*. A agressão autorizadora da reação defensiva, na legítima defesa, não necessita revestir-se da qualidade de *crime*, isto é, "não precisa ser um ilícito penal, mas deverá ser, no mínimo, um ato ilícito, em sentido amplo, por não existir legítima defesa contra atos lícitos"[24], com exceção, logicamente, da legítima defesa putativa.

4. Antijuridicidade genérica e antijuridicidade específica

A antijuridicidade não é um instituto exclusivo do Direito Penal, mas, ao contrário, é um conceito universal, válido para todas as esferas do mundo jurídico. Como destaca Muñoz Conde, "o Direito Penal não cria a antijuridicidade, senão seleciona, por meio da tipicidade, uma parte dos comportamentos antijurídicos, geralmente os mais graves, cominando-os com uma pena"[25].

Alguns autores, como já referimos, confundem *injusto* com *antijuridicidade*, esquecendo-se de que aquele é um substantivo e esta é atributo daquele. Antijuridicidade é a qualidade de uma forma de conduta proibida pelo ordenamento jurídico. Há um injusto penal específico, do mesmo modo que há um injusto civil ou administrativo específico; porém, existe somente uma antijuridicidade para todos os ramos do Direito. Todas as matérias de proibição, reguladas nos diversos setores da seara jurídica, são antijurídicas para todo o ordenamento jurídico[26]. Em sentido contrário posicionava-se Assis Toledo, para quem a *ilicitude penal* não se confundia com a *ilicitude extrapenal*. Demonstrando a validade de sua tese, Assis Toledo admitia que a ilicitude penal, sempre uma ilicitude típica, estendia-se a todo ordenamento jurídico, mas esclarecia que o inverso não era

---

[24] Toledo, *Princípios básicos*, p. 164.
[25] Muñoz Conde, *Teoria geral do delito*, Porto Alegre: Sérgio A. Fabris, Editor, 1988, p. 85.
[26] Welzel, *Derecho penal alemán*, p. 78.

verdadeiro: a ilicitude civil somente adquiriria o caráter de ilícito penal se recebesse o acréscimo da tipicidade[27].

Convém destacar, novamente, que a *antijuridicidade penal* (ilicitude penal) não se limita à seara penal, projetando-se para todo o campo do Direito. Foi nesse sentido que Welzel afirmou que "a antijuridicidade é a contradição da realização do tipo de uma norma proibitiva com o ordenamento jurídico em seu conjunto"[28]. Por isso, um *ilícito penal* não pode deixar de ser igualmente *ilícito* em outras áreas do Direito, como a civil, a administrativa etc.[29]. No entanto, o inverso não é verdadeiro: um *ato lícito no plano jurídico-civil* não pode ser ao mesmo tempo um *ilícito penal*. Contudo, apesar de as ações penal e extrapenal serem independentes, o *ilícito penal*, em regra, confunde-se com o *ilícito extrapenal*. Porém, sustentar a *independência das instâncias administrativa e penal*, como parte da jurisprudência tem insistido, é uma conclusão de *natureza processual*, ao passo que a afirmação de que a *ilicitude é única* implica uma concepção de *natureza material*; em consequência, uma afirmação não invalida a outra, pois são coisas distintas, que devem ser valoradas em planos igualmente distintos.

Com efeito, todo o *ilícito penal* será, necessariamente, um *ilícito civil ou administrativo*, mas, como afirmamos, a recíproca não é verdadeira, isto é, nem sempre o ilícito civil ou administrativo será obrigatoriamente um *ilícito penal*, pois este terá de ser sempre e necessariamente *típico*, surgindo como traço distintivo a *tipicidade*, que é aquele *plus* exigido pelo *princípio de legalidade*. Pois em razão do princípio de *ultima ratio* do Direito Penal, somente interessa ao Estado punir com pena aquelas condutas antijurídicas que representem uma grave ofensa aos bens jurídicos mais importantes para a sociedade. *O recorte do âmbito do punível feito pela tipicidade delimita o que é relevante para o Direito Penal*. Isso, contudo, não significa que quando uma conduta seja *lícita* para o Direito Penal não se possa, ainda, sustentar a *ilicitude* do mesmo fato em outro âmbito do ordenamento jurídico. Para ilustrar essa distinção, o saudoso Assis Toledo[30] invocava a figura de *dois círculos concêntricos*: o menor, o *ilícito penal*, mais concentrado de exigências (tipicidade, elemento subjetivo etc.); o maior, o *ilícito extrapenal*, com menos exigências para

---

[27] Assis Toledo, *Princípios básicos*, p. 165.
[28] Welzel, *Derecho penal alemán*, p. 76.
[29] Assis Toledo, *Princípios básicos de direito penal*, p. 165.
[30] Embora partindo de sua visão plúrima da ilicitude, Assis Toledo chega à mesma conclusão (*Princípios básicos de direito penal*, p. 166).

sua configuração. O *ilícito* situado dentro do círculo menor – *penal* – não pode deixar de estar também dentro do maior – civil –, porque se localiza em uma área física comum aos dois círculos, que possuem o mesmo centro; no entanto, não ocorre o mesmo com o ilícito situado dentro do círculo maior – extrapenal –, cujo espaço periférico, muito mais abrangente, extrapola o âmbito do ilícito penal, salvo quando for limitado pela tipicidade penal.

No entanto, o questionamento mais atual, pelo menos em território nacional, situa-se no debate não entre antijuridicidade penal e antijuridicidade extrapenal, mas, fugindo do plano material, confunde-se, no plano processual, ilicitude ou antijuridicidade única com independência de instâncias, como se se tratasse do mesmo tema, como veremos a seguir.

4.1. Antijuridicidade penal e antijuridicidade extrapenal: ilicitude única e independência de instâncias

Resulta absolutamente incompatível com a noção *unitária da antijuridicidade* a preconizada impotência das decisões proferidas pelas jurisdições não penais em relação ao crime, mesmo para os casos em que o *pressuposto* deste não se encontra estritamente fora do Direito Penal. Imagine-se, por exemplo, a eficácia da sentença proferida no juízo cível que, com anterioridade, reconhece a origem fortuita de um *dano patrimonial* determinado: constituiria verdadeiro despautério jurídico admitir que a sentença penal, por se tratar de instância independente, pudesse até condenar o autor do mesmo dano pelo crime doloso por ele praticado[31]. *Mutatis mutandis*, é o que vem ocorrendo, desafortunadamente, no quotidiano forense, especialmente perante alguns dos tribunais federais, em que se admite a condenação por sonegação fiscal em hipóteses que a própria Receita Federal reconhece não haver tributo devido, sob o falacioso argumento de que se trata de instâncias independentes e distintas. Ignoram que, quando falamos de *ilicitude única*, estamos no *plano material*, e, quando sustentam que se trata de *instâncias independentes*, estão no *plano processual*. Sendo, com efeito, a ilicitude uma só, é inadmissível que, ainda hoje, estejamos arraigados no antigo e retórico preconceito de que a decisão extrapenal não faz coisa julgada na área penal. Para reforçar nosso entendimento, invocamos a autorizada doutrina de Juarez Tavares, que pontifica: "Todos os atos autorizados

---

[31] Esse argumento foi utilizado pelo STF no RHC 59.716-PR, publicado no *DJU* de 11-6-1982, p. 5678.

pelos outros setores do direito devem obrigatoriamente produzir efeitos justificantes penais, porque a existência dessas circunstâncias autorizadoras da conduta em outros setores do direito, porque menos exigentes do que aquelas que se configuram no injusto penal, está demonstrando a não necessidade da intervenção estatal no âmbito penal"[32]. Em outras palavras, o Direito Penal não cria a antijuridicidade: apenas seleciona, por meio da tipificação de condutas, uma parte significativa dessas condutas antijurídicas, via de regra as mais graves ou mais danosas, cominando-lhes uma sanção de natureza criminal.

O mais grave, no entanto, é sustentar – como têm feito reiteradamente alguns de nossos tribunais – a pluralidade de (i)licitudes quando o crime está sujeito ao preenchimento de um pressuposto extrapenal. É exatamente essa a discussão travada, em relação aos *delitos de sonegação fiscal*, ou seja, a admissão da possibilidade de a sentença penal ser condenatória, apesar de a legislação fiscal ou tributária admitir, ou, mais especificamente, quando a decisão administrativa reconhece a não exigibilidade ou inexistência da exação. Com essa lógica macabra de alguns de nossos tribunais, temos visto o absurdo de alguém ser condenado por sonegação de tributo quando o próprio órgão arrecadador reconhece que não há tributo a declarar ou a recolher. Socorre-nos, nesse sentido, o magistério de Francisco de Assis Toledo, que pontificava: "A inexistência, assim proclamada, do ilícito civil constitui obstáculo irremovível para o reconhecimento posterior do ilícito penal, pois o que é civilmente lícito, permitido, autorizado, não pode estar, ao mesmo tempo, proibido e punido na esfera penal, mais concentrada de exigências quanto à ilicitude"[33].

Nessa linha, apenas para ilustrar, destaque-se que os arts. 1º e 2º da Lei n. 8.137/90 referem-se a "tributo ou contribuição social" como *objetos de sonegação*. Quanto a isso, é correto afirmar que, por um lado, "tributo" e "contribuição social" são elementos constitutivos do delito mencionado, e, por outro, que os conceitos de "tributo" e "contribuição social" são fornecidos pela lei tributária (extrapenal). Diante disso, pode-se concluir que, para que tais exações possam ser sonegadas, devem ser, necessariamente, reconhecidas como *devidas* pela legislação extrapenal, ou seja, não existe sonegação fiscal de um tributo ou de uma contribuição

---

[32] Juarez Tavares, *Direito penal da negligência*, p. 123.
[33] Francisco de Assis Toledo, *Princípios básicos de direito penal*, 5. ed., 10. tiragem, São Paulo: Saraiva, 2002, p. 166.

social não prevista na lei tributária. Nesse sentido somos obrigados a admitir, igualmente, que uma sonegação somente poderá verificar-se em relação a um tributo que deveria ter sido recolhido, e que, fora dos casos de mera inadimplência, não o foi. Ora, o tributo somente "deve ser recolhido" quando for efetivamente devido; caso contrário, chegaremos ao absurdo de admitir que o reconhecimento expresso da *licitude fiscal* do não pagamento da exação (tendo em vista uma isenção, por exemplo) não impediria o reconhecimento da *ilicitude penal* desse mesmo "não pagamento"[34].

---

[34] É claro que uma decisão administrativa do Conselho de Contribuintes que venha a anular a constituição do lançamento do crédito tributário por vício formal não pode repercutir na instância penal, uma vez que não foi reconhecida a inexistência ou inexigibilidade do crédito tributário. *Diversa é a solução, contudo, quando o Conselho de Contribuintes enfrenta o mérito da questão fiscal, reconhecendo a ausência da obrigação tributária.* Como bem ressaltou o eminente Ministro Vicente Cernicchiaro, "a definição do ilícito tributário não é pressuposto, nem condição de procedibilidade para promover a ação penal. Poderá, dado o direito ser unidade, eventualmente, a decisão em uma área dogmática repercutir em outra" (REsp 23.789/RS, rel. Min. Luiz Vicente Cernicchiaro, j. 15-3-1994, *DJ* de 5-8-1996, p. 26425).

Também o TRF da 4ª Região já manifestou entendimento que se amolda à tese aqui sustentada, segundo o qual, se, por um lado, não se pode afirmar que o esgotamento da via administrativa é condição de procedibilidade da ação penal, também não se pode sustentar que a decisão absolutória do Conselho de Contribuintes não terá qualquer repercussão no ilícito penal: tudo irá depender do exame do mérito do ilícito fiscal. Veja-se a seguinte decisão: "DIREITO PENAL E PROCESSUAL PENAL. INQUÉRITO. DELITO CONTRA A ORDEM TRIBUTÁRIA. LANÇAMENTO DO CRÉDITO. NULIDADE DO AUTO DE INFRAÇÃO. ARQUIVAMENTO. 1. Em princípio, pode-se afirmar que a instância PENAL, em se tratando de delito tributário, independe da instância administrativa. Isso equivale dizer que a regular e definitiva constituição do crédito tributário não é condição de procedibilidade para o oferecimento de denúncia. Obviamente, esta afirmação deve ser analisada com os necessários temperamentos, ou seja, *cum grano salis*, sempre tendo em vista o caso concreto, tudo ditado pelo bom senso e pelo princípio da equidade jurídica, indispensáveis em se tratando de aplicação e interpretação das leis. *Poderá haver casos em que a decisão proferida em processo administrativo-tributário afasta a tipicidade ou a ilicitude. Este exame ponderado de viabilidade da acusação penal nestes casos deverá e poderá ser feito pelo Poder Judiciário.* (...)" (TRF da 4ª Região, Inq. 151, Proc. n. 97.04.01077-0-SC, 1ª Seção, rel. Juiz Vilson Darós, j. 6-10-1999, *DJU*, 5-7-2002, Seção II, p. 347, v. u.).

Concluindo, uma decisão administrativa que *desconstitui materialmente o crédito tributário* não só repercute na esfera penal como também impede a própria condenação pelo crime de sonegação[35]. Um fato *materialmente lícito* perante a lei tributária não pode ser tratado como *ilícito pela lei penal*, sob pena de o próprio sistema jurídico-constitucional mostrar-se incoerente[36]. É desarrazoado e infantil o argumento de que, admitindo-se como correta essa conclusão, estar-se-ia colocando o Poder Judiciário em posição de inferioridade em relação à Administração Pública, pois o *decisum* fiscal faria *coisa julgada* perante o processo penal. Não se trata de hierarquia entre a Administração e o Judiciário, pois, ao mesmo tempo em que aquela não se sobrepõe a este, também este não se

---

[35] Some-se ainda outro argumento: o objeto jurídico protegido pelos arts. 1º e 2º da Lei n. 8.137/90 é a *ordem tributária*. Seria impensável, assim, o reconhecimento da sonegação de valores que nem sequer a ordem tributária considera devidos. Do contrário, poderemos chegar ao caso em que a sentença penal condene o "sonegador" a uma pena privativa de liberdade [*sic*], sendo que essa sentença penal não terá eficácia alguma na jurisdição extrapenal. Sim, porque a expropriação de bens do devedor não seria cabível ante a inexistência do débito fiscal em relação ao Fisco. O sonegador seria devedor de uma sanção penal, mas não devedor de tributos. Consequentemente, é válida a assertiva de Misabel Abreu Machado Derzi no sentido de que "não pode existir crime tributário de qualquer espécie que, simultaneamente, não configure transgressão de dever tributário, ilícito fiscal. Mas a recíproca não é verdadeira. Inversamente, poderá haver infringência de norma tributária (não pagamento de tributo, ou pagamento insuficiente), portanto antijuridicidade tributária, sem que, entretanto, ocorra fato delituoso (...) Exclui-se, assim, a existência do delito, se a conduta do agente estiver autorizada pelo Direito Tributário, pois a antijuridicidade penal decorre da totalidade da ordem jurídica (exercício regular de direito, por exemplo)".

[36] Merece destaque a remissão de Bobbio a Del Vecchio e Perassi: "Lemos no ensaio de Del Vecchio, 'Sobre a necessidade do direito', este trecho: 'cada proposição jurídica em particular, mesmo podendo ser considerada também em si mesma, na sua abstratividade, tende naturalmente a se constituir em sistema. A necessidade de coerência lógica leva a aproximar aquelas que são compatíveis ou respectivamente complementares entre si, e a eliminar as contraditórias ou incompatíveis. A vontade, que é uma lógica viva, não pode desenvolver-se também no campo do Direito, a não ser que ligue as suas afirmações, à guisa de reduzi-las a um todo harmônico'. Perassi, em sua 'Introdução às ciências jurídicas': 'as normas, que entram para constituir um ordenamento, não ficam isoladas, mas tornam-se parte de um sistema, uma vez que certos princípios agem como ligações, pelas quais as normas são mantidas juntas de maneira a constituir um bloco sistemático'" (*Teoria do ordenamento jurídico*, Brasília, UnB, p. 75). Afinal, o conceito de ilicitude única advém, justamente, desse "bloco sistemático" que é o Direito.

sobrepõe àquela (extrai-se tal conclusão pela simples leitura do art. 2º da CF/88)[37]. Ao Judiciário é dado o poder de imiscuir-se na seara administrativa somente quando alguma ilegalidade ou abuso seja constatado na prática do ato administrativo, seja ele vinculado, seja discricionário. Fora dessa hipótese, as decisões tomadas pela Administração devem ser respeitadas e presumidas como válidas. Por isso, sendo regular e válida a *desconstituição do crédito tributário*, nada mais restará à jurisdição penal senão conformar-se com o *reconhecimento da ausência do elemento constitutivo do tipo* penal da sonegação fiscal.

5. Desvalor da ação e desvalor do resultado

A dogmática clássica, fundamentando seu conceito de delito na distinção entre o injusto, compreendido de forma puramente objetiva, e a culpabilidade, concebida em caráter puramente subjetivo, como já demonstramos ao analisar a tipicidade, limitou o conceito de antijuridicidade à valoração do fato praticado pelo agente. A evolução dos estudos da teoria do delito, no entanto, comprovou que a *antijuridicidade* do fato não se esgota na desaprovação do resultado, mas que "a forma de produção" desse resultado juridicamente desaprovado também deve ser incluída no *juízo de desvalor*[38].

Surgiu, assim, na dogmática contemporânea, a impostergável distinção entre o *desvalor da ação* e o *desvalor do resultado*. Na ofensa ao bem jurídico, que não esteja permitida por uma causa de justificação, reside o *desvalor do resultado*, enquanto na *forma* ou *modalidade de concretizar a ofensa* situa-se o *desvalor da ação*. Por exemplo, nem toda lesão da propriedade sobre imóveis constitui o injusto típico da *usurpação* do art. 161, mas somente a ocupação realizada com violência ou intimidação à pessoa. Aqui, o *conteúdo material do injusto* está integrado pela lesão ao direito real de propriedade (desvalor do resultado), e pelo modo violento

---

[37] Outro argumento utilizado para fundamentar a total independência entre a decisão fiscal e a penal refere-se à supressão da jurisdição pela decisão da esfera administrativa. Quem assim pensa – indaga-se – não seria obrigado a chegar à mesma conclusão no caso da previsão administrativa das "substâncias entorpecentes" para fins de tráfico ilícito? Ou será que se pretende afirmar que o juiz poderia reconhecer como entorpecente qualquer substância, já que, do contrário, a portaria administrativa estaria "suprimindo a jurisdição"?

[38] Jescheck, *Tratado*, p. 322.

com que se praticou tal lesão (desvalor da ação)[39]. Os dois aspectos desvaliosos foram, conjuntamente, considerados pela lei na configuração do injusto típico do delito de usurpação. Com efeito, a lesão ou exposição a perigo do bem ou interesse juridicamente protegido constitui o desvalor do resultado do fato; já a forma de sua execução configura o desvalor da ação. Esse desvalor é constituído tanto pelas modalidades externas do comportamento do autor como pelas suas circunstâncias pessoais. É indiscutível que o desvalor da ação, hoje, tem uma importância fundamental, ao lado do desvalor do resultado, na integração do conteúdo material da antijuridicidade.

Alguns autores, como Welzel, sustentam que o *desvalor da ação* tem importância preponderante em relação ao *desvalor do resultado*, como, por exemplo, nos crimes culposos em que o resultado é o mesmo que o produzido pela ação dolosa, mas é sancionado com menor penalidade[40]. Welzel destacava esse entendimento ao afirmar que "a lesão do bem jurídico (o desvalor do resultado) tem relevância no Direito Penal somente dentro de uma ação pessoalmente antijurídica (dentro do desvalor da ação)"[41]. Outros autores, como Jescheck[42] e Rodriguez Mourullo[43], defendem a preponderância do desvalor do resultado, embora admitam a relevância do desvalor da ação. Caso contrário, afirma Jescheck, nos crimes dolosos ter-se-ia de equiparar a *tentativa* perfeita à *consumação*, e nos fatos *imprudentes* (crimes culposos) deveriam ser penalizados todos os comportamentos descuidados. No mesmo sentido, Rodriguez Mourullo lembra que o Código Penal espanhol pune diferentemente a tentativa da consumação (como a maioria dos Códigos Penais contemporâneos), onde a ação desvaliosa é a mesma, mas o resultado é absolutamente diferente, determinando menor punição. Rodriguez Mourullo, finalmente, destaca a *impotência* do "valor da ação" para excluir a antijuridicidade quando concorre o desvalor do resultado. E cita, como exemplo, a crença errônea de que concorre uma causa de justificação (excludente putativa), que não elimina a antijuridicidade da ação. Nessa hipótese, a ação não é desvaliosa, ao contrário, é valiosa, pois o agente atua na crença de que age con-

---

[39] Mourullo, *Derecho penal*, p. 332. Ver a definição de desvalor da ação e desvalor do resultado em Susana Huerta Tocildo, *Sobre el contenido de la antijuridicidad*, Madrid: Tecnos, 1984, p. 21 e s.

[40] Welzel, *Derecho penal alemán*, p. 183.

[41] Welzel, *Derecho penal alemán*, p. 92.

[42] Jescheck, *Tratado*, p. 322; R. Mourullo, *Derecho penal*, p. 332.

[43] R. Mourullo, *Derecho penal*, p. 332.

forme ao direito e para fazer prevalecer a ordem jurídica[44], pois, nesses casos, a lesão do bem jurídico (desvalor do resultado) fundamenta a antijuridicidade do fato, apesar da falta de desvalor da ação. Essa situação poderá, apenas, excluir a culpabilidade (legítima defesa putativa, por exemplo), mas não a antijuridicidade.

Na verdade, o ordenamento jurídico *valora* os dois aspectos: de um lado, o desvalor da ação, digamos, com uma função *seletiva*, destacando determinadas condutas como intoleráveis para o Direito Penal, e, de outro lado, o desvalor do resultado, que torna relevante para o Direito Penal aquelas ações que representam uma ofensa aos bens jurídicos tutelados. Em realidade, o injusto penal somente estará plenamente constituído quando ao desvalor da ação acrescentar-se o desvalor do resultado. O ideal na fundamentação do injusto penal é a busca de um certo equilíbrio entre esses dois fatores. Seguindo essa mesma orientação, manifesta-se também Muñoz Conde, afirmando: "Por isso, parece supérflua a polêmica sobre a prioridade entre o desvalor da ação e o desvalor do resultado. Não existe uma hierarquia lógica ou valorativa entre eles, uma vez que ambos contribuem, no mesmo nível, para constituir a antijuridicidade de um comportamento". O que ocorre é que, por razões de *política criminal*, o legislador, na hora de configurar os tipos delitivos, pode destacar ou fazer recair acento em um ou em outro desvalor[45]. Aliás, essa conclusão encontra amparo no chamado *Direito Penal mínimo* e na concepção material da antijuridicidade, segundo os quais somente a lesão ou o efetivo perigo concreto de um bem jurídico pode ser sancionado penalmente[46].

---

[44] Mourullo, *Derecho penal*, p. 332.
[45] Muñoz Conde, *Derecho penal*, p. 322.
[46] Para aprofundar, ver, de Luigi Ferrajoli, *Derecho y razón – teoría del garantismo penal*, Madrid: Trotta, 1995.

Capítulo IV
CRIMES CONTRA A PESSOA E RESPONSABILIDADE PENAL

Sumário: 1. Considerações introdutórias. 2. Princípio da reserva legal e Estado Democrático de Direito. 3. Responsabilidade penal da pessoa jurídica. 3.1. Antecedentes históricos. 3.1.1. O Direito Romano. 3.1.2. Os glosadores. 3.1.3. Os canonistas. 3.1.4. Os pós-glosadores. 3.2. Incompatibilidades dogmáticas da responsabilidade penal da pessoa jurídica. 3.2.1. Função do Direito Penal. 3.2.2. A (in)capacidade de ação da pessoa jurídica. 3.2.3. A (in)capacidade de culpabilidade das pessoas jurídicas. 3.3. Criminalidade moderna e Direito Administrativo sancionador. 3.4. Responsabilidade penal da pessoa jurídica à luz da Constituição Federal.

1. Considerações introdutórias

O Código Criminal do Império inaugurava a sua Parte Especial tipificando os crimes contra o Estado, enquanto organismo político-jurídico, e a encerrava com os crimes contra a pessoa. O Código Penal republicano de 1890 seguiu a mesma orientação, revelando os diplomas legais a preeminência do Estado sobre a pessoa.

Essa hierarquia de valores foi rompida, em boa hora, pelo Código Penal de 1940, cuja Parte Especial continua em vigor. Com efeito, o atual Código Penal inicia a Parte Especial tratando dos crimes contra a pessoa e a encerra com os crimes contra o Estado, colocando o ser humano como o epicentro do ordenamento jurídico, atribuindo à pessoa humana posição destacada na tutela que o Direito Penal pretende exercer.

Nosso Código Penal encontra-se dividido em duas Partes: Geral e Especial. Na Parte Especial reúne-se a grande maioria das figuras delitivas, embora não esgote a totalidade das condutas definidas como crimes, pois a chamada legislação extravagante ou complementar encarrega-se de disciplinar e tipificar outras figuras delituosas que, em tese, são exigidas pela modernidade.

A Parte Especial encontra-se dividida em onze títulos, na seguinte ordem:

I – *Crimes contra a pessoa (arts. 121 a 154);*

II – *Crimes contra o patrimônio (arts. 155 a 183);*

III – *Crimes contra a propriedade imaterial (arts. 184 a 196);*

IV – *Crimes contra a organização do trabalho (arts. 197 a 207);*

V – *Crimes contra o sentimento religioso e o respeito aos mortos (arts. 208 a 212);*

VI – *Crimes contra a dignidade sexual (arts. 213 a 234C);*

VII – *Crimes contra a família (arts. 235 a 249);*

VIII – *Crimes contra a incolumidade pública (arts. 250 a 285);*

IX – *Crimes contra a paz pública (arts. 286 a 288);*

X – *Crimes contra a fé pública (arts. 289 a 311);*

XI – *Crimes contra a Administração Pública (arts. 312 a 359H).*

O ordenamento jurídico-penal brasileiro protege a pessoa humana desde a sua concepção, isto é, antes mesmo do seu nascimento. Embora, em princípio, se imagine que a proteção jurídico-penal da pessoa exclua a pessoa jurídica, em inúmeras circunstâncias esta pode ser sujeito passivo de infrações penais, e, modernamente, ganha espaço a corrente que sustenta a viabilidade dogmática de a pessoa jurídica figurar também como sujeito ativo de crime. Assim, em razão da importância, atualidade e complexidade do tema, dedicamos-lhe um tópico específico para melhor examiná-lo.

2. Princípio da reserva legal e Estado Democrático de Direito

O *princípio da legalidade* ou da reserva legal constitui uma *efetiva* limitação ao poder punitivo estatal. Embora seja hoje um princípio fundamental do Direito Penal, seu reconhecimento envolve um longo processo, com avanços e recuos, não passando, muitas vezes, de simples "fachada formal" de determinados Estados. Feuerbach, no início do século XIX, consagrou o *princípio da reserva legal* por meio da fórmula latina *nullum crimen, nulla poena sine lege.* O princípio da reserva legal é um imperativo que não admite desvios nem exceções e representa uma conquista da consciência jurídica que obedece a exigências de justiça, o que somente os regimes totalitários têm negado.

Claus Roxin afirma que "uma lei indeterminada ou imprecisa e, por isso mesmo, pouco clara não pode proteger o cidadão da arbitrariedade, porque não implica uma autolimitação do *ius puniendi* estatal ao qual se possa recorrer. Ademais, contraria o princípio da divisão dos poderes, porque permite ao juiz realizar a interpretação que quiser, invadindo, dessa forma, a esfera do legislativo"[1].

Não se desconhece que, por sua própria natureza, a ciência jurídica admite certo grau de *indeterminação*, uma vez que, como regra, todos os termos utilizados pelo legislador admitem várias interpretações. O tema ganha proporções alarmantes quando se utilizam excessivamente "conceitos que necessitam de complementação valorativa", isto é, não descrevem efetivamente a *conduta proibida*, requerendo do magistrado um juízo valorativo para complementar a descrição típica, com graves violações à segurança jurídica e ao princípio da reserva legal. Não se desconhece, no entanto, que o legislador não pode abandonar por completo os *conceitos valorativos*, expostos como *cláusulas gerais*, os quais permitem, de certa forma, melhor adequação da norma de proibição ao comportamento efetivado. Na verdade, o problema são os extremos, isto é, ou a proibição total da utilização de conceitos normativos gerais ou o exagerado uso dessas cláusulas gerais valorativas, que não descrevem com precisão as condutas proibidas. Sugere-se que se busque um meio-termo que permita a proteção dos bens jurídicos relevantes contra aquelas condutas tidas como gravemente censuráveis, de um lado, e o uso equilibrado das ditas *cláusulas gerais* valorativas, de outro, além do que a *indeterminação* será inconstitucional.

Vários critérios, arrolados por Claus Roxin[2], são propostos para encontrar esse equilíbrio, como, por exemplo: 1º) segundo o *Tribunal Constitucional Federal* alemão, a exigência de determinação legal aumentaria junto com a quantidade de pena prevista para o tipo penal (como se a legalidade fosse necessária somente para os delitos mais graves), e a consagração pela jurisprudência de uma lei indeterminada atenderia ao mandamento constitucional (ferindo o princípio constitucional da divisão dos Poderes e da garantia individual); 2º) haverá inconstitucionalidade quando o legislador, dispondo da possibilidade de uma redação legal mais precisa, não a adotar. Embora seja um cri-

---

[1]   Claus Roxin, *Derecho penal*: parte general. Fundamentos. La estructura de la teoría del delito, p. 169.
[2]   Claus Roxin, *Derecho Penal*, p. 172.

tério razoável, ignora que nem toda previsão legal menos feliz pode ser tachada de inconstitucional, além de incitar a indesejada ampliação da punibilidade, violando o princípio da *ultima ratio;* 3º) o *princípio da ponderação,* segundo o qual os *conceitos necessitados de complementação valorativa* serão admissíveis se *os interesses* em uma justa solução do caso concreto forem *preponderantes* em relação ao *interesse da segurança jurídica.* Este critério é objetável porque relativiza o princípio da legalidade. Os pontos de vista da justiça e da necessidade de pena devem ser considerados dentro dos limites da reserva legal, sob pena de estar-se renunciando ao princípio da determinação em favor das concepções judiciais sobre a justiça. Enfim, todos esses critérios sugeridos são insuficientes para disciplinar os limites da permissão do uso de *conceitos necessitados de complementação por meio de juízos valorativos,* sem violar o princípio constitucional da legalidade.

Claus Roxin sugere que a solução correta deverá ser encontrada por intermédio dos "princípios da interpretação em Direito Penal", pois, segundo esses princípios, "um preceito penal será suficientemente preciso e determinado se e na medida em que do mesmo se possa deduzir um claro fim de proteção do legislador e que, com segurança, o teor literal siga marcando os limites de uma extensão arbitrária da interpretação"[3]. No entanto, a despeito de tudo, os textos legais e até constitucionais continuam abusando do uso excessivo de expressões valorativas, dificultando, quando não violando, o próprio *princípio da reserva legal.*

Por fim, precisa-se ter presente que o *princípio da reserva legal* não se limita à tipificação de crimes, estendendo-se às *consequências jurídicas destes,* especialmente à pena e à medida de segurança, ou o cidadão não terá como saber quais são as consequências que poderão atingi-lo. Por isso, afirma Roxin, "a doutrina exige, em geral com razão, no mínimo, a fixação da modalidade de pena"[4], caso contrário se esbarra exatamente nessa *indeterminação* da classe ou modalidade de pena, *não oferecendo garantia suficiente em face da arbitrariedade.* Essa falta de garantia e certeza sobre a natureza, espécie ou quantidade da sanção penal caracteriza a mais flagrante inconstitucionalidade!

---

[3] Claus Roxin, *Derecho penal,* p. 172.
[4] Claus Roxin, *Derecho penal,* p. 174.

3. Responsabilidade penal da pessoa jurídica

Em razão da temática deste livro – Direito Penal das licitações – pareceu-nos conveniente analisar também a responsabilidade da pessoa jurídica à luz da atual Constituição Federal, que se abre para essa possibilidade, na medida em que, sem impô-la, não a repele; ao contrário, deixa, prudentemente, ao sabor da evolução da dogmática jurídica, atenta à globalização e aos modernos movimentos jurídicos que se intensificam em vários países sobre essa temática.

Duas correntes debatem há longo tempo a possibilidade de aplicar sanções penais às pessoas jurídicas: nos países filiados ao sistema *romano-germânico*, que representam a esmagadora maioria, vige o princípio *societas delinquere non potest*, segundo o qual é inadmissível a punibilidade penal das pessoas jurídicas, aplicando-se-lhes somente a punibilidade administrativa ou civil; de outro lado, nos países anglo-saxões e naqueles que receberam suas influências, vige o princípio da *common law*, que admite a responsabilidade penal da pessoa jurídica. É bem verdade que essa orientação começa a conquistar espaço entre os países que adotam o sistema romano-germânico, como, por exemplo, a Holanda e, mais recentemente, a França, a partir da reforma de seu Código Penal de 1992, e a Dinamarca, a partir da reforma de seu Código Penal de 1996[5].

Embora o princípio *societas delinquere non potest* seja, historicamente, adotado na maioria dos países da Europa Continental e da América Latina, a outra corrente começa a ganhar grandes espaços nos debates dogmáticos de vários países, ante a dificuldade de punir eficazmente a chamada *criminalidade moderna*, na qual as pessoas jurídicas começam a exercer importante papel.

Os argumentos fundamentais para não se admitir a responsabilidade penal das pessoas jurídicas resumem-se, basicamente, à *incompatibilidade* da pessoa jurídica com os *institutos dogmáticos* da ação, da culpabilidade e da função e natureza da própria sanção penal. Há mais de um século se debate a incompatibilidade dos conceitos dogmáticos do Direito Penal com a natureza e essência da pessoa jurídica, culminando, inevitavelmente, na comparação entre pessoa física e pessoa jurídica.

Mas será esse o único critério, a *dessemelhança* entre os sujeitos – pessoa física e pessoa jurídica –, para um dia encontrar-se a solução necessária e indispensável dessa desinteligência secular?

---

[5] Silvina Bacigalupo, *La responsabilidad penal de las personas jurídicas*, Barcelona: Bosch, 1998, p. 30.

3.1. Antecedentes históricos

Para melhor analisar a possibilidade de admitir a responsabilidade penal da pessoa jurídica, recomenda-se um pequeno retrospecto histórico das diversas concepções que esse tema mereceu nos diferentes estágios da história da civilização humana.

A evolução social e filosófica reflete-se no desenvolvimento dos conceitos dogmáticos do Direito. Essa evolução levou, no Direito Penal, ao reconhecimento exclusivo da responsabilidade individual. Contudo, para se entender e avaliar os fundamentos que deram origem a essa *responsabilidade individual* é fundamental que se conheçam os primórdios dessas elaborações.

3.1.1. O Direito Romano

Embora já existissem conjuntos de pessoas aos quais se reconheciam certos direitos subjetivos, o *Direito Romano*, em princípio, não conheceu a figura da *pessoa jurídica*. Distinguia-se perfeitamente entre os direitos e as obrigações da corporação – *universitas* – e os dos seus membros – *singuli*. Apesar de o conceito de *pessoa jurídica* ser desconhecido, nessa época, segundo Ulpiano, podia ser exercida a *actio de dolus malus* (a acusação) contra o Município, que era a corporação mais importante. Quando o "coletor de impostos" fizesse cobranças indevidas, por exemplo, enganando os contribuintes e enriquecendo indevidamente a cidade, podia ser exercida a *actio de dolus malus* contra o Município. Comprovada a (ir)responsabilidade dos "coletores", os habitantes da cidade deviam indenizar os contribuintes lesados (Digesto, 4, 3, 15, 1). A partir desse entendimento, os *romanistas* passaram a sustentar a existência da *capacidade delitiva das corporações* no Direito Romano.

A *distinção* entre os direitos e obrigações da *corporação* e dos seus membros foi, sem dúvida, uma das maiores contribuições ao estudo em exame. Em outros termos, o próprio Direito Romano já admitia, em certas circunstâncias, a *responsabilidade de uma corporação*, como era o caso do Município. Por outro lado, a distinção feita pelo Direito Romano entre a *universitas* e os *singuli* pode ser considerada como a raiz mais remota da importante evolução que esse instituto vai ter na Idade Média[6].

---

[6]   Silvina Bacigalupo, *La responsabilidad penal*, p. 44.

Enfim, as fontes do *Direito Romano* mostram não só a existência de responsabilidade delitiva de uma corporação como também as raízes da distinção entre *responsabilidade coletiva* e *responsabilidade individual*[7].

3.1.2. Os glosadores

No início da Idade Média, quando as *corporações* começam a desfrutar de maior importância, tanto na esfera econômica quanto na política, entra em pauta o debate sobre a *responsabilidade penal dessas instituições*. Os Estados começam a responder pelos excessos que cometiam contra a *ordem social*, especialmente em relação às cidades que estavam adquirindo sua independência. Hoje, a despeito de toda sorte de abusos e desmandos que o Estado pratica contra o cidadão, não vemos os "representantes da sociedade" (Ministério Público, Defensoria Pública, *Ombudsman* etc.) saírem em defesa do cidadão lesado. Todos submetem-se à vontade soberana do leviatã, indistintamente.

Os glosadores, a exemplo do Direito Romano, não criaram uma teoria sobre a pessoa jurídica, que, na verdade, não existia nas fontes do Direito Romano. No entanto, embora os glosadores não tivessem conhecido um conceito de *pessoa jurídica*, não ignoraram a figura da *corporação*, entendida como *a soma e a unidade dos membros titulares de direitos*. Essas *corporações* podiam delinquir. Havia crime da corporação quando a totalidade de seus membros iniciava uma ação penalmente relevante *por meio de uma decisão conjunta*. Era indispensável, para configurar um crime conjunto da corporação, a existência de uma *ação corporativa*, decorrente de uma *decisão coletiva* dos membros da corporação. A ação realizada com base nas decisões tomadas por maioria era *equiparada* à ação decorrente de decisão da totalidade do conjunto. Fora dessas hipóteses, a responsabilidade pela ação era atribuída ao membro da corporação individualmente responsável, segundo os princípios da *imputação individual*. Constata-se que já nessa época os glosadores distinguiam a responsabilidade coletiva e a individual, apesar de reconhecerem a responsabilidade das instituições corporativas: qualquer de seus membros podia ser individualmente responsabilizado pelos atos que praticasse no seio da corporação.

Enfim, os glosadores sustentavam que a *universitas* era responsável por suas ações civil e penalmente. Para eles, os direitos da corporação

---

[7] Silvina Bacigalupo, *La responsabilidad penal*, p. 44.

eram ao mesmo tempo direitos de seus membros. Os glosadores limitaram-se, na verdade, a reconhecer certos direitos à corporação e a admitir sua capacidade delitiva.

3.1.3. Os canonistas

A dificuldade prática em explicar o fenômeno real da *organização eclesiástica*, a partir da concepção dos glosadores, forçou os canonistas a elaborarem uma nova teoria que atendesse a essa *instituição*. Segundo a Igreja, os direitos não pertenciam à totalidade de seus fiéis, mas a Deus. Com fundamento nessa premissa, os *canonistas* começaram a elaborar um *conceito técnico-jurídico de pessoa jurídica*. Partiam da aceitação da capacidade jurídica da *universitas*, distinta da capacidade jurídica dos seus membros, e procuravam, assim, abranger todas as corporações e, especialmente, a Igreja, que seria a corporação mais importante. Nessa nova concepção, passou-se a sustentar que os titulares dos *direitos eclesiásticos* não eram os membros da comunidade religiosa, mas Deus, na figura de seu representante terrestre (Papa). Esse entendimento cristaliza o conceito de *instituição eclesiástica*, distinto do conceito de *corporação* adotado pelos glosadores, concebendo-a como pessoa sujeito de direito. Aparece aqui, pela primeira vez, a distinção entre o *conceito jurídico de pessoa* e *conceito real da pessoa* como ser humano, a pessoa natural. Esse rompimento da identificação entre a *corporação eclesiástica* e a pessoa como ser humano dá origem ao *conceito de pessoa jurídica*, que, por ficção, passa a ter *capacidade jurídica*.

Nessa linha de pensamento, o Papa Inocêncio IV, por razões eclesiásticas, sustentou que a *universitas* era *uma pessoa fictícia*, como um ser sem alma, e, por isso, não podia ser excomungada. Pelas mesmas razões, sustentava Inocêncio IV, a *universitas* também não tinha capacidade de ação, e, consequentemente, capacidade delitiva. Essa concepção de *pessoa ficta* foi adotada pelos decretos papais seguintes, consagrada no *Concilio de Lyon* (1245) e na coleção de decretos de Jorge IX[8]. Segundo Gierke e Binder, pode-se afirmar que esses canonistas foram os *pais espirituais* da moderna concepção de *corporação*. Indiscutivelmente esta teoria dos canonistas também traz em seu bojo a origem do dogma *societas delinquere non potest*[9]. Na verdade, a partir daqui a pessoa jurídica passa a

---

[8] O. Gierke, *Das deutsche Genossenschaftsrecht*, t. 3, p. 245.
[9] Silvina Bacigalupo, *La responsabilidad penal*, p. 49.

ser considerada uma *pessoa ficta*, cujo entendimento chega até nossos dias. Constata-se do exposto que há grande semelhança entre a teoria elaborada pelos canonistas e a *teoria da ficção* do século XIX, que recebeu o conhecido polimento de Savigny.

Pode-se concluir, enfim, que os canonistas foram os primeiros a distinguir a corporação e seus membros, bem como a responsabilidade destes e daquela, que existiam paralelamente.

3.1.4. Os pós-glosadores

Os pós-glosadores aceitaram a definição dos canonistas, segundo a qual a *universitas* era uma *pessoa ficta*, que não se confundia com seus membros; no entanto, ao contrário dos canonistas, admitiram a possibilidade de ela praticar crimes. Nesse sentido, Bartolus (1314-1357) sustentava a capacidade delitiva da *universitas* como uma *fictio iuris* e distinguia os crimes da corporação em *próprios* e *impróprios*. *Delicta propia* seriam aquelas ações estritamente relacionadas com a *essência* e o *âmbito especial* dos "deveres da corporação". *Delicta impropia*, por sua vez, seriam aquelas ações que a corporação somente poderia realizar por intermédio de um representante. Pelos *delicta propia* responderia a corporação, e pelos *delicta impropia* responderiam as pessoas físicas que os praticaram, excluindo-se a *universitas* dessa responsabilidade. Constata-se que, a exemplo dos glosadores, os pós-glosadores distinguiam a responsabilidade individual da coletiva, mesmo em relação aos fatos praticados no seio das corporações (pessoas jurídicas ou sociedades).

Silvina Bacigalupo sintetiza, afirmando que "na Idade Média a responsabilidade penal das corporações (pessoas jurídicas) surge como uma necessidade exclusivamente prática da vida estatal e eclesiástica"[10], em razão, como já afirmamos, da importância político-econômica que referidas instituições haviam adquirido. Essa concepção perdurou até fins do século XVIII; apenas o *Direito Natural* afastou o *conteúdo espiritual* originário da *pessoa ficta* – que os canonistas lhe haviam atribuído –, dando-lhe um novo conteúdo e relacionando-a com a personalidade coletiva da corporação. As ideias do *Iluminismo* e do Direito Natural, no entanto, diminuíram o autoritarismo do Estado e das corporações, que haviam atingido seu auge no fim da Idade Média, assegurando um novo espaço ao indivíduo na ordem social. Essa nova *orientação, libertadora*

---

[10] Silvina Bacigalupo, *La responsabilidad penal*, p. 53.

do indivíduo das velhas e autoritárias relações medievais, implica, necessariamente, a recusa de qualquer *responsabilidade penal coletiva*. A responsabilidade coletiva é incompatível com a nova realidade de liberdade e de autodeterminação do indivíduo, que representam conquistas democráticas da Revolução Francesa. A mudança filosófica de concepção do indivíduo, do Estado e da sociedade conduz, necessariamente, à *responsabilidade individual*. Os autores, dentre os quais se destaca Malblanc[11], passaram a sustentar a impossibilidade de manter-se a teoria da responsabilidade penal da pessoa jurídica. Malblanc negava tanto a *capacidade delitiva* da pessoa jurídica como sua capacidade de entender a aplicação da pena.

A consagração do princípio *societas delinquere non potest*, ao contrário do que sustentam alguns autores de escol, não decorreu da importância da *teoria ficcionista* da pessoa jurídica de Savigny[12], que negava a capacidade de vontade e, por consequência, a capacidade delitiva da pessoa jurídica, na medida em que essa ficção não foi obstáculo aos glosadores e pós-glosadores, que admitiam a responsabilidade penal da pessoa jurídica. Na verdade, não foram razões jurídicas, mas conveniências políticas, que determinaram a desaparição da punibilidade das corporações, uma vez que estas perderam a importância e o poder que tinham na Idade Média. E, ainda, como destaca Bacigalupo[13], aliaram-se contra as corporações dois poderes antagônicos: o *absolutismo* dos príncipes e o *liberalismo* do Iluminismo. Assim, a monarquia absoluta suprimiu todo o poder daqueles que poderiam competir com o Estado, procurando eliminar as corporações ou, pelo menos, retirar-lhes o poder político e os direitos que detinham. O Iluminismo, por sua vez, admitia que as liberdades do indivíduo somente poderiam ser, dentro de determinados critérios, limitadas pelo Estado. Esse esvaziamento da importância e do poder político que as *corporações* desfrutavam na Idade Média *tornou desnecessária a responsabilidade penal* destas. A negação de responsabilidade, adotada de plano pela doutrina penal, foi igualmente recepcionada pelo próprio Feuerbach[14],

---

[11] Malblanc, *Opuscula ad ius criminale spectantia*, Erlangen, 1793.

[12] "O direito penal trata somente com pessoas como seres pensantes e com vontade. A pessoa jurídica não tem essas qualidades e, por isso, deve ficar excluída do âmbito do direito penal" (Savigny, *System des heutigen Römischen Rechts*, t. 2, p. 312).

[13] Silvina Bacigalupo, *La responsabilidad penal*, p. 55.

[14] Feuerbach, *Lehrbuch des gemeinen in Deutschland gultigen peinlichen Rechts*, 14. ed., Aalen, 1973, p. 52.

que, segundo sustentava, mesmo com a deliberação unânime da corporação, seria impossível a responsabilidade penal, já que, nesse caso, não estariam atuando de acordo com a finalidade da associação, mas com finalidade distinta do seu desiderato.

3.2. Incompatibilidades dogmáticas da responsabilidade penal da pessoa jurídica

Considerando que o fator fundamental, como afirmamos acima, que tornou desnecessária a responsabilidade penal da pessoa jurídica (corporação) foi a perda de importância e do poder político que desfrutava na Idade Média, poderia ser invocado, na atualidade, na defesa do retorno de dita *responsabilidade penal coletiva*, exatamente o extraordinário poder e importância – dir-se-ia globalizados – que as corporações adquiriram a partir da segunda metade do século XX. Contudo esse aspecto seria verdadeiro, como demonstraremos adiante, não fosse outro fator muito mais relevante, no plano jurídico-científico, que inviabiliza o aspecto puramente pragmático, qual seja *a evolução científico-dogmática da teoria geral do delito* (culpabilidade, antijuridicidade e tipicidade), que não existia no final da Idade Média, pelo menos não com o mesmo acabamento científico-metodológico.

Enfim, o Direito Penal de outrora não é o mesmo Direito Penal de agora (a rima é proposital), como passaremos a demonstrar. A polêmica sobre a *responsabilidade penal* das pessoas jurídicas apresenta inúmeros problemas, dentre os quais se podem destacar, como principais, os seguintes: a) questões de política criminal; b) o problema da (in)capacidade de ação; c) a (in)capacidade de culpabilidade; d) o princípio da personalidade da pena; e) as espécies ou natureza das penas aplicáveis às pessoas jurídicas. Analisaremos, neste limitado ensaio, apenas algumas dessas questões, aquelas que nos parecem fundamentais no presente contexto.

3.2.1. Função do Direito Penal

Segundo Welzel, o Direito Penal tem, basicamente, *as funções ético-social e preventiva*. A função ético-social é exercida por meio da proteção dos valores fundamentais da vida social, que deve configurar-se com a proteção de *bens jurídicos*. Os *bens jurídicos* são bens vitais da sociedade e do indivíduo, que merecem proteção legal exatamente em razão de sua significação social. O Direito Penal objetiva, assim, assegurar a validade dos *valores ético-sociais* positivos e, ao mesmo tempo, o reconhecimento e proteção desses valores, que, em outros termos, caracterizam o conteúdo *ético-social* positivo das normas jurídico-penais[15]. A soma dos bens jurídicos constitui, afinal, a *ordem social*. O valor ético-social de um bem jurídico, no entanto, não é determinado de forma isolada ou abstratamente; ao contrário, sua configuração será avaliada em relação à totalidade do ordenamento social. A função ético-social é inegavelmente a mais importante do Direito Penal, e, baseada nela, surge a sua segunda função, que é a *preventiva*.

Na verdade, o Direito Penal protege, dentro de sua função ético-social, o comportamento humano daquela maioria capaz de manter uma mínima vinculação ético-social, que participa da construção positiva da vida em sociedade por meio da família, escola e trabalho. O Direito Penal funciona, num primeiro plano, garantindo a segurança e a estabilidade do juízo ético-social da comunidade, e, em um segundo plano, reage, diante do caso concreto, contra a violação ao ordenamento jurídico-social com a imposição da pena correspondente. Orienta-se o Direito Penal segundo a escala de valores da vida em sociedade, destacando aquelas ações que contrariam essa escala social, definindo-as como comportamentos desvaliosos, apresentando, assim, os limites da liberdade do indivíduo na vida comunitária. A violação desses limites, quando adequada aos princípios da tipicidade e da culpabilidade, acarretará a responsabilidade penal do agente. Essa consequência jurídico-penal da infração ao ordenamento produz como resultado ulterior o *efeito preventivo* do Direito Penal, que caracteriza a sua segunda função.

Enfim, o Direito Penal tem como objetivo a proteção dos valores ético-sociais da ordem social, que necessariamente devem ser representados e identificados por bens jurídicos especificamente protegidos. Na verdade, a função principal do Direito Penal, para Welzel, é a *função ético-social*, e a *função preventiva* surge como consequência lógica daquela.

3.2.2. A (in)capacidade de ação da pessoa jurídica

A doutrina dominante, ainda hoje, entende que a *pessoa jurídica* não tem *capacidade de ação*, e todas as *atividades* relativas a ela são realizadas por pessoas físicas, mesmo na qualidade de membros de seus conselhos diretivos[16]. A *incapacidade de ação* da pessoa jurídica não decorre do

---

[15] Welzel, *Derecho penal alemán*, p. 11-112.
[16] Jescheck, *Tratado de derecho penal*: parte general, trad. da 4. ed. de 1988 de José Luis Manzanares Samaniago, Granada: Comares, 1993, p. 205: "As pessoas jurídicas e as associações sem personalidade podem atuar somente através dos

conceito de ação que se adote – causal, social ou final –, mas da *absoluta falta de capacidade natural de ação*. O Direito Penal atual estabelece que o único sujeito com *capacidade de ação* é o indivíduo. Tanto para o *conceito causal* quanto para o *conceito final de ação* o essencial é o *ato de vontade*. *Ação, segundo a concepção causalista*, é o movimento corporal voluntário que causa modificação no mundo exterior. A *manifestação de vontade*, o *resultado* e a *relação de causalidade* são os três elementos do conceito de ação.

Para Welzel[17], "ação humana é exercício de atividade final. A ação é, portanto, um acontecer *'final'* e não puramente *'causal'*. A *'finalidade'* ou o caráter final da ação baseia-se em que o homem, graças a seu saber causal, pode prever, dentro de certos limites, as consequências possíveis de sua conduta. Em razão de seu saber causal prévio pode dirigir os diferentes atos de sua atividade de tal forma que oriente o acontecer causal exterior a um fim e assim o determine finalmente". "A atividade final – prosseguia Welzel – é uma atividade dirigida conscientemente em função do fim, enquanto o acontecer causal não está dirigido em função do fim, mas é a resultante causal da constelação de causas existentes em cada caso. A finalidade é, por isso – dito graficamente –, *'vidente'* e a causalidade é *'cega'*"[18]. Em sentido semelhante, Maurach afirmava que "uma ação em sentido jurídico-penal é uma conduta humana socialmente relevante, dominada ou dominável por uma vontade final e dirigida a um resultado"[19].

Enfim, *a ação*, como primeiro elemento estrutural do crime, é o comportamento humano voluntário conscientemente dirigido a um fim. A ação compõe-se de um comportamento exterior, de conteúdo *psicológico*, que é a *vontade* dirigida a um fim, da *representação* ou antecipação mental do resultado pretendido, da escolha dos meios e da consideração dos efeitos concomitantes ou necessários e do *movimento corporal* dirigido ao fim proposto. Como sustentar que a *pessoa jurídica*, um ente abstrato, uma ficção normativa, destituída de *sentidos* e *impulsos*, possa ter *vontade* e *consciência*? Como poderia uma *abstração jurídica* ter "representação" ou "antecipação mental" das consequências de sua "ação"?

Por ser o crime uma *ação humana*, somente o ser vivo, nascido de mulher, pode ser autor de crime, embora em tempos remotos tivessem sido

---

seus órgãos, razão pela qual elas próprias não podem ser punidas".

[17] Welzel, *Derecho penal alemán*, p. 5; *El nuevo sistema*, p. 25.
[18] Welzel, *Derecho Penal*, cit., p. 5.
[19] Maurach e Zipf, *Derecho penal*, Buenos Aires: Astrea, 1994, v. 1, p. 265 e 269.

condenados, como autores de crimes, animais, cadáveres e até estátuas. A *conduta* (ação ou omissão) é produto exclusivo do homem. Juarez Tavares, seguindo essa linha, afirma que "a *vontade* eleva-se, pois, à condição de '*espinha dorsal da ação*'. Sem *vontade* não há ação, pois o homem não é capaz nem de cogitar de seus objetivos, se não se lhe reconhece o poder concreto de prever os limites de sua atuação"[20]. René Ariel Dotti destaca, com muita propriedade, que "o conceito de ação como '*atividade humana conscientemente dirigida a um fim*' vem sendo tranquilamente aceito pela doutrina brasileira, o que implica no *poder de decisão pessoal* entre fazer ou não fazer alguma coisa, ou seja, num atributo inerente às pessoas naturais"[21]. Com efeito, a *capacidade de ação* e de *culpabilidade* exige a presença de uma *vontade*, entendida como *faculdade psíquica* da pessoa individual, que somente o ser humano pode ter.

O *dolo*, elemento essencial da *ação final*, compõe o *tipo subjetivo*. Pela sua definição, constata-se que o *dolo* é constituído por dois elementos: um *cognitivo*, que é o conhecimento do fato constitutivo da ação típica; e um *volitivo*, que é a vontade de realizá-la. O primeiro elemento, o *conhecimento*, é pressuposto do segundo, que é a *vontade*, que não pode existir sem aquele. Para a configuração do dolo exige-se a *consciência* daquilo que se pretende praticar. Essa *consciência* deve ser *atual*, isto é, deve estar presente no momento da ação, quando ela está sendo realizada. A *previsão*, isto é, a *consciência*, deve abranger correta e completamente todos os elementos essenciais do tipo, sejam eles descritivos, normativos ou subjetivos. Quando o *movimento corporal* do agente não for orientado pela *consciência* e *vontade* não se poderá falar em *ação*. Em termos jurídico-penais, *consciência*, na lição de Zaffaroni, "é o resultado da atividade das funções mentais. Não se trata de uma faculdade do psiquismo humano, mas do resultado do funcionamento de todas elas[22]". Quando essas *funções mentais* não funcionam adequadamente se diz que há *estado de inconsciência*, que é incompatível com a *vontade*, e sem vontade não há ação.

A *vontade*, por sua vez, deve abranger a ação, o resultado e o nexo causal. A *vontade* pressupõe a *previsão*, isto é, a representação, na medida em que é impossível querer conscientemente senão aquilo que se previu

---

[20] Juarez Tavares, *Teorias do delito*, São Paulo: Revista dos Tribunais, 1980, p. 59.
[21] René Ariel Dotti, A incapacidade criminal da pessoa jurídica, *Revista Brasileira de Ciências Criminais*, IBCCrim, n. 11 (jul./set. 1995), p. 191.
[22] Zaffaroni, *Manual de derecho penal*, p. 363.

ou *representou* na nossa mente, pelo menos parcialmente. A *previsão* sem *vontade* é algo completamente inexpressivo, indiferente ao Direito Penal, e a vontade sem representação, isto é, sem previsão, é absolutamente impossível. Para Welzel, a *vontade* é a espinha dorsal da ação final, considerando que a *finalidade* baseia-se na *capacidade de vontade* de prever, dentro de certos limites, as consequências de sua intervenção no curso causal e de dirigi-la, por conseguinte, conforme um plano, à consecução de um fim. Sem a *vontade*, que dirige o suceder causal externo, convertendo-o em uma ação dirigida finalisticamente, a *ação* ficaria destruída em sua estrutura e seria rebaixada a um *processo causal* cego. A *vontade final*, sustentava Welzel[23], como fator que configura *objetivamente* o acontecer real, pertence, por isso, à ação. Como se poderá pensar em ação sem *vontade* ou sem *consciência*, ou, pior, sem ambas? Por mais benevolente e compreensivo que se possa ser, será impossível admitir que a *pessoa jurídica* seja dotada de *vontade* e de *consciência* "pessoais". À evidência que esses dois atributos – consciência e vontade – são típicos da *pessoa natural*, que não se confunde com a abstração da *pessoa jurídica*!

Na verdade, os *elementos subjetivos* que compõem a estrutura do tipo penal assumem transcendental importância na definição da conduta típica. É por meio do *animus agendi* que se consegue identificar e qualificar a *atividade comportamental* do agente. Somente conhecendo e identificando a intenção – *vontade* e *consciência* – do agente se poderá classificar um comportamento como típico. Especialmente quando a figura típica exige também, para a corrente tradicional, o *dolo específico*, ou seja, o *especial fim de agir*, pois esses elementos subjetivos especiais do tipo não podem ser caracterizados nas atividades passíveis de serem executadas por uma pessoa jurídica.

Enfim, sem esses dois elementos – *consciência* e *vontade* –, exclusivos da *pessoa natural*, é impossível falar, tecnicamente, em *ação*, que é o primeiro elemento estrutural do crime. A menos que se pretenda destruir o Direito Penal e partir, assumidamente, para a *responsabilidade objetiva*. Mas para isso – adoção da responsabilidade objetiva – não é preciso suprimir essa conquista histórica da civilização contemporânea, o Direito Penal, como meio de controle social formalizado, na medida em que existem tantos outros ramos do Direito com menores exigências garantistas e que podem ser muito mais eficazes e funcionais que o Direito

---

[23] Welzel, *El nuevo sistema*, p. 26.

Penal, dispondo de um arsenal de sanções avassaladoras da pessoa jurídica, algumas até extremistas, como, por exemplo, a decretação da *extinção da corporação*, que, em outros termos, equivaleria à *pena de morte* da empresa, algo inadmissível no âmbito do Direito Penal da culpabilidade.

3.2.3. A (in)capacidade de culpabilidade das pessoas jurídicas

Segundo Welzel, "o Direito Penal não parte da *tese indeterminista* de que a decisão de cometer o delito proceda inteiramente, ou parcialmente, de uma vontade livre e não do concurso da disposição do mundo circundante; parte do conhecimento antropológico de que o homem, como ser determinado à responsabilidade, está existencialmente em condições de dirigir finalmente (conforme ao sentido) a dependência causal dos impulsos. A culpabilidade não é um ato de livre autodeterminação, mas precisamente a falta de uma decisão conforme ao sentido em um sujeito responsável"[24]. A culpabilidade é a *reprovabilidade* do fato antijurídico individual, e o que se reprova "é a resolução de vontade antijurídica em relação ao fato individual". De certo modo, o *conteúdo material da culpabilidade finalista* tem como base *a capacidade de livre autodeterminação* de acordo com o sentido do autor, ou, em outros termos, *o poder ou a faculdade de atuar de modo distinto de como atuou*. Disso depende, pois, a *capacidade de culpabilidade ou imputabilidade*.

Depois de fazer algumas considerações sobre os problemas na determinação da *capacidade de culpabilidade*, Welzel argumenta que a *culpabilidade individual* não é mais que a concretização da *capacidade de culpabilidade* em relação ao ato concreto, de tal forma que a *reprovabilidade* encontra sua base "nos mesmos elementos concretos cuja concorrência em caráter geral constitui a *capacidade de culpabilidade*. Isto é, o autor tem de conhecer o *injusto* ou, pelo menos, tem de poder conhecê-lo e, igualmente, poder decidir-se por uma conduta conforme ao Direito em virtude desse conhecimento (real ou potencial). A *culpabilidade concreta* (reprovabilidade) está, pois, constituída (paralelamente à capacidade geral de culpabilidade) por elementos intelectuais e voluntários"[25].

A culpabilidade tem, por sua vez, como seus elementos constitutivos a *imputabilidade*, a *potencial consciência da ilicitude* e a *exigibilidade de*

---

[24] Welzel, *El nuevo sistema*, p. 93-94.
[25] Welzel, *El nuevo sistema*, p. 100-101.

conduta diversa. Imputabilidade é a capacidade de culpabilidade, é a aptidão para ser culpável. A *capacidade de culpabilidade* apresenta dois momentos específicos: um *cognoscitivo ou intelectual* e outro *volitivo ou de vontade*, isto é, a *capacidade de compreensão* do injusto e a *determinação da vontade* conforme essa compreensão. Deve-se ter presente, no entanto, que somente os dois momentos conjuntamente constituem, pois, a *capacidade de culpabilidade*. Como afirma Muñoz Conde, "quem carece desta capacidade, por não ter maturidade suficiente, ou por sofrer de graves alterações psíquicas, não pode ser declarado culpado e, por conseguinte, não pode ser responsável penalmente pelos seus atos, por mais que sejam típicos e antijurídicos"[26]. Assim, sem a *imputabilidade* entende-se que o sujeito carece de liberdade e de *faculdade* para comportar-se de outro modo, com o que não é capaz de culpabilidade, sendo, portanto, inculpável. Pode-se afirmar, de forma genérica, que estará presente a *imputabilidade*, segundo o Direito Penal brasileiro, toda vez que o agente apresentar *condições de normalidade* e *maturidade psíquica*. "Maturidade" e "alterações psíquicas" são atributos exclusivos da *pessoa natural*, e, por consequência, impossível serem trasladados para a *pessoa fictícia*. Enfim, a pessoa jurídica carece de "maturidade e higidez mental", logo, é "inimputável".

Como se poderá exigir que uma empresa comercial ou industrial possa formar a "*consciência da ilicitude*" da atividade que, por intermédio de seus diretores ou prepostos, desenvolverá? Nessas circunstâncias, nem seria razoável formular um *juízo de reprovabilidade* em razão da "conduta" de referida empresa que, por exemplo, contrarie a ordem jurídica.

Por fim, o terceiro elemento da culpabilidade, que é a *exigibilidade de obediência ao Direito*. Embora esse elemento, em tese, possa ser exigido da pessoa jurídica, esbarra no *caráter sequencial* dos demais, uma vez que a *exigibilidade de obediência ao direito* pressupõe tratar-se de *agente imputável* e de estar configurada a *potencial consciência da ilicitude*, que, como já referido, é impossível no caso da pessoa jurídica. Assim, ausentes os dois primeiros elementos – *imputabilidade* e *consciência da ilicitude* –, será impossível a caracterização do terceiro – *exigibilidade de conduta conforme ao Direito* –, que configura a possibilidade concreta do autor – capaz de culpabilidade – de poder adotar sua decisão de acordo com o conhecimento do injusto. E, por derradeiro, a falta de qualquer

---

[26] Muñoz Conde, *Teoria geral do delito*, p. 137.

dos três elementos examinados impedirá que se configure a culpabilidade, e sem culpabilidade não se admitirá, na seara do Direito Penal, a aplicação de pena, já que *nullum crimen, nulla poena sine* culpabilidade.

3.3. Criminalidade moderna e Direito Administrativo sancionador

Fala-se abundantemente em "criminalidade moderna", que abrangeria a *criminalidade ambiental internacional, criminalidade industrial, tráfico internacional de drogas, comércio internacional de detritos*, na qual se incluiria a *delinquência econômica* ou criminalidade de "colarinho branco". Essa dita "criminalidade moderna" tem uma dinâmica estrutural e uma capacidade de produção de efeitos incomensuráveis, que o *Direito Penal clássico* não consegue atingir, diante da dificuldade de definir bens jurídicos, de individualizar culpabilidade e pena, de *apurar* a responsabilidade individual ou mesmo de admitir a presunção de inocência e o *in dubio pro reo.*

Como sentencia Hassemer, "nestas áreas, espera-se a intervenção imediata do Direito Penal, não apenas depois que se tenha verificado a inadequação de outros meios de controle não penais. O venerável princípio da subsidiariedade ou a *ultima ratio* do Direito Penal é simplesmente cancelado, para dar lugar a um Direito Penal visto como *sola ratio* ou *prima ratio* na solução social de conflitos: a resposta penal surge para as pessoas responsáveis por estas áreas cada vez mais frequentemente como a primeira, senão a única saída para controlar os problemas"[27]. Para combater a "criminalidade moderna" o *Direito Penal da culpabilidade* seria absolutamente inoperante, e alguns dos seus princípios fundamentais estariam completamente superados. Nessa criminalidade moderna, é necessário orientar-se pelo perigo em vez do dano, pois quando o dano surgir será tarde demais para qualquer medida estatal. A sociedade precisa dispor de meios eficientes e rápidos que possam reagir ao simples perigo, ao risco, deve ser sensível a qualquer mudança que possa desenvolver-se e transformar-se em problemas transcendentais. Nesse campo, o Direito tem de organizar-se preventivamente. É fundamental que se aja no nascedouro, preventivamente e não representativamente. Nesse aspecto os bens coletivos são mais importantes que os bens individuais; é fundamental a *prevenção*, porque a *repressão* vem tarde demais.

Na criminalidade moderna, inclui-se particularmente a *delinquência econômica*, com destaque especial aos crimes praticados por meio das

---

[27] Hassemer, *Três temas*, p. 48.

pessoas jurídicas. Nesse tipo de criminalidade, as instituições, as organizações empresariais não agem individualmente, mas em grupo, realizando *a exemplar divisão de trabalho* de que fala Jescheck[28]. Normalmente, as decisões são tomadas por diretoria, de regra por maioria. Assim, a decisão criminosa não é individual, como ocorre na criminalidade de massa, mas coletiva, embora, por razões estatutárias, haja adesão da maioria vencida. E mais: punindo um ou outro membro da organização, esta continuará sua atividade, lícita ou ilícita, por intermédio dos demais.

Sem endossar a nova doutrina do Direito Penal funcional, mas reconhecendo a necessidade de um combate mais eficaz em relação à *criminalidade moderna*, Hassemer[29] sugere a criação de um novo Direito, ao qual denomina *Direito de Intervenção*, que seria um meio-termo entre o Direito Penal e o Direito Administrativo, que não aplique as pesadas sanções de Direito Penal, especialmente a pena privativa de liberdade, mas que seja eficaz e possa ter, ao mesmo tempo, garantias menores que as do Direito Penal tradicional.

Não se questiona a necessidade de o Direito Penal manter-se ligado às mudanças sociais, respondendo adequadamente às interrogações de hoje, sem retroceder ao dogmatismo hermético de ontem. Quando a sua intervenção se *justificar* deve responder eficazmente. *A questão decisiva, porém, será: de quanto de sua tradição e de suas garantias o Direito Penal deverá abrir mão a fim de* manter *essa atualidade?* Nessa linha de raciocínio, e respondendo à nossa interrogação, Muñoz Conde, referindo-se ao Projeto de Código Penal espanhol de 1994, a respeito da necessidade de eventual criminalização, recomenda: "Se no entanto for necessário criar algum novo tipo penal, faça-se, porém nunca se perca de vista a identificação de um bem jurídico determinado e a tipificação do comportamento que possa afetá-lo, com uma técnica legislativa que permita a incriminação

---

[28] Jescheck, *Tratado de derecho penal*, p. 937; Hans Welzel, *Derecho penal alemán*, Santiago: Ed. Jurídica de Chile, 1987, p. 155.
[29] Hassemer, *Três temas*, p. 59 e 95: "Há muitas razões para se supor que os problemas 'modernos' de nossa sociedade causarão o surgimento e desenvolvimento de um *Direito interventivo* correspondentemente 'moderno' na zona fronteiriça entre o Direito Administrativo, o Direito Penal e a responsabilidade civil pelos atos ilícitos. Certamente terá em conta as leis do mercado e as possibilidades de um sutil controle estatal, sem problemas de imputação, sem pressupostos de culpabilidade, sem um processo meticuloso, mas, então, também, sem a imposição de penas criminais".

penal somente de comportamento doloso ou, excepcionalmente, modalidade culposa que lesione efetivamente ou, pelo menos, coloque em perigo concreto o bem jurídico previamente identificado"[30].

Para a proteção da chamada "ordem econômica estrita" – assim entendida aquela dirigida ou fiscalizada diretamente pelo Estado – foram criados os crimes fiscais, crimes monetários, crimes de contrabando, crimes de concorrência desleal, os chamados crimes falimentares. Mais recentemente, surgiram novas figuras delitivas, como, por exemplo, grandes estelionatos, falsidades ideológicas, crimes contra as relações de consumo, monopólios irregulares, os escândalos financeiros e mesmo as grandes falências, com prejuízos incalculáveis. É inegável que para a prevenção e repressão de infrações dessa natureza se justifica a utilização de graves sanções, inclusive privativas de liberdade.

No entanto, é preciso cautela para não se fazer tábula rasa, violando, inclusive, os princípios da *intervenção mínima*, da culpabilidade, do bem jurídico definido e do devido processo legal, entre outros. Não se pode igualmente esquecer que a pena privativa de liberdade também deve obedecer à *ultima ratio*, recorrendo-se a ela somente quando não houver outra forma de sancionar eficazmente.

3.4. Responsabilidade penal da pessoa jurídica à luz da Constituição Federal

Como já afirmamos, os autores contemporâneos mantêm, majoritariamente, o entendimento contrário à *responsabilidade penal da pessoa jurídica*. Maurach já sustentava a incapacidade penal das pessoas jurídicas, afirmando que "o reconhecimento da capacidade penal de ação da pessoa jurídica conduziria a consequências insustentáveis. Isso já era assim, segundo o conceito tradicional de ação. Inobstante, uma concepção similar seria inaceitável de acordo com os critérios do finalismo, os quais distanciam o conceito de ação do mero *provocar* um resultado penalmente relevante e apresentam a ação de modo incomparavelmente mais forte, como um produto original do indivíduo, isto é, do homem em particular. Mesmo a partir de uma perspectiva mais *realista*, não é possível equiparar

---

[30] Muñoz Conde, Principios políticos criminales que inspiran el tratamiento de los delitos contra el orden socioeconómico en el Proyecto de Código Penal español de 1994, *Revista Brasileira de Ciências Criminais*, número especial, n. 11, 1995, p. 11.

a vontade da 'associação' com a vontade humana, na qual se apoia a ação"[31]. Nessa linha de raciocínio, conclui Maurach, a *incapacidade penal de ação da pessoa jurídica* decorre da essência da *associação* e da própria *ação*.

Seguindo a mesma orientação, Jescheck enfatiza que "as pessoas jurídicas e as associações sem personalidade somente podem atuar através de seus órgãos, razão pela qual elas próprias não podem ser punidas. Frente a elas carece, ademais, de sentido a *desaprovação ético-social* inerente à pena, visto que a reprovação de culpabilidade somente pode ser formulada a pessoas individualmente responsáveis, e não perante membros de uma sociedade que não participaram do fato nem perante uma massa patrimonial"[32].

Contudo, todos esses aspectos dogmáticos não impediram que o legislador espanhol passasse a adotar uma espécie *sui generis* de *imputação de responsabilidade penal* às pessoas jurídicas (art. 31 *bis* do CP, introduzido pela LO n. 5/2010). Segundo esse novo dispositivo do Código Penal espanhol, a *responsabilidade penal da pessoa jurídica* não está fundamentada na *capacidade de ação*, porque aquela não a tem, mas pela prática de determinados crimes (aqueles que o legislador especifica taxativamente no Código Penal), por pessoas físicas, que atuam em nome e em benefício da pessoa jurídica. Segundo Muñoz Conde, é necessário constatar os seguintes requisitos: "Em primeiro lugar, o crime deve ser cometido por uma pessoa física vinculada à pessoa jurídica, que se encontre em uma destas duas situações: a) ser representante, administrador de fato ou de direito, ou empregado com faculdade para obrigar a pessoa jurídica, ou b) ser empregado submetido à autoridade dos anteriores e cometer o delito porque aqueles não exerceram o devido controle sobre as atividades do agente. Em segundo lugar, o crime deve ser cometido *em nome ou por conta* da pessoa jurídica, e, ademais, em seu proveito, o que constitui a base da imputação. Estão excluídos, consequentemente, os *crimes individuais* desvinculados da atividade da pessoa jurídica, ou cometidos em benefício próprio ou de terceiros"[33].

Para significativo setor da doutrina espanhola, trata-se de um "*novo* Direito Penal", construído para as pessoas jurídicas, distinguindo-se, por

---

[31] Reinhart Maurach e Heinz Zipf, *Derecho penal*, v. 1, p. 238.

[32] H. H. Jescheck, *Tratado de derecho penal*, Barcelona: Bosch, 1981, p. 300.

[33] Muñoz Conde, *Derecho penal*: parte especial, Valencia: Tirant lo Blanch, 2010, p. 630.

conseguinte, dos critérios utilizados para as pessoas físicas. Na realidade, essa construção do legislador espanhol não passa de um grotesco simulacro de direito, porque de direito penal não se trata, na medida em que adota responsabilidade por fato de outrem. De plano, constata-se que essa previsão legal espanhola afronta toda a estrutura da dogmática penal, especialmente de um *direito penal da culpabilidade*, que se pauta pela responsabilidade penal subjetiva e individual. Trata-se, na verdade, de uma *engenhosa construção ficcionista* do legislador espanhol, capaz de fazer inveja aos maiores ilusionistas da pós-modernidade, negando toda a histórica evolução dogmática/garantista de um *direito penal da culpabilidade*, que não abre mão da responsabilidade penal subjetiva. Na verdade, o legislador espanhol criou uma espécie de *responsabilidade penal delegada* (*v.g.*, a revogada Lei de Imprensa, pelo STF), isto é, pura ficção, incompatível com as categorias sistemáticas da teoria do delito, bem aos moldes de autêntica *responsabilidade penal objetiva*.

Com efeito, o legislador espanhol adota uma *presunção objetiva de responsabilidade penal*, satisfazendo-se com a simples *realização de um injusto típico como fundamento da pena*, o que é incompatível com a atual concepção tripartida do delito, como conduta típica, antijurídica e *culpável*. Com efeito, com a reforma introduzida no Código Penal espanhol abre-se a possibilidade de imputar a prática de um crime, com a correspondente imposição de pena, sem que seja necessário indagar sobre a concreta posição individual daquele que teria infringido as normas penais, ou seja, sem valorar as circunstâncias de imputabilidade e exigibilidade. Dito de outra forma, o legislador espanhol está desprezando, com essa previsão legal, o *atributo da culpabilidade*, que outra coisa não é senão a adoção de *autêntica responsabilidade penal objetiva*.

Surpreendentemente, Muñoz Conde, revelando certa complacência, faz o seguinte comentário: "No caso das pessoas jurídicas, a diferenciação entre injusto e culpabilidade não é tão nítida como no caso das pessoas físicas", porque "para as pessoas jurídicas é exigível uma posição comum e igual frente ao ordenamento jurídico, sem que pareça aplicável aos entes coletivos uma concreta valoração de suas circunstâncias 'pessoais' e 'individuais' que são atributo e exigência dos seres humanos"[34]. No entanto, para tranquilidade de todos, Muñoz Conde, assim como Mir Puig, não compartilham dessa orientação retrógrada e equivocada do

---

[34] Muñoz Conde e García Arán, *Derecho penal*, 8. ed., 2010, p. 631.

legislador espanhol, cuja evolução exige a atenção de todos os *experts* no universo abrangido pelo sistema jurídico romano/germânico.

No Brasil, a *obscura previsão* do art. 225, § 3º, da CF, relativamente ao *meio ambiente*, tem levado alguns penalistas a sustentar, *equivocadamente*, que a Carta Magna consagrou a *responsabilidade penal da pessoa jurídica*. No entanto, a *responsabilidade penal* ainda se encontra limitada à *responsabilidade subjetiva* e individual[35]. Nesse sentido manifesta-se René Ariel Dotti, afirmando que "no sistema jurídico positivo brasileiro, a responsabilidade penal é atribuída, exclusivamente, às pessoas físicas. Os crimes ou delitos e as contravenções não podem ser praticados pelas pessoas jurídicas, posto que a *imputabilidade* jurídico-penal é uma qualidade inerente aos seres humanos"[36]. A *conduta* (ação ou omissão), pedra angular da Teoria Geral do Crime, é produto essencialmente do homem. A doutrina, quase à unanimidade, repudia a hipótese de a conduta ser atribuída à pessoa jurídica. No mesmo sentido também é o entendimento atual de Muñoz Conde, para quem a capacidade de ação, de culpabilidade e de pena exige a presença de uma *vontade*, entendida como *faculdade psíquica da pessoa individual*, que não existe na pessoa jurídica, mero *ente fictício* ao qual o Direito atribui capacidade para outros fins distintos dos penais[37].

Para combater a tese de que a atual Constituição consagrou a responsabilidade penal da pessoa jurídica, trazemos à colação o disposto no seu art. 173, § 5º, que, ao regular a *Ordem Econômica e Financeira*, dispõe: "A lei, sem prejuízo da *responsabilidade individual dos dirigentes* da pessoa jurídica, *estabelecerá a responsabilidade desta*, sujeitando-a *às punições compatíveis com sua natureza*, nos atos praticados contra a ordem econômica e financeira e contra a economia em particular" (grifamos).

---

[35] Para aprofundar o exame sobre a responsabilidade penal da pessoa jurídica ver Luiz Régis Prado, Responsabilidade penal da pessoa jurídica: modelo francês, *Boletim do IBCCrim*, n. 46, set. 1996; Crime ambiental: responsabilidade penal da pessoa jurídica? *Boletim do IBCCrim*, n. 65, 1998; Ataídes Kist, *Responsabilidade penal da pessoa jurídica*, São Paulo: Led Ed., 1999; Sérgio Salomão Shecaira, *Responsabilidade penal da pessoa jurídica*, São Paulo: Revista dos Tribunais, 1998; Luiz Flávio Gomes (org.), *Responsabilidade penal da pessoa jurídica e medidas provisórias em matéria penal*, São Paulo: Revista dos Tribunais, 1999.

[36] René Ariel Dotti, A incapacidade criminal da pessoa jurídica, *Revista Brasileira de Ciências Criminais*, n. 11, p. 201, 1995.

[37] Muñoz Conde e García Arán, *Derecho penal*, 3. ed., Valencia, 1996, p. 236.

Dessa previsão podem-se tirar as seguintes conclusões: 1ª) a *responsabilidade pessoal* dos dirigentes não se confunde com a *responsabilidade da pessoa jurídica*; 2ª) a Constituição não dotou a pessoa jurídica de *responsabilidade penal*. Ao contrário, condicionou a sua *responsabilidade* à aplicação de sanções compatíveis com a sua natureza.

Enfim, a *responsabilidade penal continua a ser pessoal* (art. 5º, XLV). Por isso, quando se identificar e se puder *individualizar* quem são os *autores físicos* dos fatos praticados em nome de uma pessoa jurídica tidos como criminosos, aí sim deverão ser responsabilizados penalmente. Em não sendo assim, corremos o risco de ter de nos contentar com a pura *penalização formal das pessoas jurídicas*, que, ante a dificuldade probatória e operacional, esgotaria a real atividade judiciária, em mais uma comprovação da *função simbólica* do Direito Penal, pois, como denuncia Raúl Cervini, "a '*grande mídia*' incutiria na opinião pública a suficiência dessa satisfação básica aos seus anseios de Justiça, enquanto as pessoas físicas, verdadeiramente responsáveis, poderiam continuar tão impunes como sempre, atuando através de outras sociedades"[38]. Com efeito, ninguém pode ignorar que por trás de uma pessoa jurídica sempre há uma pessoa física, que utiliza aquela como simples "fachada", pura cobertura formal. Punir-se-ia a *aparência formal* e deixar-se-ia a *realidade* livremente operando encoberta em outra *fantasia*, uma nova pessoa jurídica, com novo CGC, em outro endereço, com nova razão social etc.

Mas isso não quer dizer que o ordenamento jurídico, no seu conjunto, deva permanecer impassível diante dos abusos que se cometam, mesmo por meio de *pessoa jurídica*. Assim, além da sanção efetiva aos *autores físicos* das condutas tipificadas (que podem facilmente ser substituídos), devem-se punir severamente também e, particularmente, as *pessoas jurídicas*, com sanções próprias a esse gênero de *entes morais*. A experiência dolorosa nos tem demonstrado a necessidade dessa punição. Klaus Tiedemann relaciona cinco modelos diferentes de punir as pessoas jurídicas, quais sejam: "responsabilidade civil", "medidas de segurança", "sanções administrativas", "verdadeira responsabilidade criminal" e, finalmente, "medidas mistas". Essas medidas mistas, não necessariamente penais, Tiedemann[39] exemplifica com: a) dissolução da pessoa jurídica (uma

---

[38] Raúl Cervini, Macrocriminalidad económica – apuntes para una aproximación metodológica, *Revista Brasileira de Ciências Criminais*, n. 11, p. 77, 1995.
[39] Klaus Tiedemann, Responsabilidad penal de personas jurídicas y empresas en derecho comparado, *Revista Brasileira de Ciências Criminais*, número especial, 1995.

espécie de pena de morte); b) *corporation's probation* (imposição de condições e intervenção no funcionamento da empresa); c) a imposição de um administrador etc. E, em relação às medidas de segurança, relaciona o "confisco" e o "fechamento do estabelecimento". No mesmo sentido conclui Muñoz Conde: "Concordo que o atual Direito Penal disponha de um arsenal de meios específicos de reação e controle jurídico-penal das pessoas jurídicas. Claro que estes meios devem ser adequados à própria natureza destas entidades. Não se pode falar de penas privativas de liberdade, mas de sanções pecuniárias; não se pode falar de inabilitações, mas sim de suspensão de atividades ou de dissolução de atividades, ou de intervenção pelo Estado. Não há, pois, por que se alarmar tanto, nem rasgar as próprias vestes quando se fale de responsabilidade das pessoas jurídicas: basta simplesmente ter consciência de que unicamente se deve escolher a via adequada para evitar os abusos que possam ser realizados"[40].

Mereceria uma análise especial a desajeitada, inadequada e equivocada Lei n. 9.605/98, que, além de criminalizar condutas lesivas ao meio ambiente, pretende disciplinar a responsabilidade penal da pessoa jurídica; no entanto, não dispomos de espaço suficiente para tanto neste capítulo. Pode-se concluir, todavia, com a afirmação de Silvina Bacigalupo, que "a simples introdução no ordenamento jurídico de uma norma prevendo a responsabilidade penal da pessoa jurídica não será solução, enquanto não se determinar previamente os pressupostos de dita responsabilidade"[41]. O reconhecimento da pessoa jurídica como destinatária da norma penal supõe, antes de tudo, a aceitação dos princípios de imputação penal, como fez, por exemplo, o atual Código Penal francês de 1992, em seu art. 121, ao introduzir a responsabilidade penal da pessoa jurídica. Com efeito, a recepção legal deve ser a culminação de todo um processo, onde devem estar muito claros os pressupostos de aceitação da pessoa jurídica como sujeito de Direito Penal e os respectivos pressupostos dessa imputação, para não se consagrar uma indesejável responsabilidade objetiva. Desafortunadamente, não houve, em nosso ordenamento jurídico, aquela prévia preparação que, como acabamos de afirmar, fez o ordenamento jurídico francês.

Concluindo, "o Direito Penal não pode – a nenhum título e sob nenhum pretexto – abrir mão das conquistas históricas consubstanciadas nas suas garantias fundamentais. Por outro lado, não estamos convenci-

---

[40] Muñoz Conde, Principios políticos criminales..., *Revista,* cit., p. 16.
[41] Bacigalupo, *La responsabilidad penal*, p. 151.

dos de que o Direito Penal, que se fundamenta na culpabilidade, seja instrumento eficiente para combater a *moderna criminalidade* e, particularmente, a *delinquência econômica*"[42]. Por isso, a sugestão de Hassemer[43] de criar um novo Direito, ao qual denomina *Direito de intervenção*, que seria um meio-termo entre Direito Penal e Direito Administrativo, que não aplique as pesadas sanções do Direito Penal, especialmente a pena privativa de liberdade, mas que seja eficaz e possa ter, ao mesmo tempo, garantias menores que as do Direito Penal tradicional, para combater a *criminalidade coletiva*, merece, no mínimo, uma profunda reflexão.

---

[42] Cezar Roberto Bitencourt, *Juizados Especiais Criminais e alternativas à pena de prisão*, 3. ed., Porto Alegre: Livr. do Advogado Ed., 1997, p. 48.
[43] Winfried Hassemer, *Três temas de direito penal*, Porto Alegre, publicação da Escola Superior do Ministério Público, 1993, p. 59 e 95.

Capítulo V
FUNCIONÁRIO PÚBLICO

Sumário: 1. Conceituação penal de funcionário público. 2. Equiparação do conceito de funcionário público: irretroatividade. 3. Causa especial (genérica) de aumento.

Art. 84. Considera-se servidor público, para os fins desta Lei, aquele que exerce, mesmo que transitoriamente ou sem remuneração, cargo, função ou emprego público.

§ 1º Equipara-se a servidor público, para os fins desta Lei, quem exerce cargo, emprego ou função em entidade paraestatal, assim consideradas, além das fundações, empresas públicas e sociedades de economia mista, as demais entidades sob controle, direto ou indireto, do Poder Público.

§ 2º A pena imposta será acrescida da terça parte, quando os autores dos crimes previstos nesta Lei forem ocupantes de cargo em comissão ou de função de confiança em órgão da Administração direta, autarquia, empresa pública, sociedade de economia mista, fundação pública, ou outra entidade controlada direta ou indiretamente pelo Poder Público[1].

---

[1] Código Penal:

"Funcionário público

Art. 327. Considera-se funcionário público, para os efeitos penais, quem, embora transitoriamente ou sem remuneração, exerce cargo, emprego ou função pública.

§ 1º Equipara-se a funcionário público quem exerce cargo, emprego ou função em entidade paraestatal, e quem trabalha para empresa prestadora de serviço contratada ou conveniada para a execução de atividade típica da Administração Pública.

§ 2º A pena será aumentada da terça parte quando os autores dos crimes previstos neste Capítulo forem ocupantes de cargos em comissão ou de função de direção ou assessoramento de órgão da administração direta, sociedade de economia mista, empresa pública ou fundação instituída pelo poder público."

1. Conceituação penal de funcionário público

Diversamente da conceituação conferida pelo Direito Administrativo, o Direito Penal considera *funcionário público* quem, embora transitoriamente ou sem remuneração, exerce cargo, emprego ou função pública. Ensina Hely Lopes Meirelles: "Cargo público, com denominação própria, atribuições específicas e estipêndio correspondente, para ser provido e exercido por um titular, na forma estabelecida em lei. Função é a atribuição ou conjunto de atribuições que a Administração confere a cada categoria profissional, ou comete individualmente a determinados servidores para a execução de serviços eventuais"[2]. O *emprego público*, por sua vez, é o serviço temporário, com contrato em regime especial ou de conformidade com o disposto na Consolidação das Leis do Trabalho. O conceito de *funcionário público* fornecido pelo art. 327, *caput*, do CP estende-se a toda legislação penal extravagante, desde que não disponha de forma diversa, segundo preceitua o art. 12 do mesmo Código.

Constatamos que a Lei n. 8.666/93 traz sua própria definição de "servidor público", em seu art. 84 e respectivos parágrafos. Além de adotar a terminologia *servidor público*, atribui-lhe, no mais, basicamente, o mesmo significado que o Código Penal confere a *funcionário público*, sendo desnecessário perquirir eventual distinção no âmbito administrativo. Apresentam, contudo, divergência quanto à equiparação a funcionário e servidor públicos. Essa divergência situa-se na segunda parte do § 1º dos respectivos artigos de cada diploma legal.

Com efeito, para o Código Penal equipara-se a funcionário público *"quem trabalha para empresa prestadora de serviço* contratada *ou* conveniada *para a* execução de atividade típica *da Administração Pública"*. Ao passo que, para esta Lei n. 8.666/93, equipara-se, igualmente, a servidor público "as demais entidades sob controle, direto ou indireto, do Poder Público". Assim, para o Código Penal, é equiparado a funcionário público *trabalhador* de empresa prestadora de serviço "contratada" ou "conveniada" para execução "de atividade típica da Administração Pública". Logo, *trabalhador* dessas mesmas empresas, contratada ou conveniada pelo Poder Público, se não exercer "atividade típica da Administração Pública" não se equipara a funcionário público para efeitos penais. Por outro lado, para a Lei n. 8.666/93, é equiparado a servidor público "as

---

[2] Hely Lopes Meirelles, *Direito Administrativo brasileiro*, 16. ed., São Paulo: Revista dos Tribunais, 1991, p. 356.

demais entidades sob controle, direto ou indireto, do Poder Público". Para esta generalidade, não faz a mesma exigência que o Código Penal faz, qual seja, de executar "atividade típica da Administração", mas condiciona a que *o controle, direto ou indireto, seja mantido pelo Poder Público*.

Enfim, observadas essas pequenas peculiaridades, no mais não apresentam divergência, ressalvadas as terminologias de funcionário público e servidor público, que, no contexto, não têm relevância alguma. Toda a doutrina sobre funcionário público sob a ótica do Código Penal aplica-se a esta lei extravagante, inclusive quanto sua majorante.

Nosso Código Penal, no art. 327, adotou a noção extensiva e deu maior elasticidade ao conceito de funcionário público. Isto é, não exige, para caracterização deste, o exercício profissional ou permanente da função pública. Basta o indivíduo exercer, ainda que temporariamente e sem remuneração, cargo, emprego ou função pública. É exatamente essa também a concepção consagrada na lei de regência.

Não há por que fazer a distinção, para fins de aplicação do conceito extensivo de funcionário público, entre sujeito ativo e sujeito passivo do delito. E isso porque o art. 327 emite um nítido comando geral, ainda que inserido no Capítulo I do Título XI do Código Penal, que deve ser aplicado a todas as hipóteses contempladas no ordenamento penal, contidas ou não no Código. Assim, inserem-se no conceito de funcionário público todos aqueles que, embora transitoriamente e sem remuneração (*v.g.*, os jurados, que são expressamente equiparados pelo art. 438 do CPP; os mesários e integrantes das Juntas Eleitorais, consoante os arts. 36 e 120 do Código Eleitoral – Lei n. 4.737/65), venham a exercer cargo, emprego ou função pública, ou seja, todos aqueles que, de qualquer forma, exerçam-na, tendo em vista a ampliação do conceito de funcionário público para fins penais. Não é outro o sentido atribuído no art. 84 e parágrafos da lei de regência.

Não são, porém, funcionários públicos aqueles que apenas exercem um *munus* público, como, por exemplo, os curadores e tutores dativos, os inventariantes judiciais, os leiloeiros dativos etc., havendo prevalência, nesses casos, do interesse privado. Não se incluem, igualmente, na equiparação da condição de funcionário público os empregados de concessionários (permissão e autorização, espécies do gênero, são delegações unilaterais da Administração Pública) de serviços públicos. Acreditamos que tampouco são incluídos pela equiparação de servidor público da lei de regência, porque a Administração Pública não tem o controle, direto ou indireto, nas permissionárias e concessionárias.

Por fim, esse conceito ampliado de funcionário público, para fins penais, também deve ser aplicado quando, de alguma forma, puder beneficiar o sujeito passivo pela sua condição de funcionário público próprio ou por equiparação. Em outros termos, esse conceito ampliado também deve ser reconhecido quando o servidor público figurar como sujeito passivo, como uma moeda que tem dois lados, para usar uma linguagem figurada.

2. Equiparação do conceito de funcionário público: irretroatividade

A Lei n. 9.983/2000 acrescentou o § 1º ao art. 327, que equipara a funcionário público quem exerce cargo, emprego ou função em entidade paraestatal, nos seguintes termos: "Equipara-se a funcionário público quem exerce cargo, emprego ou função em *entidade paraestatal*, e quem trabalha para empresa prestadora de serviço contratada ou conveniada para a execução de atividade típica da Administração Pública". Esse dispositivo equiparou, igualmente, a funcionário público, para fins penais, "quem trabalha para empresa prestadora de serviço *contratada* ou *conveniada*". A definição da lei extravagante não teve, no particular, nenhuma modificação, vigendo desde sua publicação.

Entidades paraestatais não se confundem com *autarquias*, considerando-se que estas realizam atividades públicas típicas, aquelas, segundo Hely Lopes Meirelles, "prestam-se a executar atividades impróprias do Poder Público, mas de utilidade pública, de interesse da coletividade, e, por isso, fomentadas pelo Estado, que autoriza a criação de pessoas jurídicas para realizá-las por outorga ou delegação..."[3]. Aliás, os conceitos de entidade paraestatal, empresa pública, sociedade de economia mista, fundação e autarquia são aqueles definidos pelo Direito Administrativo.

Significa dizer que antes da vigência dessa lei – *julho de 2000* – *não era equiparado a funcionário público* "quem trabalhasse em empresa prestadora de serviço *contratada ou conveniada*", caso contrário não teria sido necessária essa previsão expressa do legislador. Em outros termos, até a entrada em vigor da Lei n. 9.983 (17-10-2000), os médicos e administradores de hospitais conveniados pelo SUS não podiam ser considerados funcionários públicos para fins penais, na medida em que tal possibilidade somente foi ocorrer com o advento do referido diploma

---

[3] Hely Lopes Meirelles, *Direito Administrativo brasileiro*, p. 312.

legal. A equação é simples: *ora, se passaram a ser considerados funcionários públicos, significa reconhecer que antes não o eram*. Esta, aliás, é a única interpretação possível da previsão contida no art. 5º, XL, da CF: *a lei penal não retroagirá, salvo para beneficiar o réu!* Os fatos ocorridos antes da vigência da Lei n. 9.983/2000 não podem ser alcançados pela equiparação consagrada por essa lei.

Não é admissível, *in casu*, invocar a jurisprudência pretérita, que já dava interpretação mais abrangente ao conceito de *funcionário público*, para sustentar a *aplicação retroativa* da equiparação ora questionada. É falacioso, por outro lado, o argumento de que a jurisprudência ter-se-ia antecipado ao legislador, na medida em que tenta burlar a proibição constitucional (art. 5º, XL) antes mencionada; ademais, o juízo a ser feito é outro: era equivocado o entendimento jurisprudencial anterior, que dava abrangência não autorizada à definição de funcionário público. Com efeito, tal interpretação passou a ser possível a partir da vigência da lei, somente para frente, jamais para trás.

Por fim, há outra *elementar típica* no conceito de *equiparação de funcionário público* que exige uma pequena reflexão: "... para a execução de *atividade típica* da Administração Pública". Afinal, o que pode ser interpretado como "atividade típica da Administração Pública"?

Não serão, por certo, aquelas atividades "típicas da iniciativa privada", tais como indústria, comércio, prestação de serviços em geral etc. O § 1º do art. 327 não dá margem a dúvidas quanto à qualidade de funcionário público quando, por exemplo, determinado hospital, por meio de seus médicos ou administradores, atende pacientes pelo SUS, mediante convênio. Essa atividade, não se pode negar, é tratada como "atividade típica da Administração Pública", consoante o disposto no art. 194 da CF, que pode ser gerida, complementarmente, pela iniciativa privada (art. 24, parágrafo único, da Lei n. 8.080/90).

3. Causa especial (genérica) de aumento

A causa de aumento incluída pela Lei n. 6.799/80 no art. 327, que define *funcionário público* para efeitos penais, tem endereço certo: destina-se a funcionários públicos – próprios ou impróprios – que exerçam cargos em comissão ou função de direção ou assessoramento[4] de

---

[4] As definições, no entanto, de cargos em comissão ou função de direção ou assessoramento são as mesmas do direito administrativo.

órgão da administração direta, sociedade de economia mista, empresa pública ou fundação instituída pelo Poder Público.

Constata-se, de plano, que o texto legal, ao discriminar os entes públicos em que o exercício das funções que detalha devem ter a sanção penal majorada, omitiu, intencionalmente ou não, a inclusão de *autarquia*, que tem natureza jurídica própria e regida por regime jurídico igualmente específico. Consequentemente, a majorante constante do dispositivo em exame não pode ser aplicada àqueles que exerçam cargos em comissão, direção ou assessoramento nas referidas autarquias, ante a vedação do uso de analogia *in malam partem*. Ao tratar da equiparação a funcionário público, o legislador utilizou a locução "entidade paraestatal", em seu § 1º, que, por certo, abrange também as autarquias; contudo, no parágrafo seguinte, mais específico, discriminou em quais dessas entidades o exercício de cargo em comissão ou função de direção ou assessoramento deve ser punido mais severamente. Pois nessa discriminação não constam *as autarquias*, para efeitos de majoração de pena. Logo, é impossível ao intérprete dar-lhe extensão maior que aquela que o legislador concebeu.

No entanto, contrariamente à previsão do Código Penal, a lei de regência incluiu expressamente "as autarquias" na causa de majoração, autorizando, consequentemente, que "ocupantes de cargo em comissão ou de função de confiança" nas referidas autarquias também sofram a aplicação do acréscimo de um terço na pena final.

Capítulo VI

CONFLITO APARENTE ENTRE A LEI N. 14.133/21 E O DECRETO-LEI N. 201/67

> *Sumário*: 1. Considerações preliminares. 2. Princípios regentes do conflito aparente de normas. 2.1. Princípio da especialidade. 2.2. Princípio da subsidiariedade. 2.3. Princípio da consunção. 3. A visível configuração de conflito aparente de normas no confronto da Lei n. 14.133/21 e o Decreto-Lei n. 201/67. 4. Existência de *bis in idem* na aplicação simultânea do art. 337-F – incluído no Código Penal pela Lei n. 14.133/21 e do art. 1º, I, do Decreto-Lei n. 201/67.

1. Considerações preliminares

Os "operadores do Direito" brasileiros não desconhecem a grande desinteligência que reina nos meios jurídicos especializados sobre a aplicação da Lei n. 8.666/93, que disciplina os denominados *crimes licitatórios*, quando envolve os Prefeitos Municipais, tanto no plano jurisprudencial como no âmbito doutrinário. Há uma forte corrente entendendo, a nosso juízo equivocadamente, que, nessa hipótese, deve-se aplicar o Decreto-Lei n. 201/67, por se tratar de *diploma legal específico* que disciplina a *responsabilidade de prefeitos* e vereadores. Por isso, para contextualizarmos melhor nosso propósito, neste espaço, convém que façamos uma análise preliminar dos *princípios reitores do conflito aparente de normas*.

Com efeito, sob a denominação *conflito aparente de normas* encontramos os casos em que a uma mesma conduta ou fato pode ser, *aparentemente,* aplicada mais de uma norma penal. A definição ou conceituação do *conflito aparente de normas* é altamente polêmica, a começar por sua denominação, que alguns pensadores também tratam por *concurso aparente de normas* ou de leis. Jescheck[1] considera a terminologia

---

[1] H. H. Jescheck, *Tratado de derecho penal*, p. 1034. A doutrina espanhola,

tradicional "concurso de leis" uma expressão equívoca, preferindo substituí-la por "unidade de lei", uma vez que se aplica somente uma das leis em questão, a que chama de *lei primária*, e a *lei deslocada* não aparece no julgamento.

Evidentemente que não se trata de *conflito efetivo* de normas, sob pena de o Direito Penal deixar de constituir um *sistema*, ordenado e harmônico, onde suas normas apresentam entre si uma relação de dependência e hierarquia, permitindo a aplicação de uma só lei ao caso concreto, excluindo ou absorvendo as demais. No entanto, ao contrário do que faz com o concurso de crimes, a lei não regula as situações de *concurso aparente de normas*, devendo a solução ser encontrada através da interpretação, pressupondo, porém, a unidade de conduta ou de fato, pluralidade de normas coexistentes e relação de hierarquia ou de dependência entre essas normas.

2. Princípios regentes do conflito aparente de normas

Tradicionalmente se distinguem várias categorias de concurso de leis, que, no entanto, têm mais valor classificatório do que prático. A doutrina majoritária apresenta os seguintes princípios para solucionar o conflito em exame: especialidade, subsidiariedade e consunção. Há ainda alguns autores que arrolam também a *alternatividade,* que, a rigor, não soluciona conflito algum de normas, pois, na verdade, não há conflito aparente. Vejamos cada um desses princípios.

2.1. Princípio da especialidade

Considera-se *especial* uma norma penal, em relação a outra *geral*, quando reúne todos os elementos desta, acrescidos de mais alguns, denominados *especializantes*. Isto é, a norma especial acrescenta elemento próprio à descrição típica prevista na norma geral. Assim, como afirma Jescheck, "toda a ação que realiza o tipo do delito especial realiza também necessariamente, ao mesmo tempo, o tipo do geral, enquanto que o inverso não é verdadeiro"[2]. A regulamentação especial tem a finalidade, precisamente, de excluir a lei geral e, por isso, deve precedê-la (*lex specialis derogat lex generalis*). O princípio da especialidade evita o *bis in*

---

em geral, também adota a tradicional denominação "concurso de leis", conforme Santiago Mir Puig, em Adiciones de derecho español, no *Tratado de derecho penal* de Jescheck, p. 1041.

[2] Jescheck, *Tratado*, p. 1035, *lex specialis derogat legi generali*.

idem, determinando a prevalência da norma especial em comparação com a geral, e pode ser estabelecido *in abstracto,* enquanto os outros princípios exigem o confronto *in concreto* das leis que definem o mesmo fato.

Há relação de especialidade entre o tipo básico e os tipos derivados, sejam qualificados ou privilegiados. Assim, os furtos qualificados e privilegiados constituem preceitos especiais em relação ao furto simples. Há igualmente especialidade quando determinada lei descreve como crime único dois pressupostos fáticos de crimes distintos, como, por exemplo, o crime de roubo, que nada mais é do que o furto praticado com violência ou grave ameaça à pessoa.

Alguns autores acrescentam a alternatividade como outro princípio do conflito de normas, que, a nosso juízo, é desnecessário, ante a ausência do conflito aparente. Haveria alternatividade quando dois tipos contêm elementos incompatíveis entre si, excluindo-se mutuamente, como seriam exemplos o furto e a apropriação indébita. Ora, o fundamento do concurso de leis é a coincidência parcial das normas penais. Sendo, pois, incompatíveis, afastam, por razões lógicas, o referido conflito[3]. Na realidade, ou não se trata de fato único, mas de fatos múltiplos, que se excluem mutuamente, assim como as disposições legais que lhes correspondem, ou então se trata de fatos que se enquadram nos critérios da especialidade ou da subsidiariedade.

2.2. Princípio da subsidiariedade

Há relação de primariedade e subsidiariedade entre duas normas quando descrevem graus de violação de um mesmo bem jurídico, de forma que a norma subsidiária é afastada pela aplicabilidade da norma principal. Frequentemente se estabelece a punibilidade de determinado comportamento para ampliar ou reforçar a proteção jurídico-penal de certo bem jurídico, sancionando-se com graduações menos intensas diferentes níveis de desenvolvimento de uma mesma ação delitiva[4]. A rigor, a figura típica subsidiária está contida na principal.

Para se constatar a relação primariedade-subsidiariedade deve-se analisar o fato *in concreto.* Como advertia Oscar Stevenson, "a aplicabilidade da norma subsidiária e a inaplicabilidade da principal não resultam

---

[3]   Nesse sentido é o entendimento de Jescheck, *Tratado,* p. 1036.

[4]   Günther Stratenwerth, *Derecho penal*: parte general, trad. Gladys Romero, Madrid: Edersa, 1982, p. 346, n. 1.188.

da relação lógica e abstrata de uma com a outra, mas do juízo de valor do fato em face delas"[5].

O fundamento material da subsidiariedade reside no fato de distintas proposições jurídico-penais protegerem o mesmo bem jurídico em diferentes estádios de ataque. Na lição de Hungria, "a diferença que existe entre especialidade e subsidiariedade é que, nesta, ao contrário do que ocorre naquela, os fatos previstos em uma e outra norma não estão em relação de espécie e gênero, e se a pena do tipo principal (sempre mais grave que a do tipo subsidiário) é excluída por qualquer causa, a pena do tipo subsidiário pode apresentar-se como 'soldado de reserva' e aplicar-se pelo *residuum*"[6]. A subsidiariedade pode ser tácita ou expressa. Será expressa quando a norma em seu próprio texto condiciona a sua aplicação à não aplicação de outra norma mais grave, como, por exemplo, o crime do art. 132 do CP, que o legislador de forma explícita diz se o fato não constitui crime mais grave. A subsidiariedade será tácita quando determinada figura típica funcionar como elemento constitutivo, majorante ou meio prático de execução de outra figura mais grave. Assim, o crime de dano (art. 163) é subsidiário do furto com destruição ou rompimento de obstáculo; a violação de domicílio (art. 150) do crime de furto ou roubo, com entrada em casa alheia; o constrangimento ilegal (art. 146) dos crimes em que há emprego de violência ou grave ameaça etc.[7].

A estrutura lógica da subsidiariedade não é a da subordinação, mas a da interferência[8] de normas.

2.3. Princípio da consunção

Pelo princípio da consunção, ou absorção, a norma definidora de um crime constitui meio necessário ou fase normal de preparação ou execução de outro crime. Em termos bem esquemáticos, há *consunção* quando o fato previsto em determinada norma é compreendido em outra, mais abrangente, aplicando-se somente esta. Na relação consuntiva, os fatos

---

[5] Oscar Stevenson, Concurso aparente de normas penais, in *Estudos de Direito e processo penal em homenagem a Nélson Hungria*, Rio de Janeiro: Forense, 1962, p. 39.

[6] Nélson Hungria, *Comentários ao Código Penal*, Rio de Janeiro: Forense, v. 1, p. 147.

[7] Oscar Stevenson, Concurso aparente, in *Estudos*, p. 39.

[8] Jescheck, *Tratado*, p. 1036.

não se apresentam em relação de gênero e espécie, mas de *minus* e *plus*, de continente e conteúdo, de todo e parte, de inteiro e fração[9]. Por isso, o crime consumado absorve o crime tentado, o crime de perigo é absorvido pelo crime de dano. A norma consuntiva constitui fase mais avançada na realização da ofensa a um bem jurídico, aplicando-se o princípio *major absorbet minorem*[10]. Assim, as lesões corporais que determinam a morte são absorvidas pela tipificação do homicídio, ou o furto com arrombamento em casa habitada absorve os crimes de dano e de violação de domicílio etc. A norma *consuntiva* exclui a aplicação da norma *consunta*, por abranger o delito definido por esta[11]. Há consunção quando o crime-meio é realizado como uma fase ou etapa do crime-fim, onde vai esgotar seu potencial ofensivo, sendo, por isso, a punição somente da conduta criminosa final do agente.

Não convence o argumento de que é impossível *a absorção* quando se tratar de bens jurídicos distintos. A prosperar tal argumento, jamais se poderia, por exemplo, falar em absorção nos *crimes contra o sistema financeiro* (Lei n. 7.492/86), na medida em que todos eles possuem uma objetividade jurídica específica. É conhecido, entretanto, o entendimento do TRF da 4ª Região, no sentido de que *o art. 22 absorve o art. 6º da Lei n. 7.492/86*[12]. Na verdade, a diversidade de bens jurídicos tutelados não é obstáculo para a configuração da consunção. Inegavelmente – exemplificando – são diferentes os bens jurídicos tutelados na invasão de domicílio para a prática de furto, e, no entanto, somente o crime-fim (furto) é punido, como ocorre também na falsificação de documento para a prática de estelionato, não se punindo aquele, mas somente este (Súmula 17 do STJ[13]). No conhecido enunciado da *Súmula 17* do STJ, convém que se destaque, reconheceu-se que o *estelionato* pode absorver a *falsificação de documento*. Registre-se, por sua pertinência, que a pena do art. *297 é de dois a seis anos de reclusão, ao passo que a pena do art. 171 é de um a*

---

[9] Oscar Stevenson, Concurso aparente, in *Estudos*, p. 41.

[10] Damásio de Jesus, *Direito penal*, São Paulo: Saraiva, p. 99.

[11] Sobre a impunibilidade do "antefato" e "pós-fato", ver Aníbal Bruno, *Direito penal*, Rio de Janeiro: Forense, 1967, p. 263; também Oscar Stevenson, Concurso aparente, in *Estudos*, p. 42.

[12] TRF da 4ª Região, Proc. 200104010804291/PR, 7ª T., rel. Maria de Fátima Freitas Labarrère, j. em 26-10-2004, *DJU* de 17-11-2004, p. 838.

[13] "Quando o falso se exaure no estelionato, sem mais potencialidade lesiva, é por este absorvido."

cinco anos. Não se questionou, contudo, que tal circunstância impediria a absorção, mantendo-se em plena vigência a referida súmula. Não é, por conseguinte, a diferença dos bens jurídicos tutelados, e tampouco a disparidade de sanções cominadas[14], mas a razoável inserção na linha causal do crime final, com o esgotamento do dano social no último e desejado crime, que faz as condutas serem tidas como únicas (consunção) e punindo-se somente o crime último da cadeia causal, que efetivamente orientou a conduta do agente.

Para Jescheck, há consunção quando o conteúdo do injusto e da própria culpabilidade de uma ação típica inclui também outro fato ou outro tipo penal, expressando o desvalor do ocorrido em seu conjunto[15]. Nesse sentido professava Aníbal Bruno, afirmando: "O fato definido em uma lei ou disposição de lei pode estar compreendido no fato previsto em outra, de sentido mais amplo. Então, é essa disposição mais larga que vem aplicar-se à hipótese. É o princípio da consunção. Pode ocorrer isso quando o fato previsto em uma norma figura como elemento constitutivo do tipo delituoso definido em outra, conduta inicial, meio para realizá-lo ou parte do todo que ele representa"[16].

Concluindo, o princípio fundamental para a solução do conflito aparente de normas é o *princípio da especialidade*, que, por ser o de maior rigor científico, é o mais adotado pela doutrina. Os demais princípios são subsidiários e somente devem ser lembrados quando o primeiro não resolver satisfatoriamente o conflito.

3. A visível configuração de conflito aparente de normas no confronto da Lei n. 14.133/21 e o Decreto-Lei n. 201/67

Algumas decisões jurisprudenciais, no passado, consideraram norma especial a "lei dos crimes de responsabilidade penal dos prefeitos municipais" (Decreto-Lei n. 201/67) em relação à revogada "Lei das Lici-

---

[14] O Superior Tribunal de Justiça voltou a aplicar a pena de estelionato tentado, desprezando a existência do crime-meio de falsidade (a despeito da menor pena do estelionato – CComp 30.090/SP).

[15] Jescheck e Weingend, *Tratado de derecho penal*, 5. ed., Granada: Comares, 2002, p. 792-793.

[16] Aníbal Bruno, *Direito penal*: parte geral, 3.ed., Rio de Janeiro: Forense, 1967, v. 1, p. 262.

tações Públicas" (Lei n. 8.666/93), a despeito de esta última instituir, especificamente, normas relativas às infrações licitatórias. Pois bem, a Lei n. 14.133/21 substituiu, no particular, o disposto na Lei n. 8.666/93, disciplinando integralmente os crimes licitatórios que eram disciplinados pela lei revogada. Aliás, a Lei n. 14.133/21 revogou expressamente a Lei n. 8.666/93 relativamente a parte que disciplinava os crimes licitatórios (art. 193, incisos I e I), dispondo em seu artigo 1º o seguinte: *"Esta Lei estabelece normas gerais de licitação e contratação para as Administrações Públicas diretas, autárquicas e fundacionais da União, dos Estados, do Distrito Federal e dos Municípios, e abrange: I – os órgãos dos Poderes Legislativo e Judiciário da União, dos Estados e do Distrito Federal e os órgãos do Poder Legislativo dos Municípios, quando no desempenho de função administrativa; II – os fundos especiais e as demais entidades controladas direta ou indiretamente pela Administração Pública"*.

Nesse sentido, destacou Guilherme Nucci, referindo-se à revogada Lei n. 8.666/93, *in verbis*:

"1. *Fundamento constitucional*: estabelece o art. 37 da Constituição Federal que 'a administração pública direta e indireta de qualquer dos Poderes da União, dos Estados, do Distrito Federal e dos Municípios obedecerão aos princípios de legalidade, impessoalidade, moralidade, publicidade e eficiência, e também, ao seguinte (...) XXI – ressalvados os casos especificados na legislação, as obras, serviços, compras e alienações serão contratados mediante processo de licitação pública que assegure igualdade de condições a todos os concorrentes, com cláusulas que estabeleçam obrigações de pagamento, mantidas as condições efetivas, nos termos da lei, o qual somente permitirá as exigências de qualificação técnica e econômica indispensáveis à garantia do cumprimento das obrigações'"[17]. Em outros termos, a Lei n. 14.133/21 exerce uma espécie de função delegada do texto constitucional, denominada por alguns como "reserva legal", contida no dispositivo constitucional ora citado.

Aquelas infrações disciplinadas pelo Decreto-Lei n. 201/67, se comparadas às reguladas pelo Código Penal, indiscutivelmente, configuram normas especiais, enquanto as previstas no diploma codificado

---

[17] Guilherme de Souza Nucci, *Leis penais e processuais penais comentadas*, p. 807.

seriam normas gerais. No entanto, as mesmas infrações penais reguladas pelo referido Decreto-Lei n. 201/67 perdem esse caráter de norma especial quando comparadas com as que disciplinam os crimes licitatórios, e assumem a condição de norma geral, a despeito de algumas decisões em sentido contrário. Em outros termos, o *Decreto-Lei n. 201/67 é especial em relação ao Código Penal, mas não o é em relação ao diploma das licitações públicas*, ficando, nessa hipótese, na condição de norma geral. *É a especificidade de uma norma que a torna especial* quando comparada a outra considerada menos específica, como passaremos a demonstrar.

O Tribunal de Justiça do Rio Grande do Sul, em decisão paradigmática, reconhecendo que a Lei de Licitações regulou de forma completa a licitação pública, afasta o Decreto-Lei n. 201/67, nos seguintes termos:

> *HABEAS-CORPUS.* EX-PREFEITO. CÓDIGO PENAL. DECRETO-LEI N. 201/67 E LEI N. 8.666/93. RETROATIVIDADE E ULTRA-ATIVIDADE DA NORMA PENAL EM BRANCO. A Lei n. 8.666/93, ao regular de forma completa o instituto da licitação pública e ao criminalizar mais abrangentemente as condutas dos agentes faltosos, revogou o art. 358 do CP e, bem assim, o inc. XI do art. 1º do DL n. 201/67. (...)[18]

Faz-se necessário, a esta altura, um exame interpretativo-dogmático da confluência de leis que, aparentemente, podem incidir sobre o mesmo fato. Deve-se começar pela demonstração de que *concurso de crimes* não se confunde com *concurso aparente de normas* ou de leis, que, por razões didáticas, preferimos a terminologia *conflito aparente de normas* ou de leis. Com efeito, há concurso de crimes quando o mesmo agente, por meio de uma ou de várias condutas, executa duas ou mais figuras delituosas, idênticas ou não. Pode haver unidade de conduta e pluralidade de crimes (concurso formal) ou pluralidade de condutas e pluralidade de crimes (concurso material). O concurso formal de crimes, que se caracteriza pela unidade comportamental e pluralidade de resultados,

---

[18] TJRS, 4ª C., HC 70001421882, rel. Vladimir Giacomuzzi, j. em 21-9-2000, *DJ* de 19-10-2000.

é o que apresenta maior aproximação ao conflito aparente de normas penais, e, por vezes, tem conduzido alguns intérpretes a equívocos. O conflito aparente de normas, no entanto, pressupõe a unidade de conduta ou de fato e a pluralidade de normas (ou de leis) coexistentes e relação de hierarquia ou de dependência entre essas normas. Nos dois institutos – concurso formal de crimes e conflito aparente de normas – há uma semelhança e uma dessemelhança: (a) tanto no concurso formal de crimes quanto no conflito aparente de normas há unidade de ação ou de fato (semelhança); (b) e a pluralidade, porém, no concurso de crimes é de resultados ou de crimes, e, no conflito aparente de normas, a pluralidade é de leis (ou de normas), teoricamente incidentes sobre o mesmo fato (dessemelhança). E essa distinção os torna inconfundíveis: resultando pluralidade de resultados ou de crimes, num, e pluralidade de leis ou de normas, noutro.

A solução do *conflito de leis* deve ser encontrada através dos princípios da *especialidade*, da *subsidiariedade* ou da *subsunção (consunção)*, na medida em que não se trata de um *conflito efetivo*, aliás, inadmissível em um *sistema jurídico* ordenado e harmônico, onde as normas devem apresentar entre si uma relação de dependência e hierarquia, permitindo a aplicação de uma só lei ao caso concreto, excluindo ou absorvendo as demais. Nesta hipótese, certamente, será através do *princípio da especialidade* que se deverá equacionar *aparentes conflitos* entre os *crimes licitatórios* (Lei n. 14.133/21) e *crimes de responsabilidade de prefeitos* (Decreto-Lei n. 201/67), a exemplo do que pode ocorrer com outras infrações, tais como tentativa de homicídio, lesões corporais, perigo para a vida ou a saúde de outrem etc.

Na hipótese, por exemplo, do art. 337-F, incluído no Código Penal pela Lei n. 14.133/21, e do art. 1º, I, do Decreto-Lei n. 201/67, o *bem jurídico* protegido pelos dois tipos penais são absolutamente distintos: na primeira situação (*art. 337-F*), pretende-se *preservar a lisura dos processos licitatórios* levados a cabo pela Administração Pública, em todas as esferas (federal, estadual e municipal), coibindo-se eventuais medidas escusas que, de algum modo, impeçam a existência de uma concorrência ampla e isonômica entre os participantes do certame; na segunda (*art. 1º, I, do Decreto-Lei n. 201/67*), *tutela-se o patrimônio da Administração Pública Municipal*. A primeira é uma *lei específica* sobre a licitação (Lei n. 14.133/21), a segunda refere-se à responsabilidade geral de prefeitos e vereadores (Decreto-Lei n. 201/67). Aquela, pode-se afirmar, é um diploma legal mais recente (já na vigência da atual Constituição Federal), esta, ao contrário, data de mais de cinco décadas atrás. Não vemos, no entanto, nenhuma dificuldade para aplicar os princípios solucionadores do *conflito aparente de normas*, pois representaria uma limitação indevida e legitimadora da violação do princípio *ne bis in idem*.

O *princípio da especialidade* é, a nosso juízo, o mais adequado para solucionar o *conflito aparente* entre os dois diplomas penais que estamos tratando, quer para resolver toda e qualquer hipótese da "concorrência" de qualquer infração de um modo geral. Considera-se *especial* uma norma penal, em relação a outra *geral*, quando reúne todos os elementos desta, acrescidos de mais alguns, denominados *especializantes*. Ou seja, a *norma especial* acrescenta elemento próprio à descrição típica prevista na norma geral[19]. A regulamentação especial – Lei das Licitações – tem a finalidade, precisamente, de excluir a lei *geral – lei da responsabilidade de prefeitos e vereadores –*, e, por isso, deve precedê-la. O princípio da especialidade evita o *bis in idem*, determinando a prevalência da *norma especial* em comparação com a geral, que pode ser estabelecida *in abstracto*, enquanto os outros princípios exigem o confronto *in concreto* das leis que definem o mesmo fato. Neste caso concreto, o exame da *especialidade*, no entanto, não se limita a um ou outro dispositivo de um ou outro diploma legal, mas, pelo contrário, tem como objeto o confronto que se dá entre os dois textos legais, por inteiro, por isso, é mais adequado falar-se em *conflito aparente de leis*, e não apenas de uma ou outra norma, isto é, de um ou outro dispositivo legal.

Com efeito, a partir da *Lei de Licitações* (2021), todas as infrações em "procedimento licitatório público", no plano federal, estadual ou municipal, indiferentemente, passaram a ser reguladas por esse diploma legal, por se tratar de *lei específica*, regulamentadora das licitações, com a nobre missão de regular e complementar o disposto no art. 37, XX, da CF. Por outro lado, o anterior *Decreto-Lei n. 201/67* (editado mais de cinquenta anos antes da Lei n. 14.133/21), trata, genericamente, de crimes de responsabilidade de prefeitos e vereadores, sem qualquer especificidade. Assim, embora seja *especial* em relação ao Código Penal, é, inegavelmente, *geral* quando comparado com a Lei das Licitações, posto que esta

---

[19] Cezar Roberto Bitencourt, *Tratado de direito penal*: parte geral, 27. ed., São Paulo: Saraiva, 2021, v. 1, p. 274.

120

disciplina específica e integralmente o sistema licitatório público em nosso ordenamento jurídico. Em síntese, tratando-se de lei posterior (n. 14.133/21) mais benéfica, disciplinando de forma especial, completa e com profundidade o *sistema de licitações públicas*, por ser mais específica que o *Decreto-Lei n. 201/67*, deve prevalecer a aplicação daquela em detrimento deste.

Vejamos, por exemplo, a hipótese do confronto do art. 337-F da Lei n. 14.133/21 e do art. 1º do Decreto-Lei n. 201/67, que é o caso mais comum e, ao mesmo tempo, onde o conflito aparente de normas apresenta-se mais claro entre essas duas leis especiais:

Art. 337-F da Lei n. 14.133/21	Art. 1º do Decreto-Lei n. 201/67	Art. 337-H da Lei n. 14.133/21
Frustrar ou fraudar, com o intuito de obter, para si ou para outrem vantagem decorrente da adjudicação do objeto da licitação, o caráter competitivo do procedimento licitatório:	São crimes de responsabilidade dos Prefeitos Municipais, sujeitos ao julgamento do Poder Judiciário, independentemente do pronunciamento da Câmara dos Vereadores: I – apropriar-se de bens ou rendas públicas, ou desviá-los em proveito próprio ou alheio;	Admitir, possibilitar ou dar causa a qualquer modificação ou vantagem, inclusive prorrogação contratual, em favor do contratado, durante a execução dos contratos celebrados com a Administração Pública, sem autorização em lei, no edital de licitação ou nos respectivos instrumentos contratuais, ou, ainda, pagar fatura com preterição da ordem cronológica de sua exigibilidade.

Confrontando-se, enfim, os tipos penais de *"frustrar ou fraudar o procedimento licitatório"* (art. 337-F da Lei n. 14.133/21) e *"desvio de bens ou rendas públicas"* do Município (art. 1º, I e XI, do Decreto-Lei n. 201/67), poder-se-ia invocar, aparentemente, o *princípio da consunção (absorção)*. No entanto, não se pode esquecer, como já destacamos, que o *princípio da especialidade* é o principal meio interpretativo do *aparen-*

te conflito de leis, ficando os demais – *subsidiariedade e consunção* – como "soldados de reserva", que somente serão chamados quando o princípio reitor, qual seja, o da *especialidade,* não conseguir solucionar referido conflito.

Pode-se invocar, para melhor demonstrarmos a presença da *especialidade* no art. 337-F da Lei das Licitações, comparado com o disposto no art. 1º, I, do Decreto-Lei n. 201/67, aquela figura de *dois círculos concêntricos*[20]: (1) um menor, a *infração licitatória* (art. 337-F), mais concentrada de exigências, maiores detalhes, com elementares especiais normativas e subjetivas (que diríamos *especializantes*), limitadoras e individualizadoras da conduta proibida, como exige o princípio da tipicidade estrita; (2) outro maior, o *ilícito* da *responsabilidade de prefeitos,* uma lei mais abrangente, genérica sobre a temática, onde cabe a responsabilidade de prefeitos, em todas as searas, e não apenas relativa a *licitações,* e, particularmente, as infrações descritas no art. 1º, I, um *tipo penal absurdamente aberto* (de questionável constitucionalidade), com menores exigências para sua configuração (ou seja, sem aqueles fatores especializantes). O *ilícito* situado dentro do *círculo menor,* quando praticado por prefeitos – *crime licitatório* –, não pode deixar de estar também dentro do maior – *responsabilidade de prefeitos* – porque se localiza em uma área física comum aos dois círculos, que possuem o mesmo centro; no entanto, não ocorre o mesmo com o *ilícito* situado dentro do círculo maior – *responsabilidade de prefeitos e vereadores* –, cujo espaço periférico, muito mais abrangente, sem nenhum caráter especializante, extrapola o âmbito do *ilícito licitatório,* que é concentrado de *elementares típicas especiais,* que restringem seu alcance normativo, *especializando* seu cometimento.

4. Existência de *bis in idem* na aplicação simultânea do art. 337-F – incluído no Código Penal pela Lei n. 14.133/21 e do art. 1º, I, do Decreto-Lei n. 201/67

Uma mesma conduta humana não pode subsumir-se, ao mesmo tempo, no art. 337-F, incluído no Código Penal pela Lei n. 14.133/21 e no art. 1º, I, do Decreto-Lei n. 201/67. Qualquer exercício simples de

---

[20] Cezar Roberto Bitencourt, *Tratado de direito penal:* parte geral, 27. ed., São Paulo: Saraiva, 2021, v. 1, p. 416.

hermenêutica é capaz de nos levar à conclusão de que, por impossibilidade lógica, não pode persistir a imputação simultânea dos arts. 337-F e o art. 1º, I, do Decreto-Lei n. 201/67. Com o objetivo exclusivo de demonstrar a impossibilidade de *subsunção* simultânea desses dois artigos, vejamos a redação de ambos:

Art. 337-F incluído no CP pela Lei n. 14.133/21 dispõe:

> Art. 337-F. *Frustrar* ou *fraudar*, com o intuito de *obter para si ou para outrem vantagem* decorrente da adjudicação do objeto da licitação, o caráter competitivo do processo licitatório:
>
> Pena – reclusão, de 4 (quatro) anos a 8 (oito) anos, e multa (destaques nossos).

O Decreto-Lei n. 201/67 determina:

> Art. 1º São crimes de responsabilidade dos Prefeitos Municipais, sujeitos ao julgamento do Poder Judiciário, independentemente do pronunciamento da Câmara dos Vereadores:
>
> I – *apropriar-se* de bens ou rendas públicas, ou *desviá-los em proveito próprio ou alheio* (destaques nossos).

Na primeira situação (337-F), pretende-se *preservar a lisura dos processos licitatórios* levados a cabo pela Administração Pública, coibindo-se eventuais medidas escusas que, de algum modo, impeçam a existência de uma concorrência ampla e isonômica entre os participantes do certame licitatório. Isso nada mais é do que o *elemento subjetivo geral*, o dolo, considerado em sua forma genérica, como destacou Vicente Greco Filho ao comentar a lei revogada: "O elemento subjetivo é o dolo genérico, consistente na vontade livre e consciente de realizar o ajuste ou a combinação ou praticar qualquer outro expediente, sabendo que frustrará ou fraudará o caráter competitivo do procedimento (...)"[21].

Por óbvio, como bem demonstram os verbos nucleares do tipo, quais sejam "fraudar" ou "frustrar", pune-se a conduta que atente contra o caráter competitivo do procedimento, sendo que isto poderá acontecer

---

[21] Vicente Greco Filho, *Dos crimes da Lei de Licitações*, São Paulo: Saraiva, 1994, p. 18.

pela "combinação", "ajuste" ou qualquer outro expediente. Vê-se que os vocábulos "combinação" e "ajuste", constantes da lei revogada, apenas exemplificavam duas das formas pelas quais a *competição* poderá ser viciada, mas outros *expedientes* também poderiam alcançar o mesmo resultado, demonstrando aí uma breve incursão do tipo na esfera do instituto da *interpretação analógica*. Contudo, não é essa discussão que se pretende fazer neste momento. Rui Stoco também se alinha à tese de que é necessário um *especial fim de agir* caracterizado pela obtenção de *vantagem para si ou para outrem*: "Aliás, diante da redação dada ao preceito primário, não há como encontrar resposta diversa. A lei exigiu um fim específico do agente. Um especial objetivo ao incluir o elemento subjetivo do tipo: 'com intuito de obter, para si ou para outrem, vantagem' ... Também aqui o tipo é anormal, pois exige um elemento subjetivo do injusto. Sem essa particular intenção o crime não se configura"[22].

Diz-se que o eventual *prejuízo econômico* suportado pela Administração seria mero exaurimento do tipo. Isso porque, como já adiantado, o dispositivo tutela a boa condução do certame, visa garantir uma competição pautada na igualdade de condições para todos os concorrentes. Note-se que a primeira parte do dispositivo parece não prever a proteção ao eventual dano econômico, mas não há sua previsão na parte final, e isso não pode ser desconsiderado, sob pena de configurar dupla incriminação pelo mesmo fato caso seja aplicado o art. 1º, I, do Decreto-Lei n. 201/67, tal como demonstraremos.

Os *Prefeitos Municipais* são agentes políticos que exercem mandato eletivo, os quais, se praticarem *atos de improbidade administrativa*, podem estar sujeitos a responsabilidade administrativa, civil e penal. Tanto que há inúmeros diplomas legais regulando a possibilidade de punição daqueles que causarem danos (ou outros tipos de ônus) para a Administração Pública, tutelando-se, em última análise, a própria coletividade materializada no ente público vítima das irregularidades cometidas. Não é outro o objetivo da Lei dos Crimes de Responsabilidade (Decreto-Lei n. 201/67), Lei dos Crimes Contra as Finanças Públicas (Lei n. 10.028/2000) etc.

---

[22] Alberto Silva Franco e Rui Stoco (coords.), *Leis penais e sua interpretação jurisprudencial,* 7. ed., rev., atual e ampl. São Paulo: Revista dos Tribunais, 2001, p. 2564.

Contudo, em se tratando de *responsabilidade penal*, não se pode perder de vista que diversos princípios e institutos contidos tanto na Constituição Federal quanto na Parte Geral do Código Penal regulam a aplicação das sanções criminais. Por exemplo, o princípio do *ne bis in idem*, ou da proibição da dupla incriminação, que não permite a imposição de duas sanções penais para o mesmo fato objeto de repressão.

Veja-se que a conduta típica descrita no art. 1º, I, da Lei dos Crimes de Responsabilidade de Prefeitos e Vereadores prevê a punição do agente que, no exercício do mandato, acaba lesando o erário municipal *através do desvio ou apropriação de bens ou rendas públicas*. Ora, isso se encerra na mesma proteção vislumbrada pelo art. 337-F, *in fine*, do Código Penal, sempre que houver a imputação de algum prejuízo à urbe pelo viciamento de licitação. Se o agente deu causa a algum *expediente* que violou a regular competição dos participantes de procedimento licitatório, e isso também ocasionar prejuízo financeiro ao Município, por óbvio que a imputação de ambos os dispositivos ao denunciado configurará dupla incriminação pelo mesmo fato.

Com o advento da *Lei de Licitações*, repetindo, todas as relações atinentes aos procedimentos de competição para contratação dos entes públicos passaram a ser reguladas pelo referido diploma legal, seja a nível federal, estadual ou municipal. Assim, sendo lei posterior e mais específica em relação ao Decreto-Lei n. 201/67, deve prevalecer sua aplicação em detrimento deste, tudo consoante os princípios seguintes: *lex specialis derogat lex generalis* e *lex posterior derogat priori*.

Em primeiro lugar, temos que a conduta descrita no art. 1º, I, do Decreto-Lei n. 201/67 tutela o patrimônio da Administração Pública, tendente à preservação da *res publica* (bens ou rendas) em face daquele que se apropria ou desvia, dolosamente, em proveito próprio ou de terceiro. Ora, o art. 337-F, *caput*, *in fine*, como exposto, traz a mesma proibição de o agente, mediante algum expediente, se beneficiar economicamente da coisa pública, seja a vantagem para si ou para outrem. Contudo, nessa última figura típica, há o *plus* de que falam alguns autores, o *elemento especializante*, ao conter um aspecto adicional àquela previsão do Decreto-Lei, qual seja: *a conduta é realizada no âmbito de procedimento licitatório*. Na verdade, há uma limitação, uma restrição, ou, se preferirmos, uma *especificação espacial* de onde essa lesão ocorre. Nesse sentido, é de suma importância para verificarmos que incide a precisa lição de Mezger: "Todas as características típicas do tipo geral (da *lex generalis*) se acham também contidas no tipo especial (da *lex specialis*), mas este também contém ademais ainda outra ou outras características ulteriores (isto é, as características que fundamentam a especialidade e, com isso, a precedência da *lex specialis* frente à *lex generalis*)"[23].

Em segundo lugar, além do fato de o art. 337-F incluído no Código Penal pela Lei de Licitações ser norma mais específica do que o art. 1º, I, do Decreto-Lei n. 201/67, este último foi editado em momento muito anterior àquele dispositivo. Em outros termos, não pode prevalecer em relação à Lei n. 14.133/21 (que incluiu no Código Penal o art. 337-F), editada em 1º de abril de 2021, é norma posterior ao diploma referente à *Responsabilidade de Prefeitos* (*54 anos após*). Especialmente pelo fato de a lei mais recente dar tratamento mais favorável ao sujeito, configurando manifesta situação de *novatio legis in mellius*, mesmo não tendo ocorrido descriminalização da conduta.

Ou seja, sob duas óticas não pode subsistir a aplicação de ambos dispositivos aos mesmos fatos, seja porque sob o aspecto cronológico a lei posterior (Lei de Licitações) prevalece sobre a lei anterior (Decreto-Lei de Responsabilidade de Prefeitos), naquilo que entrarem em conflito, seja porque aquela lei mais específica prevalece sobre esta de cunho geral, mais genérica.

Não é outro o magistério de Marcelo Leonardo, quando, examinando a mesma matéria, ainda à luz da lei revogada, concluiu: "A partir da vigência da Lei de Licitações (Lei federal n. 8.666, de 21.06.1993, com a redação dada pela Lei federal n. 8.666, de 08.06.1994), os Prefeitos Municipais podem estar sujeitos, na área das licitações, às sanções penais definidas nos arts. 89 a 99 desta legislação específica. Aí são definidas como crime, dentre outras, as seguintes ações: dispensar ou inexigir licitação fora das hipóteses previstas em lei; frustrar ou fraudar, mediante ajuste, combinação ou qualquer outro expediente, o caráter competitivo do procedimento licitatório, com o intuito de obter para si ou para outrem vantagem decorrente da adjudicação do objeto da licitação"[24].

E, com acerto, prossegue Marcelo Leonardo, *in verbis*: "*A Lei de Licitações, ao dispor, por inteiro, sobre os crimes nas licitações e nos*

---

[23] Edmund Mezger, *Tratado de derecho penal*, trad. Rodriguez Muñoz, Madrid: Revista de Derecho Privado, 1955, v. II, p. 365.

[24] Marcelo Leonardo, *Crimes de responsabilidade fiscal*: crimes contra as finanças públicas; crimes nas licitações; crimes de responsabilidade de prefeitos, Belo Horizonte: Del Rey, 2001, p. 78.

contratos na Administração Pública, inclusive municipal, revogou o inciso XI do art. 1º do Decreto-lei n. 201, de 27.02.1967, que previa ser crime de responsabilidade do Prefeito Municipal 'adquirir bens, ou realizar serviços e obras, sem concorrência ou coleta de preços, nos casos exigidos em lei'"[25].

Em outros termos, caracterizada conduta delituosa no bojo de licitação, seja ela qual for, devem incidir na hipótese as figuras típicas previstas na respectiva lei de regência, sempre que existir a possibilidade de aplicação tanto de dispositivo da Lei n. 14.133/21 quanto de outra norma sobre o mesmo tema, principalmente quando aquela também é cronologicamente posterior a esta, sob pena de violentar o *princípio da especialidade*. No volume n. 1 do nosso *Tratado de Direito Penal*, examinando essa temática tivemos oportunidade de afirmar que "a regulamentação especial tem a finalidade, precisamente, de excluir a lei geral e, por isso, deve precedê-la. O princípio da especialidade evita o *bis in idem*, determinando a prevalência da norma especial em comparação com a geral, e pode ser estabelecido *in abstracto*, enquanto os outros exigem o confronto *in concreto* das leis que definem o mesmo fato"[26].

Reconhecemos que a discussão ora travada é extremamente rara no seio da jurisprudência, de modo que poucos são os julgados tratando dessa questão, portanto optamos por manter o exemplo abaixo, ainda que referente a dispositivo revogado da Lei n. 8.666/93. Dentre esses poucos arestos, colhe-se a impecável decisão do Tribunal de Justiça gaúcho reconhecendo que só é viável a aplicação da *Lei de Licitações*, em prejuízo da Lei de Responsabilidade de Prefeitos:

> HABEAS CORPUS. EX-PREFEITO. CÓDIGO PENAL. DECRETO-LEI N. 201/67 E LEI N. 8.666/93. RETROATIVIDADE E ULTRA-ATIVIDADE DA NORMA PENAL EM BRANCO.
>
> A Lei n. 8.666/93, ao regular de forma completa o instituto da licitação pública e ao criminalizar mais abrangentemente as condutas dos agentes faltosos, revogou o art. 358 do CP e, bem assim, o inc. XI do art. 1º do DL n. 201/67. A Lei n. 9.648/98, na parte que altera o complemento do art. 89 da Lei n. 8.666/93, previsto no art. 24,

---

[25] Leonardo, op. cit., p. 52.
[26] Cezar Roberto Bitencourt, *Tratado de direito penal*, 27. ed., São Paulo: Saraiva, 2021, v. 1, p. 274.

inc. I, que é norma regular ou permanente, é retroativa, quando beneficiar o agente e, na parte que altera o complemento do art. 89 da Lei n. 8.666/93, previsto no art. 23, inc. I, letra *a*, por possuir caráter excepcional ou temporário, é ultrativa[27].

Frise-se que a figura do art. 1º, I, do Decreto-Lei n. 201/67 é plenamente aplicável a outras tantas situações em que o patrimônio municipal é dilapidado pelo Administrador Municipal em proveito próprio ou alheio. No entanto, quando isto se der no âmbito de procedimento licitatório, tal como na aplicação do crime de frustração do caráter competitivo do procedimento licitatório, no qual consta expressamente *"vantagem decorrente da adjudicação do objeto da licitação"*, a incidência daquela norma era afastada por esta. A parte final do atualmente revogado art. 90 previa a *vantagem* como elemento do tipo, ainda que não fosse essencial para a sua configuração.

Encarar a obtenção de vantagem econômica, seja em proveito próprio, seja em proveito de terceiro, como elemento constitutivo, porém não essencial, do tipo então previsto no art. 90, é posição aceita pela doutrina e jurisprudência majoritárias sobre crimes licitatórios. Como analisamos acima, caso existisse tal benefício, representaria o exaurimento da conduta típica. Há, no entanto, quem sustente ser crucial a existência de um prejuízo efetivamente econômico para configuração também do tipo previsto no revogado art. 90, como é o caso de Paulo José da Costa Jr. ao comentar aquela lei: *"Sem essa tendência interna transcendente, e obtenção de uma vantagem econômica com a adjudicação, não se perfaz o crime.* Desse modo, fraudar a licitação para que determinada empresa venha a vencê-la, com o mero intuito de promovê-la, ausente a vantagem pecuniária, não tipifica o crime"*[28].

Concluindo, com o devido respeito ao entendimento contrário, quer nos parecer que a adoção dos *princípios reitores do conflito aparente de normas* não nos deixa outro caminho a não ser sustentar, naquele caso, a aplicação da Lei n. 8.666/93, afastando, assim, o Decreto-Lei n. 201/97, que embora se apresente como *norma especial* perante o Código Penal, reveste de características de *geralidade* (ou generalidade) frente à Lei n. 8.666/93, a qual disciplinava especificamente a matéria licitatória, nos

---

[27] TJRS, 4ª C., HC 70001421882, rel. Vladimir Giacomuzzi, j. 21-9-2000, *DJ* de 19-10-2000.

[28] Paulo José da Costa Jr., *Direito penal das licitações*: comentários aos arts. 89 a 99 da Lei n. 8.666, de 21-6-1993, 2. ed., São Paulo: Saraiva, 2004, p. 27.

âmbitos federal, estadual e municipal. Logo, esta foi verdadeiramente não só *norma especial* disciplinadora de toda a matéria administrativa, cível e criminal relativamente às *licitações públicas*, como também *norma complementadora* do art. 37, XXI, da CF, assumindo a natureza de uma espécie *sui generis* de "lei delegada".

SEGUNDA PARTE
CRIMES EM ESPÉCIE

CONSIDERAÇÕES PRELIMINARES SOBRE A LEI N. 14.133 DE 2021

A Lei n. 14.133, publicada no dia 1º de abril de 2021, além de estabelecer novas normas gerais de licitação e contratação para a administração pública, modificando leis correlatadas, revogou *in totum* a Lei n. 8.666/93 e acrescentou um novo capítulo ao Título XI da Parte Especial do Código Penal (Capítulo II-B). Aqueles crimes previstos na Lei n. 8.666/93 não existem mais, pois o novo diploma legal substituiu todos eles por outros. A Lei n. 14.133/21 alterou, inclusive, a metodologia adotada pelo diploma anterior, determinando em seu art. 178 que os *crimes licitatórios* passam a integrar o Título XI da Parte Especial do Código Penal. Os incluiu dentre os "crimes praticados por particular contra a administração pública em geral", que tipificam os *crimes comuns*, isto é, que podem ser praticados por qualquer pessoa, sendo ou não funcionário público.

Referido diploma legal determinou a revogação de todos os crimes contemplados por aquele diploma legal, previstos nos arts. 89 a 108, na data de sua publicação, qual seja, a partir de 1º de abril do corrente ano de 2021. Manteve, contudo, em vigor a parte não penal da Lei n. 8.666/93, pelo prazo de dois anos, a partir da publicação desta nova lei. Esse novo diploma legal apresenta, basicamente, as mesmas figuras penais, com algumas variantes, sem desfigurá-las em demasia, além do acréscimo de algum novo tipo penal.

Apresenta, assim, algumas questões de natureza temporal que nos obrigarão, necessariamente, revisitarmos velhos questionamentos de velhos-novos institutos relativamente a temporalidade dos crimes, tais como, *abolitio criminis*, *novatio legis in mellius* e *novatio legis in pejus*. Examinaremos esses aspectos em capítulo especial, principalmente, porque teremos de verificar eventuais retroatividades ou irretroatividades desses velhos/novos crimes, porque, praticamente, todos apresentam sensível aumentos das sanções cominadas, com exceção de uma ou outra figura. Apresenta-se, portanto, a necessidade de examinarmos qual ou quais dessas novas previsões legais são *lex gravior* ou *lex mitior*, sendo que somente estas podem retroagir por beneficiarem o infrator, justificando-se, por isso, a invocação o velho e saudável brocardo latino *tempus regit actum*. Enfim, crimes novos ou quaisquer agravações em crimes anteriores nunca podem retroagir, princípio consagrado, inclusive, em nossa Constituição Federal (inc. XXXIX do art. 5º), *nullum crimen, nulla poena sine lege*.

Embora, de um modo geral, tenha se repetido os velhos crimes da lei anterior, todos eles (exceção de um ou dois), com novas elementares e, principalmente, com exagerada ampliação das sanções penais, impedem a *retroavidade* das inovações da Lei n. 14.133/21 para alcançar fatos anteriores à sua vigência. Na realidade, pode-se afirmar, sem exagero, que o legislador adotou uma política de, digamos, *recauchutagem* dos tipos penais descritos na Lei n. 8.666/93, alterando algumas elementares, acrescentando ou excluindo, outras, mas, invariavelmente, *ampliando absurdamente* as penas de reclusão cominadas, sempre cumuladas com pena de multa. Assim, por exemplo, o crime tipificado no art. 337-E criminaliza as condutas de *"admitir, possibilitar ou dar causa à contratação direta fora das hipóteses previstas em lei"*, aplicando pena de reclusão de quatro a oito anos e multa. Esta nova tipificação repete, praticamente, o conteúdo do antigo art. 89, com linguagem distinta daquela utilizada pela Lei anterior, direta e objetiva, deixando de ser um crime próprio quanto ao sujeito ativo, ampliando o seu alcance e, por cominar pena mais grave, não pode ter efeito retroativo.

A rigor, o legislador exagerou na exasperação das sanções penais, estabelecendo em alguns deles, por exemplo, de 4 (quatro) a 8 (oito) anos de reclusão e multa, visivelmente com a pretensão de excluí-los do *acordo de não persecução penal* (art. 28-A) do CPP, acrescentado pela Lei n. 13.964/19. No art. 337-F proposto para substituir o crime do art. 90 da Lei n. 8.666/93, também não retroage porque as suas penas mínima e máxima foram dobradas. É interessante notar a opção, absolutamente equivocada, do legislador de aumentar as penas dos novos crimes dos arts. 337-E, 337-F, 337-H e 337-L, todos eles com pena de 4 (quatro) a 8 (oito) anos de reclusão e multa, impedindo a possibilidade de realização de acordo de não persecução penal, nos termos do art. 28-A do Código de Processo Penal.

Houve, ainda, a criação de um novo tipo penal, disposto no art. 337-O, denominado *"omissão grave de dado ou de informação por projetista"*. Em que pese o nome do crime, proíbe-se tanto a omissão quanto as ações de modificar e entregar, para a Administração, levantamento cadastral ou "condição de contorno" em relevante dissonância com a realidade, frustrando o caráter competitivo da licitação. Como não há crime sem lei

134

anterior que o defina (art. 1º do Código Penal), esse novo crime também não retroage, aliás, a previsão de crimes nunca retroage, podendo atingir somente fatos novos.

A Lei n. 14.133/21 determina que os novos crimes e respectivas sanções entram em vigor na data da publicação, ou seja, já estão em vigor desde o dia 1º de abril. Contudo, relativamente às disposições de natureza não penal, concedeu a atual Lei n. 8.666/93 a vigência por mais dois anos, permitindo, inclusive, que a administração pública possa optar por licitar de acordo com a lei anterior ou com o novo diploma legal (art. 191, § 2º).

Logo, nos próximos dois anos há, vigendo, duas leis especiais de licitações que podem ser escolhidas pelos licitantes, as quais, certamente, surtirão efeitos, inclusive na esfera penal, podendo apresentar algumas complexidades conflituosas entre os dois diplomas legais, especialmente entre o novo art. 337-E com o art. 89 do diploma revogado.

Por exemplo, na hipótese de os contratantes que optaram pelo sistema da lei anterior, nos casos de *inexigibilidade de licitação*, se, na *"aquisição ou locação de imóvel cujas características de instalações e de localização tornem necessária sua escolha"* (art. 73, inciso V), destacam – Tiago Caruso e Rodrigo Pardal –, nessas operações, com tais características, é necessária a realização de licitação, sob pena de incorrerem nas penas do crime do art. 89 da lei revogada? Não, nunca a criminalização de qualquer conduta pode retroagir para atingir fatos já realizados.

A incidência da lei revogada é impossível, posto que todos os crimes da referida lei foram revogados. Logo, não importa que se opte pelo regime de licitação da lei anterior, a *eventual ocorrência de crime licitatório* incorrerá, necessariamente, nas previsões da Lei n. 14.133/21, porque a outra não mais existe. Lei revogada não tem mais incidência sobre comportamento algum. Como será?! Inequivocamente, enfatizando, nunca mais haverá incidência do art. 89 da lei anterior, exatamente porque foi revogada. Será indiferente qual diploma legal o cidadão tenha escolhido para contratar com o Poder Público, na seara criminal não há alternativa, será sempre e necessariamente sob o império da lei nova!

Esse é, digamos, apenas um dos tantos conflitos intertemporais que ambos os diplomas legais apresentarão nos próximos anos, e, certamente, deverão ser resolvidos à medida que forem se apresentando.

Capítulo VII
CONTRATAÇÃO DIRETA ILEGAL

Sumário: 1. Considerações preliminares. 2. Bem jurídico tutelado e conteúdo do injusto. 3. Sujeitos ativo e passivo do crime. 3.1. Sujeito ativo do crime. 3.1.1. Concorrente particular (sem a qualificação de agente ou autoridade pública – art. 6º, incisos V e VI, da Lei n. 14.133. 3.1.2. Procurador jurídico de órgão público: emissão de pareceres. 3.2. Sujeito passivo do crime. 4. Tipo objetivo: adequação típica. 4.1. Inexigência de licitação – art. 74. 4.2. Dispensa de licitação – art. 75. 4.2.1. Fora das hipóteses previstas em lei. 5. Deixar de observar formalidades pertinentes à dispensa ou à inexigibilidade de licitação. 6. Atipicidade da utilização equivocada de uma modalidade de licitação por outra. 7. Tipo subjetivo: adequação típica. 7.1. (Des)necessidade de elemento subjetivo especial do injusto. 8. Inobservância de formalidades e falsidade ideológica: princípio da consunção. 8.1. Irrelevância da diversidade de bens jurídicos e da maior gravidade do crime-meio. 9. Normas penais em branco e retroatividade das normas integradoras. 10. Consumação e tentativa. 10.1. Desistência voluntária e arrependimento eficaz nos crimes licitatórios. 11. Classificação doutrinária. 12. Pena e natureza da ação penal.

Contratação direta ilegal

Art. 337-E. Admitir, possibilitar ou dar causa à contratação direta fora das hipóteses previstas em lei:

Pena – reclusão, de 4 (quatro) a 8 (oito) anos, e multa.

---

1. Considerações preliminares

A seção da Lei n. 14.133/21 destinada aos crimes e às penas é inaugurada pelo tipo penal contido no art. 337-E, que criminaliza a primeira infração penal dos denominados *crimes licitatórios*, exatamente com condutas que não adotam o *procedimento licitatório*, quando deveriam

137

fazê-lo, ou simplesmente por deixarem de observar as formalidades necessárias para não licitar. Curiosamente, nesta hipótese o legislador exageradamente formalista criminaliza, o que, de plano, nos parece abusivo, um *error in procedendo*, o qual poderia muito bem ser resolvido no plano puramente administrativo, com as sanções que lhes são próprias. Outra particularidade que chama a atenção é a gravidade das sanções cominadas, para condutas que, no máximo, representariam algum perigo para a Administração Pública, pois não lhes é exigido a produção de qualquer dano ao patrimônio público. Já víamos como equivocada a mesma conduta criminalizada no art. 89 da Lei n. 8.666/93, cuja pena era sensivelmente inferior, ou seja, detenção, de 3 (três) a 5 (cinco) anos, e multa.

Nesta nova criminalização, pela Lei n. 14.133/21, não se faz distinção, na descrição típica, entre "dispensar ou inexigir" licitação fora das hipóteses permitidas, mas adota como descrição típica a seguinte: "admitir, possibilitar ou dar causa à contratação direta *fora das hipóteses previstas em lei*", ou seja, dispensando ou não exigindo licitação para contratar com o poder público, quando esta era obrigatória. Ficaram implícitas as condutas anteriores, *dispensar ou inexigir* a licitação, previstas na lei revogada. Simplificou-se a redação do presente tipo penal, mas continua criminalizando a conduta do funcionário público que *não observar as formalidades legais*, ou seja, que *admite a contratação licitatória direta sem observar a ausência de dispensa ou inexigência de licitação*. Em outros termos, com redação diferente, o novo texto legal *criminaliza a contratação direta*, na ausência de hipótese de dispensa ou inexigência de licitação.

Trata-se de tipificação penal nova, não encontrando qualquer correspondência com o disposto no art. 335 do CP, que criminalizava a violação de *concorrência pública*, além da *hasta pública*. Em relação a esta segunda figura, do Código Penal, o referido dispositivo legal continuava em vigor, segundo Vicente Greco Filho, "a intenção do legislador, quanto ao delito previsto no *caput*, foi a de apenar o administrador que dispensa ou considera inexigível o procedimento licitatório fora das hipóteses legais ou que deixa de observar as formalidades pertinentes a dispensa ou inexigibilidade"[1].

As hipóteses em que a *licitação pública* era *dispensável* encontravam-se relacionadas no art. 24 e as de *inexigibilidade* no art. 25 da Lei n.

---

[1] Vicente Greco Filho, *Dos crimes da Lei de Licitações*, 2. ed., São Paulo: Saraiva, 2007.

8.666/93, hoje revogados pela Lei n. 14.133/21. Neste novo diploma legal as *inexigibilidades de licitações* estão relacionadas no art. 74 e as dispensas de licitações, por sua vez, estão elencadas no art. 75. Mudou o texto legal, mas se manteve a criminalização da inobservância de exigências de licitatórias.

O crime é o mesmo que era tipificado no revogado art. 89, com as mesmas circunstâncias e exigências formais, cuja tipificação ficou nos seguintes termos: "admitir, possibilitar ou dar causa à contratação direta *fora das hipóteses previstas em lei*". As penas aplicadas, que eram de três a cinco anos foram elevadas, absurdamente, para quatro a oito anos de reclusão.

Sintetizando, "contratação direta ilegal" descrita no *caput* do art. 337-E, *admitir, possibilitar ou dar causa à contratação direta fora das hipóteses previstas em lei*, com redação diferente, tem o mesmo significado da primeira parte da redação do art. 89 da lei revogada, que prescrevia *dispensar* ou inexigir licitação, ou *deixar de observar* formalidades pertinentes. Em outros termos, como veremos adiante, o novo texto legal criminaliza *a inobservância das formalidades legais exigidas, salvo as hipóteses de dispensa ou inexigência legal da realização de licitação pública* (arts. 74 e 75 da nova lei), recordando que na lei revogada inexigibilidade ou dispensa de licitação estavam relacionadas nos arts. 24 e 25, respectivamente.

2. Bem jurídico tutelado e conteúdo do injusto

O *conceito de bem jurídico* somente aparece na história dogmática em princípios do século XIX. Diante da concepção dos Iluministas, que definiam o fato punível como *lesão de direitos subjetivos*, Feuerbach sentiu a necessidade de demonstrar que em todo preceito penal existe um direito subjetivo, do particular ou do Estado, como objeto de proteção[2]. Binding, por sua vez, apresentou a primeira depuração do conceito de bem jurídico, concebendo-o como *estado valorado* pelo legislador. Von Liszt, concluindo o trabalho iniciado por Binding, transportou o centro de gravidade do conceito de bem jurídico do direito subjetivo para o "interesse juridicamente protegido", com uma diferença: enquanto Binding ocupou-se, superficialmente, do bem jurídico, Von Liszt viu nele um conceito central da estrutura do delito. Como afirmou Mezger, "existem

---

[2] H. H. Jescheck, *Tratado de derecho penal*, trad. de Mir Puig e Muñoz Conde, Barcelona: Bosch, 1981, p. 350.

numerosos delitos nos quais não é possível demonstrar a lesão de um direito subjetivo e, no entanto, se lesiona ou se põe em perigo um bem jurídico"[3]. No entanto, no atual estágio da teoria do delito, deve-se partir do ponto de vista de que no tipo somente se admitem aqueles elementos que fundamentam o conteúdo material do injusto. O tipo tem a finalidade precípua de identificar o bem jurídico protegido pelo legislador.

O *bem jurídico* constitui a base da *estrutura* e *interpretação* dos tipos penais. O bem jurídico, no entanto, não pode identificar-se simplesmente com a *ratio legis*, mas deve possuir um *sentido social próprio,* anterior à norma penal e em si mesmo decidido, caso contrário, não seria capaz de servir a sua função sistemática de parâmetro e limite do preceito penal e de contrapartida das *causas de justificação* na hipótese de conflito de valorações. A proteção de bem jurídico, como fundamento de um Direito Penal liberal, oferece um critério material, extremamente importante e seguro na construção dos tipos penais, porque, assim, "será possível distinguir o delito das simples *atitudes interiores*, de um lado, e, de outro, dos fatos materiais não lesivos de bem algum"[4].

Se uma *concepção predominantemente liberal* concede ao Direito Penal uma *função protetora de bens e interesses*, uma *concepção social*, em sentido amplo, pode, por sua vez, adotar uma orientação *predominantemente imperialista* e, portanto, reguladora de vontades e atitudes internas, como ocorreu, por exemplo, com o *nacional-socialismo* alemão. A primeira concepção destaca a importância do bem jurídico, a segunda apoia-se na *infração do dever*, na desobediência, na rebeldia da vontade individual contra a vontade coletiva. Agora, se um *Estado Social* pretende ser também um *Estado Democrático de Direito* terá de outorgar proteção penal à ordem de valores constitucionalmente assegurados, rechaçando os *postulados funcionalistas* protetores de um determinado *status quo*.

Finalmente, o bem jurídico pode ser definido "como todo valor da vida humana protegido pelo Direito". E, como o ponto de partida da estrutura do delito é o *tipo de injusto*, este representa a lesão ou perigo de lesão do bem juridicamente protegido. Contudo, na maioria das vezes, é praticamente impossível qualquer tentativa de justificação da intervenção penal a partir da ideia de *direitos públicos subjetivos*, pois a proteção de interesses individuais, quando existentes, é somente *mediata*. Mesmo

---

[3]   Edmund Mezger, *Tratado de derecho penal*, trad. de José Arturo Ridruguez-Muñoz, Madrid: Revista de Derecho Privado, 1935, p. 399.
[4]   Cobo del Rosal e Vives Anton, *Derecho penal*, p. 247.

em um Estado Democrático de Direito a *artificialidade* da maioria desses delitos deixa claro que a *intervenção penal*, não raro, contraria os interesses gerais concretos, legitimando o controle social mesmo que, *in concreto*, a punição de uma conduta não esteja respaldada por uma *reprovabilidade social* prévia.

A definição do bem jurídico tutelado nos *crimes licitatórios* somente poderá ocorrer a partir do exame da *política de moralidade administrativa* adotada pela Constituição Federal de 1988. A identificação do *bem jurídico* protegido pelas condutas tipificadas deve ser obtida nos limites da norma penal incriminadora, independentemente de eventual irregularidade administrativa, isto é, deverá ser observada a estrita legalidade da tipicidade taxativa. A despeito de se poder identificar uma *objetividade jurídica genérica* nos crimes licitatórios, qual seja, preservar os princípios básicos da legalidade, da impessoalidade, da moralidade, da igualdade, da publicidade, e da probidade administrativa, não se pode olvidar que cada tipo penal possui a sua própria objetividade jurídica, sem, contudo, afastar-se do amplo contexto em que está inserido. Em outros termos, cada tipo penal possui um *bem jurídico específico* e determinado, fundamentador da conduta proibida, mas esse bem jurídico deverá ser encontrado ao se analisar cada figura típica.

Enfim, *bem jurídico tutelado*, especificamente na *proibição de contratação direta*, isto é, sem licitar, prevista neste art. 337-E da Lei n. 14.133/21, qual seja, da *impossibilidade de contratação direta fora das hipóteses previstas em lei*, visa assegurar a *estrita excepcionalidade das hipóteses* de contratação direta. Ou seja, resulta claro que a regra das contratações públicas devem ser mediante licitação pública, a exceção será a *contratação direta*, isto é, sem licitar. Essa metodologia, digamos assim, garante a respeitabilidade, probidade, integridade e moralidade das *contratações públicas*, que são ofendidas com as condutas descritas no art. 337-E. Esse dispositivo legal, ora examinado, visa, acima de tudo, proteger a lisura e transparência na *contratação pública*, exigindo retidão no *processo licitatório* para permitir ampla competição observando a regra da isonomia concorrencial.

O administrador público (agente público ou autoridade pública) deve, para bem desempenhar suas funções, despir-se de *interesses ou sentimentos pessoais*, priorizando o cumprimento pronto e eficaz de suas atribuições de ofício, que deve ser realizado escrupulosa e tempestivamente visando obter o melhor resultado para a Administração Pública, aproveitando, por extensão, a toda comunidade. O sentimento do administrador público, enfim, não pode ser outro senão o de cumprir e fazer cumprir o *processo licitatório* com toda transparência e correção, observando estritamente as disposições legais pertinentes à matéria. A criminalização constante do art. 337-E, objetiva, enfim, impedir procedimento que ofenda ou dificulte o tratamento isonômico dos concorrentes e a seleção da proposta mais vantajosa para a Administração Pública.

3. Sujeitos ativo e passivo do crime

3.1. Sujeito ativo do crime

Segundo o texto da Lei n. 14.133/21 em seu art. $6^{\underline{o}}$, incisos V e VI, regra geral, podem ser *sujeitos ativos* dos crimes licitatórios o *agente público* (inc. V) ou a *autoridade pública* (inc. VI), ou ambos, dependendo das circunstâncias fáticas, que houver *participado* do processo ou procedimento licitatório, que seja responsável por esse procedimento e dele tenha participado. Deve-se observar que este novo diploma legal (Lei n. 14.133) define expressamente quem é *agente público* e *autoridade pública*, para efeitos de responsabilidade no procedimento (processo) licitatório. Digamos que, neste caso, o legislador complicou desnecessariamente a identificação de "funcionário público", sem definir corretamente quem é ou pode ser responsável pela prática do procedimento licitatório.

Dessa forma, consideramos, tecnicamente possível, responsabilizar pelos *crimes licitatórios*, a ambos, isto é, *agente* e *autoridade pública*, desde que tenham, concretamente, participado, direta ou indiretamente, no referido *procedimento* ou tenha tal atribuição afetado sua responsabilidade, comprovadamente.

Tratando-se de *crime próprio ou mesmo de mão própria, para alguns*, evidentemente, não pode praticar esse crime funcionário público que não se encontre no exercício da função pública ou que, por qualquer razão, encontre-se temporariamente dela afastado, como, por exemplo, férias, licença etc. Nada impede, contudo, que o *sujeito ativo*, qualificado pela condição de funcionário público (agente ou autoridade), consorcie-se com alguém que não seja funcionário público, para a prática deste crime licitatório, na condição participante *extraneus*. Logicamente, nessa hipótese, o *extraneus* será, igualmente, partícipe, dependendo das circunstâncias concretas, nos termos definidos no art. 29 e seu § $1^{\underline{o}}$ do Código Penal.

Não se pode ignorar, por outro lado, que, em se tratando de *agente* ou *autoridade pública* (funcionário público), deve-se observar a atribuição

142

ou *competência* específica para a prática de determinados atos ou fatos licitatórios, sendo insuficiente, portanto, a simples circunstância de reunir a qualidade ou condição de *funcionário público* (agente ou autoridade). Em outras palavras, *funcionário* que não reúna a atribuição devida para *autorizar a realização do procedimento licitatório, ou nele funcionar*, não pode praticar esse crime na condição de coautor ou autor. A partir desse ponto, deve-se observar o disposto no art. 84 e § 1º da Lei revogada, que definia, com alguma peculiaridade distinta do Código Penal, quem é considerado *funcionário público*, inclusive por equiparação, para os fins e efeitos da lei licitatória, subsidiariamente ao disposto no art. 6º, incisos V e VI, da Lei n. 14.133. A partir de agora, a definição de funcionário público, para efeitos desta nova lei, deve-se aplicar, subsidiariamente, a definição de *funcionário público* definida pelo Código Penal. Demonstramos em *capítulo anterior* a definição ou abrangência de *funcionário público*, que a lei anterior atribuía (ou atribui), porque o artigo que define *funcionário público* continua em vigor por dois anos. Como o novo diploma legal dá definição diferente (agente público e autoridade pública) haverá, provavelmente, grande divergência doutrinário-jurisprudencial sobre sua abrangência e aplicabilidade.

Considerando que, a princípio, o *crime próprio*, por si só, não impede a *participação* de quem não reúna a qualidade ou condição exigida pelo tipo penal, exige-nos avançar na análise dessa questão, para examinarmos a eventual (im)possibilidade de *coautoria* nos crimes licitatórios, na medida em que, regra geral, os *crimes próprios* admitem a coautoria de *extraneus*, desde que concorra com um *intraneus*[5]. Contudo, deve-se considerar que o *crime próprio* apresenta uma outra modalidade, especial, distinta, conhecida como *crime de mão própria*, cuja característica fundamental é de só poder ser executado direta e pessoalmente pelo sujeito ativo que reúna a qualidade ou condição exigida pelo tipo penal, *v.g.*, o *infanticídio* (somente a mãe pode praticá-lo).

Essa exigência de *realização pessoal* do *crime de mão própria* tem uma consequência direta e imediata: o terceiro, isto é, o *extraneus* que não reúna a qualidade de funcionário público não pode ser autor ou coautor de infração penal dessa natureza; a participação de *extraneus*, nessa prá-

---

[5] Sobre a distinção entre *autoria* e *participação em sentido estrito*, veja-se nosso *Tratado de direito penal*: parte geral, 27. ed., São Paulo: Saraiva, 2021, v. 1, p. 573 e seguintes.

tica delituosa, somente será admitida na condição de *partícipe*, e, especificamente, no crime definido no antigo art. 89, com a *limitação* constante do seu parágrafo único. Enfim, somente poderá ser autor deste crime o *servidor público* que tiver atribuição para emitir decisão sobre *dispensar ou inexigir* licitação, como também *deixar de exigir* formalidades relacionadas a essas circunstâncias. Outros servidores não detentores de tais atribuições, *ipso facto*, somente poderão concorrer para esse crime na condição de meros *partícipes*, nos termos do art. 29 do CP, concorrendo, de qualquer modo, para o crime. Desnecessário acrescentar que à *responsabilidade individual* desses servidores – *partícipes* – é aplicável o disposto nos parágrafos do dispositivo supramencionado[6].

Do que acabamos de expor fica claro que, a nosso juízo, somente o *servidor público (agente ou autoridade, na nova terminologia)* com atribuição para *dispensar* ou *inexigir* licitação, bem como para (in)observar as formalidades legais desse procedimento pode ser sujeito ativo desse crime. Ademais, a simples *incompetência* (falta de atribuição) para o exercício da "atividade licitatória", por si só, não é suficiente para tipificar o crime descrito no artigo (art. 337-E), em qualquer de suas modalidades, ao contrário de entendimento esposado por alguns doutrinadores, como é o caso, por exemplo, de Vicente Greco Filho. Com efeito, para Greco Filho, a *incompetência* do servidor público que decreta a dispensa ou a inexigibilidade da licitação também pode configurar infração penal, pois "ocorre, na hipótese, o crime por que, havendo incompetência da autoridade, também há ilegalidade na dispensa"[7]. *Venia concessa*, não nos convence essa orientação, posto que referida conduta praticada por funcionário incompetente configura apenas uma *ilegalidade administrativa*, que não se confunde com *tipicidade*; embora possa gerar a nulidade do ato, não tem o condão de, por si só, transformá-la em crime, cuja configuração, ademais, não abdica, em hipótese alguma, do caráter subjetivo de agir. Em outros termos, a ausência do *dolo*, elemento indispensável à tipicidade subjetiva, impede a confusão entre infração administrativa e infração penal, esta sempre mais enriquecida com a exigência de dolo,

---

[6]   "§ 1º Se a participação for de menor importância, a pena pode ser diminuída de um sexto a um terço.

§ 2º Se algum dos concorrentes quis participar de crime menos grave, ser-lhe-á aplicada a pena deste; essa pena será aumentada até metade, na hipótese de ter sido previsível o resultado mais grave."

[7]   Vicente Greco Filho, *Dos crimes da Lei de Licitações*, 2. ed., São Paulo: Saraiva, 2007, p. 61.

culpabilidade etc. Na realidade, somente o *funcionário público competente* para declarar a dispensa ou inexigibilidade da licitação, ou para observar as formalidades necessárias, pode praticar este crime, que é, repetindo, *de mão própria*, e, por essa razão, não pode ser executado por outrem, inclusive por funcionário incompetente, como afirmamos acima[8].

Por fim, aspecto assaz relevante é o questionamento da (im)possível responsabilização criminal de *procurador jurídico* do órgão público por emitir *parecer técnico*, que fundamenta a dispensa ou inexigibilidade de licitação (arts. 74 e 75 da Lei n. 14.133/21), posteriormente interpretada, em outras instâncias, como necessária. Por sua relevância, preferimos examinar esse aspecto em tópico separado, específico, logo adiante.

3.1.1. Concorrente particular (sem a qualificação de agente ou autoridade pública – art. 6º, incisos V e VI, da Lei n. 14.133)

O texto deste art. 337-E, embora tipifique, em tese, o mesmo crime, não repete a previsão do parágrafo único do art. 89 da Lei n. 8.666/93, o qual determinava que *"na mesma pena incorre aquele que, tendo comprovadamente concorrido para a consumação da ilegalidade, beneficiou-se da dispensa ou inexigibilidade ilegal, para celebrar contrato com o Poder Público"*. Pois esse parágrafo único limitava a responsabilidade penal do *extraneus*, o qual somente seria responsabilizado, como *partícipe*, pela previsão do "parágrafo único do art. 89 se o, digamos, "não funcionário público", se beneficiasse concretamente com o resultado do referido crime. Pois o novo texto legal omitiu essa previsão legal, que era, a nosso juízo, uma *previsão restritiva da abrangência típica*, na medida que impedia que o particular, regra geral, pudesse ser coautor desse crime, salvo se, segundo o parágrafo único, se beneficiasse diretamente dessa participação.

E agora ante essa omissão da Lei n. 14.133/21 beneficia ou prejudica o particular, que não apenas não reúne a condição ou qualidade de funcionário público, mas também não é o "agente público" ou "autoridade pública" (art. 6º, incs. V e VI), que são os participantes ou responsáveis pelo processo ou *procedimento licitatório* na definição desse novo diploma legal? Essas "autoridades", inegavelmente, são os destinatários dessa previsão do art. 337-E, acrescentado ao Código Penal pela Lei n. 14.133/21.

---

[8] No mesmo sentido, Diógenes Gasparini, *Crimes na licitação*, 2. ed., São Paulo: NDJ, 2001, p. 96.

A questão fundamental, em primeiro lugar, é definir a *natureza* dessa infração penal, será *crime próprio* (ou especial) ou *crime de mão própria*, pois ambos têm alcances ou abrangências distintas. O *crime próprio* ou especial é aquele que exige determinada qualidade ou condição pessoal do agente. Pode ser *condição jurídica* (acionista), *profissional* ou *social* (comerciante), *natural* (gestante, mãe, pai), *parentesco* (ascendente, descendente) etc. *Crime de mão própria*, por sua vez, é aquele que só pode ser praticado pelo agente pessoalmente, não podendo utilizar-se de interposta pessoa (falso testemunho, adultério, prevaricação etc.). Ninguém pode ser coautor, por exemplo, do falso testemunho, o adultério etc. A distinção fundamental entre *crime próprio* e *crime de mão própria* consiste no fato de que nos *crimes próprios* o sujeito pode determinar a outrem a sua execução (autor), embora possam ser praticados por apenas um número limitado de pessoas; nos crimes de mão própria, por sua vez, embora possam ser praticados por qualquer pessoa, ninguém os comete por intermédio de outrem, como destacava o saudoso amigo Prof. René Ariel Dotti, "crime de mão própria é o que não pode ser praticado por outrem no lugar do agente como ocorre com a autoacusação falsa (CP, art. 341), e a deserção (arts. 187e s.). Vale o antigo e expressivo exemplo: o desertor somente foge pelas próprias pernas"[9].

O *crime de mão própria*, regra geral, admite a *intervenção de terceiro* sem a qualificação exigida pela descrição típica (*funcionário público*), na condição de *mero partícipe*, ou seja, *participante com uma atividade secundária*, acessória, sem realizar diretamente a conduta nuclear do tipo penal. Com efeito, o tipo penal que era descrito no parágrafo único do art. 89 da lei revogada apresentava uma peculiaridade especial: *limitação da intervenção* e a punibilidade do *extraneus*, que era *condicionada* a obtenção de *benefício* representado pela celebração de contrato com o Poder Público.

Dito de outra forma, *diante daquela previsão da lei revogada*, ainda que alguém (*extraneus*) tenha concorrido para a consumação da ilegalidade, se não houver se beneficiado celebrando contrato com o Poder Público não responderia como participante ou mesmo desse crime. Tratava-se, na realidade, de verdadeira e *expressa limitação à responsabilidade penal* de "quem, de qualquer modo, concorre para o crime" (art. 29), constituindo uma exceção à *teoria monística da ação* que, por deter-

---

[9]   René Ariel Dotti, *Curso de Direito Penal* – Parte Geral, 7. ed., São Paulo: Revista dos Tribunais, 2020, p. 582.

minação do art. 12 do CP, aplicar-se-ia também *aos fatos incriminados por lei especial*, "se esta não dispuser de modo diverso".

Logo, a partir desta nova lei dos *crimes licitatórios*, que não faz essa ressalva, os participantes desse crime, estranhos aos quadros de funcionários públicos, a nosso juízo, não poderão ser responsabilizados criminalmente, que só podem praticá-lo os *funcionários públicos* (agente público e autoridade, nos termos do art. 6º, incisos V e VI, da Lei n. 14.133). Além dessa previsão típica, de *crime próprio*, referido diploma legal não repetiu a ressalva constante do parágrafo único do art. 89 do texto da Lei n. 8.666/93, na visível pretensão de excluir a participação privilegiada do cidadão comum, que não reúne as características destacadas no diploma anterior.

3.1.2. Procurador jurídico de órgão público: emissão de pareceres

Seria admissível que o *procurador jurídico* de uma Unidade Federativa ou qualquer dos entes públicos, como tais eram definidos na antiga Lei de Licitações, possa responder por *crime licitatório*, em razão de haver *emitido parecer favorável* à dispensa ou inexigibilidade de licitação? Interpretação, *a posteriori*, que considera necessária ou exigível a licitação, *autorizaria imputar a participação no crime definido pelo art. 337-E*, ao procurador que emitiu parecer manifestando-se pela desnecessidade de licitação?

Regra geral, o *procurador jurídico* dos órgãos ou entes públicos é integrante das denominadas *procuradorias jurídicas*, tais como Procuradoria Geral da União, Procuradoria Geral do Estado, Procuradoria Geral do Município, e similares, Procuradoria da Fazenda Nacional, da Petrobras, do INSS etc. Enfim, os "profissionais" (servidores) dessas procuradorias – funcionários públicos, *lato* ou *stricto sensu* – são, via de regra, *advogados públicos*, competindo-lhes examinar os aspectos jurídicos dos atos, decisões e medidas que referidos órgãos ou entes públicos devem ou precisam realizar; devem, no exercício desse mister, emitir *fundamentado parecer*, que, aliás, não se confunde com mero conselho, opinião ou sugestão. Trata-se, na verdade, da *emissão de um juízo técnico sobre determinada matéria* que é de sua especialidade.

A Constituição Federal de 1988 *ampliou a imunidade do advogado*, declarando-o "inviolável por seus atos e manifestações *no exercício da profissão*, nos limites da lei" (art. 133). Na realidade, a Constituição Federal assegura ao advogado, no exercício profissional, não apenas a *imunidade material* contida no art. 142, I, do CP, mas verdadeira *inviolabili-*

147

dade profissional, em juízo ou fora dele (art. 133). Com efeito, o constituinte brasileiro percebeu a dificuldade do mister exercido pelo advogado e do *munus* público que assume no patrocínio da busca da justiça, reconhecendo a necessidade de assegurar-lhe a *inviolabilidade* de suas manifestações quando no exercício desse *munus*, em juízo ou fora dele.

A *imunidade profissional*, disciplinada no Estatuto da OAB (Lei n. 8.906/94), representa a regulamentação do texto constitucional que elevou o advogado à condição de *indispensável à administração da justiça* e considerou-o *inviolável* por seus atos e manifestações *no exercício da profissão*, "nos limites da lei" (art. 133 da CF). Na verdade, a própria Carta Magna, que reconheceu a indispensabilidade do advogado na administração da justiça, atribuiu-lhe a *inviolabilidade no exercício de sua atividade profissional*, e ela própria delineou os seus limites, "nos termos da lei". Contudo, não se está sustentando inviolabilidade ilimitada; ao contrário, o seu limite está contido na própria lei, qual seja, "no exercício da atividade profissional". Claro está que não se trata de um privilégio especial para os advogados, mas somente uma efetiva *garantia constitucional*, indispensável para o bom desempenho de sua atividade advocatícia, extremamente técnica e com grande carga de *subjetividade*, que, não raras vezes, pode apresentar orientações diversas, inclusive em sentido diametralmente opostas, igualmente defensáveis. Sabemos todos que, juridicamente, nada é cem por cento certo, o Direito não é uma ciência exata, comportando interpretações conflitantes, díspares, sem, contudo, significar *erro* ou má-fé de uma ou outra orientação distinta.

Busca-se, enfim, com a *inviolabilidade profissional* assegurar o exercício de *uma advocacia ética* e indispensável à *administração da justiça* e à própria *Administração Pública*, que não se confunde com autorização para, leviana ou abusivamente, usar dos meios técnicos e científicos para praticar, impunemente, crimes ou ilegalidades de qualquer natureza.

Sob essa ótica e sob a garantia constitucional da *inviolabilidade profissional* é que os *procuradores jurídicos* das Instituições Públicas devem atuar e ser reconhecidos e respeitados no exercício de seu *munus* público. O Superior Tribunal de Justiça já teve oportunidade de enfrentar esse tema, e, invariavelmente, tem reconhecido a *atipicidade da conduta de procurador que apenas emite parecer pela dispensa de licitação*. Reconheceu, ademais, que a emissão de parecer jurídico está protegida pela *imunidade* assegurada pelo art. 133 da CF. Destacamos apenas duas ementas dessa orientação de nosso Superior Tribunal de Justiça, a título meramente exemplificativo:

DENÚNCIA. ART. 89 DA LEI N. 8.666/93. PROCURADORES. FEDERAIS. SIMPLES EMISSÃO E APROVAÇÃO DE PARECER JURÍDICO OPINANDO PELA DISPENSA DE PROCEDIMENTO LICITATÓRIO. IMUNIDADE DO ADVOGADO. ATIPICIDADE DA CONDUTA. AUSÊNCIA DE QUALQUER ELEMENTO INDICIÁRIO VÁLIDO. TRANCAMENTO.

1. Resta evidenciada a atipicidade da conduta, uma vez que os Pacientes não foram acusados da prática do ato tido por ilícito – contratação direta da empresa, em tese, indevida –, tampouco lhes foi atribuída eventual condição de partícipes do delito. De fato, foram denunciados apenas pela simples emissão e aprovação de parecer jurídico, sendo que essa atuação circunscreve-se à imunidade inerente ao exercício da profissão de advogado, a teor do disposto no art. 133 da Constituição Federal.

2. O regular exercício da ação penal – que já traz consigo uma agressão ao *status dignitatis* do acusado – exige um lastro probatório mínimo para subsidiar a acusação. Não basta mera afirmação de ter havido uma conduta criminosa. A denúncia deve, ainda, apontar elementos, mínimos que sejam, capazes de respaldar o início da persecução criminal, sob pena de subversão do dever estatal em inaceitável arbítrio. Faltando o requisito indiciário do fato alegadamente criminoso, falta justa causa para a ação penal. Precedentes do STJ e do STF.

3. Ordem concedida para trancar a ação penal em tela somente em relação aos ora Pacientes, tendo em vista a ausência de elementos probatórios mínimos, os quais, se e quando verificados, poderão subsidiar nova denúncia, nos termos do art. 43, parágrafo único, do Código de Processo Penal[10].

DISPENSA DE LICITAÇÃO. PACIENTE QUE, NA QUALIDADE DE PROCURADORA DE ESTADO, RESPONDE CONSULTA QUE, EM TESE, INDAGAVA DA POSSIBILIDADE DE DISPENSA DE LICITAÇÃO. DENÚNCIA COM BASE NO ART. 89 DA LEI N. 8.666/93. ACUSAÇÃO ABUSIVA. MERO EXERCÍCIO DE SUAS FUNÇÕES, QUE REQUER INDEPENDÊNCIA TÉCNICA E PROFISSIONAL.

---

[10] HC 46.906/DF, rel. Min. Laurita Vaz, 5ª Turma, j. em 17-12-2007, por unanimidade.

1. Não comete crime algum quem, no exercício de seu cargo, emite parecer técnico sobre determinada matéria, ainda que pessoas inescrupulosas possam se locupletar às custas do Estado, utilizando-se desse trabalho. Estas devem ser processadas criminalmente, não aquele.

2. Recurso provido, para trancar a ação penal contra a paciente[11].

É irretocável, a nosso juízo, essa orientação do STJ aqui representada pelas ementas supratranscritas, considerando-se que, além dos fundamentos que acima expusemos, as condutas descritas no art. 89, como *crime de mão própria*, só podem ser praticadas pelo *servidor público* (competente) que decidir pela dispensa ou inexigibilidade da licitação, e não pelo procurador ou assessor jurídico, cuja atribuição é emitir parecer juridicamente fundamentado. O administrador público adota ou aceita o parecer se quiser, se o desejar.

Aliás, o próprio *servidor público* encarregado que decide *dispensar ou não exigir* licitação, *respaldado por fundado parecer* da procuradoria jurídica, tampouco comete o ilícito descrito no art. 89, por faltar-lhe o elemento subjetivo indispensável à *tipicidade subjetiva*, qual seja, o *dolo*. A comprovação, a *posteriori*, de que se trata de hipótese que demandaria licitação não terá o condão de, por si só, transformar a conduta anterior em delituosa, podendo, no máximo, dependendo das circunstâncias, configurar infração administrativa, gerando ou não a nulidade do ato. Com efeito, quem decide respaldado por respeitável e fundamentado *parecer jurídico* não age com *dolo* de violar a proibição de agir sem licitação, quando esta era devida. Entender diferente significa respaldar autêntica *responsabilidade penal objetiva*, proscrita do direito penal da culpabilidade no marco de um Estado Democrático de Direito, especialmente ante a ausência de modalidade culposa nos crimes licitatórios.

Para concluir este tópico, nessa mesma linha, invocamos, por sua pertinência, antológico acórdão do Superior Tribunal de Justiça que, decidindo pela improcedência de *ação de improbidade administrativa*, com relatoria do saudoso Ministro Teori Zavascki, em sua ementa, afirma o seguinte:

3. É razoável presumir vício de conduta do agente público que pratica um ato contrário ao que foi recomendado pelos órgãos técni-

---

[11] RHC 7.165/RO, rel. Min. Anselmo Santiago, por maioria, 6ª Turma, j. em 22-5-1998.

cos, por pareceres jurídicos ou pelo Tribunal de Contas. Mas não é razoável que se reconheça ou presuma esse vício justamente na conduta oposta: de ter agido segundo aquelas manifestações, ou de não ter promovido a revisão de atos praticados como nelas recomendado, ainda mais se não há dúvida quanto à lisura dos pareceres ou à idoneidade de quem os prolatou[12].

Ora, se assim é para *ação de improbidade administrativa*, especialmente com fundamento no art. 10 da Lei n. 8.429/92, não é razoável que se reconheça ou presuma vício em conduta respaldada em parecer jurídico, com maior razão a sua inadmissibilidade em matéria criminal, considerando-se, ademais, que os *crimes licitatórios* não admitem modalidade culposa (princípio da excepcionalidade do crime culposo). Logo, o *servidor público* que decide pela dispensa ou inexigibilidade de licitação respaldado em fundado parecer jurídico não comete crime algum, sendo sua conduta atípica.

3.2. Sujeito passivo do crime

Sujeito passivo é o Estado-Administração (União, Estados, Distrito Federal e Municípios), bem como a entidade de direito público na qual houve a dispensa indevida ou inexigibilidade do procedimento licitatório ou inobservância de suas formalidades legais. Enfim, pode ser qualquer dos entes relacionados no art. 85 da lei de regência, que estende a *subjetividade passiva* criminal para "quaisquer outras entidades sob seu controle direto ou indireto". O Estado é sempre sujeito passivo primário de todos os crimes, naquela linha de que a lei penal tutela sempre o *interesse da ordem jurídica geral*, da qual aquele é o titular. No entanto, há crimes, como este, que ora estudamos, em que o próprio Estado surge como sujeito passivo direto e imediato, pois lhe pertence o bem jurídico ofendido pela ação do servidor público infiel.

Questão interessante a examinar é se a pessoa jurídica, eventualmente *prejudicada,* pela inobservância do procedimento licitatório seria também *sujeito passivo.* Sua relevância decorre da possibilidade ou legitimidade para ação privada subsidiária da pública, prevista no art. 103 da lei licitatória, além de outros aspectos.

---

[12] REsp 827.445/SP, rel. Min. Luiz Fux, rel. p/ acórdão Min. Teori Albino Zavascki,1ª T., j. em 2-2-2010, *DJe* de 8-3-2010.

Convém destacar, primeiramente, que *sujeito passivo* não se confunde com *prejudicado;* embora, de regra, coincidam na mesma pessoa, as condições de sujeito passivo e *prejudicado* podem recair, no entanto, em sujeitos distintos: *sujeito passivo* é o titular do bem jurídico protegido, e, nesse caso, o lesado; *prejudicado* é qualquer pessoa que, em razão do fato delituoso, sofre prejuízo ou dano material ou moral decorrente de infração penal. Essa distinção não é uma questão meramente acadêmica, sem interesse prático, como pode parecer à primeira vista. Na verdade, o *sujeito passivo* tem legitimidade para propor ação penal subsidiária da pública, além do direito de representar contra o sujeito ativo, pode habilitar-se como assistente do Ministério Público em processo criminal (art. 268 do CPP). Ademais, o sujeito passivo tem o direito à reparação *ex delicto*, ao passo que ao *prejudicado* resta somente a possibilidade de buscar a reparação do dano na esfera cível.

Em síntese, consideramos que se eventualmente determinada pessoa jurídica se vir lesada em decorrência de *indevida dispensa ou inexigibilidade de licitação* (arts. 74 e 75), ficando impossibilitada, nessa hipótese, de participar do certame licitatório, e, consequentemente, da possível futura contratação, não se caracterizará como *sujeito passivo*, mediato ou imediato, dessa infração penal. Será, no máximo, um terceiro *prejudicado* pela supressão indevida do procedimento licitatório, restando-lhe, como acabamos de afirmar, buscar, em ação própria, a reparação do dano na esfera cível.

Por fim, discordamos do entendimento tradicional da doutrina que *define o particular* sempre como sujeito passivo secundário, mesmo quando atinge direta e imediatamente bens jurídicos deste. Na verdade, não vemos nenhuma razão lógica ou jurídica para colocá-lo em segundo plano, mesmo que se trate de infração penal contra a Administração Pública, que não é o caso do dispositivo ora examinado, pois, especificamente, lesa somente bem jurídico pertencente ao Poder Público. Na realidade, *o Estado é sempre sujeito passivo* de todos os crimes, desde que avocou a si o monopólio do *ius puniendi*, daí o caráter público do Direito Penal que somente tutela interesses particulares pelos reflexos que sua violação acarreta na coletividade. Com efeito, sob essa ótica a lei penal protege, em primeiro plano, o interesse da ordem jurídica geral, cujo titular é o Estado e, secundariamente, o interesse do particular. Contudo, no quotidiano são os bens e interesses individuais que são ofendidos,

152

atingindo, por consequência, diretamente o seu titular, que é verdadeiramente o sujeito passivo da infração penal. Nessa linha lecionava Heleno Fragoso, afirmando: "O que na doutrina se considera sujeito passivo é o titular do interesse imediatamente ofendido pela ação delituosa ou do bem jurídico particularmente protegido pela norma penal, ou seja, o sujeito passivo *particular* ou *secundário*". Por isso, a nosso juízo, nessa maioria de crimes, chega a ser desnecessário mencionar o Estado como sujeito passivo, pois seria uma afirmação pleonástica. No entanto, em determinados crimes, *não há sujeito passivo particular*, como ocorre, por exemplo, nos chamados *crimes contra a paz pública* (arts. 286 a 288), como também acontecia, especificamente, na hipótese do art. 89 da Lei n. 8.666/93. Contudo, o Estado continua, como sempre, sendo o sujeito passivo mediato do bem jurídico lesado, em todas as infrações penais, inclusive naquelas de exclusiva iniciativa privada.

Em outros crimes, porém, como os tipificados nos *"crimes contra a Administração Pública"*, praticados, em grande parte, por seus próprios funcionários, é o Estado que aparece como sujeito passivo particular, pois é titular do bem jurídico diretamente ofendido pela ação incriminada. Quando, nessa espécie de crime, atinge-se também o patrimônio ou qualquer outro interesse penalmente tutelado do particular, este também se apresenta como sujeito passivo, e, se alguém deve ser denominado como sujeito secundário, acreditamos que, ainda assim, deveria ser o Estado, que é sempre ofendido, e não o particular eventualmente lesado.

Em síntese, o Estado, que é o *sujeito passivo permanente* de todos os crimes praticados contra a Administração Pública, deveria ser, contudo, considerado como sujeito passivo *secundário*, sempre que houver lesado ou ofendido diretamente bem jurídico pertencente a algum particular. Finalmente, somente para evitarmos dificuldades metodológicas, seguiremos a doutrina majoritária, ressalvando apenas nosso entendimento pessoal sobre essa temática.

4. Tipo objetivo: adequação típica

O *art. 337-E*, repetindo, substituiu o revogado art. 89 da lei anterior, que tipificava o crime de *dispensa ou inexigência ilegal de licitação*, mantendo a essência dessa criminalização realizando a c*ontratação direta fora das hipóteses previstas em lei*. Trata-se, basicamente, da mesma *criminalização*, apenas, com outra configuração típica, protegendo, no entanto, o mesmo bem jurídico, como veremos adiante, com as condutas *admitir, possibilitar* ou *dar causa* à contratação direta fora das hipóteses previstas em lei. *Admitir, possibilitar* ou *dar causa* são os três verbos, com o mesmo significado, indicadores das condutas incriminadas, neste primeiro artigo, definidor dos novos-velhos *crimes licitatórios* especialmente daquele que era tipificado no art. 89 da Lei n. 8.666/93, que perdurou por quase 28 anos no cenário nacional, qual seja, a *dispensa ou inexigência ilegal de licitação*. O crime e o bem jurídico tutelado continuam os mesmos daquela lei, ora revogada. Aliás, revogada somente na parte relativa à seara criminal, posto que o restante desse diploma legal perdurará vigendo pelo período de, pelo menos, dois anos.

Admitir, como primeira conduta incriminada, neste dispositivo legal, pode significar tolerar, permitir, reconhecer como verdadeiro, como certo ou incerto, enfim pode ter vários significados e várias formas ou modos de ação, além de complementos os mais variados, isto é, trata-se de um verbo com um leque de significados ou possibilidades reais ou imaginárias. Em sentido jurídico-penal *admitir* significa a permissão de acesso ou ingresso em algo, em algum lugar, em uma sociedade, em determinada ação ou conjunto de ações, *admitir* pode significar ainda o acesso a um processo, em uma sociedade, enfim, uma variedade de situações, inclusive a contratação de algo, de alguma coisa, de uma empreitada, ou a *"admissão de contratação da realização de obra pública"*, direta ou indiretamente, que é o caso deste tipo penal, e, principalmente, *admitir a contratação direta e fora das hipóteses previstas em lei*.

Possibilitar ou *dar causa* tem, basicamente, o mesmo significado de *admitir, consentir ou dar causa* na realização da contratação sem a licitação pública *"fora das hipóteses previstas em lei"*, quais sejam, naquelas condições elencadas nos arts. 74 e 75 deste novo diploma legal. A rigor, este texto legal, na essência, repete o sentido e significado do revogado art. 89 da Lei n. 8.666/93 porque "admitir contratação direta 'fora das hipóteses previstas em lei'" significa exatamente o mesmo que *"dispensar ou inexigir licitação"* quando deveria realizá-la, significa desobrigar, ilegalmente, nos dois dispositivos legais, isentar, "não exigir" ou omiti-la em hipótese que a lei exige a sua realização. Na essência não houve mudança substancial nessa tipificação, qual seja, de contratar sem licitação quando era obrigatória a sua realização. Na realidade, ambos os textos legais têm o mesmo significado e o *mesmo comando proibitivo*, qual seja, a impossibilidade de contratação sem licitar, quando a mesma é legalmente obrigatória, seja por ser exigível a licitação, seja por não ser *dispensada*.

154

A única real diferença reside no estilo literário, no enxugamento textual da Lei n. 14.133 que adota uma linguagem objetiva e direta na definição do mesmo crime, com outros termos. *Mutatis mutandis* ocorre o mesmo com as duas previsões legais, a da lei revogada e a deste novo diploma legal (Lei n. 14.133).

Aliás, é absolutamente desnecessário qualquer ato ou ação declarando a *dispensa ou inexigência* de licitação para a tipificação da infração penal, sendo suficiente a contratação pública direta, ilegal nas hipóteses não permitidas (arts. 74 e 75 combinados com o art. 337-E), sem efetuar o procedimento previsto na lei de regência. Em outros termos, incorrerá na primeira conduta incriminada – *dispensa de licitação*, fora das hipóteses legais – o administrador que contrata diretamente, *sem licitação*, quando devia promovê-la, segundo a dicção dos arts. 74 e/ou 75, logicamente, combinados com o art. 337-E, caso o administrador deixe de fundamentar sua decisão, isto é, não apresente os motivos adequados que o levaram a não realizar licitação, quando esse certame fazia-se necessário.

Em síntese, não é toda e qualquer *contratação pública direta*, sem licitação, que caracteriza o crime descrito no art. 337-E, mas somente aquelas que não dispensam ou que exigem o procedimento licitatório. Em se tratando de *norma penal incriminadora, logicamente*, deve ser respeitado o *princípio da tipicidade estrita* (taxatividade), ou seja, haverá a incriminação somente se não se tratar daquelas hipóteses excepcionadas na lei de regência. Ou seja, em se tratando, por conseguinte, de uma das hipóteses elencadas nos arts. 74 e 75, não exigem ou *dispensam* licitação, não há que se falar em crime, porque não há necessidade de *licitação* para a contratação, sob pena de violar-se o *princípio da reserva legal*, caracterizando autêntica responsabilidade penal objetiva. Vejamos as hipóteses de *inexigência de licitação ou dispensabilidade* dela, como veremos abaixo.

4.1. Inexigência de licitação – art. 74

As hipóteses de *inexigência de licitação*, por sua vez, relacionadas no art. 74, configuram-se "quando houver inviabilidade de competição", similar às hipóteses previstas na lei revogada[13], *in verbis*: "*Art. 74. É*

---

[13] "Art. 25. É inexigível a licitação quando houver inviabilidade de competição, em especial: I – para aquisição de materiais, equipamentos, ou gêneros que só possam ser fornecidos por produtor, empresa ou representante comercial exclusivo, vedada a preferência de marca, devendo a comprovação de exclusividade

inexigível a licitação quando inviável a competição, em especial nos casos de...". Constata-se que é a *impossibilidade de estabelecer a competição* entre contratantes que fundamenta a *inexigibilidade de licitação*, e, por óbvio, a *ausência de competidores qualificados* torna impossível a instalação do certame licitatório: sem competidores, consequentemente, é inócuo continuar exigindo a instauração do *procedimento licitatório*. Em outros termos, é a *inviabilidade* de realizar-se uma competição entre contratantes que torna *inexigível a licitação*.

Com efeito, o verbo "inexigir" não foi utilizado no texto legal com o significado vernacular de "não exigir", "deixar de exigir", ou mesmo de "dispensar" a exigência de licitação, *mas com o sentido de (in)viabilidade ou de (im)possibilidade da licitação*, como deixa claro o *caput* do art. 74, *in verbis*: "é inexigível a licitação quando inviável a competição, em especial nos casos de". Nesse sentido é a conclusão inatacável de André Guilherme Tavares de Freitas, comentando a revogada lei (Lei n. 8.666/93), *in verbis*:

> Contudo, as palavras "inexigir" e "inexigibilidade" não foram empregadas pela Lei de Licitações em seu sentido literal da língua portuguesa, ou seja, "não exigir", "não exigibilidade". O termo "inexigibilidade" na Lei de Licitações foi empregado no sentido de "inviabilidade" de competição, isto é, para os casos em que a licitação é inviável, impossível de ser realizada, por não haver como estabele-

---

ser feita através de atestado fornecido pelo órgão de registro do comércio do local em que se realizaria a licitação ou a obra ou o serviço, pelo Sindicato, Federação ou Confederação Patronal, ou, ainda, pelas entidades equivalentes; II – para a contratação de serviços técnicos enumerados no art. 13 desta Lei, de natureza singular, com profissionais ou empresas de notória especialização, vedada a inexigibilidade para serviços de publicidade e divulgação; III – para contratação de profissional de qualquer setor artístico, diretamente ou através de empresário exclusivo, desde que consagrado pela crítica especializada ou pela opinião pública. § 1º Considera-se de notória especialização o profissional ou empresa cujo conceito no campo de sua especialidade, decorrente de desempenho anterior, estudos, experiências, publicações, organização, aparelhamento, equipe técnica, ou de outros requisitos relacionados com suas atividades, permita inferir que o seu trabalho é essencial e indiscutivelmente o mais adequado à plena satisfação do objeto do contrato. § 2º Na hipótese deste artigo e em qualquer dos casos de dispensa, se comprovado superfaturamento, respondem solidariamente pelo dano causado à Fazenda Pública o fornecedor ou o prestador de serviços e o agente público responsável, sem prejuízo de outras sanções legais cabíveis."

cer uma competição. Essas situações são trazidas através de um rol exemplificativo previsto na Lei de Licitações (art. 25) e só poderão ser seguramente reconhecidas como motivadoras da não realização da licitação, caso a Administração Pública as declare expressamente[14].

Com efeito, a *"inexigência" de licitação* não decorre da *importância do certame*, da expressão refletida pelo valor monetário da concorrência ou pela magnitude da contratação pública ou, ainda, qualquer outro dado relevante em jogo, mas é consequência, simplesmente, da *inviabilidade de se estabelecer a competição*, em razão das peculiaridades elencadas nos incisos do art. 74, independentemente do valor da contratação de materiais, obras, serviços ou profissional especializado. Na verdade, a nosso juízo, essas hipóteses elencadas nesse art. 74 de *inexigibilidade de licitação* são meramente *exemplificativas*, à medida que sempre que se configurar a *inviabilidade de licitação*, mesmo que não conste desse rol, a *licitação será inexigível*. Contrariamente, no entanto, as hipóteses de *dispensa de licitação*, previstas no art. 75, são *numerus clausus*, sendo inadmissível, inclusive, a analogia, interpretação extensiva ou analógica para ampliá-las, a exemplo do que ocorria na lei revogada.

Convém realçar, repetindo, que as hipóteses de *inexigibilidade de licitação* e de dispensa de licitação estão elencadas nos arts. 74 e 75 do mesmo diploma legal, respectivamente. Logo, a invocação de hipóteses não previstas nos referidos artigos, para *inexigir* ou *dispensar licitação*, será suficiente para tipificar as condutas descritas na primeira parte do art. 337-E, ressalvadas as hipóteses de *inviabilidade de licitação* (art. 74), como acabamos de destacar. No entanto, configura-se esse crime não apenas quando o administrador invocar hipótese não relacionada nos referidos dispositivos, para inexigir ou *dispensar licitação*, mas, também, quando a hipótese invocada, a despeito de neles elencada, não encontrar correspondência na realidade fática. Em outros termos, configura-se o crime quando se tratar de *invocação falsa*, por não haver correspondência entre a realidade fática e o conteúdo descrito na hipótese legal invocada, não havendo, por conseguinte, *subsunção* de fato e norma, por absoluta inadequação fática. Exemplificando, configurará a infração penal, por exemplo, se o gestor público invocar *situação de emergência*, mas faticamente ela não existir, ou se afirmar que se trata de profissional com notória especialização, mas, *in concreto*, o contratado não tiver essa qualificação.

---

[14] André Guilherme Tavares de Freitas, *Crimes na Lei de Licitações*, 2. ed., Rio de Janeiro: Lumen Juris, 2010, p. 72-73.

A *Lei de Licitações* relaciona em seu art. 75 inúmeras hipóteses que não exigem formalidades para a dispensa de licitação pela Administração Pública, desde que – acrescentamos nós – considere conveniente ou oportuna essa dispensa. Significa dizer, em outras palavras, que mesmo nos casos em que a lei não *exige* o *certame licitatório*, o administrador público pode, por prudência ou cautela, adotá-la, isto é, exigi-la, seja por pretender maior transparência, seja simplesmente para resguardar-se de eventual irregularidade ou possível questionamento de sua possível necessidade. A locução "é dispensável a licitação", na dicção do art. 75, não significa *obrigatoriedade da dispensa*, mas tão somente assegura ao administrador a *faculdade* de não exigi-la, se preferir, podendo contratar sem essa formalidade, simplificando e agilizando as *contratações públicas*. Contudo, a exigência de licitação, pelo administrador cauteloso, mesmo nessas hipóteses, além de não encontrar vedação legal, é moralmente elogiável, desde que não cause injustificável e indevido atraso ou prejuízo na prestação do serviço público.

A despeito desse nosso entendimento, concordamos com a afirmação de Vicente Greco Filho, relativamente à previsão da lei revogada, segundo o qual, "a enumeração do art. 24 é taxativa"[15], limitando-se, portanto, a esses casos legais. Essa taxatividade não implica, evidentemente, em compulsoriedade da dispensa, significando apenas que, fora dessas hipóteses legais, a licitação não pode ser dispensada, sob pena incorrer na conduta incriminada. Em outros termos, a *inexistência de exigência legal de licitação* não impede que o administrador, *sponte sua*, exija o certame licitatório, como demonstramos acima. Sintetizando, não pode ser dispensado o certame licitatório fora das hipóteses elencadas no art. 75, mas o inverso não é verdadeiro, ou seja, o administrador público pode adotá--lo, mesmo nas hipóteses em que não há exigência legal. Afinal, o excesso de zelo não foi criminalizado!

Enfim, a regra geral para as *contratações públicas*, segundo previsão constante no art. 37, XXI, da CF, é a exigência de *licitação pública*. Consequentemente, a *dispensa* ou *não exigência* de licitação nessas contratações constitui verdadeira exceção, e, como tal, deve ser sempre expressa e a sua prática adequadamente motivada. Em outros termos, sempre que o gestor público visualizar, *in concreto*, alguma situação que afaste a necessidade de licitação pública não deve, ainda assim, contratar diretamente. Convém que se precavenha e adote previamente o procedimento

---

[15] Vicente Greco Filho, *Dos crimes da Lei de Licitações*, 2. ed., São Paulo: Saraiva, 2007, p. 43.

administrativo (instaurar um expediente) recomendado pela Lei das Licitações ou *lei de regência*. Deve-se, em outros termos, fundamentar adequadamente sua opção em contratar sem licitação, ante conclusão que, na hipótese, é autorizada a dispensa ou não exigência de licitação, razão pela qual possa contratar (diretamente) sem licitar.

Essa é, a nosso juízo, a postura correta do administrador probo que deseja pautar sua atuação norteada pela transparência sob os auspícios da dignidade, moralidade, probidade e legalidade, como determina o art. 37 da atual Constituição Federal.

4.2. Dispensa de licitação – art. 75

Dispensar licitação significa desobrigar, isentar, "não exigir" ou omiti-la em hipótese que a lei exige a sua realização. Cretella Junior afirma que *dispensa de licitação* "é a celebração direta de contrato entre a Administração e o particular sem nenhum procedimento administrativo prévio"[16]. Embora, teoricamente, à luz do vernáculo, se possa interpretar os verbos "dispensar ou inexigir" como sinônimos, no contexto da *lei licitatória* esse procedimento hermenêutico mostra-se inadequado, em razão do sentido que esse diploma legal lhes atribui expressamente (arts. 74 e 75), concebendo-os com sentidos diversos. Por isso, não nos parece recomendável interpretá-los conjuntamente como se tivessem o mesmo significado, a exemplo do que faz Greco Filho comentando a lei revogada, *in verbis*: "A primeira parte do dispositivo incriminador (dispensar ou inexigir licitação fora das hipóteses legais) consiste no ato de declarar dispensada ou inexigível licitação em situação que não corresponda a um dos casos dos arts. 24 e 25, já citados, não só pela alegação de hipótese não prevista, mas também pela inexistência da situação fática que legitimaria a dispensa ou inexigibilidade"[17]. Dito de outra forma: concordamos com o conteúdo da ideia, mas discordamos da forma de expressá-la, considerando-se que uma coisa é "dispensar licitação", e outra, bem diferente, é "inexigi-la", ambas "fora das hipóteses previstas em lei". As hipóteses de *inexigência* de licitação estão previstas no art. 74 e as de dispensa de licitação no art. 75, ou seja, na ordem inversa da prevista pela lei revogada, que relacionava primeiro *as dispensas* (24), e depois *as inexigibilidades* (art. 25), o que não altera o seu significado.

---

[16] *Licitações e contratos públicos*,18. ed., Rio de Janeiro: Forense, 2006, p. 69.
[17] Vicente Greco Filho, *Dos crimes da Lei de Licitações*, 2. ed., São Paulo: Saraiva, 2007, p. 58.

Basta passar uma vista d'olhos nos dois dispositivos referidos (arts. 74 e 75) para se constatar essa distinção. Aliás, é absolutamente desnecessário qualquer ato ou ação declarando a *dispensa ou inexigência* de licitação para a tipificação da infração penal, *sendo suficiente a contratação pública direta*, nas hipóteses não permitidas, sem efetuar o procedimento previsto no art. 26, parágrafo único. Em outros termos, incorrerá na primeira conduta incriminada – *dispensa de licitação*, fora das hipóteses legais – o administrador que contrata diretamente, *sem licitação*, quando devia promovê-la, segundo a dicção do art. 24. Nesse caso, o administrador deixa de fundamentar sua decisão, isto é, não apresenta os motivos que o levaram a não realizar licitação, quando esse certame fazia-se necessário.

Lucidamente, por fim, o legislador teve a coragem e a lucidez de não criminalizar a eventual inobservância de formalidades pertinentes à dispensa ou à inexigibilidade, ao contrário do que fizera o legislador de 1993, que considerou, equivocadamente, essa inobservância das formalidades com uma terceira modalidade de conduta incriminada. E o mais grave, é que essa terceira modalidade referia-se à hipótese que, legalmente, era dispensada e não exigida licitação. Era criminalizada um mero erro de forma, pois era para hipótese em que era, *legalmente, dispensável ou inexigível a licitação*, mas que, ao fazê-lo, o servidor público não cumpria, rigorosamente, com o *procedimento* estabelecido para proceder a sua *dispensa ou inexigibilidade*. Na verdade, lamentavelmente, o legislador resolveu criminalizar um *error in procedendo*, na medida em que a situação era de *dispensa* ou *inexigência* de licitação, e que o servidor (gestor público) adotara a opção correta, mas *errara* no aspecto formal da execução do ato administrativo.

Rigorosamente, nessa hipótese, houve um claro *exagero* do legislador ao criminalizar um simples *erro administrativo*, sem objetividade jurídica punível identificável, além de não produzir qualquer lesão ao patrimônio público ou mesmo a propalada *ordem pública* (de difícil identificação!). A rigor, tínhamos grande dificuldade em aceitar a *constitucionalidade* daquela criminalização, que pecava pelo excesso, violando, em outros termos, o *princípio da proporcionalidade*, considerando-se que mero *error in procedendo*, além de indevidamente criminalizado, era sancionado com pena de três a cinco anos de detenção e multa. Ademais, é extremamente difícil apurar-se a existência de *elemento subjetivo* orientador da conduta equivocada do servidor público, no caso, a existência de dolo, na medida em que não há previsão de modalidade culposa.

Concluindo, a nosso juízo, a mera *omissão procedimental*, isto é, o simples fato de o administrador público não fundamentar adequadamente, segundo as formalidades estabelecidas, dando os motivos que o levam a *contratação pública direta*, sem licitar, por si só, é insuficiente para caracterizar conduta incriminada de "dispensa ou inexigência de licitação" ilegal. E *criminalizar*, como fazia a segunda parte do art. 89, *caracteriza visível* e abusivo excesso do poder punitivo estatal, violando flagrantemente o *princípio da proporcionalidade*, como sempre sustentado[18].

4.2.1. Fora das hipóteses previstas em lei

Primeiramente, convém destacar que o tipo descrito no art. 337-E configura hipótese daquelas classificadas como *norma penal em branco*, isto é, norma de *conteúdo incompleto*, vago, lacunoso, impreciso, também denominada *norma imperfeita*, por depender de complementação por outra *norma jurídica*, para concluir a descrição da conduta proibida, no caso, de outros dispositivos da mesma lei, que é o caso, que se complementa com os arts. 74 e 75 da mesma lei. A falta ou inexistência dessa dita *norma complementadora*, quando ocorre, impede que a descrição da conduta se complete, ficando em aberto a descrição típica, mas não ocorre no caso concreto.

A locução *"fora das hipóteses previstas em lei"* constantes do *caput* do art. 337-E, *sub examine*, constitui *elemento normativo do tipo* ou os denominados *elementos normativos especiais da ilicitude*. Qual o significado e qual a verdadeira dimensão dessas elementares? Referem-se somente às hipóteses relacionadas nos próprios dispositivos da lei de regência ou abrangem outros diplomas legais, inclusive de âmbito estadual e municipal?

Os *elementos normativos do tipo* não se confundem com os *elementos normativos especiais da ilicitude*. Enquanto aqueles são elementos constitutivos do tipo penal, estes, embora integrem a descrição do crime, referem-se à *ilicitude* e, assim sendo, constituem elementos *sui generis* do fato típico, na medida em que são, ao mesmo tempo, caracterizadores da ilicitude e integrantes da tipicidade. Esses "elementos normativos especiais da ilicitude", normalmente, são representados por expressões como "indevidamente", "injustamente", "sem justa causa", "sem licença da autoridade", "sem autorização legal" etc. Os elementos normativos do tipo, por sua vez, são representados, normalmente, por expressões tais como *honesto, alheio, funcionário público, motivo torpe* etc. Constata-se, assim,

---

[18] Cezar Roberto Bitencourt, *Tratado de direito penal*: crimes contra o patrimônio, 17. ed., São Paulo: Saraiva, 2021, v. 3, p. 176-178.

que a elementar – *fora das hipóteses previstas em lei* – é normativa especial da ilicitude, pois, ao mesmo tempo em que integra a tipicidade, refere-se também à ilicitude. Essa distinção dogmática interessa, fundamentalmente, no exame do *erro* (de tipo ou de proibição), na medida em que apresenta consequências distintas, conforme já tivemos oportunidade de demonstrar em outras obras, para onde remetemos o leitor[19].

A locução "fora das hipóteses previstas em lei" refere-se especificamente a diploma legal denominado *lei formal*, que é *ato legislativo* emanado do poder competente, isto é, do Poder Legislativo, no caso, do Congresso Nacional, e elaborado de acordo com o *processo legislativo* previsto no texto constitucional; consequentemente, esta elementar normativa é restrita e refere-se exclusivamente a "lei", *stricto sensu*, não abrangendo regulamentos, resoluções ou circulares, ou mesmo leis estaduais ou municipais, ao contrário do que admite, por exemplo, Tavares de Freitas, quando afirma: "Eventualmente, as regras a serem observadas nos casos de dispensa ou inexigibilidade de licitação podem estar dispostas em outras sedes além do art. 26 desta lei, devendo, pois, caso a caso, ser analisado se 'leis ou atos estatais, distritais e municipais existentes ou por serem editados' estabelecem outras formalidades a serem satisfeitas pelo servidor público nas hipóteses em que pretenda a contratação direta, situação em que, *no caso de inobservância*, também pode estar praticando o tipo penal em comento"[20] (sem grifo no original). Trata-se, *venia concessa*, de interpretação equivocada, que ignora por completo o sentido estrito do termo "fora das hipóteses previstas em lei", que tem significado específico, restrito, formal, compreendendo o conteúdo e o sentido desse tipo de diploma legal; constitui, em outras palavras, um comando normativo claro, preciso e expresso, de tal forma que não paira dúvida ou obscuridade a respeito do seu conteúdo, ou seja, refere-se a *lei*, lei federal elaborada pelo Congresso Nacional, a única que pode tipificar crimes, e, no caso, disciplinar as licitações públicas. Aliás, é a própria Lei n. 14.133/21, como já destacamos, que estabelece quais as hipóteses que podem *dispensar ou inexigir licitação*, limitando-se, portanto, aos dispositivos da própria lei o exercício de *norma integradora* daquela em branco constante do art. 89.

Em outros termos, o tipo penal descrito nesse dispositivo compõe-se de *norma penal em branco homóloga*, isto é, em sentido lato, recorrendo

---

[19] Cezar Roberto Bitencourt, *Tratado de direito penal*: parte geral, p. 528-554; *Erro de tipo e erro de proibição*, 5. ed., São Paulo: Saraiva, 2011.
[20] André Guilherme Tavares de Freitas, *Crimes na Lei de Licitações*, p. 75.

a complementações constantes em seu próprio seio, no caso, autocomplementando-se. *Normas penais em branco em sentido lato* são aquelas cujo complemento origina-se na mesma *fonte formal* da norma incriminadora, havendo, portanto, *homogeneidade de fonte legislativa*[21], como demonstramos adiante. Consequentemente, a elementar "fora das hipóteses previstas em lei" não abrange, por óbvio, disposições constantes de portarias, regulamentos, resoluções, ordens de serviços ou mesmo leis de unidades federativas, que não são leis *stricto sensu*, elaboradas pelo Congresso Nacional. Com efeito, a adequação típica da conduta, nessa modalidade delitiva, exige o descumprimento de leis *stricto sensu*, e não simplesmente *normativas* de outra natureza ou de outras esferas legislativas. Aliás, o conteúdo dessa elementar é satisfeito pelos arts. 74 e 75 da mesma lei, não admitindo complemento de outras fontes legislativas, pois abalariam a segurança jurídica e violariam o *princípio da reserva legal*.

Por fim, a tipificação deste crime neste art. 337-E, ao contrário do que ocorria com a lei anterior (8.666/93), embora também configure norma penal em branco *homóloga*, não admite complemento de nenhum outro diploma legal. Com efeito, essas formalidades, na nossa ótica, limitam-se àquelas estabelecidas nos arts. 74 e 75 da mesma lei. Nesse sentido, discordamos, mais uma vez, do entendimento sustentado por Tavares de Freitas, relativamente à lei anterior, quando afirmou, em sua segunda parte: "Já em relação à conduta típica de 'deixar de observar as formalidades pertinentes à dispensa ou à inexigibilidade', localiza-se o complemento deste tipo no art. 26 desta lei, *bem como em eventuais atos normativos que disponham a respeito das formalidades a serem observadas pelo servidor público, nos casos de dispensa ou inexigibilidade, que não, necessariamente, precisam ser federais ou tratar-se de leis propriamente ditas...*"[22] (destacamos).

Na verdade, não se pode dar toda essa abrangência a uma norma penal incriminadora – daquela já revogada e nesta lei – pelas mesmas razões que acabamos de expor, pois ampliaria em demasia o alcance da norma penal incriminadora. Eventuais diretivas estabelecidas por outras esferas legislativas ou administrativas, criando novos procedimentos ou exigindo outras formalidades, como refere o autor supracitado, não ultrapassarão o *plano administrativo*, e jamais poderão integrar a norma

---

[21] Cezar Roberto Bitencourt, *Tratado de direito penal*: parte geral, 27. ed., São Paulo: Saraiva, 2021, v. 1, p. 220.
[22] André Guilherme Tavares de Freitas, *Crimes na Lei de Licitações*, p. 86.

penal incriminadora, especialmente desta previsão (art. 337-E, combinado com os arts. 74 e 75 da mesma lei). Esses outros *complementos normativos*, de outras esferas (estadual, municipal etc.), se existirem, seus efeitos ficarão limitados ao plano administrativo, podendo anular o edital ou, dependendo das circunstâncias, o próprio certamente licitatório, sem, contudo, produzir efeito na lei incriminadora. Assim, quaisquer outras exigências, além das previstas na lei de regência, *não integram a norma penal incriminadora*, e, por essa razão, eventuais descumprimentos constituirão, repetindo, no máximo, infrações administrativas, sem qualquer reflexo na seara criminal, sob pena de violar o *princípio da taxatividade da descrição típica*. Em síntese, as *normas penais incriminadoras* devem ser interpretadas sempre restritivamente, sendo inadmissível a *analogia*, assim como *a interpretação extensiva ou analógica*.

Por fim, para concluir este tópico, destacamos, expressamente, que na criminalização deste diploma legal, as eventuais infringências de formalidades, ou eventual desatendimento de outras normas sobre forma ou modo de observar as limitações relativas as dispensas ou exigências licitatórias, não foram criminalizados por este diploma legal, ao contrário do que ocorria na, em boa ora, revogada Lei n. 8.666/93. Igualmente, não há a criminalização do *extraneus* que participa da dispensa ou inexigibilidade ilegal de licitação (parágrafo único do art. 89 da revogada Lei n. 8.666/93). No entanto, essa, pode-se afirmar, era uma previsão restritiva e, por consequência, mais benéfica para eventual *partícipe* nessa modalidade de crime.

Mas essa previsão contida no parágrafo único do art. 89 da lei revogada apresenta uma peculiaridade especial: a limitação da punição a intervenção e, particularmente, da punibilidade do *extraneus*, participante secundário, que era condicionada à obtenção de benefício representado pela celebração de contrato com o Poder Público. Referida figura não foi recepcionada por esta lei.

5. Deixar de observar formalidades pertinentes à dispensa ou à inexigibilidade de licitação

A atual Lei n. 14.133/21, acertadamente, não repetiu a segunda parte do revogado art. 89, que criminalizava, igualmente, a *conduta omissiva* de "Deixar de observar formalidades pertinentes à dispensa ou à inexigibilidade". Havia, na verdade, essa *terceira modalidade de conduta incriminada*, na segunda parte do art. 89. Essa terceira modalidade de conduta refere-se a hipótese em que é, *legalmente, dispensável ou inexi-*

gível a licitação, mas que, ao fazê-lo, *o servidor público não cumpre rigorosamente* com o *procedimento* estabelecido para proceder a sua dispensa ou inexigibilidade. Na realidade, lamentavelmente, o legislador resolveu, na hipótese, criminalizar um *error in procedendo*, na medida em que a situação é de *dispensa ou inexigência* de licitação, e que o servidor (gestor público) adota a opção legal corretamente, mas *erra* no aspecto formal da execução do ato administrativo. Nesse particular, a nosso juízo, andou bem o legislador atual em não criminalizar um simples erro procedimental, que comportaria, no máximo, de *lege ferenda*, uma pequena multa administrativa.

Constata-se, nessa hipótese, um claro *exagero* do legislador criminalizando um simples *erro administrativo*, sem objetividade jurídica punível identificável, além de não produzir qualquer lesão ao patrimônio público ou mesmo a propalada *ordem pública* (de difícil identificação!). A rigor, temos dificuldade em aceitar a *constitucionalidade* dessa criminalização, que peca pelo excesso, violando, em outros termos, a *tipicidade estrita* e o *princípio da proporcionalidade*, considerando-se que mero *error in procedendo*, além de indevidamente criminalizado, era sancionado com pena de três a cinco anos de detenção e multa. Ademais, é extremamente difícil apurar-se a existência de *elemento subjetivo* orientador da conduta equivocada do servidor público, no caso, a existência de dolo, na medida em que não há previsão de modalidade culposa.

Concluindo, a nosso juízo, a mera *omissão procedimental*, isto é, o simples fato de o administrador público não fundamentar, segundo as formalidades estabelecidas no art. 26, parágrafo único, da lei revogada, dando os motivos que o levavam à *contratação pública direta*, sem licitar, por si só, era insuficiente para caracterizar a conduta incriminada de "dispensa ou inexigência de licitação" ilegal. E *criminalizar*, como fez a segunda parte do art. 89, caracterizava-se *flagrante e abusivo excesso do poder punitivo estatal*, violando claramente o *princípio da tipicidade estrita e proporcionalidade*, como temos sustentado alhures[23]. Enfim, acertadamente, essa arbitrariedade e desproporcionalidade da lei anterior, aqui revogada, estão fora do nosso direito positivo e, aliás, o que é mais importante, no particular, *com efeito retroativo*, afastando a *justa causa* nos eventuais processos criminais em andamento por esse fundamento.

---

[23] Cezar Roberto Bitencourt, *Tratado de direito penal*: crimes contra o patrimônio, 17. ed., São Paulo: Saraiva, 2021, v. 3, p. 176-178.

6. Atipicidade da utilização equivocada de uma modalidade de licitação por outra

A utilização equivocada de uma modalidade de licitação por outra não é crime. Aliás, se avançarmos com coragem na discussão sobre o tema, chegaremos à espantosa conclusão de que sequer há fato típico na utilização de uma modalidade de licitação quando, na hipótese, a lei previa outra. Mais uma vez buscando guarida na abalizada doutrina de Marcelo Leonardo[24], concordamos com incensurável conclusão: "O legislador quis ser rigoroso, mas acabou deixando lacunas na criminalização de condutas. Já não constituía crime, previsto na revogada Lei n. 8.666, a conduta de realizar modalidade de licitação em desacordo com a lei, isto é, diversa da que deveria ter realizado". Por exemplo, fazer convite quando o exigível era concorrência. O art. 89 só punia a *dispensa de licitação, não a sua realização, ainda que em modalidade diversa da exigida*. No mesmo sentido a Lei n. 14.133/21 não criminaliza a realização de uma licitação por outra, ou seja, a realização de uma licitação equivocada, quando deveria ter sido realizada outra modalidade.

A Lei de Licitações n. 14.133/21, enfim, não pune a realização equivocada de uma licitação por outra. Como efeito, a *Lei de Licitações* pune somente a *dispensa de licitação*, quando deveria fazê-la, não a opção por modalidade diversa daquela que seria a correta, como uma forma de reconhecer, a nosso juízo, que seria demasiada ingerência no âmbito de discricionariedade conferido ao administrador para escolha deste ou daquele procedimento, incriminando-o por optar por uma modalidade em lugar de outra, sendo que ambas eram possíveis. A opção por determinada modalidade de licitação, enfim, ainda que não seja a mais adequada, ou até mesmo não recomendada pelo legislador, não encontra adequação tipificada na lei licitatória que acaba de entrar em vigor.

Não se pode conceber que um administrador seja criminalmente processado porque escolheu uma dentre várias opções que lhe eram legalmente autorizadas, especialmente quando a *tomada de preços* (modalidade escolhida) ostenta caráter deveras similar ao da concorrência, por exemplo. Hely Lopes Meirelles, uma das maiores autoridades sobre Direito Administrativo em nosso país, reconhecia a similitude entre tais

---

[24] Marcelo Leonardo, *Crimes de responsabilidade fiscal*: crimes contra as finanças públicas; crimes nas licitações; crimes de responsabilidade de prefeitos. Belo Horizonte: Del Rey, 2001, p. 52-53.

166

procedimentos, afirmando: "Tomada de preços é a licitação realizada entre interessados previamente registrados, observada a necessária habilitação, convocados com a antecedência mínima prevista na lei, por aviso publicado na imprensa oficial e em jornal particular, contendo as informações essenciais da licitação e o local onde pode ser obtido o edital. A Lei n. 8.666, de 1993, aproximou a tomada de preços da concorrência, exigindo a publicação do aviso e permitindo o cadastramento até o terceiro dia anterior à data do recebimento das propostas (arts. 21-22, § 2º). A tomada de preços é admissível nas contratações de obras, serviços e compras dentro dos limites de valor estabelecidos na lei e corrigidos por ato administrativo competente"[25].

Por todas essas razões, a escolha equivocada do procedimento licitatório não encontrava adequação típica na Lei n. 8.666/93 e, principalmente, não encontra respaldo nesta Lei n. 14.133/21.

7. Tipo subjetivo: adequação típica

O *tipo subjetivo* abrange todos os aspectos subjetivos do tipo de conduta proibida que, concretamente, produzem o tipo objetivo. O *tipo subjetivo* é constituído de um *elemento geral – dolo –*, que, por vezes, é acompanhado de *elementos especiais – intenções* e *tendências –*, que são *elementos acidentais*, conhecidos como elementos subjetivos especiais do injusto ou do tipo penal. Neste tipo, antecipando, não há previsão da necessidade de qualquer elemento subjetivo especial, como demonstraremos adiante. Os *elementos subjetivos* que compõem a estrutura do tipo penal assumem transcendental importância na definição da conduta típica, pois é através do *animus agendi* que se consegue identificar e qualificar a *atividade comportamental* do agente. Somente conhecendo e identificando a intenção – *vontade* e *consciência* – do agente poder-se-á classificar um comportamento como típico, especialmente quando a figura típica exige, também, um *especial fim de agir*, que constitui o conhecido *elemento subjetivo especial do tipo*, que, para a corrente tradicional, denominava-se *dolo específico* (terminologia completamente superada).

O *elemento subjetivo* das condutas descritas neste art. 337-E da Lei de Licitações (Lei n. 14.133/21) é o *dolo*, constituído pela *consciência* e a *vontade* de realização das condutas descritas, quais sejam, *dispensar* ou

---

[25] Hely Lopes Meirelles, *Direito municipal brasileiro*, 16. ed., São Paulo: Malheiros, 2008, p. 428.

inexigir licitação fora das hipóteses legais, ou *deixar de observar* as formalidades pertinentes à dispensa ou à inexigibilidade. Em outros termos, qualquer das condutas deve ser praticada voluntariamente consciente pelo sujeito ativo, isto é, conhecendo todos os elementos constitutivos do tipo penal. Como afirmava Welzel, "dolo, em sentido técnico penal, é somente a vontade de ação orientada à realização do tipo de um delito"[26]. O dolo, *puramente natural*, constitui o elemento central do injusto pessoal da ação, representado pela vontade consciente de ação dirigida imediatamente contra o mandamento normativo. Embora a Reforma Penal de 1984 tenha afastado a intensidade do dolo da condição de circunstância judicial de medição da pena, não se pode negar, contudo, que uma ação praticada com dolo intenso será muito mais desvaliosa que outra realizada com dolo normal ou de menor intensidade, como, por exemplo, com dolo eventual, a despeito de o legislador ter equiparado as duas espécies de dolo (direto e eventual).

A *consciência* elementar do dolo deve ser *atual*, efetiva, ao contrário da *consciência da ilicitude*, que pode ser *potencial*. Mas a *consciência do dolo* abrange somente a representação *dos elementos integradores do tipo penal*, ficando fora dela a *consciência da ilicitude*, que hoje, como elemento normativo, está deslocada para o interior da culpabilidade. É desnecessário o conhecimento da configuração típica, sendo suficiente o conhecimento das circunstâncias de fato necessárias à composição da figura típica. Sintetizando, em termos bem esquemáticos, *dolo* é a vontade de realizar o tipo objetivo, orientada pelo conhecimento de suas elementares no caso concreto.

Mas a *essência do dolo* deve estar na *vontade*, não de violar a lei, mas de realizar a ação e obter o resultado. Na verdade, *vontade* e *consciência* (representação) são, numa linguagem figurada, uma espécie de *irmãs siamesas*, uma não vive sem a outra, pois a *previsão* sem *vontade* é algo completamente inexpressivo, indiferente ao Direito Penal, e a *vontade* sem representação, isto é, sem *previsão*, é absolutamente impossível, eis que vazia de conteúdo. A *vontade,* como critério aferidor do *dolo eventual,* pode ser traduzida na posição do autor de *assumir* o *risco* de produzir o resultado representado como possível, na medida em que "assumir" equivale a *consentir*, que nada mais é que uma forma de *querer*.

Concluindo, para a configuração do dolo, puramente natural, é indispensável a presença de seus dois elementos: (a) um cognitivo, ou intelectual (consciência), e (b) outro volitivo (vontade), *sendo-lhe extirpado* o

---

[26] Hans Welzel, *Derecho penal alemán*, p. 95.

elemento normativo (*consciência da ilicitude*). Com efeito, a configuração do *dolo* exige a *consciência* (previsão ou representação) daquilo que se pretende praticar (*dispensar* ou *inexigir* licitação fora das hipóteses legais, ou *deixar de observar* as formalidades pertinentes à dispensa ou a inexigibilidade). Essa *consciência* deve ser *atual,* isto é, deve estar presente no momento da ação, quando ela está sendo realizada. É insuficiente, segundo Welzel, a *potencial consciência* das circunstâncias objetivas do tipo, uma vez que prescindir da atualidade da consciência equivale a destruir a linha divisória entre dolo e culpa, convertendo aquele em mera ficção. Em outros termos, a *consciência dos elementos objetivos e subjetivos do tipo* deve ser real, efetiva, concreta, no momento da ação, sendo insuficiente a mera possibilidade ou potencial consciência de tais elementos. Nesse sentido, fica completamente afastada essa consciência quando, por exemplo, o agente age respaldado em fundamentado parecer técnico-jurídico de assessoria especializada. Aliás, o parecer é, por si mesmo, a demonstração da *ausência de consciência* (e também de vontade) de infringir a norma proibitiva, é a comprovação do desejo de agir *secundun legis*, afastando, por conseguinte, o elemento subjetivo, ou seja, o *dolus*, e, por extensão, a tipicidade subjetiva. Eventual conclusão, posterior, em outras instâncias, de que a decisão foi equivocada e que era exigível licitação ou as formalidades dispensadas, não têm o condão de atribuir tipicidade ao comportamento que se respaldou em fundamentado parecer jurídico, pois, por óbvio, esbarra na ausência de dolo, na medida em que quem age escudado em estudos de *experts* não pretende violar a norma proibitiva, mas adequar-se a ela. Na verdade, admitindo que a conclusão posterior esteja correta, demonstrará somente que houve uma irregularidade (ou até mesmo uma ilegalidade) puramente administrativa, mas jamais uma infração penal, por falta de tipicidade subjetiva, afastada pelo *erro de tipo.*

A *previsão,* isto é, a consciência deve abranger correta e completamente todos os elementos essenciais e constitutivos do tipo, sejam eles descritivos, normativos ou subjetivos. Enfim, a *consciência* (previsão ou representação) abrange a realização dos elementos descritivos e normativos, do nexo causal e do evento (delitos materiais), da lesão ao bem jurídico, dos elementos da autoria e da participação, dos elementos objetivos das circunstâncias agravantes e atenuantes que supõem uma maior ou menor gravidade do injusto e dos elementos acidentais do tipo objetivo. Por isso, quando o *processo intelectual volitivo* não atinge um dos componentes da ação descrita na lei, o *dolo* não se aperfeiçoa, isto é, não se completa. Mas essa *previsão,* gizando, constitui somente a *consciência dos elementos integradores do tipo penal,* ficando fora dela a *consciência da ilicitude,* que hoje está deslocada para o interior da culpabilidade. É desnecessário o conhecimento da configuração típica, sendo suficiente o conhecimento das circunstâncias de fato necessárias à composição do tipo.

E, por fim, o dolo deve ser integrado pelo elemento volitivo, isto é, pela *vontade*, incondicionada, que também deve abranger a ação ou omissão (conduta), o resultado e o nexo causal. A vontade pressupõe a *previsão*, isto é, a *representação*, na medida em que é impossível querer algo conscientemente senão aquilo que se previu ou representou na nossa mente, pelo menos parcialmente. Nesse sentido, destacava Welzel: "O dolo como simples resolução é penalmente irrelevante, visto que o direito penal não pode atingir ao puro ânimo. Somente nos casos em que conduza a um fato real e o governe, passa a ser penalmente relevante". A vontade de realização do tipo objetivo pressupõe a possibilidade de *influir no curso causal*[27], pois tudo o que estiver fora da possibilidade de influência concreta do agente pode ser desejado ou esperado, mas não significa querer realizá-lo. Somente pode ser objeto da norma jurídica, proibitiva ou mandamental, algo que o agente possa realizar ou omitir. Dessa forma, o dolo, puramente psicológico, completa-se com a *vontade* e a *consciência* da ação, do resultado tipificado como injusto e da relação de causalidade, sem qualquer outro elemento constitutivo.

7.1. (Des)necessidade de elemento subjetivo especial do injusto

Não se vislumbra nas elementares objetivas e subjetivas constantes do *caput* do art. 89 a exigência do denominado *elemento subjetivo especial do tipo ou do injusto* (segundo a terminologia dominante). Contudo, na figura contida no parágrafo único, segundo Rui Stoco[28] e Vicente Greco Filho[29], pode-se vislumbrar a presença do *elemento subjetivo especial* de concorrer para a ilegalidade com o fim de celebrar contrato com o Poder Público. No entanto, preferimos interpretar essa elementar *como se fora uma espécie de condição objetiva de punibilidade* (a despeito de integrar o tipo penal), pois consideramos que a conduta incriminada *somente se consuma com a efetiva contratação* do agente com o Poder Público, embora reconheçamos ser bem razoável a interpretação de Greco e Stoco. Na verdade, concebemos essa infração penal como *crime material*, que

---

[27] Hans Welzel, *Derecho penal alemán*, p. 97.
[28] Rui Stoco, *Leis penais e sua interpretação jurisprudencial*, 7. ed., São Paulo: Revista dos Tribunais, 2001, v. 3, p. 2560.
[29] Vicente Greco Filho, *Dos crimes da Lei de Licitações*, 2. ed., São Paulo: Saraiva, 2007, p. 63.

somente se consuma com a efetiva contratação pública, e, se for considerada aquela elementar, como *elemento subjetivo do injusto*, essa concretização seria desnecessária.

As elementares subjetivadoras especiais – configuradoras do *especial fim de agir* – são, normalmente, representadas por expressões, tais como, "a fim de", "para o fim de", "com a finalidade de", "para si ou para outrem", "com o fim de obter"; "em proveito próprio ou alheio", entre outras, indicadoras de uma finalidade transcendente, além do dolo natural configurador do tipo subjetivo. Com efeito, pode figurar nos tipos penais, ao lado do dolo, uma série de características subjetivas que os integram ou os fundamentam. A doutrina clássica denominava, impropriamente, o *elemento subjetivo geral* do tipo *dolo genérico* e o *especial fim* ou motivo de agir, de que depende a ilicitude de certas figuras delituosas, *dolo específico*. Essa classificação – dolo geral e dolo específico – encontra-se completamente superada, representando um anacronismo do antigo *direito penal clássico*, abandonado pelas doutrinas contemporâneas. O próprio Welzel esclareceu que: "ao lado do dolo, como momento geral *pessoal-subjetivo*, que produz e configura a ação como acontecimento dirigido a um fim, apresentam-se, frequentemente, no tipo *especiais* momentos subjetivos, que dão colorido num determinado sentido ao conteúdo ético-social da ação"[30]. Assim, o *tomar* uma coisa alheia é uma atividade dirigida a um fim por imperativo do dolo; no entanto, seu sentido ético-social será completamente distinto se aquela atividade tiver como *fim* o uso passageiro ou se tiver o desígnio de apropriação.

Na realidade, o *especial fim* ou motivo de agir, embora amplie o aspecto subjetivo do tipo, não integra o dolo nem com ele se confunde, uma vez que, como vimos, o *dolo* esgota-se com a *consciência* e a *vontade* de realizar a ação com a finalidade de obter o resultado delituoso, ou na *assunção do risco* de produzi-lo. O *especial fim de agir* que integra determinadas definições de delitos condiciona ou fundamenta a *ilicitude* do fato, constituindo, assim, *elemento subjetivo do tipo* de ilícito, de forma autônoma e independente do dolo. A denominação correta, por isso, é *elemento subjetivo especial do tipo* ou *elemento subjetivo especial do injusto*, que se equivalem, porque pertencem, ao mesmo tempo, à ilicitude e ao tipo que a ela corresponde.

---

[30] Welzel, *Derecho Penal*, p. 83.

A ausência desses *elementos subjetivos especiais* descaracteriza o tipo subjetivo, independentemente da presença do dolo. Enquanto o dolo deve materializar-se no fato típico, os elementos subjetivos especiais do tipo especificam o dolo, sem necessidade de se concretizarem, sendo suficiente que existam no psiquismo do autor, isto é, desde que a conduta tenha sido orientada por essa finalidade específica. A grande variedade de alternativas possíveis das mais diversas formas de elementos subjetivos especiais do tipo impede que se possa realizar, com segurança, a sua classificação, cuja ausência não traduz nenhum prejuízo ao desenvolvimento didático do tema.

A evolução dogmática do Direito Penal nos revela que determinado ato poderá ser justo ou injusto, dependendo da *intenção* com que o agente o pratica. Um comportamento, que externamente é o mesmo, pode ser *justo* ou *injusto*, segundo o seu aspecto interno, isto é, de acordo com a *intenção* com que é praticado. Assim, por exemplo, quando o ginecologista toca a região genital da paciente com fins terapêuticos exercita, legitimamente, sua nobre profissão de médico; se o faz, no entanto, com intenções voluptuárias, sua conduta é ilícita. Determinados crimes requerem um agir com ânimo, finalidade ou *intenção adicional* de obter um resultado ulterior ou uma ulterior atividade, distintos da realização do tipo penal. Trata-se, portanto, de uma finalidade ou ânimo que vai além da simples realização do tipo. As *intenções especiais* integram a estrutura subjetiva de determinados tipos penais, exigindo do autor a persecução de um objetivo compreendido no tipo, mas que não precisa ser alcançado efetivamente. Faz parte do tipo de injusto uma *finalidade transcendente* – um especial fim de agir –, como, por exemplo, *para si ou para outrem* (art. 157); *com o fim de obter* (art. 159); *em proveito próprio ou alheio* (art. 180) etc.

Enfim, ao contrário do que afirma, equivocadamente, Marçal Justen Filho, as condutas incriminadas no *caput* do art. 89 não exigem qualquer *elemento subjetivo especial do injusto*[31], a despeito de, *in concreto*, poder a ação incriminada ter alguma motivação especial. Havendo alguma finalidade especial, poderá transformar-se no denominado *crime-meio*, deixando, nessa hipótese, de ser punível a infração licitatória. Assim, por

---

[31] Marçal Justen Filho, *Comentários à Lei de Licitações e contratos administrativos*, 11. ed., São Paulo: Dialética, 2005.

exemplo, quando o sujeito ativo deixa, propositalmente, de cumprir as formalidades pertinentes à dispensa de licitação, com o objetivo definido de obter determinada vantagem econômica, com o afastamento do procedimento licitatório; nessa hipótese, responderá somente pelo *crime-fim* que, eventualmente, tal conduta caracterizar, independentemente da natureza dos bens jurídicos em questão, bem como da maior ou menor punibilidade desta última conduta.

8. Inobservância de formalidades e falsidade ideológica: princípio da consunção

Configura-se a *consunção*, quando o *crime-meio* é realizado como uma fase ou etapa do *crime-fim*, onde vai esgotar seu potencial ofensivo, ocorrendo, por isso, a punição somente da conduta criminosa final do agente. Com efeito, pela *consunção* os crimes praticados como *meio necessário* à execução de outros são por estes *absorvidos*, ainda que sejam previstos como crimes autônomos. Ou seja, quando a conduta qualificada como *crime licitatório*, por exemplo, for *meio de execução* (crime-meio) para a consecução de outra *fraude*, isto é, de outra infração penal, esta sim almejada – *crime-fim* –, será absorvida por esta.

A *diversidade de bens jurídicos* tutelados, por sua vez, não é obstáculo para a configuração da consunção. Inegavelmente – exemplificando – são diferentes os bens jurídicos tutelados na *invasão de domicílio* para a prática de *furto*, e, no entanto, somente o *crime-fim* (furto) é punido, como ocorre também na *falsificação de documento* para a prática de *estelionato*, não se punindo aquele, mas somente este (Súmula 17 do STJ[32]). Não é, por conseguinte, a diferença dos bens jurídicos tutelados, e tampouco a disparidade de sanções cominadas[33], mas a razoável inserção na linha causal do *crime final*, com o esgotamento do dano social no último e desejado crime, que faz as condutas serem tidas como únicas (consunção) e punindo-se somente o crime último da cadeia causal, que efetivamente orienta a conduta do agente.

---

[32] "Quando o falso se exaure no estelionato, sem mais potencialidade lesiva, é por este absorvido."

[33] O STJ voltou a aplicar a pena de estelionato tentado, desprezando a existência do crime-meio de falsidade (a despeito da menor pena do estelionato – CComp 30.090/SP).

A doutrina tem se manifestado detidamente sobre esse tema. Para Jescheck, há consunção quando o conteúdo do injusto e da própria culpabilidade de uma ação típica inclui também outro fato ou outro tipo penal, expressando o desvalor do ocorrido em seu conjunto[34]. Pelo *princípio da consunção*, ou absorção, a norma definidora de um crime constitui meio necessário ou fase normal de preparação ou execução de outro crime. Em termos bem esquemáticos, há *consunção* quando o fato previsto em determinada norma é compreendido em outra, mais abrangente, aplicando-se somente esta. Na *relação consuntiva*, os fatos não se apresentam em relação de gênero e espécie, mas de *minus* e *plus*, de continente e conteúdo, de todo e parte, de inteiro e fração. Nesse sentido professava Aníbal Bruno, afirmando: "O fato definido em uma lei ou disposição de lei pode estar compreendido no fato previsto em outra, de sentido mais amplo. Então, é essa disposição mais larga que vem aplicar-se à hipótese. É o *princípio da consunção*. Pode ocorrer isso quando o fato previsto em uma norma figura como elemento constitutivo do tipo delituoso definido em outra, conduta inicial, meio para realizá-lo ou parte do todo que ele representa"[35]. Por isso, o crime consumado absorve o crime tentado, o crime de perigo é absorvido pelo crime de dano. A *norma consuntiva* constitui fase mais avançada na realização da ofensa a um bem jurídico, aplicando-se o princípio *major absorbet minorem*. Assim, as lesões corporais que determinam a morte são absorvidas pela tipificação do homicídio, ou o furto com arrombamento em casa habitada absorve os crimes de dano e de violação de domicílio etc. A norma *consuntiva* exclui a aplicação da norma *consunta,* por abranger o delito definido por esta[36].

O Ministro Néfi Cordeiro, do TRF da 4ª Região, quando ainda era desembargador, em seu magnífico voto divergente[37], que acabou vencedor

---

[34] Hans-Heinrich Jescheck e Thomas Weingend, *Tratado de derecho penal*, 5. ed., Granada: Comares, 2002, p. 792-793.

[35] Aníbal Bruno, *Direito penal*: parte geral, 3. ed., Rio de Janeiro: Forense, 1967, v. 1, p. 262.

[36] Repetimos essas afirmações apenas por razões didáticas, para ficarem melhor contextualizadas, embora tenhamos nos ocupado, em capítulo próprio, dos princípios orientadores da solução do aparente conflito de normas.

[37] ApCr 1999.70.00.031756-0/PR.

nos *embargos infringentes*, citando Zaffaroni[38], acaba transcrevendo magistério de Impallomeni[39], nos seguintes termos:

> A tese de que o delito é tipicidade e não ação, está dita com todas as palavras por Impallomeni, ainda que não usasse essa terminologia, como é lógico. "A ação – dizia – não é mais do que o modo como se efetua a violação da lei; e o cumprir diversos fins criminais por meio de uma ou de várias ações é indiferente, pois que o delito, que é a violação da lei, não consiste no meio adotado; o meio não é mais que a condição indispensável para a perpetração do delito". Isso lhe permitiria afirmar que "a unidade ou pluralidade de ações com que se lesionam vários direitos não é, em muitos casos, mais que um mero acidente que não pode influir sobre a valoração jurídica do fato".

E conclui, o digno e culto Ministro, arrematando nos seguintes termos:

> Ou seja, é natural à realização dos mais variados tipos penais que venha o fator final (como chama Zaffaroni) a ser obtido por uma ou várias ações, que mesmo atingindo diretamente diferentes bem jurídicos e configurando variados crimes, somente merecerão pena específica em caso de desvalor específico. Ou seja, quando sejam as condutas (isoladamente criminosas) realizadas como meio de crime final e nele esgotem seu desvalor, não haverá tipificação separada para os crimes-meio, pois única é a conduta de desvalor final: o crime pretendido.

Portanto, exemplificando, sendo a *fraude* (inobservância das formalidades para dispensa de licitação) realizada – como (crime) *meio* – para a obtenção do resultado adulterado de um *concurso público* (falsidade ideológica), este é o *crime-fim*, o do art. 299 do CP – único que pode receber *imputação*. De observar-se, ademais, que *a inobservância das formalidades* de dispensa de licitação não tem *quaisquer efeitos, mesmo potenciais, fora do desvio final,* qual seja, da *adulteração do resultado do certame*. Consequentemente, deve receber o tratamento de ação dentro da linha causal do desvio – *alteração do resultado* – esgotando-se neste todo seu potencial lesivo, que foi o objetivo da etapa inicial – *irregularidade licitatória* – ao suprimir as *formalidades de sua dispensa*.

---

[38] Eugénio Raúl Zaffaroni, *Tratado de derecho penal*, Buenos Aires: Ediar, v. IV, p. 529.
[39] *Apud* Zaffaroni, op. cit., p. 523-524.

Ademais, é importante observar a existência de uma *relação de conexão* entre o crime do art. 337-E incluído no Código Penal pela Lei n. 14.133/21 e o crime do art. 299 do mesmo CP, no exemplo dado. Com efeito, o *meio* supostamente utilizado – *omissão do procedimento legal para dispensa de licitação* – tendo como *fim* apresentar resultado adulterado de concurso público. Consequentemente, *apesar de não ser uma etapa necessária* da falsidade ideológica (art. 299 do CP), no exemplo dado, *a inobservância do procedimento legal* de licitação deve ser *meio* finalisticamente orientado ao *fim* de adulteração do resultado. Assim como no *crime de estelionato*, cuja *falsidade* é absorvida pela *finalidade patrimonial* do agente (Súmula 17 do STJ), também aqui se pode falar na *irregularidade da dispensa de licitação* (*art. 337-E da Lei n. 14.133/21*) sendo absorvida pela *falsidade do resultado pretendido*. Aquele *crime--meio*, este *crime-fim*.

8.1. Irrelevância da diversidade de bens jurídicos e da maior gravidade do crime-meio

A jurisprudência tem entendido, acertadamente, que (a) o fato de o *bem jurídico* protegido por dois tipos penais não ser o mesmo, bem como (b) o fato de a pena do *crime-meio* ser mais elevada, não impede a adoção do princípio da absorção pelo *crime-fim*. Com efeito, não convence o argumento de que é impossível *a absorção* quando se tratar de *bens jurídicos distintos*, ou quando a punição do *crime- fim* for inferior à do *crime--meio*, não encontrando fundamento lógico, dogmático ou hermenêutico. A prosperar tal argumento, jamais se poderia, por exemplo, falar em absorção nos *crimes contra o sistema financeiro* (Lei n. 7.492/86), na medida que todos eles possuem uma objetividade jurídica específica, distinta, portanto, um dos outros. Embora se possa admitir a relevância de referido argumento, ele não é suficiente para excluir o *princípio da consunção*. Caso contrário, poder-se-ia concluir, por exemplo, que o *crime de evasão de divisas* (art. 22 da Lei n. 7.492/86) não poderia absorver o *crime definido no art. 6º* da mesma lei, nos casos em que o numerário em dólares seja enviado ao exterior por meio da *omissão de informação à autoridade cambial*, considerando que ambos estariam direcionados a objetividades jurídicas diversas. É conhecido, entretanto, o entendimento do TRF da 4ª Região no sentido de que o art. 22 absorve o art. 6º da Lei n. 7.492/86[40]. Em casos semelhantes, o TRF da 4ª Região

---

[40] "PENAL. LEI N. 7.492/86. ART. 6º. ART. 22, *CAPUT*. COMPRA DE DÓ-

também vem entendendo que a prática de *falsificação de documento* (arts. 297 e 304 do CP) é *absorvida* pela conduta de *obtenção fraudulenta de financiamento* (art. 19 da Lei n. 7.492/86)[41], que é efetivamente o *crime--fim*, independentemente da diversidade de bens jurídicos tutelados.

É irrelevante, por outro lado, que a pena do *crime-meio* seja mais elevada que a pena do *crime-fim*. No conhecido enunciado da Súmula 17 do STJ, registre-se, novamente, reconheceu-se que o *estelionato* pode absorver a *falsificação de documento*. Destaque-se que a pena do art. 297 é de dois a seis anos de reclusão, ao passo que a pena do art. 171 é de um a cinco anos. Jamais se questionou, contudo, que tal circunstância impediria a *absorção*, mantendo-se em plena vigência a referida súmula. Não é por outra razão que o TRF da 1ª Região vem entendendo que se verifica *uma relação de absorção entre os arts. 4º e 5º da Lei n. 7.492/86*, a despeito de a pena daquele ser de três a doze anos de reclusão, e a deste

---

LARES. NÃO IDENTIFICAÇÃO DO VENDEDOR. NECESSIDADE DE IN-TERMEDIAÇÃO DE BANCO CREDENCIADO. FALTA DE REGISTRO NO SISBACEN. CONSUNÇÃO. Constitui o delito previsto no art. 22 da Lei n. 7.492/86 a compra de dólares que desrespeitou os requisitos estipulados pela Circular n. 2.202 do BACEN então vigente. Caracterizado o intuito de evadir divisas ao serem transportados dólares em carro-forte sem a intermediação de banco habilitado, sem a identificação da origem dos valores e sem o devido registro no SISBACEN. Ocorre a consunção quando a sonegação de informação do art. 6º da Lei n. 7.492/86 é meio para o fim de praticar a evasão de divisas. Apelação parcialmente provida" (TRF da 4ª Região, Proc. 200104010804291/PR, 7ª T., rel. Maria de Fátima Freitas Labarrère, j. em 26-10-2004, *DJU* de 17-11-2004, p. 838).

[41] "PENAL. CRIME CONTRA O SISTEMA FINANCEIRO NACIONAL. INCOMPETÊNCIA DA JUSTIÇA FEDERAL. TRANCAMENTO DA AÇÃO PENAL. CRIME-FIM. ABSORÇÃO DOS DELITOS DE FALSIFICAÇÃO DE DOCUMENTO PÚBLICO E USO DE DOCUMENTO FALSO (ARTS. 297 E 304 DO CP). APRESENTAÇÃO DE CND FALSA PARA OBTENÇÃO DE FINANCIAMENTO. AUSÊNCIA DE PREJUÍZO À UNIÃO OU AO INSS. (...) III. Os delitos de falsificação de documento público e uso de documento falso (arts. 297 e 304 do CP) ficam absorvidos pelo delito fim que, no caso, foi o praticado contra o Sistema Financeiro Nacional para a obtenção, mediante a apresentação de CND falsificada, de empréstimo junto ao BRDE. IV. Não merece acolhida a defesa que diz que não houve prejuízo à União ou ao INSS porquanto o crime se caracteriza, consoante o art. 19 da Lei n. 7.492/86, por 'obter, mediante fraude, financiamento em instituição financeira', o que, efetivamente, ocorreu" (TRF da 4ª Região, 8ª T., rel. Des. Federal Luiz Fernando Wowk Penteado, j. em 16-2-2005, *DJU* de 2-3-2005, p. 555).

de dois a seis. Aliás, é bom lembrar, por fim, que o próprio TRF da 4ª Região, com a antiga composição da 7ª Turma, já mantinha entendimento no sentido de que o art. 5º absorvia o art. 4º da Lei n. 7.492/86[42].

Enfim, essa argumentação comparativa tem a finalidade exclusiva de demonstrar que a *diversidade de bens jurídicos tutelados* e o fato de a pena cominada ao *crime-meio* ser superior à do *crime-fim* não impedem a absorção deste por aquele.

9. Normas penais em branco e retroatividade das normas integradoras

A maioria das *normas penais incriminadoras*, ou seja, aquelas que descrevem as condutas típicas, compõem-se de *normas completas*, integrais, possuindo *preceitos* e *sanções*; consequentemente, referidas *normas* podem ser aplicadas sem a complementação de outras. Há, contudo, algumas normas incompletas, com preceitos genéricos ou *indeterminados*, que precisam da complementação de outras normas, sendo conhecidas, por isso mesmo, como *normas penais em branco*. Na linguagem figurada de Binding, "a lei penal em branco é um corpo errante em busca de alma"[43]. Trata-se, na realidade, de normas de conteúdo *incompleto*, vago, lacunoso, impreciso, por isso mesmo são também denominadas *normas imperfeitas*, por dependerem de complementação por outra *norma jurídica* (lei, decreto, regulamento, portaria, resolução etc.), para concluírem a descrição da conduta proibida. A falta ou inexistência dessa dita *norma complementadora* ou *integradora* impede que a descrição da conduta proibida se complete, ficando em aberto a descrição típica. Dito de outra forma, a *norma complementar* de uma lei penal em branco *integra o próprio tipo penal*, uma vez que esta é imperfeita, e, por conseguinte, incompreensível por não se referir a uma conduta juridicamente determinada e, faticamente, identificável.

O art. 337-E, integrado ao Código Penal pela Lei n. 14.133/21, constitui exemplo típico dessa denominada *norma penal em branco*, pois a

---

[42] "(...) Face ao princípio da especialidade, afasta-se o concurso material, aplicando-se somente a pena relativa ao art. 5º, e não a do art. 4º da referida Lei 7.492/86. Precedente. (...)" (TRF da 4ª Região, ApCr 8.895, Proc. 200104010876514/PR, 7ª Turma, rel. José Luiz B. Germano da Silva, j. em 15-4-2003, *DJU* de 11-6-2003, p. 752).

[43] Apud Sebastian Soler, *Derecho penal argentino*, Buenos Aires: TEA, 1976, v. 1, p. 122.

incompletude de sua descrição conta com a *integração* de outras *normas*, no caso, com definições contidas em outros dispositivos da própria lei. Essa necessidade constata-se claramente na locução "fora das hipóteses previstas em lei", cujos complementos residem especialmente nas previsões das hipóteses de *dispensa* (art. 75), *inexigibilidade* (art. 74) de licitações. Na verdade, essas expressões indicam a necessidade de *norma complementar* para *integrar* adequadamente a descrição típica que ora examinamos. As normas integradoras ou complementares, por sua vez, encontram-se nos dispositivos que acabamos de citar.

A *norma integradora* – regra geral – pode advir da mesma lei onde se encontra a norma penal incriminadora, ou de outra lei do mesmo Poder, ou seja, do Poder Legislativo Federal, mas pode também provir de diploma normativo editado por outro Poder (Executivo, Judiciário, por exemplo) ou de outras esferas legislativas (Estadual, Municipal, por exemplo). Nas duas primeiras hipóteses, estamos diante de *norma penal em branco homogênea*, sendo o mesmo Poder que elabora a *norma penal incriminadora* e o seu complemento, aliás, é o que ocorre, na nossa concepção, com as condutas (dispensar ou inexigir) constantes do *caput* do art. 337-E do Código Penal, acrescido pela Lei n. 14.133/21. Esta lei excluiu a elementar normativa que a previsão anterior, mantinha, qual seja, *"deixar de observar formalidades pertinentes"*.

A eventual criação de outros procedimentos, por outras instâncias de Poder, poderá funcionar somente no *plano administrativo*, mas não poderá integrar a norma penal incriminadora. Ou seja, seus efeitos limitar-se-ão ao âmbito administrativo, sem refletir no criminal, por opção do próprio legislador que estabeleceu o *procedimento* na mesma lei, restringindo o *mandato* para a norma integradora.

Não se pode perder de vista que a *fonte legislativa* (Poder Legislativo, Poder Executivo etc.) que complementa a *norma penal em branco* deve, necessariamente, respeitar os limites que esta impõe, para não violar uma possível *proibição de delegação de competência* na lei penal material, definidora do tipo penal, em razão do *princípio constitucional da reserva legal* (art. 5º, XXXIX, da CF) e do *princípio da tipicidade estrita* (art. 1º do CP). A lei que complementa a *norma penal em branco* integra o próprio tipo penal. Em outros termos, é indispensável que essa integração ocorra nos parâmetros estabelecidos pelo *preceito da norma penal em branco*. É inadmissível, por exemplo, que um ato administrativo ultrapasse o *claro* da lei penal (criando, ampliando ou agravando o comando legal), sob pena de violar o *princípio da reserva legal* de crimes e respectivas sanções (art. 1º do CP). Com efeito, as *normas penais incrimina-*

doras ou restritivas devem ser interpretadas sempre levando em consideração a sua finalidade (teleologia), sendo vedada a *analogia,* a *interpretação extensiva,* assim como *a interpretação analógica.* A *validez* da norma complementar decorre da *autorização* concedida pela norma penal em branco, como se fora uma espécie de *mandato,* devendo-se observar os seus estritos termos. "A lei formal ou material – afirmam Zaffaroni e Pierangeli – que completa a lei penal em branco integra o tipo penal, de modo que, se a lei penal em branco remete a uma lei que ainda não existe, não terá validade e vigência até que a lei que a completa seja sancionada"[44].

Aliás, tratando-se de *norma penal em branco,* a própria denúncia do *Parquet* deve identificar qual lei complementar satisfaz a elementar exigida pela norma incriminadora, ou seja, deve constar da narrativa fático-jurídica qual lei desautoriza a prática da conduta imputada, sob pena de revelar-se inepta, pois a falta de tal descrição impede o aperfeiçoamento da adequação típica.

Colocadas essas premissas, surge a questão inevitável: a *norma penal em branco,* ou, melhor dito, a norma que a complementa *retroage* ou não, afinal de contas, há a possibilidade de ser ampliadas ou reduzidas as hipóteses de *dispensa* (art. 75) e *inexigibilidade* (art. 74) de licitações? Por norma de fonte diversa (heterogênea)? Por outro lado, não seriam inconstitucionais as normas *penais em branco stricto sensu,* isto é, aquelas complementadas por normas de categorias inferiores à lei ordinária, sem, portanto, passar pela elaboração do regular e devido *processo legislativo* (art. 22, I, da CF)? Aliás, não poucas vezes, essas normas inferiores surgem no bojo de simples portarias, regulamentos, resoluções etc., como ocorre, por exemplo, com a hipótese de *substância entorpecente e drogas afins,* ou, mais abrangentemente, com as normativas do Banco Central e do Conselho Monetário Nacional relativamente aos crimes financeiros, particularmente o de *evasão de divisas.* Indiscutivelmente, referidos órgãos não têm legitimidade e tampouco autorização constitucional para elaborar normas com conteúdo incriminador, como vem ocorrendo nas últimas décadas.

Primeiramente, examinamos a questão da *retroatividade* das normas ditas integradoras ou complementadoras. O tema é profundamente controvertido, tanto na doutrina nacional quanto na estrangeira. Os argumentos são os mais variados em ambas as direções. A nosso juízo, con-

---

[44] Eugénio Raúl Zaffaroni e José Henrique Pierangeli, *Manual de direito penal brasileiro,* p. 452.

tudo, a polêmica tem como fundamento maior a definição que se atribua a "norma penal em branco". Como pontificava Magalhães Noronha[45], a norma penal em branco não é destituída de preceito. Ela contém um comando, provido de sanção, de se obedecer ao complemento preceptivo que existe ou existirá em outra lei.

Do exposto, percebe-se que a norma fundamental permanece, com seu preceito *sui generis* e sua sanção. As mudanças ocorrem, de regra, na *norma complementar*. E, em relação a essa *norma*, continua perfeitamente válida a lição de Sebastian Soler quando afirmava: "Só influi a variação da norma complementar quando importe verdadeira alteração da *figura abstrata do Direito Penal*, e não mera circunstância que, na realidade, deixa subsistente a norma; assim, por exemplo, o fato de que uma lei tire de certa moeda o seu caráter, nenhuma influência tem sobre as condenações existentes por falsificação de moeda, pois não variou o objeto abstrato da tutela penal; não variou a norma penal que continua sendo idêntica"[46].

Concluindo, as *leis penais em branco* não são revogadas em consequência da revogação de seus complementos. Tornam-se apenas temporariamente inaplicáveis por carecerem de elemento indispensável à configuração da tipicidade. Recuperam, contudo, *validez e eficácia* com o surgimento de *nova norma integradora*, que, sendo mais grave, a nosso juízo, não pode retroagir para atingir fato praticado antes de sua existência.

Quanto à questionada *constitucionalidade* de normas complementares de outras, tidas como incompletas, pode-se afirmar, de plano, que o legislador deve agir com criteriosa cautela, *evitando eventual ampliação da conduta incriminada* na norma que pretende complementar. Não se pode esquecer, por outro lado, que a *norma integradora* não pode alterar ou ultrapassar os parâmetros estabelecidos pelo preceito da *norma penal em branco,* que é a incriminadora. Sua função limita-se a especificações e detalhamentos secundários, que podem ser transitórios, temporários e até fugazes. Se a norma complementar, especialmente se tiver cunho ou natureza administrativa, ultrapassar o "claro da lei penal" (criando, ampliando ou agravando o comando legal), estará violando o princípio *nullum crimen, nulla poena sine lege*, e, por consequência, desrespeitando o princípio constitucional da reserva legal (art. 5º, XXXIX, da CF).

---

[45] Edgard Magalhães Noronha, *Direito Penal*, 2. ed., São Paulo, 1963, v. 1, p. 48.
[46] Sebastian Soler, *Derecho Penal argentino*, p. 193.

Logo, estar-se-á diante de *norma complementadora flagrantemente inconstitucional*, não por ser norma integradora, mas por ultrapassar os limites que lhe são reservados como tal, alterando o comando legal, que é exclusivo da lei incriminadora (elaborada pelo Congresso Nacional, sob o crivo do devido processo legislativo), mesmo carente de complemento normativo. Repetindo, não se pode esquecer que a *validez* da norma complementar decorre da *autorização* concedida pela norma penal em branco, como uma espécie de *mandato*, devendo-se observar os seus estritos termos, cuja desobediência ofende o *princípio constitucional da legalidade*. Não se trata de insegurança jurídica ou indeterminação, mas de violação mesmo da garantia constitucional dos princípios da legalidade e da taxatividade da tipicidade, que ficariam altamente comprometidos.

10. Consumação e tentativa

O momento consumativo dos crimes de *dispensa ou inexigibilidade ilegal de licitação* pode apresentar alguma controvérsia, decorrente de sua complexidade estrutural e da similitude dessas condutas. Nas circunstâncias, não é desarrazoada eventual divergência doutrinária e mesmo jurisprudencial, embora com reflexos significativos no plano prático. As hipóteses – *dispensar* ou *inexigir* ilegalmente licitação – somente se consumam com a efetiva celebração do contrato licitatório, mesmo antes de efetivada sua execução.

Com efeito, a *dispensa* ou *não exigência* de licitação fora das hipóteses previstas em lei, em si mesma, não diz nada, não significa nada, nem no mundo jurídico nem no mundo fático. É um nada enquanto valor ético-jurídico, como também enquanto norma proibitiva ou imperativa de conduta penal, não passando de *mera abstração*, enquanto não houver *contratação pública* de algo (de obra, serviço ou aquisição de material). Antes desse momento fica inclusive praticamente impossível comprovar a existência ou não de *vontade consciente* (dolo) de descumprir o comando legal; é possível, inclusive, cancelar os trâmites administrativos, que fazem parte de uma *atividade complexa* (criação, redação, revisão, aprovação, assinatura, publicação etc.), sem que tais atos tenham invadido a seara da proibição penal; aliás, nem no plano administrativo gera efeito algum, não se podendo, nessa fase, sequer falar em infração administrativa. Aliás, enquanto não houver *infração administrativa* é impossível admitir-se a configuração de *infração penal*, pois esta pressupõe aquela: a ausência de *ilicitude administrativa*, por sua vez, impede a caracterização de *ilicitude penal* (lembrar da figura dos *dois círculos concêntricos*)[47]. Com efeito, a *dispensa* ou *inexigência* somente se materializa com o ato de *contratar*, instante em que se poderá ter por consumado o crime nessas duas modalidades de condutas, independentemente da execução do contrato.

Adotando, basicamente, a mesma orientação, embora com outros termos, era o magistério de Paulo José da Costa Jr., que sustentava: "Perfaz-se o crime de *dispensa da licitação* no instante em que o agente público contratar obra ou serviço, adquirir ou locar imóvel sem promover a necessária licitação, fora dos casos previstos em lei. Aperfeiçoa-se a modalidade de *inexigência* de licitação quando o agente público não promovê-la, fora dos casos enumerados em lei"[48].

---

[47] Cezar Roberto Bitencourt, *Tratado de direito penal*: parte geral, 27. ed., São Paulo: Saraiva, 2021, v. 1, p. 416: "Convém destacar, novamente, que a *antijuridicidade penal* (ilicitude penal) não se limita à seara penal, projetando-se para todo o campo do direito. Foi nesse sentido que Welzel afirmou que 'a antijuridicidade é a contradição da realização do tipo de uma norma proibitiva com o ordenamento jurídico em seu conjunto'. Por isso, um *ilícito penal* não pode deixar de ser igualmente *ilícito* em outras áreas do direito, como a civil, a administrativa etc. No entanto, o inverso não é verdadeiro: um *ato lícito no plano jurídico-civil* não pode ser ao mesmo tempo um *ilícito penal*. Contudo, apesar de as ações penal e extrapenal serem independentes, o *ilícito penal*, em regra, confunde-se com o *ilícito extrapenal*. Porém, sustentar a *independência das instâncias administrativa e penal*, como parte da jurisprudência tem insistido, é uma conclusão de *natureza processual*, ao passo que a afirmação de que a *ilicitude é única* implica uma concepção de *natureza material*; em consequência, uma afirmação não invalida a outra, pois são coisas distintas, que devem ser valoradas em planos igualmente distintos.

Com efeito, todo o *ilícito penal* será, necessariamente, um *ilícito civil ou administrativo*, mas, como afirmamos, a recíproca não é verdadeira, isto é, nem sempre o ilícito civil ou administrativo será obrigatoriamente um *ilícito penal*, pois este terá de ser sempre e necessariamente *típico*, surgindo como traço distintivo a *tipicidade*, que é aquele *plus* exigido pelo *princípio da reserva legal*. Para ilustrar essa distinção, o saudoso Assis Toledo invocava a figura de *dois círculos concêntricos*: o menor, o *ilícito penal*, mais concentrado de exigências (tipicidade, elemento subjetivo etc.); o maior, o *ilícito extrapenal*, com menos exigências para sua configuração. O *ilícito* situado dentro do círculo menor – *penal* – não pode deixar de estar também dentro do maior – civil –, porque se localiza em uma área física comum aos dois círculos, que possuem o mesmo centro; no entanto, não ocorre o mesmo com o ilícito situado dentro do círculo maior – extrapenal –, cujo espaço periférico, muito mais abrangente, extrapola o âmbito do ilícito penal, salvo quando for limitado pela tipicidade penal".

[48] Paulo José da Costa Jr., *Direito penal das licitações*, p. 16-17.

Nessa linha, é inconcebível pretender sustentar que o crime consuma-se – nas modalidades de *dispensa ou inexigência de licitação* – com a simples edição de um ato administrativo dispensando a realização do procedimento licitatório, como pretendem alguns doutrinadores[49]. Qual seria a lesão, dano ou ofensa ao bem jurídico tutelado se a Administração Pública não prosseguir com a efetivação da contratação, seja por constatar que se equivocou sobre a exigência legal, seja por receber orientação de sua assessoria especializada, isto é, simplesmente, por desinteressar-se espontaneamente pela opção que fizera? A resposta inevitavelmente será que não houve nenhum prejuízo, dano ou ofensa ao interesse ou patrimônio público protegido! Não há e nem pode haver nenhuma sanção nem mesmo no âmbito administrativo. Não caberá sequer *ação de improbidade administrativa* (Lei n. 8.429/92)[50], aliás, tampouco é aplicável aquela *responsabilidade objetiva* (que se limita ao âmbito administrativo) prevista no § 6º do art. 37 da CF[51].

O objetivo ou finalidade da Lei de Licitações, convém frisar, é *punir o mau administrador público, aquele mal-intencionado e desleal*, e não o apenas despreparado ou incompetente para o exercício da função; objetiva punir *a conduta infiel do servidor público* e não a simples irregularidade administrativa decorrente de erro ou equívoco deste. Ademais, não se pode ignorar que infração penal, em hipótese alguma, pode prescindir do *elemento subjetivo* orientador da conduta lesiva, no caso, o *dolo* (que não se presume, prova-se), sem o qual a conduta carecerá de *tipicidade subjetiva*, e, sem esta, não se pode falar em crime.

Em sentido semelhante, embora abordando *a ação de improbidade administrativa*, invocamos o impecável acórdão do Tribunal de Justiça do Rio Grande do Sul, sob a relatoria de Genaro José Baroni Borges, que

---

[49] Diógenes Gasparini, *Crimes na licitação*, 2. ed., São Paulo: NDJ, 2001, p. 46.
[50] "Art. 10. Constitui ato de improbidade administrativa que causa lesão ao erário qualquer ação ou omissão, dolosa ou culposa, que enseje perda patrimonial, desvio, apropriação, malbaratamento ou dilapidação dos bens ou haveres das entidades referidas no art. 1º desta Lei, e notadamente: I – facilitar ou concorrer por qualquer forma para a incorporação ao patrimônio particular, de pessoa física ou jurídica, de bens, rendas, verbas ou valores integrantes do acervo patrimonial das entidades mencionadas no art. 1º desta Lei; (...) VIII – frustrar a licitude de processo licitatório ou dispensá-lo indevidamente; (...)"
[51] "Art. 37. (...) § 6º As pessoas jurídicas de direito público e as de direito privado prestadoras de serviços públicos responderão pelos danos que seus agentes, nessa qualidade causarem a terceiros, assegurado o direito de regresso contra o responsável nos casos de dolo ou culpa."

184

pontifica: "O propósito da Lei de Improbidade é punir o administrador público desonesto, não o inábil; punir a conduta imoral ou de má-fé do agente público e/ou de quem o auxilie, não a mera ilegalidade, a mera impropriedade, pequenos deslizes ou pecadilhos administrativos. Salvo evidente má-fé ou ostente indícios de desonestidade, mesmo a forma culposa de agir do agente público não basta para justificar a incidência das sanções de improbidade, sem o correspondente e efetivo prejuízo patrimonial. Apelos providos. Unânime"[52].

Se assim é, e o é para *improbidade administrativa*, com muito mais razão será para infração penal, mais enriquecida de exigências, como tipicidade, antijuridicidade, culpabilidade, dolo etc., no caso, punível com sanção extremamente grave, qual seja, pena de detenção de três a cinco anos e multa. Para quem, no entanto, a despeito de todo o exposto, acredita que com o simples ato administrativo estaria realizando a conduta proibida ou imperativa, lembramos dos institutos da *desistência voluntária* e do *arrependimento eficaz*, cujos textos (que escrevemos em nosso *Tratado de direito penal*) serão reproduzidos, com pequenas adaptações, logo a seguir em tópico separado. Com efeito, qualquer desses dois institutos configuram-se quando o administrador *não chega a concretizar o contrato licitatório*, suspendendo ou interrompendo, voluntariamente, o procedimento adminstrativo.

Quanto à segunda modalidade de conduta incriminada – *inexigência de licitação* –, aplica-se basicamente tudo o que dissemos a respeito da "dispensa", na medida que *dispensá-la* outra coisa não é que *inexigi-la*. *Dispensar ou não exigir* significam a mesma coisa, isto é, *contratar sem licitar*, fora das hipóteses legalmente permitidas, embora, como destacamos anteriormente, a *inexigência* é empregada, neste texto legal, com sentido especial, ou seja, significando *inviabilidade* de licitação. Por essa razão, consideramos desnecessário prolongarmo-nos em consinderações a respeito do mesmo tema.

10.1. Desistência voluntária e arrependimento eficaz nos crimes licitatórios

Considerando a complexidade dos crimes licitatórios constantes no art. 89, e especialmente a existência de uma fase preliminar de preparação

---

[52] ApCv 70033633702, 21ª CCv, j. em 27-10-2010. Outros precedentes: ApCv 70023042476, 21ª CCv, TJRS, rel. Genaro José Baroni Borges, j. em 22-9-2010; ApCv 70031394208, 2ª CCv, TJRS, rel. Denise Oliveira Cezar, j. em 18-8-2010.

administrativa – configuradores, poder-se-ia dizer, de *meros atos preparatórios* –, ganha importância revisar os conceitos da *desistência voluntária* e *do arrependimento eficaz*, com as adaptações recomendáveis.

Com efeito, o agente que inicia a realização de uma conduta típica pode, voluntariamente, interromper a sua execução. Isso caracteriza a *tentativa abandonada* ou, na linguagem do nosso Código Penal, a *desistência voluntária*, que é impunível. Essa impunidade assenta-se no interesse que tem o Estado (política criminal) em estimular a não consumação do crime, oferecendo ao agente a oportunidade de sair da situação que criara, sem ser punido. É a possibilidade de retornar da esfera da ilicitude em que penetrara para o mundo lícito. Na feliz expressão de Von Liszt, "é a *ponte de ouro* que a lei estende para a retirada oportuna do agente"[53].

Embora o agente tenha iniciado a execução do crime, não a leva adiante; mesmo podendo prosseguir, desiste da realização típica. "Na desistência voluntária, o agente mudou de propósito, já não quer o crime; na forçada, mantém o propósito, mas recua diante da dificuldade de prosseguir"[54], caracterizando, assim, a tentativa punível. Frank sintetizou com grande eloquência a distinção entre desistência voluntária e tentativa, na seguinte frase: "posso, mas não quero (desistência voluntária); quero, mas não posso (tentativa)". Não é necessário que a *desistência* seja espontânea, basta que seja voluntária, sendo indiferente para o Direito Penal essa distinção. *Espontânea* ocorre quando a ideia inicial parte do próprio agente, e *voluntária* é a desistência sem coação moral ou física, mesmo que a ideia inicial tenha partido de outrem, ou mesmo resultado de pedido da própria vítima. A *desistência voluntária* só é possível, em tese, na *tentativa imperfeita*, porquanto na *perfeita* o agente já esgotou toda a *atividade executória*, sendo difícil, portanto, interromper o seu curso. Na tentativa perfeita poderá, em princípio, ocorrer o arrependimento eficaz.

No *arrependimento eficaz* o agente, após ter esgotado todos os meios de que dispunha – necessários e suficientes –, *arrepende-se* e evita que o resultado aconteça. Isto é, pratica nova atividade para evitar que o resultado ocorra. Aqui, também, não é necessário que seja espontâneo, basta que seja voluntário. O *êxito* da atividade impeditiva do resultado é indis-

---

[53] Franz Von Liszt, *Tratado de derecho penal*, trad. Luiz Giménez de Asúa, Madrid: Reus, 1929, p. 20.
[54] Aníbal Bruno, *Direito penal*, 3. ed., Rio de Janeiro: Forense, 1967, t. 2, p. 246.

pensável, caso contrário, o *arrependimento* não será *eficaz*. Se o agente não conseguir impedir o resultado, por mais que se tenha arrependido, responderá pelo crime consumado. Mesmo que a vítima contribua para a consumação, como, por exemplo, o agente coloca veneno na alimentação da esposa, que, desconhecendo essa circunstância, a ingere. Aquele, arrependido, confessa o fato e procura ministrar o antídoto. No entanto, esta, desiludida com o marido, recusa-se a aceitá-lo e morre. O *arrependimento*, nessa hipótese, *não foi eficaz*, por mais que tenha sido sincero. O agente responderá pelo crime consumado. Poderá, eventualmente, beneficiar-se de uma atenuante genérica, pelo arrependimento.

Tanto na desistência voluntária como no arrependimento eficaz, o agente responderá pelos atos já praticados que, de per si, constituírem crimes. Note-se que tanto numa quanto noutro não se atinge o momento consumativo do crime "por vontade do agente", afastando, em ambos, a *adequação típica*, pela inocorrência do segundo elemento da tentativa, que é "a não consumação do crime por circunstâncias alheias à vontade do agente". E, por óbvio, *não há tentativa* quando a conduta não atinge a consumação atendendo à própria vontade do infrator. Faz parte do *tipo ampliado*[55], – da tentativa, portanto – que a "não ocorrência do evento seja estranha à vontade do agente". Na desistência voluntária e no arrependimento eficaz inexiste a elementar "alheia à vontade do agente", o que torna o *fato atípico*, diante do preceito definidor da tentativa.

Ora, é exatamente o que ocorre quando, por exemplo, o gestor público, depois de *haver determinado a instauração do procedimento licitatório*, expedido os editais, marcado prazo para abertura das propostas, mas antes de fazê-lo, desiste de abri-las (ou mesmo após), voluntariamente, dando por encerrada a licitação e cancelando o procedimento. Nesse caso, sem dúvida alguma, estaremos diante da figura da *desistência voluntária*. Contudo, se prosseguir nessa *fase administrativa*, mas interrompendo-a, e antes de firmar o contrato com o(s) vencedor(es), cancela o certame, voluntariamente. Nessa hipótese, pode-se falar em *arrependimento eficaz*, embora não faça nenhuma diferença, juridicamente, quanto aos efeitos da desistência voluntária ou do arrependimento eficaz: ambos excluem aquele crime que, inicialmente, motivara a

---

[55] Cezar Roberto Bitencourt, *Tratado de direito penal*: parte geral, 27. ed., São Paulo: Saraiva, 2021, v. 1, p. 556: "A tentativa é um *tipo penal ampliado*, um tipo penal aberto, um tipo penal incompleto, mas um tipo penal".

ação do agente. Responderá, por certo, pelos atos já praticados que, em si mesmos, constituírem crimes (art. 15, *in fine*, do CP). Contudo, regra geral, os *atos administrativos*, próprios do procedimento licitatório, ainda que irregulares, não constituirão o crime do art. 337-E, podendo, eventualmente, dependendo das circunstâncias, tipificar outra infração penal, quiçá, do próprio Código Penal, aplicável subsidiariamente.

Concluindo, em toda a *fase procedimental*, puramente administrativa, antes da contratação pública, ainda que ocorra alguma irregularidade, algum equívoco, algum *error in procedendo*, não tipifica as condutas descritas no *caput* do art. 337-E, especialmente se for cancelada essa fase, como demonstramos acima. Poderá, no máximo, configurar alguma infração administrativa, punível nesse âmbito, salvo, evidentemente, a prática deliberada e comprovada de alguma *fraude* por parte do quadro funcional, mas, nesse caso, será o crime.

11. Classificação doutrinária

Trata-se de *crimes próprios*, que exigem *qualidade especial* do sujeito ativo, qual seja, a de *funcionário público*. Dito de outra forma, nenhuma das condutas nucleares pode ser praticada por alguém que não reúna essa qualidade ou condição, que, no caso, é um pressuposto básico para poder ser imputada a alguém. Contudo, deve-se considerar que o *crime próprio* apresenta uma outra modalidade, especial, distinta, conhecida como *crime de mão própria,* que é aquele que só pode ser praticado pelo agente pessoalmente, não podendo utilizar-se de interposta pessoa (infanticídio, falso testemunho, adultério (já revogado) etc.); *formal*, nas modalidades de *dispensar* ou *inexigir* ilegalmente licitação somente se consumam com a efetiva celebração do contrato licitatório, mesmo antes de efetivada sua execução, e não com a mera realização de um ou outro ato administrativo, que caracterizariam meros atos preparatórios (impuníveis, portanto); *material*, na modalidade de "deixar de observar as formalidades", para quem reconhece sua constitucionalidade, pois sua *consumação* ocorre somente com a efetivação do *contrato licitatório*, que representa a materialização da conduta criminosa, e não com a mera declaração de dispensa ou inexigibilidade de licitação. Aliás, essa *contratação ilegal* constitui a vantagem expressamente exigida pelo tipo penal, sem a obtenção da qual esse crime não se consuma: somente assim o agente beneficia-se "da dispensa ou inexigibilidade ilegal para celebrar contrato com o Poder Público"; *de forma livre*, podendo ser praticado pelos meios ou formas escolhidos pelo sujeito ativo; *instantâneo*, consuma-se no momento em que o agente pratica a ação incriminada, esgotando-se aí a lesão jurídica, nada mais podendo ser feito para evitar a sua ocorrência; em outros termos, não há delonga, não existe um lapso temporal entre a execução e sua consumação; *doloso*, não há previsão da modalidade culposa (excepcionalidade do crime culposo); *unissubjetivo*, que pode ser praticado por um agente apenas, embora admita a figura do concurso eventual de pessoas; *plurissubsistente*, trata-se de crime cuja conduta *admite desdobramento*, isto é, o *iter criminis* pode ser dividido em atos, facilitando, inclusive, a identificação da figura tentada.

12. Pena e natureza da ação penal

As penas cominadas, cumulativamente, são de reclusão, de quatro a oito anos, e multa. Trata-se de uma das quatro infrações penais mais graves desta lei. A ação penal, a exemplo de todos os crimes desta lei, é pública incondicionada, sendo desnecessário qualquer manifestação de eventual ofendido (art. 100 do CP). Será admitida ação penal privada subsidiária da pública, se esta não for ajuizada no prazo legal (art. 103 do CP).

Capítulo VIII
FRUSTRAÇÃO DO CARÁTER COMPETITIVO DE LICITAÇÃO

Sumário: 1. Considerações preliminares. 2. Bem jurídico tutelado. 3. Sujeitos ativo e passivo. 4. Fraude civil e fraude penal: ontologicamente iguais. 5. Tipo objetivo: adequação típica. 5.1. Mediante ajuste, combinação ou qualquer outro expediente. 5.1.1. Mediante "ajuste" *ou* "combinação". 5.1.2. Mediante "qualquer outro expediente". 5.2. Elementares inexistentes: exigência de vantagem ilícita e prejuízo alheio. 5.3. Vantagem decorrente da adjudicação do objeto da licitação: irrelevância da natureza econômica. 6. Tipo subjetivo: adequação típica. 6.1. Elemento subjetivo especial do injusto: intuito de obter, para si ou para outrem, vantagem decorrente da licitação. 7. Fracionamento do objeto licitado e emprego de outra modalidade de licitação. 8. Consumação e tentativa. 9. Classificação doutrinária. 10. Pena e ação penal.

Frustração do caráter competitivo de licitação

Art. 337-F. Frustrar ou fraudar, com o intuito de obter para si ou para outrem vantagem decorrente da adjudicação do objeto da licitação, o caráter competitivo do processo licitatório:

Pena – reclusão, de 4 (quatro) anos a 8 (oito) anos, e multa.

---

1. Considerações preliminares

O novo texto legal manteve, praticamente, o mesmo conteúdo do anterior, *suprimindo* somente *o meio de execução da conduta tipificada*, que era "frustrar ou fraudar, mediante ajuste, combinação ou qualquer outro expediente", ficando, consequentemente, aberto, ou seja, podendo ser realizada de qualquer forma e por qualquer meio a referida conduta delitiva. Em outros termos, o legislador reordenou o texto legal, que se encontrava na ordem direta. Ou seja, o legislador contemporâneo leu a redação de 1940, cujo "formato da oração" encontrava-se na ordem direta, com um aposto, digamos assim, indicando o *meio de execução* da conduta típica (meio de execução da ação executiva do crime), "mediante ajuste, combinação ou qualquer outro expediente", o qual foi excluído, do novo texto.

Venia concessa, houve grande prejuízo linguístico-literário, inclusive, dificultando, de certa forma, a compreensão do referido texto, com grave problema estrutural da frase preferida pelo atual legislador. Mudou, digamos assim, não mudando o conteúdo frasal, apenas desnudando o "des"conhecimento linguístico do legislador contemporâneo, algo que temos denunciado, digamos assim, nos últimos trinta anos de sofríveis alterações do impecável, em termos linguístico-literário, do nosso vetusto Código Penal de 1940.

Enfim, houve duas alterações de redação no "novo" tipo penal: a primeira que é, digamos, bastante significativa, ou seja, a exclusão do "meio" de realização do crime, que era "mediante ajuste, combinação ou qualquer outro expediente"! (ficou qualquer meio ou forma); a segunda, menos importante, foi o deslocamento da elementar típica, que era "o objeto direto da ação" para o final da redação, qual seja, "o caráter competitivo do processo licitatório", ficando um tanto quanto incompreensível o desmantelamento da redação anterior, cuja construção frasal era impecável, sob o ponto de vista literário.

Afora o fato, igualmente, incompreensível, *político-juridicamente* falando, de mais uma elevação desmedida da sanção criminal (ao todo foram quatro, de doze crimes, um terço com essa mesma sanção penal, injustificável sob todos os pontos de vista político-criminais), que era de dois a quatro anos, e multa, para, pasmem, quatro a oito anos de reclusão, além da multa. Vejamos, para não esquecermos, o texto da redação anterior da Lei n. 8.666/1993, *in verbis*:

> Art. 90. Frustrar ou fraudar, mediante ajuste, combinação ou qualquer outro expediente, o caráter competitivo do procedimento licitatório, com o intuito de obter, para si ou para outrem, vantagem decorrente da adjudicação do objeto da licitação:
>
> Pena – detenção, de 2 (dois) a 4 (quatro) anos, e multa.

Enfim, essa terceira alteração importante nesse tipo penal, muito mais grave, incompreensível, inadmissível e desumana, que adotou o também absurdo aumento da pena injustificável sob todos os aspectos, político, jurídico, penitenciário, humanístico, social, sociológico, político-criminal, entre tantos outros argumentos, que se queira acrescentar, nesta análise político-jurídico das alterações da Lei n. 8.666/93, procedidas pela Lei n. 14.133/21. Aliás, o legislador atual dobrou a pena aplicável nesse crime, sem nenhuma justificativa sobre os fundamentos dessa desarrazoada elevação de penas, sem qualquer fundamento e sem nenhuma melhoria no sistema penitenciário nacional, sem aumento de vagas, ignorando, inclusive, que há uma carência atual de mais de quatrocentas mil vagas nesse sistema.

A única coisa certa e não questionável, na alteração deste diploma legal, que, de um modo geral, manteve o mesmo conteúdo do texto anterior, foi integrá-la à Parte Especial do nosso vetusto Código Penal de 1940.

Na edição anterior, havíamos escrito que, "aparentemente, a criminalização das condutas neste tipo penal assemelham-se àquelas do art. 335 do CP, que protegia a concorrência pública e a venda em hasta pública. Contudo o novo dispositivo acrescenta inúmeras outras elementares que o distinguem daquele artigo do Código Penal de 1940, inclusive pela inclusão do elemento subjetivo especial do injusto, qual seja, *o intuito de obter, para si ou para outrem, vantagem decorrente da adjudicação do objeto da licitação*. Na verdade, neste dispositivo da lei de regência, não é fraudar ou frustrar a concorrência pública, como prevê aquele dispositivo do Código Penal, mas frustrar ou fraudar *o caráter competitivo do próprio procedimento licitatório*. "Os pontos de referência, portanto – destaca Greco Filho –, não são a licitação ou seu resultado, mas os princípios da igualdade e da competitividade que devem nortear o certame, indispensáveis a que a Administração possa obter a melhor proposta"[1].

Passamos a examinar, finalmente, as peculiaridades que este dispositivo legal apresenta, aliás, com sua estrutura tipológica alterada pela Lei n. 14.133, publicada no dia 1º de abril de 2021.

2. Bem jurídico tutelado

Além da *objetividade jurídica genérica* dos crimes licitatórios, qual seja, preservar os princípios básicos da legalidade, da impessoalidade, da moralidade, da igualdade, da publicidade e da probidade administrativa, já destacamos que cada tipo penal possui a sua própria objetividade. Há,

---

[1] Vicente Greco Filho, *Dos crimes da Lei de Licitações*, p. 72.

na verdade, uma multiplicidade de bens jurídicos protegidos, destacando--se, sobremodo, a *competitividade do certame*, a despeito da grande importância de tantos outros como a própria *transparência dos atos públicos e a probidade, moralidade e dignidade administrativa*. Embora o bem jurídico tutelado específico, no entanto, seja *o caráter competitivo do procedimento licitatório*, o qual deve ser o mais amplo possível, permitindo que todos aqueles que satisfaçam os requisitos legais possam, se o desejarem, participar do certame licitatório. A finalidade perseguida pela incriminação das condutas descritas – *frustrar* ou *fraudar* o caráter competitivo do procedimento licitatório – é, inegavelmente, a *concorrência legítima na competição licitatória*, com preços justos, assegurando uma participação honesta, aberta, legítima e saudável entre concorrentes, e, ao mesmo tempo, preservando sempre a dignidade e moralidade administrativa.

Com efeito, a busca, a qualquer custo, de *vantagem econômica* (embora o texto não mencione essa natureza) é, sem sombra de dúvida, o móvel que, normalmente, desvirtua a correção, retidão e moralidade da competição licitatória, e que este diploma legal pretende evitar. Aliás, fica muito claro no próprio texto deste dispositivo legal, quando adota como objeto dos verbos nucleares, frustrar ou fraudar, expressamente, "o caráter competitivo do procedimento licitatório". Esse é, igualmente, o *bem jurídico prioritariamente tutelado* e que, em hipótese alguma, *pode ser desrespeitado*, sem macular definitivamente a lisura da concorrência pública.

Protege-se, em outros termos, a inviolabilidade do patrimônio público e privado, particularmente em relação aos atentados que podem ser praticados mediante fraude. Tutela-se tanto o *interesse social*, representado pela *confiança recíproca* que deve presidir os relacionamentos patrimoniais individuais e comerciais, quanto o *interesse público* de reprimir a fraude causadora de dano alheio, hoje tão em moda, e que causa danos irreparáveis à Administração Pública.

3. Sujeitos ativo e passivo

Sujeito ativo do crime pode ser qualquer pessoa, sem qualquer condição especial (crime comum). No entanto, se o *meio* utilizado para a execução da conduta criminosa for "mediante ajuste ou combinação", como na anterior redação do art. 90 da Lei n. 8.666/93, estar-se-á diante de *concurso necessário*, pois somente duas ou mais pessoas poderão *ajustar* ou *combinar* a prática delitiva. Por outro lado, concurso *eventual de pessoas*, em qualquer de suas formas (coautoria e participação), pode facilmente se configurar. Na descrição típica, o legislador destaca que a *vantagem* indevida pode ser *para si* (o sujeito ativo) ou para *outrem*. Essa terceira pessoa pode ser *coautor* ou *partícipe* do crime, sendo alcançada pelo concurso de pessoas (art. 29 do CP), *dependendo das demais circunstâncias*.

Contudo, nada impede que o "outrem", beneficiário do produto, isto é, da *vantagem decorrente da adjudicação do objeto da licitação*, seja terceiro estranho e insciente do crime, isto é, sem qualquer *participação* quer em seu planejamento, quer em sua execução; se ignorar, inclusive, a origem criminosa da vantagem que se lhe atribui, *não será passível de punição*.

Sujeito passivo pode ser, igualmente, qualquer pessoa, física ou jurídica; deve-se destacar que pode haver dois "sujeitos passivos", isto é, inclusive o órgão público licitante que tem a moralidade administrativa e a regularidade de seu certame licitatório atingidos pela fraude ou frustração do procedimento licitatório.

Os eventuais concorrentes do certame fraudado ou frustrado sofrem realmente prejuízo ante a inviabilização da licitação. Esses concorrentes sofrem também com a violação dos princípios da competitividade do certame e da igualdade dos concorrentes. Referidos princípios, destaca André Guilherme Tavares de Freitas, "são voltados precipuamente aos licitantes, são garantias titularizadas por estes, razão pela qual, quando tais bens são atingidos, teremos, também, na qualidade de prejudicados, além da Administração Pública, os licitantes participantes do respectivo certame". E prossegue: "Serão estes últimos, igualmente, sujeitos passivos desse crime por terem sido 'alijados da competição de maneira irregular e, por conseguinte, prejudicados quanto à sua expectativa de direito de contratar com a Administração Pública'"[2].

4. Fraude civil e fraude penal: ontologicamente iguais

Nélson Hungria estabeleceu a seguinte distinção entre ilícito penal e ilícito civil: "*Ilícito penal* é a violação da ordem jurídica, contra a qual, pela sua *intensidade* ou *gravidade*, a única sanção adequada é a pena, e *ilícito civil* é a violação da ordem jurídica, para cuja debelação bastam as sanções atenuadas da indenização, da execução forçada ou *in natura*, da restituição ao *status quo ante*, da breve prisão coercitiva, da anulação do

---

[2] Tavares de Freitas, *Crimes na lei de licitações*, p. 101.

ato, etc."[3] (grifos do original). Em outros termos, a distinção apresentada por Hungria não se fundamenta em sua realidade ontológica, isto é, não se refere propriamente a essência, mas repousa unicamente na natureza da sanção aplicada pelo ordenamento jurídico.

Comerciar é a *arte de negociar*, de tirar vantagem econômica do negócio ou de qualquer transação que se realize. Esse aspecto encerra um jogo de inteligência, de *astúcia*, uma espécie de brincadeira de *esconde-esconde*, donde resultou a expressão popular de que "o segredo é a alma do negócio". Em outros termos, é normal, nas transações comerciais ou civis, *certa dose de malícia* entre as partes, que, com habilidade, procuram ocultar eventuais deficiências de seu produto para, assim, realizar um *negócio* mais lucrativo ou vantajoso. Não era outro o entendimento de Magalhães Noronha, que reconhecia: "Se assim não fosse, raro seria o negócio ou a transação em que se não divisaria fraude punível, pois, neles, são frequentes os pequenos ardis, os ligeiros artifícios, os leves expedientes visando a resultado rendoso"[4].

A questão fundamental é, afinal, quando essa malícia ou habilidade ultrapassa os limites do *moralmente legítimo* para penetrar no campo do ilícito, do proibido, do engodo ou da indução ao erro.

Na verdade, a *ilicitude* começa quando se extrapolam os limites da "malícia" e se utilizam o engano e o induzimento a erro para a obtenção de *vantagem*, em prejuízo de alguém. No entanto, nessas circunstâncias, se estiver caracterizado o engano, a burla, ainda assim pode configurar-se não mais que a *fraude civil*, que terá como consequência a anulação do "contrato", com as respectivas perdas e danos. Heleno Fragoso destacava um exemplo muito elucidativo: "Se alguém v ende um automóvel, silenciando sobre defeito essencial (por exemplo: quebra da transmissão), isto será uma fraude civil, que anulará o contrato. Se alguém, todavia, vende um automóvel sem motor, iludindo o adquirente, praticará um estelionato, ou seja, uma fraude penal"[5]. Com efeito, atos maliciosos de comércio que não atingem o nível de burla, embora irregulares, não atingem o nível de crime (*v.g.*, estelionato), para o qual é insuficiente a habitual sagacidade do mundo dos negócios.

---

[3] Nélson Hungria, *Comentários ao Código Penal*, 5. ed., Rio de Janeiro: Forense, 1981, v. 7, p. 178.
[4] Magalhães Noronha, *Direito penal*, 15. ed., São Paulo: Saraiva, 1979, v. 2, p. 380.
[5] Heleno Fragoso, *Lições de direito penal*, 10. ed., Rio de Janeiro: Forense, 1988, v. 1, p. 446; 11. ed., 1995.

Como se distingue a *fraude civil* da *fraude penal*? Há diferença essencial entre uma e outra? Existem critérios seguros para apurá-las? Esse é um dilema que exige cautela em sua elucidação.

Doutrina e jurisprudência por longo tempo debateram-se na tentativa de encontrar critérios seguros que permitissem detectar a distinção entre as espécies ou natureza da fraude, civil ou penal. Carmignani, retrocedendo à concepção romana, afirmou que na fraude penal deveria existir grande perversidade e impostura. A famosa teoria *mise-en-scène*, atribuída a um autor alemão, foi desenvolvida pelos franceses e recepcionada por Carrara (§ 2.344). Para os defensores dessa concepção, a *fraude civil* pode revestir-se de simples mentira ou silêncio, enquanto a *fraude penal* exigiria determinada *artificiosidade* para ludibriar a vítima. Essa teoria também perdeu atualidade e adeptos, pois a distinção da natureza da fraude não reside apenas no meio ou modo de execução[6].

Após demorada enumeração de teorias, Nélson Hungria acaba concluindo: "O critério que nos parece menos precário é o que pode ser assim fixado: há quase sempre fraude penal quando, relativamente idôneo (*sic*) o meio iludente, se descobre, na investigação retrospectiva do fato, a ideia preconcebida, o propósito *ab initio* da frustração do equivalente econômico. Tirante tal hipótese de ardil grosseiro, a que a vítima se tenha rendido por indesculpável inadvertência ou omissão de sua habitual prudência, o *inadimplemento preordenado* ou *preconcebido* é talvez o menos incerto dos sinais orientadores na fixação de uma linha divisória nesse terreno *contestado* da fraude..."[7].

Várias teorias, enfim, objetivas e subjetivas, pretenderam explicar a distinção entre as duas espécies de fraude, civil e penal. Os argumentos, no entanto, não apresentaram suficientes e convincentes conteúdos científicos que ancorassem as conclusões que sugeriam, levando a moderna doutrina a recusá-las. Na verdade, não há diferença ontológica entre *fraude civil* e *fraude penal*, sendo insuficientes todas as teorias que – sem negar-lhes importância – procuraram estabelecer *in abstracto* um princípio que as distinguisse com segurança; não se pode, responsavelmente, firmar *a priori* um juízo definitivo sobre o tema. Fraude é fraude em qualquer espécie de *ilicitude* – civil ou penal –, repousando eventual diferença entre ambas tão somente em seu *grau de intensidade*. Não há, na

---

[6] Heleno Fragoso, *Lições de direito penal*, p. 447.
[7] Hungria, *Comentários ao Código Penal*, p. 191.

realidade, qualquer distinção ontológica entre uma e outra digna de consideração.

Na fraude civil objetiva-se o lucro do próprio negócio, enquanto na fraude penal visa-se o "lucro" ilícito. A inexistência de *dano civil* impede que se fale em prejuízo ou dano penal[8]. Essa distinção, além de complexa, não é nada pacífica, mas apresenta, inegavelmente, um bom critério que não se pode desprezar simplesmente, até porque não existe um *critério científico* que abstrata ou concretamente distinga, com segurança, uma fraude da outra!

Concluindo, somente razões político-criminais podem justificar a separação, em termos de direito positivo, entre *fraude civil* e *fraude penal*. Essa *cisão*, mesmo objetivando atender ao interesse social, não pode adequar-se a um padrão abstrato de irretocável conteúdo e segurança científicos. Por isso, o máximo que se pode tolerar é a fixação de critérios elucidativos que permitam uma segura opção do aplicador da lei.

5. Tipo objetivo: adequação típica

Trata-se de um tipo penal de *conteúdo variado* (ou de ação múltipla), isto é, ainda que o agente pratique, *cumulativamente*, todas as condutas descritas nos verbos nucleares, praticará um único crime. Convém destacar que, a despeito de tratar-se de um crime praticado mediante *fraude*, este não se confunde com o crime de *estelionato*. Aliás, a configuração do *estelionato* exige a presença simultânea dos seguintes requisitos fundamentais: 1) *emprego de artifício, ardil ou qualquer outro meio fraudulento*; 2) *induzimento ou manutenção da vítima em erro*; 3) *obtenção de vantagem patrimonial ilícita em prejuízo alheio*. Afora o *meio*, que também deve ser *fraudulento*, nenhum desses outros elementos essenciais é indispensável para a configuração do crime de "frustração do caráter competitivo de licitação" (art. 337-F). No estelionato, há *dupla relação causal*: primeiro, a vítima é enganada mediante fraude, *sendo* esta (*fraude*) *a causa*, e o engano, o *efeito*; segundo, *nova relação causal entre o* erro, *como* causa, e a obtenção de vantagem ilícita e o respectivo prejuízo, *como* efeitos. *Na verdade, é indispensável que a* vantagem *obtida, além de* ilícita, *decorra de* erro *produzido pelo agente, isto é, que aquela seja consequência deste. Não basta a existência do erro* decorrente da fraude, *sendo necessário que da ação resulte* vantagem ilícita *e* prejuízo

---

[8] Frederico Marques, Estelionato, ilicitude civil e ilicitude penal, *RT* 560/286.

patrimonial. Ademais, à vantagem ilícita deve corresponder um prejuízo alheio[9].

As condutas incriminadas neste art. 337-F do Código Penal, *acrescentado* pela Lei n. 14.133/21, são "frustrar" ou "fraudar" o caráter competitivo do procedimento licitatório, as quais devem ser, necessariamente, identificadas, isto é, descritas na inicial acusatória discorrendo em que ambas consistem, individualmente. São, portanto, duas modalidades de condutas incriminadas que identificam *a frustração* e *a fraude*, cujo objeto material é o *procedimento licitatório* frustrado (inviabilizado) ou fraudado. Vejamos, a seguir, cada uma delas.

(a) *Frustrar* significa privar, iludir, inviabilizar a realização do procedimento licitatório, mediante ajuste, combinação ou, como dizia a lei revogada, *qualquer outro expediente*; ou, na erudita definição de Paulo José da Costa Jr., "*frustrar*, do latim *frustrare*, é tornar inútil, fazer falhar, baldar, tornar sem efeito"[10]. Dito em bom português, "frustrar" é inviabilizar, inutilizar ou impedir tanto a realização do "procedimento licitatório", como também o seu "caráter competitivo", ou seja, frustrar implica no impedimento da licitação, esta não se realiza pura e simplesmente.

Não se pode olvidar que são duas coisas distintas, a realização do "procedimento licitatório", e o "caráter competitivo" deste: a *frustração* de qualquer dos dois é suficiente para tipificar a primeira conduta que ora examinamos. Neste dispositivo objetiva-se, fundamentalmente, preservar o *caráter competitivo* do certame licitatório; no caso, mais que o próprio *procedimento*, a relevância reside na sua *natureza competitiva*, de tal sorte que preservar ou realizar o referido procedimento sem essa característica, viola o bem jurídico que se pretende proteger, qual seja, a *competitividade* da concorrência pública (em sentido lato). Por outro lado, *frustrar* o próprio procedimento leva consigo (na frustração) também a *competitividade*, violando, por conseguinte, igualmente a proteção penal, por isso, a nossa afirmação de que a violação de qualquer dos dois é suficiente para tipificar a primeira conduta do tipo *sub examine*.

(b) *Fraudar*, por outro lado, é usar ou utilizar manobra ardilosa, astuciosa, isto é, realizada com emprego de artifício. *Fraude*, em outros termos, é a utilização de artifício, de estratagema, de engodo ou ardil para

---

[9]   Cezar Roberto Bitencourt, *Tratado de direito penal*: parte especial, 17. ed., São Paulo: Saraiva, 2021, v. 3, p. 309-310.

[10]   Paulo José da Costa Jr., *Direito penal das licitações*, 2. ed., São Paulo: Saraiva, 2004, p. 24.

vencer a vigilância da vítima ou responsável pela vigilância. Não vemos, a rigor, nenhuma restrição quanto à forma, meio ou espécie de *fraude*, bastando que seja idônea para desviar a atenção ou simplesmente enganar o administrador público ou os concorrentes do procedimento licitatório. Assim, caracteriza *meio fraudulento* qualquer artimanha utilizada para enganar, mascarar ou alterar a forma procedimental ou o caráter competitivo da licitação.

A fraude pode assumir diversas feições, como, por exemplo, no *crime de furto*, mesmo fraudulento, há o *dissenso da vítima*, enquanto no *estelionato* há a *aquiescência* da vítima, mesmo que viciada. Dito de outra forma, a fraude é *unilateral* no furto, e *bilateral* no estelionato, pela aquiescência do ofendido, ainda que viciada pelo engodo. No *furto*, a fraude burla a vigilância da vítima, que, assim, não percebe que a *res* lhe está sendo subtraída; no *estelionato*, ao contrário, a fraude induz a vítima a erro. Esta, voluntariamente, entrega seu patrimônio ao agente. No *furto*, a fraude visa desviar a oposição atenta do dono da coisa, ao passo que no *estelionato* o objetivo é obter seu consentimento, viciado pelo erro, logicamente.

Pois, curiosamente, a *fraude* no crime descrito no art. 337-F do Código Penal, acrescentado pela Lei n. 14.133/21 – a despeito da *unilateralidade* característica do furto e da *bilateralidade* existente no estelionato –, acreditamos que reúne um misto dessas duas modalidades de fraude: assemelha-se à *fraude do furto* quando burla a vigilância do administrador público ou dos demais concorrentes, visando desviar a atenção destes, mas também se identifica com a do *estelionato* quando objetiva induzi-los a erro. A fraude neste crime licitatório pode, na verdade, assumir ora uma, ora outra característica, ou, inclusive, ambas ao mesmo tempo.

Enfim, a *fraude* e a *frustração* implicam, necessariamente, o *engano* e/ou o *erro* do administrador público e dos demais concorrentes, visando, evidentemente, a obtenção de alguma *vantagem*, normalmente econômica. *Erro* é a falsa representação ou avaliação equivocada da realidade. O *administrador* supõe, por erro, tratar-se de uma realidade, quando na verdade está diante de outra; faz, em razão do *erro*, um juízo equivocado da proposição do agente. A *conduta fraudulenta* do sujeito leva o administrador a incorrer em *erro*. O agente, com sua ação fraudulenta, cria uma situação enganosa, fazendo parecer realidade o que efetivamente não é, ou seja, o administrador, em razão do estratagema, do ardil ou engodo utilizado pelo agente, é levado ao erro, desconhecendo a verdade dos fatos.

200

"Fazer ajustes" ou "combinação", *venia concessa*[11], não é a conduta incriminada no dispositivo que ora examinamos, mas tão somente *meios* declinados no tipo penal através dos quais o agente pode executar qualquer das duas condutas antes referidas, além da possibilidade, como demonstraremos adiante, de utilizar-se de *qualquer outro expediente*. Esses aspectos serão objeto de análise no tópico seguinte.

A ação tipificada não é, tampouco, *obter vantagem ilícita* (para si ou para outrem), ao contrário da *finalidade*, de um modo geral, dos crimes contra o patrimônio tipificados no Código Penal, embora, não se possa negar, que o *fim especial* das condutas tipificadas seja, de um modo geral, obter *vantagem* decorrente da adjudicação do objeto da licitação. Na verdade, essa vantagem integra o *elemento subjetivo especial do injusto* que, como tal, não precisa concretizar-se para a consumação do crime, sendo suficiente que tenha sido o móvel da ação criminosa. Mas as ações tipificadas são, repetindo, *frustrar* ou *fraudar* o caráter competitivo do procedimento licitatório, claro, tendo como *finalidade subjetiva* a obtenção de *vantagem*, cuja natureza, por sua complexidade temática, examinaremos adiante.

O texto do art. 90 da revogada Lei n. 8.666/93 exemplificava em que consistia as condutas de "frustrar" e "fraudar", mantidas no atual texto legal, destacando, *ipsis litteris*, "mediante ajuste, combinação ou qualquer outro expediente, o caráter competitivo do procedimento licitatório, com o intuito de obter, par si ou para outrem, vantagem decorrente da adjudicação do objeto da licitação".

Visivelmente, na tipificação desta conduta, o legislador atual "desidratou", esvaziou o conteúdo do *modus operandi* da fraude e do próprio artigo, retirando-lhe a substância que consiste na forma e na finalidade da própria fraude que, não raro, objetiva a obtenção, para si ou para outrem, de vantagem, no mínimo indevida, no caso, do caráter competitivo do procedimento licitatório. No entanto, a despeito da conduta inexplicável do legislador, tentando esvaziar o conteúdo deste art. 337-F, as condutas de *frustrar* e *fraudar* visam, invariavelmente, obter, para si ou para outrem, vantagem indevida decorrente da adjudicação do objeto da licitação. É da natureza das condutas de *frustrar* e *fraudar* essa finalidade espúria e os meios utilizados são, basicamente, sempre os mesmos, ainda que implícitos. Portanto, os *meios fraudulentos* utilizados para

---

[11] Vicente Greco Filho, *Dos crimes da Lei das Licitações*, 2. ed., São Paulo, Saraiva, 2007, p. 74.

obter vantagem indevida do caráter competitivo do procedimento licitatório são os mais variados possíveis, ficando em aberto, neste tipo penal, sem qualquer restrição ante a omissão do legislador. São digamos, os *meios* e *formas* tradicionais dessas condutas criminalizadas na ordem jurídica brasileira.

Essas questões, enfim, que examinamos acima são verdadeiras hipóteses legais de *fraude ao caráter competitivo do procedimento licitatório*, como destaca, com propriedade, Vicente Greco Filho, referindo-se à lei revogada: "Entre as hipóteses possíveis de fraude ao caráter competitivo do certame encontram-se as condutas previstas no art. 3º, § 1º, I, da lei, consistentes na inclusão das chamadas 'cláusulas discriminatórias', que são disposições dos atos de convocação que, não justificadas pelo seu objeto, visem a prejudicar ou beneficiar indevidamente possível concorrente"[12].

Devemos acrescentar, apenas, que também o inciso II do mesmo dispositivo revogado consagrava novas hipóteses de vedações de cláusulas restritivas à competição licitatória. Trata-se de omissão compreensiva, posto que se trata de texto legal alterado por lei posterior ao trabalho citado do Prof. Greco Filho, o qual comentava a lei revogada.

5.1. Mediante ajuste, combinação ou qualquer outro expediente

As condutas incriminadas de "frustrar" ou "fraudar" o caráter competitivo do procedimento licitatório devem ser, necessariamente, identificadas, isto é, descritas na inicial acusatória discorrendo em que ambas consistem, individualmente. Os crimes praticados mediante fraude utilizam sempre, e invariavelmente, hipóteses similares, por isso, esses dispositivos legais são, normalmente, repetitivos, pelo menos aqueles que os declinam. Por isso, a omissão ou supressão de tais meios não chegam a causar grandes dificuldades, pois, sem decliná-los, qualquer meio utilizado para obter a vantagem indevida pretendida será válido.

Os *meios*, quando declinados, através dos quais as condutas podem ser praticadas, são, aparentemente, vinculados, isto é, identificados e definidos pelo legislador expressamente, quais sejam, normalmente, "mediante ajuste, combinação ou qualquer outro expediente", mas nem sempre o legislador os explicita. No texto revogado deste artigo, o legislador havia estabelecido *dois meios* ou modos pelos quais a conduta pode

---

[12] Vicente Greco Filho, *Dos crimes da Lei de Licitações*, p. 73.

ser perpetrada, ou seja, – mediante *ajuste*, ou *combinação* – mas, incontinente, adotou uma fórmula genérica – *qualquer outro expediente* – que, segundo a doutrina especializada, *deve guardar alguma similitude com os dois meios devidamente identificados*. Significa dizer, em outras palavras, que esse "qualquer outro expediente" dever ter características que o identifiquem como *meio fraudulento*, pois é de *fraude* que se trata, restringindo-se, assim, a abrangência dessa descrição típica.

Enfim, a despeito de o legislador ter suprimido os meios possíveis de serem utilizados para a prática dessa conduta, exemplificaremos abaixo, porque, como ficou em aberto, teoricamente, pode ser praticado por qualquer meio possível ou admitido nessa forma de conduta.

5.1.1. Mediante "ajuste" *ou* "combinação"

Convém destacar, preliminarmente, que simples *ajuste*, *determinação* ou *instigação*, por determinação legal expressa, não são puníveis, se o crime não chega, pelo menos, a ser tentado (art. 31 do CP). Referido dispositivo legal não fala em "combinação", mas apenas por ser desnecessário, pois, como veremos, não deixa de ser uma espécie de "ajuste". No entanto, neste caso *sub examine*, *ajuste* e *combinação* não são as condutas incriminadas, mas simples *meios* pelos quais o sujeito ativo pode "frustrar" ou "fraudar" (estas sim são as condutas tipificadas) *procedimento licitatório*.

Ajuste e *combinação*, a rigor, não apresentam diferenças significativas, sendo utilizados, no quotidiano, como sinônimos, aliás, como faz o próprio legislador. A doutrina tem se esforçado, sem muito êxito, na tentativa de demonstrar conteúdos distintos a esses verbos nucleares. Assim, por exemplo, Paulo José da Costa Jr., *in verbis*: "*Ajuste* é o concerto (*sic*), o ajustamento. *Combinação* é o acordo, o contrato"[13]. Vamos combinar, quaisquer dessas definições podem ser empregadas, sem dificuldades, tanto com o sentido de "ajuste" quanto de "combinação"[14]. Por essa

---

[13] Paulo José da Costa Jr., *Direito penal das licitações*, p. 25.

[14] Convém, por outro lado, tomar cuidado para não confundir com induzimento e instigação: com efeito, "*induzir* significa suscitar o surgimento de uma ideia, tomar a iniciativa intelectual, fazer surgir no pensamento de alguém uma ideia até então inexistente. Por meio da *indução* o indutor anula a vontade de alguém, que, finalmente, acaba suicidando-se *ou automutilando-se*; logo, a intervenção daquele é que decide o resultado final; por isso, a conduta do indutor é mais *censurável* do que a conduta do instigador, que veremos adiante. Essa forma de

razão, não vemos necessidade para tentar aprofundar a definição e especialmente a distinção entre um e outra.

Neste crime, poderá configurar-se a exigência de *concurso necessário*, dependendo do *meio* utilizado para "frustrar" ou "fraudar" o *caráter competitivo do procedimento licitatório*. Preferindo o agente adotar um dos meios específicos – "ajuste" ou "combinação" –, certamente, haverá *concurso necessário*, na medida em que essas locuções determinam a necessidade da intervenção de duas ou mais pessoas para *ajustarem* ou *combinarem* a ação delitiva. No entanto, se a opção for por "meio genérico" – *qualquer outro expediente* – a conduta pode ser *unilateral*, isto é, praticada por um agente, sendo admissível, contudo, o concurso eventual de pessoas.

Fala-se, ainda, na possibilidade de o *ajuste* ou a *determinação* poder ser *total* ou *parcial*. Seria *total* se, por exemplo, sua finalidade fosse assegurar a vitória de um dos participantes; seria *parcial*, contudo, se objetivasse a criação de "cláusulas discriminatórias", dificultando ou excluindo determinados concorrentes, como exemplifica o veto legal constante do art. 3º, § 1º, I e II, da lei de regência. Nesse sentido, afirma Adel El Tasse: "Cabe ainda observar que os ajustes ou combinações mencionados podem ser com *caráter total*, quando o objetivo for o estabelecimento da vitória de um dos licitantes, ser *parcial*, se tratar de criação de regras paralelas que mascarem o ideal competitivo da licitação, não se estabelecendo diretamente qual dos licitantes será o vencedor do processo, mas criam-se regras paralelas às oficiais, que geram prejuízo ao sentido competitivo, que deve ser resguardado"[15].

'instigação' *lato sensu* – por meio da indução – os autores têm denominado 'determinação', quando se referem à participação em sentido estrito, que nós, também lá, preferimos chamá-la *induzimento*, para manter a harmonia com o sentido que é utilizado nesse tipo penal. *Instigar*, por sua vez, significa animar, estimular, reforçar uma ideia existente. Ocorre a *instigação* quando o instigador atua sobre a vontade do autor, no caso, do instigado. O instigador limita-se a provocar a resolução de vontade da indigitada vítima, não tomando parte nem na execução nem no domínio do fato. Tanto no induzimento quanto na instigação é a própria vítima que se autoexecuta" (Cezar Roberto Bitencourt, *Tratado de direito penal* - v. 2: crimes contra a pessoa, 21. ed., São Paulo: Saraiva, 2021, crime de "induzimento, instigação ou auxílio a suicídio e à automutilação", p. 213).

[15] Adel El Tasse, Licitações e contratos administrativos, in Luiz Flávio Gomes e Rogério Sanches Cunha (coords.), *Legislação criminal especial*, 2. ed., Coleção Ciências Criminais, São Paulo: Revista dos Tribunais, 2010, v. 6, p. 796.

5.1.2. Mediante "qualquer outro expediente"

Com efeito, para *fraudar* ou *frustrar* o certame licitatório o agente pode – além de valer-se de "ajuste" ou "combinação", que seriam meios específicos –, utilizar-se de "qualquer outro expediente" – que é um meio genérico, e constitui uma fórmula abrangente para abrir o leque de possibilidades de ludibriar o *formalismo* do certame licitatório. *Qualquer outro expediente* é uma locução similar à utilizada na definição do *crime de estelionato* (art. 171 do CP), no caso, "*qualquer outro meio fraudulento*", que representa uma *fórmula genérica* para admitir qualquer espécie (modo ou forma) de *engodo*, de *fraude*, desde que tenha idoneidade suficiente para enganar a vítima ou, no caso, os funcionários ou autoridades encarregados do certame licitatório. *Qualquer outro expediente* significa que, embora não conste expressamente do texto legal, também podem ser admitidos, como meios fraudulentos, o *artifício* e o *ardil*. Artifício é toda *simulação* ou *dissimulação* idônea para enganar ou mesmo induzir uma pessoa a erro ou a equívoco, levando-a à percepção de uma *falsa aparência da realidade. Ardil, por sua vez*, é a trama, o estratagema, a astúcia com a qual o agente pode enganar alguém.

Com essa locução aberta – *qualquer outro expediente* – torna-se desnecessária a precisão conceitual de *artifício* e *ardil*[16], que são meramente exemplificativos da *fraude penal*, tratando-se de crime de forma livre. Significa poder afirmar, ademais, que, se o Ministério Público imputar a prática do fato delituoso mediante *artifício* e, ao final, a prova dos autos demonstrar que se trata de *ardil*, não haverá nenhum prejuízo para a defesa, e tampouco se poderá afirmar que o *Parquet* pecou por desconhecimento técnico-dogmático. Indispensável, na verdade, é que o *Parquet* descreva claramente em que consiste a *fraude* que está imputando, pois o acusado defende-se do fato descrito e não do nome ou terminologia atribuída pelo acusador.

Enfim, para nós, sem sombra de dúvidas, as duas condutas incriminadas – *frustrar e fraudar* o **caráter competitivo do procedimento licitatório** – podem ser praticadas por outros meios, tais como *artifício, ardil* ou algum *outro meio similar*, onde a astúcia e a dissimulação do agente possa se fazer presente para fraudar o caráter competitivo do procedi-

---

[16] Guilherme de Souza Nucci, *Código Penal comentado*, 2. ed., São Paulo: Revista dos Tribunais, 2002, p. 562.

mento licitatório, pois o texto legal admite, como meio fraudatório, "qualquer outro expediente", logicamente, similar ao ajuste ou à combinação.

Não se deve esquecer, contudo, que a *interpretação* em matéria penal-repressiva deve ser sempre *restritiva*, e somente nesse sentido negativo é que se pode admitir o *arbítrio judicial*, sem ser violada a taxatividade do princípio da reserva legal. A seguinte expressão de Nélson Hungria ilustra muito bem esse raciocínio: "Não pode ser temido o *arbitrium judicis* quando destinado a evitar, *pro libertate*, a excessiva amplitude prática de uma norma penal inevitavelmente genérica"[17], como é o caso dos meios indicados para a prática deste crime. Por isso, deve-se adotar grande cautela no exame da elementar típica "qualquer outro expediente", pois ela terá abrangência distinta para uma e outra figuras típicas, ou seja, é mais aberto para a hipótese de "frustrar" o caráter competitivo do procedimento licitatório, sendo, no entanto, mais restrito quando se tratar da conduta de "fraudar" tal procedimento. Com efeito, nesta segunda hipótese, esse "qualquer outro expediente" limita-se a outra forma ou meio fraudulento, que, necessariamente, deve ser similar aos meios que descrevemos anteriormente.

O executor desse crime fraudulento de procedimento licitatório pode, por exemplo, usar, inclusive, qualquer outro expediente para enganar ou fraudar o caráter competitivo de um certame licitatório. É indispensável, também por essa razão, que o "qualquer outro expediente", seja suficientemente *idôneo* para *enganar* a Administração Pública, para *ludibriá-la*, isto é, para induzi-la a erro. *Qualquer outro expediente, por exemplo,* será o *meio fraudulento* através do qual o agente fraudará o sistema licitatório. A *inidoneidade do meio*, no entanto, pode ser relativa ou absoluta: sendo relativamente inidôneo o meio fraudulento para enganar a Administração Pública, poderá configurar-se tentativa do crime de "fraude ao caráter competitivo de licitação"; contudo, se a inidoneidade for absoluta, tratar-se-á de crime impossível, por absoluta ineficácia do meio empregado (art. 17).

Ao contrário do que ocorre no crime de estelionato (art. 171 do CP), não é indispensável que a Administração Pública (autoridade ou funcionário responsável pelo procedimento licitatório) seja *induzida* ou *mantida* em erro, basta que a conduta criminosa (fraudulenta) tenha idoneida-

---

[17] Nélson Hungria, *Comentários ao Código Penal*, p. 179.

de suficiente para enganar, para ludibriar, para induzir a Administração Pública a erro. A eventual ausência dessa idoneidade torna a conduta *atípica*, por falta de potencialidade lesiva.

Por fim, é indispensável que resultem descritas na denúncia a existência e a caracterização do *meio fraudulento*, qual seja, *ajuste, combinação ou qualquer outro expediente* com o intuito de obter, para si ou para outrem, *vantagem* decorrente da adjudicação do objeto da licitação. Além de descrever na denúncia em que consiste a *fraude* ou *frustração* do caráter competitivo do objeto da licitação, o *Parquet* deve demonstrar como e por que a frustração do caráter competitivo da licitação pode verificar-se.

Embora seja desnecessária a efetiva obtenção da *vantagem* decorrente da adjudicação do objeto da licitação, é necessário que se comprove, materialmente, a ocorrência da *frustração* ou da *fraude* decorrente do meio utilizado pelo agente. Em outros termos, é indispensável uma conexão causal, isto é, *uma relação de causa e efeito*, entre a fraude praticada pelo agente e a inviabilidade do certame licitatório.

5.2. Elementares inexistentes: exigência de vantagem ilícita e prejuízo alheio

A obtenção de *vantagem ilícita* não é uma elementar normativa do crime do art. 337-F do Código Penal, constituindo somente o *elemento subjetivo especial do injusto*, que será analisado em outro tópico. Tampouco há previsão da ocorrência de *prejuízo alheio* que, se existir, representará somente uma consequência a mais do crime, que sequer se pode afirmar que constitua o seu exaurimento. Na verdade, a eventual concretização de *vantagem* decorrente da adjudicação do objeto da licitação representará o exaurimento da conduta criminosa.

A *obtenção da vantagem* ou *proveito ilícito* pode decorrer, também, da circunstância de o agente *induzir* a vítima a *erro* ou de *mantê-la* no *estado de erro* em que se encontra o administrador público. Embora, ao contrário da previsão no crime de estelionato, "induzir ou manter em erro" não constituam *meios expressos* de executar o presente crime. Enfim, é possível que o agente provoque a incursão da vítima em *erro* (usando de meio fraudulento), ou apenas se aproveite dessa situação em que a vítima se encontra (em erro), *frustrando*, nesse caso, o caráter competitivo do certame.

De notar-se que embora o texto legal não fale em "induzir a erro" ou "aproveitar-se" de quem em erro se encontra, é possível que o agente se utilize de *qualquer desses expedientes*, como *meio*, para *fraudar*, na primeira hipótese, e para *frustrar*, na segunda. Na realidade, embora este crime não exija, concretamente, *vantagem econômica* e tampouco *prejuízo alheio*, ao contrário do que ocorre no crime de estelionato, constata-se que, como este, a *fraude* produtora do engano (ou do erro) é sua característica essencial. Mesmo na primeira modalidade de conduta – *frustrar* – que não se confunde com a *fraude*, não deixa de apresentar certa similaridade com esta, na medida em que pode propiciar ou facilitar a situação criadora do *engano* ou do *erro*, ou então o agente aproveita-se de determinada situação existente ou criada por outrem, *frustrando* o objetivo do certame licitatório, que é garantir a sua *ampla competitividade*.

5.3. Vantagem decorrente da adjudicação do objeto da licitação: irrelevância da natureza econômica

Curiosamente, o art. 337-D, que ora examinamos, não adjetiva a elementar "vantagem", nem mesmo de *ilícita*, embora se possa presumi-la como tal. Contudo, a sua natureza econômica ou não merece detida reflexão. O Código Penal de 1940 em determinados tipos penais, define a elementar *vantagem*, ora de ilícita, ora de econômica, mas dificilmente deixa de adjetivá-la. Impõe-se que se examine a natureza da *vantagem* decorrente da adjudicação do objeto da licitação, especialmente se será, necessariamente, econômica ou não.

Heleno Fragoso, ao examinar duas elementares semelhantes, adotava o mesmo entendimento: *qualquer vantagem* – na extorsão mediante sequestro (art. 159) – e *vantagem ilícita* – no estelionato (art. 171); para Fragoso, tanto numa quanto noutra hipótese "a vantagem há de ser econômica". Na primeira, dizia, "embora haja aqui uma certa imprecisão da lei, é evidente que o benefício deve ser de ordem econômica ou patrimonial, pois de outra forma este seria apenas um crime contra a liberdade individual"[18]. Na segunda, relativamente ao estelionato, mantendo sua coerência tradicional, pontificava: "Por *vantagem ilícita* deve entender-se qualquer utilidade ou proveito de ordem patrimonial, que o agente venha a ter em detrimento do sujeito passivo sem que ocorra justificação legal"[19]. Não se pode desconhecer que ambos os crimes encontram-se no título que trata dos crimes contra o patrimônio.

---

[18] Heleno Fragoso, *Lições de direito penal*, p. 367.
[19] Heleno Fragoso, *Lições de direito penal*, p. 452.

Essa *correção metodológico-interpretativa* de Fragoso, porém, não constitui unanimidade na doutrina nacional, merecendo, ainda que sucintamente, ser examinadas as suas particularidades.

Com efeito, Magalhães Noronha, examinando o crime de "extorsão mediante sequestro", professava: "O Código fala em *qualquer* vantagem, não podendo o adjetivo referir-se à *natureza* desta, pois ainda aqui, evidentemente, ela há de ser, como no art. 158, *econômica*, sob pena de não haver razão para o delito ser classificado no presente título"[20]. No entanto, o mesmo Magalhães Noronha, em sua análise da elementar *vantagem ilícita*, contida no crime de "estelionato", parece ter esquecido que essa infração penal também está classificada no título dos Crimes contra o Patrimônio, ao asseverar que "essa vantagem pode não ser econômica, e isso é claramente indicado por nossa lei, pois, enquanto que, na extorsão, ela fala em indevida vantagem econômica, aqui menciona apenas a vantagem ilícita. É, aliás, opinião prevalente na doutrina"[21]. Nessa linha de Magalhães Noronha, com posição não muito clara, Luiz Régis Prado, na atualidade, referindo-se à "extorsão mediante sequestro", leciona: "No que tange à *vantagem* descrita no tipo, simples interpretação do dispositivo induziria à conclusão de que não deva ser necessariamente econômica. Contudo, outro deve ser o entendimento. De fato, a extorsão está encartada entre os delitos contra o patrimônio, sendo o delito-fim, e, no sequestro, apesar de o próprio tipo não especificar a natureza da vantagem, parece indefensável entendimento diverso"[22]. Em relação ao "estelionato", referindo-se à elementar *vantagem ilícita*, Régis Prado sustenta: "Prevalece o entendimento doutrinário de que a referida vantagem não necessita ser econômica, já que o legislador não restringiu o seu alcance como o fez no tipo que define o crime de extorsão, no qual empregou a expressão *indevida vantagem econômica*"[23].

Ambos apresentam-se incoerentes assumindo postura em relação à extorsão mediante sequestro e outra relativamente ao estelionato! Constata-se que, ao contrário de Heleno Fragoso, que manteve interpretação coerente, Magalhães Noronha e Régis Prado adotam entendimento contraditório, na medida em que, em situações semelhantes – "qualquer vantagem" e "vantagem ilícita" –, adotam soluções díspares, como acabamos de ver.

---

[20] Magalhães Noronha, *Direito penal*, p. 287.

[21] Magalhães Noronha, *Direito penal*, p. 390.

[22] Luiz Régis Prado, *Curso de direito penal brasileiro*, São Paulo: Revista dos Tribunais, 2000, v. 2, p. 413.

[23] Luiz Régis Prado, *Curso de direito penal brasileiro*, v. 2, p. 501.

Por outro lado, examinando o mesmo tema, no crime de "extorsão mediante sequestro", fizemos a seguinte afirmação: "Preferimos, contudo, adotar outra orientação, sempre comprometida com a segurança dogmática da tipicidade estrita, naquela linha que o próprio Magalhães Noronha gostava de repetir de que 'a lei não contém palavras inúteis', mas que também não admite – acrescentamos nós – a inclusão de outras não contidas no texto legal. Coerente, jurídica e tecnicamente correto, o velho magistério de Bento de Faria, que pontificava: 'A vantagem – exigida para restituição da liberdade ou como preço do resgate – pode consistir em dinheiro ou qualquer outra utilidade, pouco importando a forma da exigência'[24]. Adotamos esse entendimento, pelos fundamentos que passamos a expor. (...) Curiosamente, no entanto, na descrição desse tipo penal – *extorsão mediante sequestro* –, contrariamente ao que fez na constituição do crime anterior (extorsão), que seria, digamos, o tipo matriz do 'crime extorsivo', o legislador brasileiro não inseriu na descrição típica a elementar normativa *indevida vantagem econômica*. Poderia tê-la incluído; não o fez. Certamente não terá sido por esquecimento, uma vez que acabara de descrever tipo similar, com sua inclusão (art. 158). Preferiu, no entanto, adotar a locução 'qualquer vantagem', sem adjetivá-la, provavelmente para não 'restringir seu alcance'"[25], até porque destacou que podia ser "qualquer" vantagem.

Por tudo isso, em coerência com o entendimento que esposamos sobre a locução "qualquer vantagem", que acabamos de transcrever, sustentamos que a *vantagem ilícita* – elementar do crime de estelionato –, pelas mesmas razões, não precisa ser necessariamente de natureza econômica. O argumento de que a natureza econômica da vantagem é necessária, pelo fato de o estelionato estar localizado no título que disciplina os crimes contra o patrimônio, além de inconsistente, é equivocado. Uma coisa não tem nada que ver com a outra: os crimes contra o patrimônio protegem a inviolabilidade patrimonial da sociedade em geral e da vítima em particular, o que não se confunde com a *vantagem ilícita* conseguida pelo agente. Por isso, não é a *vantagem* obtida que deve ter natureza econômica; o *prejuízo* sofrido pela vítima é que deve ter essa qualidade.

Referindo-nos ao estelionato, destacamos que "o *prejuízo alheio*, além de patrimonial, isto é, economicamente apreciável, deve ser real, concre-

---

[24] Bento de Faria, *Código Penal brasileiro comentado*, Rio de Janeiro: Record, 1961, v. 5, p. 63.

[25] Cezar Roberto Bitencourt, *Tratado de direito penal*, 17. ed., São Paulo: Saraiva, 2021, v. 3, p. 188.

to, não podendo ser meramente potencial. *Prejuízo*, destacava Magalhães Noronha[26], é sinônimo de dano, e, como o crime é contra o patrimônio, esse dano há de ser patrimonial. Aqui se justifica essa interpretação, pois está de acordo com o bem jurídico tutelado, que é a inviolabilidade do *patrimônio alheio*. Elucidativo, nesse particular, o magistério de Sebastian Soler[27]: 'Prejuízo patrimonial não quer dizer somente prejuízo pecuniário: a disposição tomada pode consistir na entrega de uma soma em dinheiro, de uma coisa, móvel ou imóvel, de um direito e também de um trabalho que se entenda retribuído, ou de um serviço tarifado. Pode também consistir na renúncia a um direito que positivamente se tem. Deve tratar-se, em todo caso, de um valor economicamente apreciável, sobre o qual incida o direito de propriedade no sentido amplo em que tal direito é entendido pela lei penal'"[28].

Com efeito, quando a lei quer limitar a *espécie de vantagem*, usa o elemento normativo *indevida, injusta, sem justa causa, ilegal*, como destacamos em inúmeras passagens de nosso *Tratado de direito penal*, ao abordarmos os crimes contra o patrimônio. Assim, havendo a *fraude* para enganar e obter *vantagem ilícita*, para si ou para outrem, não importa sua natureza (econômica ou não).

Para concluir, a *vantagem ilícita* não precisa ter natureza econômica, mas deve, necessariamente, ser *injusta*, ao passo que o *prejuízo alheio*, em razão do *bem jurídico violado*, deve ser economicamente apreciável. Da mesma forma, a *vantagem* obtida com o objeto da adjudicação decorrente da licitação, nos termos do art. 337-F, não necessita, obrigatoriamente, ter natureza econômica, bastando que eventual prejuízo dela decorrente represente um *prejuízo patrimonial* ao prejudicado, sendo sujeito passivo ou não dessa infração penal. Por outro lado, é importante destacar que a "vantagem" prevista como *elemento subjetivo especial do injusto* não se limita a simples contratação da licitação, mas deve, necessariamente, ser identificada e individualizada, independentemente de o sujeito ativo obter a contratação pretendida. Em outros termos, *a vantagem deve decorrer da celebração do contrato*, como sua consequência, e não se restringir somente a lograr ser o escolhido para contratar. Nesse sentido, a lúcida lição de Vicente Greco Filho, *in verbis*: "No artigo anterior, o *benefício* a

---

[26] Magalhães Noronha, *Direito penal*, p. 391.

[27] Sebastian Soler, *Derecho penal argentino*, Buenos Aires: TEA, 1951, p. 356.

[28] Cezar Roberto Bitencourt, *Tratado de direito penal*, 17. ed., São Paulo: Saraiva, 2021, v. 3, p. 315.

que se refere o dispositivo é o de simplesmente contratar sem licitação. No presente, a situação não é a mesma. A *vantagem* deve ser identificada independentemente de ser o agente o contratante. Este, por certo, auferiu vantagem consistente em realizar o contrato, fazendo a movimentação econômica, aliás, restrita na atualidade, e só isso já caracteriza vantagem. Os demais devem ter em sua intenção outro tipo de escolha, também fraudada, em licitação futura etc. A vantagem deve ser decorrente da realização do contrato, ainda que não para o contratante"[29]. Enfim, a *vantagem* pretendida deve decorrer do contrato de licitação celebrado.

6. Tipo subjetivo: adequação típica

O elemento subjetivo geral deste crime do art. 337-F é o *dolo*, representado pela vontade livre e consciente de *frustrar ou fraudar, por qualquer meio fraudulento* (conforme redação anterior da Lei n. 8.666/93: mediante ajuste, combinação ou qualquer outro expediente), *o caráter competitivo de procedimento licitatório*. Essa *vontade consciente* deve abranger não apenas a *ação* como também o *meio fraudulento*, a natureza *competitiva do procedimento licitatório*, além da *vantagem* decorrente da adjudicação do objeto da licitação.

É necessário que o agente tenha *consciência* de que obtém uma *vantagem* decorrente da adjudicação do objeto da licitação, pois sem essa consciência ou sem a vantagem a conduta será atípica. Não há previsão de modalidade culposa desta infração penal, consequentemente, ainda que os fatos tenham ocorrido, e inclusive resultado vantagem, a ausência de dolo afasta a adequação típica, pela falta de previsão da modalidade culposa.

6.1. Elemento subjetivo especial do injusto: intuito de obter, para si ou para outrem, vantagem decorrente da licitação

Faz-se necessário, ainda, o *elemento subjetivo especial* do tipo, constituído pelo *especial fim* de obter, para si ou para outrem, vantagem decorrente da adjudicação do objeto da licitação. Assim, a prática de qualquer das condutas que frustre ou fraude o procedimento licitatório não caracterizará este crime, sem visar a obtenção da vantagem mencionada. A simples ação produtora da frustração ou da fraude da licitação ou, principalmente, do caráter competitivo do procedimento licitatório não

---

[29] Vicente Greco Filho, *Dos crimes da Lei de Licitações*, p. 75.

tipificará esta conduta. Nesse sentido, o magistério de Paulo José da Costa Jr.: "Sem essa tendência interna transcendente, e obtenção de uma vantagem econômica com a adjudicação, não se perfaz o crime"[30].

No entanto, convém destacar, para que a conduta seja típica não é necessário que a vantagem pretendida seja alcançada, sendo suficiente que exista, com fim especial, na mente do sujeito ativo, isto é, que ela seja o móvel da ação, ao contrário do que parece entender Costa Jr. Na verdade, como temos sustentado, "o *especial fim* ou motivo de agir, embora amplie o aspecto subjetivo do tipo, não integra o dolo nem com ele se confunde, uma vez que, como vimos, o *dolo* esgota-se com a *consciência* e a *vontade* de realizar a ação com a finalidade de obter o resultado delituoso, ou na *assunção do risco* de produzi-lo. O *especial fim de agir* que integra determinadas definições de delitos condiciona ou fundamenta a *ilicitude* do fato, constituindo, assim, *elemento subjetivo do tipo* de ilícito, de forma autônoma e independente do dolo. A denominação correta, por isso, é *elemento subjetivo especial do tipo* ou *elemento subjetivo especial do injusto*, que se equivalem, porque pertencem, ao mesmo tempo, à ilicitude e ao tipo que a ela corresponde.

A ausência desses *elementos subjetivos especiais* descaracteriza o tipo subjetivo, independentemente da presença do dolo. Enquanto o dolo deve materializar-se no fato típico, os elementos subjetivos especiais do tipo especificam o dolo, sem necessidade de se concretizarem, sendo suficiente que existam no psiquismo do autor, isto é, desde que a conduta tenha sido orientada por essa finalidade específica"[31].

Enfim, as condutas de *frustrar* ou *fraudar constantes do art. 337-F*, sem o *fim especial*, poderão, eventualmente, adequar-se à proibição inserta ou no art. 337-I ou no art. 337-K, dependendo das demais circunstâncias.

7. Fracionamento do objeto licitado e emprego de outra modalidade de licitação

O *fracionamento do objeto licitado* ocorre para que se possa adotar uma modalidade de licitação mais simples (tomada de preços, por exemplo), em detrimento de outra mais complexa e mais formalizada (*v.g.*, a concorrência). Assim, o *fracionamento do objeto licitado* e o *emprego de*

---

[30] Paulo José da Costa Jr., *Direito penal das licitações*, p. 27.
[31] Cezar Roberto Bitencourt, *Tratado de direito penal*: parte geral, 27. ed., São Paulo: Saraiva, 2021, v. 1, p. 385-386.

modalidade mais simples e menos ampla de licitação (tomada de preços) constituem condutas absolutamente dependentes e interligadas entre si e assim devem ser analisados.

Com efeito, pode o administrador público demonstrar que, *in concreto*, a realização de diversas licitações não constitui *fracionamento ilegal* do objeto licitado, mas de opção legítima do administrador, seja porque se revela a melhor e mais econômica para o erário público, seja por se tratar da única ou da mais viável, no âmbito da *discricionariedade* que lhe assegura o Direito Administrativo, e, por conseguinte, trata-se da opção que atende melhor ao interesse público. Esse aspecto, por óbvio, afasta a adequação típica do procedimento adotado pelo administrador, que objetiva, acima de tudo, preservar o equilíbrio orçamentário do ente público e respeitar a Lei de Responsabilidade Fiscal. Convém destacar que o administrador público trabalha com previsões orçamentárias que, necessariamente, deve respeitar, sob pena de responder fiscal e criminalmente por seus atos. Ressalte-se, ademais, que, por vezes, a previsão orçamentária não se concretiza no exercício financeiro, demandando cortes de verbas e não realização de projetos muitas vezes extremamente relevantes para a sociedade. Não raro, essas dificuldades orçamentárias inviabilizam a realização de obras vitais para a coletividade, sendo recomendável o seu *desdobramento* para execução em etapas, como única forma de realizá-las.

Com efeito, não se pode ignorar a *limitação orçamentária* dos entes federados (União, Estado ou Município), sob pena de infringir a *Lei de Responsabilidade Fiscal*. Combinado com os arts. 15, 16 e 17 da Lei Complementar n. 101/2000 (Lei de Responsabilidade Fiscal – LRF), conduz, inevitavelmente, a essa conclusão. (...)

A Lei Complementar n. 101/2000 determina:

> Art. 15. Serão consideradas não autorizadas, irregulares e lesivas ao patrimônio público a geração de despesa ou assunção de obrigação que não atendam o disposto nos arts. 16 e 17.
>
> Art. 16. A criação, expansão ou aperfeiçoamento de ação governamental que acarrete aumento da despesa será acompanhado de:
>
> (...)
>
> II – declaração do Ordenador de Despesa de que o aumento tem adequação orçamentária e financeira com a Lei Orçamentária Anual e compatibilidade com o Plano Plurianual e com a Lei de Diretrizes Orçamentárias.

Em síntese, segundo a legislação supracitada, nem sempre se pode realizar serviços ou obras na modalidade de "concorrência" (portanto, em um único certame, ou mesmo em poucas e grandes obras), sob pena de nunca poder concretizá-las, por não se poder prever a alocação de recursos inexistentes. Por essa razão, determinadas obras ou serviços devem ser, necessariamente, desdobrados ou fracionados, para enquadrá-los na limitação orçamentária do respectivo órgão público; consequentemente, isso jamais poderá ser considerado como *fracionamento ilegal de obras ou serviços* a serem licitados, pelo contrário, trata-se efetivamente de fracionamento legal de obras públicas ou serviços, aliás, imposto pela legislação específica.

Na verdade, o administrador pode e deve usar o seu *poder discricionário* –, com cautela e senso de responsabilidade, observando as limitações e necessidades orçamentárias – para optar por outra modalidade de licitação, *v.g.*, *tomada de preços*. Nesses casos, o administrador diligente está devidamente autorizado a desdobrar ou fracionar a compra ou execução de obras ou serviços (ou mesmo compra de material) de acordo com sua *disponibilidade orçamentária*, sem que isso possa caracterizar *fracionamento ilegal* ou indevido de licitações, ao contrário do que eventualmente têm interpretado o *Parquet* e o próprio Judiciário. Com efeito, nessas circunstâncias, deve-se planejar a compra, obra ou serviço, individualmente, de forma independente, de acordo com as possibilidades orçamentárias reais, até o limite dos recursos existentes. A isso denomina-se *uso correto do poder discricionário do administrador*. Trata-se, a rigor, de *opção legítima e discricionária* do administrador probo, sem esbarrar em qualquer vedação legal.

Enfim, para que se configure o *fracionamento* é necessário que estejam presentes *três pressupostos*, quais sejam, que (a) as obras sejam da mesma natureza, (b) possam ser executadas no mesmo local e (c) de forma conjunta e concomitantemente. Nesse sentido, pode-se invocar a doutrina de Marçal Justen Filho, *in verbis*: "Não é possível tratar objetos semelhantes como parcelas de uma única contratação. Assim, por exemplo, *não haveria sentido em a Administração realizar uma única contratação para comprar todo o material de expediente necessário para seu consumo durante o exercício inteiro*. Não vejo fundamento para, não obstante realizar cinco ou dez licitações diversas ao longo do tempo, ser a Administração compelida a escolher modalidade a partir do valor global dos desembolsos. Sendo autônomos e independentes os contratos, devem ser assim tratados, inclusive para fins de avaliação da obrigatoriedade e modalidade de licitação. O tratamento isolado das contratações autônomas entre si é a regra. A exceção é produzir-se o somatório"[32] (grifamos).

Com efeito, o *fracionamento* é vedado tão somente na hipótese em que *desnatura* o próprio objeto contratado, como bem exemplifica o mesmo doutrinador: "O fracionamento em lotes deve respeitar a integridade qualitativa do objeto a ser executado. (...) Se a Administração necessitar adquirir um veículo, não teria sentido licitar a compra por partes (pneus, chassis, motor, etc.). Em suma, o impedimento de ordem técnica significa que a unidade do objeto a ser executado não pode ser destruída através do fracionamento"[33]. Deve-se observar, ademais, a existência ou não de relação direta entre os objetos da licitação, as características e peculiaridades individuais que as identificam, e que, ao mesmo tempo, podem distingui-las, bem como particularidades relativas à viabilidade técnica, ensejando, inclusive, a necessidade ou recomendação de licitações distintas.

No particular, vale citar, mais uma vez, Marçal Justen, quando afirma que "se a vontade da Lei fosse submeter todas as contratações ao regime de concorrência, o sistema legal seria outro. Ao contrário, a Lei admite contratações com dispensa de licitação e prevê casos de convite e tomadas de preço. Logo, essas alternativas devem ser prestigiadas tanto quanto a concorrência"[34]. Por outro lado, optar pela modalidade de *concorrência*, não significa, por si só, assegurar maior publicidade ou maior número de participantes, na medida em que restringe as empresas capacitadas a participar de um certamente maior, reunindo todas as obras ou serviços em um único contrato. Na verdade, via de regra, procedimento como esse *seria totalmente contrário à competição, finalidade maior da Lei de Licitações*, visto que eliminaria a possibilidade de participação de várias empresas de menor porte, que poderiam, teoricamente, participar efetivamente dos certames na modalidade de *tomada de preços* para obras menores.

Por fim, Marçal Justen Filho reconhece que *o fundamento jurídico* do fracionamento consiste na ampliação das vantagens econômicas para a administração. Adota-se o *fracionamento* como instrumento de redução de despesas administrativas. A possibilidade de participação de um maior

---

[32] Marçal Justen Filho, *Comentários à Lei de Licitações e Contratos Administrativos*, 11. ed., São Paulo: Dialética, 2004, p. 207.
[33] Marçal Justen Filho, op. cit., p. 207.
[34] Marçal Justen Filho, op. cit., p. 207.

número de interessados não é o objetivo imediato e primordial, mas via instrumental para obter melhores ofertas (em virtude do aumento da competitividade). Ademais, as únicas diferenças entre a *tomada de preços* e a *concorrência* são os *prazos* e a *forma de publicidade*, visto que a *tomada de preços* permite a participação ampla de concorrentes, a exemplo do que ocorre com a concorrência.

Com efeito, o *fracionamento* do objeto licitado, em verdade, *aumenta a competitividade*, pois muito mais limitada seria a participação de empresas na licitação de uma grande obra. Poder-se-ia estar diante de alguma irregularidade administrativa, mas não de infração penal, para a qual há a exigência da tipicidade. Em outros termos, o *fracionamento* de uma licitação *não frauda* e *nem frustra* "o caráter competitivo do procedimento licitatório", especialmente quando se opta pela *tomada de preços*, pois permite a participação de qualquer empresa, inclusive daquelas aptas à modalidade "concorrência". Aliás, abre a possibilidade para os competidores que não poderiam desta participar. O inverso não é verdadeiro, porque diversas obras na modalidade "tomada de preços" convertidas em uma "concorrência" impediriam a participação de inúmeras empresas de pequeno porte. Dito de outra forma, o *fracionamento do objeto da licitação*, ainda quando irregular, *não encontra adequação típica* no art. 337-F do Código Penal, sendo, no particular, uma *conduta atípica*.

8. Consumação e tentativa

O crime do art. 337-F – frustrar ou fraudar o caráter competitivo de procedimento licitatório – somente se consuma com a efetiva frustração ou fraude do referido procedimento. Mais que isso: é necessário que o "caráter competitivo" resulte frustrado ou fraudado, sendo insuficiente, portanto, a simples ação visando frustrá-lo ou fraudá-lo, sendo indispensável que resulte realmente frustrada ou fraudada a *competitividade do procedimento licitatório*, como exige o tipo penal. Trata-se, por conseguinte, de crime de dano, portanto, material, que exige a produção desse resultado.

Na modalidade de "frustrar", à evidência, somente se consuma a infração com o efetivo impedimento da realização do procedimento licitatório, pois o seu não impedimento poderá, no máximo, configurar a figura tentada. Por outro lado, na modalidade de "fraudar", a situação não é muito diferente: a conduta fraudulenta precisa resultar materializada em ato, fato ou documento que comprove sua concretização. Não se pode confundir, para efeito de consumação, a materialização da frustração ou da fraude com a efetiva obtenção da *vantagem* referida no dispositivo legal, na medida que dita *vantagem* representa somente o *fim especial da ação*, que, como tal, não precisa se concretizar, sendo suficiente que exista no psiquismo do agente, isto é, que seja o móvel da ação. Na verdade, tampouco é necessário à consumação que ocorra *prejuízo econômico*, o qual, se vier a existir, representará somente o exaurimento do crime.

Tratando-se de crime material, com *iter criminis* claramente constatável, é perfeitamente possível a ocorrência da figura tentada, que a casuística permitirá sua comprovação. Para que exista tentativa punível é indispensável que haja, pelo menos, o início da execução do *iter criminis*. Admitimos uma certa dificuldade para distinguir simples *atos preparatórios* dos *atos já executórios*, especialmente quando o legislador opta por utilizar esses verbos excepcionados no art. 31 do CP, como ocorre nesta figura penal, a exemplo do que também acontece com a previsão do art. 122 daquele diploma legal (induzimento, instigação ou auxílio ao suicídio).

9. Classificação doutrinária

Trata-se de *crime comum*, podendo ser praticado por qualquer pessoa, independentemente de qualquer qualidade ou condição especial; *crime material*, como crime de dano exige a produção de um resultado, representado pela efetiva frustração ou fraude do procedimento licitatório; *instantâneo*, consuma-se no momento em que o agente pratica as ações incriminadas, esgotando-se aí a lesão jurídica, nada mais podendo ser feito para evitar a sua ocorrência; *comissivo*, sendo impossível praticá-lo através da omissão; *doloso*, não havendo previsão da modalidade culposa; *unissubjetivo*, pode, como a maioria dos crimes, ser praticado por um agente, embora admita naturalmente eventual concurso de pessoas; *plurissubsistente*, trata-se de crime cuja conduta *admite fracionamento*, isto é, pode ser dividida em atos, tanto que admite a figura tentada em ambas as figuras penais.

10. Pena e ação penal

As penas cominadas, cumulativamente, para esta infração penal são de quatro a oito anos de reclusão e multa. A ação penal, como em todos os crimes incluídos no Código Penal previstos pela Lei n. 14.133, é pública incondicionada (art. 100). Será admitida ação penal privada subsidiária da pública se esta não for ajuizada no prazo legal (art. 103).

Capítulo IX
ADVOCACIA ADMINISTRATIVA NOS CRIMES LICITATÓRIOS

Sumário: 1. Considerações preliminares. 2. Bem jurídico tutelado. 3. Sujeitos ativo e passivo do crime. 4. Tipo objetivo: adequação típica. 4.1. Causar a instauração de licitação ou celebração de contrato. 4.2. Invalidação de licitação ou de contrato decretada pelo Poder Judiciário. 5. Tipo subjetivo: adequação típica. 5.1. (Des)necessidade de elemento subjetivo especial do injusto. 6. Consumação e tentativa. 7. Classificação doutrinária. 8. Pena e ação penal.

Patrocínio de contratação indevida

Art. 337-G. Patrocinar, direta ou indiretamente, interesse privado perante a Administração Pública, dando causa à instauração de licitação ou à celebração de contrato cuja invalidação vier a ser decretada pelo Poder Judiciário:

Pena – reclusão, de 6 (seis) meses a 3 (três) anos, e multa.

---

1. Considerações preliminares

A criminalização da denominada *advocacia administrativa* constitui inovação do Código Penal de 1940, na medida em que o Código Criminal de 1830 e o Código Penal de 1890 desconheciam essa figura típica, que não passava de simples infração administrativa.

Relativamente aos *crimes contra a ordem tributária, econômica e contra as relações de consumo*, a advocacia administrativa é disciplinada pela Lei n. 8.137/90 (art. 3º, III), que, por ser *especial*, afasta a geral (Código Penal). Por isso, o *patrocínio de interesse privado* ante a administração fazendária, em matéria tributária ou previdenciária, é criminalizado pela lei de sonegação tributária (*lex especialis derogat legi gene-*

rali), que aplica, inclusive, a pesadíssima pena de reclusão de um a quatro anos. Na mesma linha, a Lei n. 14.133/21, que regulamenta *as licitações e contratos da Administração Pública*, também criou sua própria figura de *advocacia administrativa*, atribuindo-lhe, contudo, a denominação de "patrocínio de contratação indevida". Tal como ocorre na hipótese dos crimes tributários, também na seara das licitações públicas, havendo advocacia administrativa, será aplicável a previsão contida nessa lei, cuja pena cominada é de seis meses a três anos de reclusão e multa.

Dispomos, como acabamos de constatar, de três modalidades de advocacia administrativa – uma geral e duas especiais – punindo, pela mesma conduta, com sanções absolutamente distintas, a despeito de tratar-se, basicamente, do *mesmo bem jurídico tutelado*, ignorando princípios básicos, como os da *proporcionalidade* e da *humanidade* da pena criminal.

2. Bem jurídico tutelado

Bem jurídico protegido é a Administração Pública, especialmente sua moralidade e probidade administrativa. Protege-se, na verdade, a probidade de função pública, sua respeitabilidade, bem como a integridade de seus funcionários que é incompatível com o exercício de *advocacia administrativa* em favor do interesse privado. Como destaca Damásio de Jesus, "a lei penal protege o regular funcionamento da administração governamental, tutelando-a da conduta irregular de seus componentes que, em razão do cargo, procuram defender interesses alheios ao Estado, de particulares, lícitos ou ilícitos"[1]. Com efeito, ao funcionário público, no exercício da função, não é permitido agir para a satisfação de interesse privado, próprio ou de terceiro, ainda que não objetive conseguir alguma vantagem pessoal de qualquer natureza.

Especificamente, o bem jurídico tutelado neste art. 337-G é a garantia da respeitabilidade, probidade, integridade e moralidade das *contratações públicas*, que são ofendidas com a conduta descrita neste artigo. O dispositivo ora examinado visa, acima de tudo, proteger a lisura, transparência e igualdade de tratamento na *contratação pública*, impedindo a interferência de interesses estranhos – mesmo patrocinados por outros funcionários públicos – na retidão do *processo licitatório,* que, certamente, comprometeria a isonomia concorrencial. O administrador público

---

[1] Damásio de Jesus, *Direito Penal*, p. 181.

220

deve, para bem desempenhar suas funções, despir-se de *interesses ou sentimentos pessoais*, priorizando o cumprimento pronto e eficaz de suas atribuições de ofício, que deve ser realizado escrupulosa e tempestivamente sem a intervenção de ninguém. Em outros termos, como destacou Basileu Garcia, a tutela penal, nesta hipótese, objetiva "robustecer a obrigação de extrema imparcialidade dos funcionários em face das pretensões dos particulares perante o Estado, veiculadas pelas repartições públicas"[2].

O sentimento do *administrador público*, enfim, não pode ser outro senão o de cumprir e fazer cumprir o processo licitatório com toda transparência e correção, observando estritamente as disposições legais pertinentes à matéria, sem sofrer influências externas de quem quer que seja. A criminalização constante deste art. 337-G, acrescentado ao Código Penal pela Lei n. 14.133/21, pretende, enfim, impedir procedimento que ofenda ou dificulte o tratamento isonômico dos concorrentes, ou que, por qualquer razão, dificulte ou impeça a seleção da proposta mais vantajosa para a Administração Pública.

3. Sujeitos ativo e passivo do crime

Sujeito ativo somente pode ser o *funcionário público*, tratando-se, por conseguinte, de *crime próprio*, que exige essa *condição especial* do agente, da qual deve prevalecer-se para *patrocinar interesse privado perante a Administração Pública*, a despeito de não constar expressamente na descrição típica. É da essência dessa infração penal a característica de ser um *crime funcional*, na medida em que o *particular* não sofre essa mesma vedação legal. É indiferente que não fosse *funcionário* quando iniciou a conduta criminosa, desde que nela tenha persistido após sua nomeação. A fase inicial podia ser lícita, mas não sua sequência após ter adquirido a condição especial exigida pelo tipo. No mesmo sentido é o magistério de Vicente Greco Filho, que pontifica: "O sujeito ativo é o funcionário público que patrocina interesse privado perante a Administração. Se o agente não era funcionário e patrocinava interesse privado, mas, posteriormente, vem a ser nomeado agente público e prossegue na intermediação, incide na infração"[3]. Enfim, autor desse crime é somente o *funcio-*

---

[2]   Basileu Garcia, *Dos crimes contra a administração pública*, Rio de Janeiro: Forense, 1944, p. 443.

[3]   Vicente Greco Filho, *Dos crimes da Lei de Licitações*, p. 81-82.

nário público, enquanto funcionário, como funcionário e nessa condição, pois sua característica principal, repetindo, é ser um *crime funcional*, tratando-se, por conseguinte, de *crime próprio*, que não pode ser praticado por qualquer particular, sem essa condição ou qualidade.

O simples fato de o agente ser *servidor público*, por si só, não é suficiente para caracterizar esta infração penal, ainda que pratique conduta semelhante. É indispensável, como destaca o texto legal, que o agente valha-se dessa condição (funcionário público) para obter alguma vantagem perante a Administração Pública em favor do interesse privado. Nesse sentido, merece ser destacada a primorosa lição de Cretella Júnior, *in verbis*: "Valer-se dessa *qualidade* é desempenhar o serviço público não de modo objetivo, mas subjetivo, favorecendo um, em detrimento de outro, infringindo, assim, o princípio de igualdade do administrado perante a Administração. O funcionário age como se a *res publica* fosse sua ou age como se fosse o advogado do interessado, patrocinando-lhe o interesse, perante a Administração"[4].

A prática criminosa pode ser direta ou indireta, isto é, por interposta pessoa, expressamente admitida na descrição da conduta típica. O *particular*, individualmente, não pratica esse tipo de crime, não lhe sendo vedado defender ou patrocinar interesse privado perante a Administração Pública, aliás, pelo contrário, a este lhe é assegurado constitucionalmente esse direito (art. 5º, XIII). Afora esse aspecto, admite-se a possibilidade do concurso eventual de pessoas, ou seja, o particular (sem reunir a condição especial típica), o *extraneus*, pode concorrer para o crime, na condição de partícipe, auxiliando o *intraneus*, induzindo-o ou instigando-o à prática delituosa.

Sujeito passivo é o Estado (União, Estados, Distrito Federal e Municípios), bem como suas respectivas autarquias, fundações, empresas públicas, sociedades de economia mista e demais entidades controladas pelo Poder Público. Convém destacar, no entanto, que será sujeito passivo somente o ente público no âmbito do qual a licitação foi instaurada ou o contrato público celebrado.

Se houver *prejuízo a terceiro* – o que, aliás, é bastante provável, considerando-se a existência de concorrentes –, este, certamente, também

---

[4] José Cretella Júnior, *Das licitações públicas*, 18. ed., Rio de Janeiro: Forense, 2009, p. 413.

poderá figurar como sujeito passivo, considerado pela doutrina majoritária como *secundário*. O *prejuízo* sofrido pela inviabilização do certame licitatório o torna também sujeito passivo dessa infração penal, legitimando-o, inclusive, a propor eventual ação penal subsidiária.

4. Tipo objetivo: adequação típica

O *nomen juris* – advocacia administrativa – talvez não seja o mais adequado, pois, *a priori*, dá uma ideia de que a ação seja privativa de advogado, o que não corresponde à realidade, pois o verbo nuclear utilizado "patrocinar" deixa claro que seu significado é defender, proteger, postular, que, teoricamente, pode ser cometido por qualquer pessoa, desde que reúna a condição de funcionário público. Pelo menos, o Anteprojeto da Reforma Penal mudou o *nomen juris* dessa figura penal para *patrocínio indevido*, eliminando, dessa forma, os inconvenientes que acabamos de apontar.

A ação incriminada consiste em *patrocinar*, direta ou indiretamente, *interesse privado* (de particular) perante a Administração Pública. *Patrocinar* é defender, pleitear, advogar, proteger, auxiliar ou amparar o interesse privado de alguém. Contrariamente à previsão do Código Penal (art. 321), não consta expressamente que se trate de *funcionário público* que se valha dessa *qualidade,* ou seja, aproveitando-se da facilidade de acesso junto a seus colegas e da camaradagem, consideração ou influência de que goza entre eles. No entanto, o crime de *advocacia administrativa* é, por excelência, um *crime funcional*, exigindo, consequentemente, que o sujeito ativo ostente a *condição especial de funcionário público*, e, no caso, mais que isso, que o agente valha-se dessa condição para obter facilidades para o patrocinado. Não basta, portanto, ser funcionário público, é necessário que dela se utilize para patrocinar interesse privado. Equivocado, *venia concessa*, o entendimento em sentido contrário de Guilherme Nucci, quando comentando a lei revogada, sustentou que "o art. 91 da Lei n. 8.666/93 dispensa essa condição. Logo, para a configuração do crime, basta que o servidor público – conhecido ou não dos outros funcionários; fazendo uso de informes privilegiados ou não – busque beneficiar terceiros perante os interesses estatais"[5]. Na verdade, a condição de funcionário público é uma *elementar implícita* do crime de advocacia administrativa, até porque não há qualquer proibição de o

---

[5] Guilherme Nucci, *Leis penais e processuais penais comentadas*, 3. ed., São Paulo: Revista dos Tribunais, 2008, p. 819.

particular poder patrocinar interesses privados perante a Administração Pública. Nesse sentido, Greco Filho destaca: "(...) porque não tem cabimento apenar o particular que patrocina os seus interesses ou os de terceiros perante a Administração, porque seriam criminosos todos os advogados que requererem, em nome de seus clientes, perante a Administração ou, mesmo, cada um de nós que pleitear qualquer coisa perante ela. A infração é funcional, portanto, e assim será tratada"[6].

Com efeito, o que este tipo penal proíbe não é que ocorra *patrocínio* de interesse privado perante a Administração Pública, mas que esse *patrocínio* seja realizado por funcionário público valendo-se dessa sua condição. O que se pretende punir é a atitude do funcionário que comprove o seu *animus* de "advogar" interesses alheios, utilizando-se de sua condição e de sua influência de funcionário público para beneficiar o patrocinado, justa ou injustamente. Com o prestígio que tem no interior das repartições públicas e a facilidade de acesso às informações ou troca de favores, a interferência de um funcionário público, *patrocinando* interesse privado de alguém, retira a neutralidade e a isenção que a Administração Pública deve manter na administração de interesse público.

Interesse privado, por sua vez, é qualquer finalidade, meta, vantagem ou objetivo a ser alcançado pelo particular perante a Administração Pública. Contrapondo-se ao interesse público, o interesse privado é vantagem ou proveito que o particular pretende alcançar ou obter perante a Administração Pública. É irrelevante, para este diploma legal, a *legitimidade* ou *ilegitimidade* do interesse privado patrocinado. Para a caracterização do crime, no entanto, é insuficiente a simples informação dos interesses postulados. Não se trata, por outro lado, de "mero interesse" de algum funcionário no andamento mais ou menos rápido de determinados papéis, pedidos ou expedientes, atendendo pedido de algum amigo ou conhecido. Todo cidadão tem ou pode ter interesse privado a postular perante a Administração Pública, por si ou por interposta pessoa, legitimamente. O *particular* que se dirige à Administração Pública, na maioria das vezes, o faz para postular direitos ou interesses, próprios ou de terceiros (várias pessoas postulam, inclusive, interesses dos familiares, de amigos e até de vizinhos). Certamente, não é desse interesse privado que se ocupa o dispositivo legal que ora se examina.

Com efeito, a locução "interesse privado", *lato sensu*, como elementar típica, é mais abrangente e pode compreender "simples interes-

---

[6] Vicente Greco Filho, op. cit., p. 79.

se" (*stricto sensu*), que se esgota no plano administrativo, como também "um direito", o qual, insatisfeito na esfera administrativa, pode ser postulado no plano judicial. Em ambos os casos – interesse ou direito – a pretensão privada pode ser, ilegalmente, *patrocinada* por funcionário público, valendo-se dessa condição, incorrendo na proibição constante do atual art. 337-G do Código Penal. Repetindo, é necessário, no entanto, que o funcionário público valha-se dessa sua condição para postular o interesse privado, influenciando ou pretendendo influenciar com o seu prestígio (ou pretenso prestígio) a solução satisfatória de sua demanda.

O objeto material da proteção penal é o patrocínio de *interesse privado* perante a Administração Pública, independentemente de ser ou não *legítimo*, na medida em que, ao contrário do Código Penal, esse aspecto não foi nem limitado nem distinguido pelo legislador. A *ilegitimidade do interesse privado*, que na figura similar do Código Penal (art. 321) qualifica o crime, não recebe tratamento diferenciado nesta figura especial. Alguns autores, no entanto, sustentam que, na hipótese deste dispositivo legal, o *interesse privado* patrocinado é sempre *ilegítimo*, como Paulo José da Costa Jr., que afirma: "O interesse patrocinado é sempre *ilegítimo*, porquanto o contrato celebrado deverá ser invalidado pelo Judiciário"[7]. No mesmo sentido, Greco Filho: "Isso significa que a licitação provocada pela atuação do funcionário deve corresponder a uma *pretensão ilegítima*, porque reconhecida como tal pelo Poder Judiciário"[8]. Em sentido semelhante, referindo-se à necessidade da decisão judicial, também se manifesta Diógenes Gasparini: "não sendo suficiente para esse fim a *anulação* administrativa da licitação instaurada ou do contrato celebrado"[9].

Na verdade, constata-se que referidos autores incorrem em duplo equívoco: em primeiro lugar, o art. 337-G, que substitui o revogado art. 91, mantendo a mesma redação, não faz qualquer referência sobre legitimidade ou ilegitimidade do interesse privado, como imaginam. O Código Penal as distingue tão somente para punir mais severamente a *ilegitimidade* do interesse. Por isso, nesta lei especial, para efeitos de tipicidade é indiferente que o interesse privado seja legítimo ou ilegítimo; em segundo lugar, é irrelevante que a invalidação deva ser decretada pelo

---

[7]   Paulo José da Costa Jr., *Direito penal das licitações*, 2. ed., São Paulo: Saraiva, 2004, p. 30.

[8]   Vicente Greco Filho, op. cit., p. 80.

[9]   Diógenes Gasparini, *Crimes na licitação*, 2. ed., São Paulo: NDJ, 2001, p. 109.

Poder Judiciário para efeitos de aferir a natureza do interesse privado. Com efeito, a *invalidação* pode ser decretada não pela natureza legítima ou ilegítima do interesse, mas pelo *modus operandi* de sua defesa ou patrocínio. Dito de outra forma, o interesse privado pode ser *legítimo*, mas não a forma de seu patrocínio ou defesa, por funcionário público, e por isso deve ser *invalidado* pelo Poder Judiciário, pois sua *invalidade* não decorre somente da *ilegitimidade* do interesse, mas fundamentalmente da "ilegitimidade" do patrocínio em si. Aspectos meramente formais podem, inclusive, ser suficientes para gerar a invalidação de iniciação de licitação ou mesmo de celebração de contrato. Não quer dizer, por outro lado, que, para outros fins, a ilegitimidade não possa ser reconhecida no âmbito administrativo, ao contrário do que afirma Costa Jr. e Greco Filho. Em outros termos, o que torna *inválida* a licitação ou o contrato celebrado não é a *ilegitimidade* do interesse privado, mas do patrocínio levado a efeito pelo funcionário público.

O *patrocínio* pode ser *direto*, isto é, sem interposta pessoa, ou *indireto*, quando se utiliza de terceiro para atingir seu desiderato. Pode ser, ainda, *formal* e *explícito* (petições, requerimentos etc.) ou *dissimulado e implícito*, seja acompanhando o andamento de processos ou pressionando, de alguma forma, para apurar a decisão ou, ainda, tomando conhecimento das decisões adotadas etc. Em qualquer das hipóteses, é importante que o agente aja aproveitando-se das facilidades que sua condição de funcionário público lhe proporciona. Nesse sentido, já pontificava Hungria: "O patrocínio pode ser exercido direta ou indiretamente, isto é, pelo próprio funcionário ou servindo este (*sic*), como intermediário, de alguém que se sabe agir à sombra do seu prestígio (ex.: um seu filho), e que será copartícipe do crime"[10]. Ademais, no *patrocínio* ou advocacia administrativa não se exige a contrapartida de *vantagem econômica* ou de qualquer outra natureza; pode ser usado, por exemplo, para satisfazer *interesse pessoal*, prestar um favor a alguém etc. A *motivação* da conduta, enfim, é irrelevante para a caracterização do crime.

4.1. Causar a instauração de licitação ou celebração de contrato

Esta modalidade de advocacia administrativa, além de ser *especial*, é bem mais restrita que aquela geral prevista no Código Penal (art. 321), exatamente pela presença destas *elementares normativas,* inexistentes na previsão do Código Penal. É especial porque está limitada ao âmbito

---

[10] Hungria, *Comentários ao Código Penal*, p. 384.

daqueles entes públicos aos quais estejam diretamente vinculados os procedimentos licitatórios; e é, ao mesmo tempo, duplamente restringida pela existência dessas elementares, quais sejam: (a) "dando causa à instauração de licitação ou à celebração de contrato, (b) cuja invalidação vier a ser decretada pelo Poder Judiciário. Examinaremos, cada uma delas, em tópicos separados, por razões puramente didáticas.

Constata-se, de plano, que a tipificação do crime de *advocacia administrativa*, no âmbito licitatório, é bem mais complexa que a daquele genérico, previsto em nosso diploma codificado. Em outros termos, para a sua configuração, é insuficiente que determinado funcionário público, valendo-se de sua condição funcional, patrocine interesse privado no âmbito de entidade pública, encarregada de um procedimento licitatório; é necessário muito mais que isso, ou seja: exige o tipo penal que a conduta incriminada (patrocinar interesse privado) dê "causa à instauração de licitação ou à celebração de contrato", ou seja, é indispensável que a instauração da licitação ou a celebração de contrato tenham sido causadas diretamente pela conduta do agente. Mais que isso, significa dizer que a *advocacia administrativa*, neste âmbito, não se exerce sobre licitação em andamento, e nem mesmo em licitação que tenha sido iniciada sem a ação do agente. Da mesma forma ocorre com a hipótese de celebração de contrato, que, necessariamente, deve decorrer da ação incriminada do funcionário público. Por isso, *venia concessa*, é absolutamente equivocado o seguinte exemplo citado por Cretella Júnior: "Se o *funcionário*, prevalecendo do seu *status*, dá preferência em uma licitação pública, a uma das partes, que não ofereceu o menor preço ou melhor serviço, temos aqui a advocacia administrativa"[11]. Constata-se que, nesse exemplo, o funcionário público, com sua ação, não deu "causa à instauração da licitação", pois ela já estava em andamento, e tampouco o exemplo mencionou que a mesma foi anulada por decisão judicial.

Embora pareça um pouco paradoxal, mas essa é a única interpretação que se pode tirar do presente texto legal. Constata-se que estamos diante de um crime *material vinculado*, ou seja, para sua tipificação é indispensável que a ação do agente – *patrocinar interesse privado* – seja o móvel gerador da instauração da licitação ou da celebração de contrato, numa relação de causa e efeito. Em outros termos, ainda que tenha havido a atuação do agente, valendo-se de sua condição de funcionário, se sua ação não foi determinante na instauração da licitação ou da celebração do

---

[11] Cretella Júnior, *Das licitações públicas*, p. 414.

contrato, ela não se revestirá da tipicidade aqui descrita.

Assim, nesses termos, ainda que se trate de funcionário público, *patrocinando* interesse privado perante pessoa jurídica de direito público, responsável por determinada contratação pública, valendo-se de sua condição funcional, mas dita conduta será atípica, se não der *causa à instauração de licitação e tampouco de celebração de contrato*. Ou seja, quando outras razões determinarem a *instauração do procedimento licitatório* ou a celebração de contrato, não terá sido, por consequência, determinante a conduta do agente para a produção de tais resultados. Não há, na verdade, a indispensável relação de causa e efeito entre a conduta do agente e o resultado, qual seja, a instauração de licitação ou celebração de contrato; e, como se tratam de *elementares normativas do tipo*, a ausência de suas ocorrências (de uma ou de outra) impede a configuração típica.

4.2. Invalidação de licitação ou de contrato decretada pelo Poder Judiciário

Ainda que a conduta tipificada tenha se realizado nas condições que destacamos acima, inclusive "dando causa à instauração de licitação ou à celebração de contrato", a adequação típica dessa *advocacia administrativa especial* continua incompleta. Com efeito, esse tipo penal, tal como foi estruturado, exige ainda, simultaneamente, uma espécie *sui generis*[12] de "condição objetiva de punibilidade", qual seja: "*cuja invalidação vier a ser decretada pelo Poder Judiciário*". No entanto, não se pode esquecer que se trata de uma *elementar típica*, e como tal deve ser examinada. Sem a *invalidação decretada pelo Poder Judiciário*, não se pode falar em "crime de advocacia administrativa especial", e muito menos em ação penal decorrente desse crime. A exigência dessa decisão judicial, contudo, tem recebido de setores significativos da doutrina especializada a interpretação de que se trata de "condição objetiva de punibilidade", a nosso juízo, equivocadamente.

Para Guilherme Nucci, "a invalidação, por óbvio, depende de terceiro, fora da alçada do agente e, justamente por tal razão, é uma *condição objetiva de punibilidade*. O mesmo se dá, por comparação, no contexto

---

[12] Com esta expressão estamos indicando, desde logo, que não se trata de *condição objetiva de punibilidade*, ao contrário de alguns entendimentos, que refutaremos logo adiante.

228

dos crimes *falimentares*, em que a sentença[13], decretando a falência, é condição para a punição do agente, embora não dependa deste, mas de terceira parte, no caso, do Judiciário"[14] (grifamos). Referindo-se à necessidade da *invalidação judicial*, Tavares de Freitas conclui: "Antes da satisfação dessa condição, o agente já terá praticado esse crime, porém, não poderá ser punido enquanto não observada a condição. Por conseguinte, entendemos que é *condição objetiva de punibilidade* a futura e eventual invalidação a ser decretada pelo Poder Judiciário"[15] (grifamos).

Diversamente manifestam-se, no entanto, outros penalistas, tais como Vicente Greco Filho, para quem: "Na hipótese do crime comentado, o evento futuro, invalidação pelo Poder Judiciário, está expresso no tipo, de modo que é dele elemento, não se podendo reduzi-lo a mera condição de punibilidade. Se esse fato é elemento do tipo, estará consumada a infração somente quando ele ocorrer, com sentença transitada em julgado..."[16]. Paulo José da Costa Jr., igualmente, a despeito de Tavares de Freitas atribuir-lhe outro entendimento, sustenta, *in verbis*: "A sentença judicial, invalidando uma ou outra, vale dizer, anulando a licitação instaurada ou o contrato celebrado, é um *prius* com relação à apuração do ilícito descrito no presente tipo. Um seu pressuposto indispensável, elemento integrante do tipo"[17].

A solução dessa desinteligência sobre a natureza jurídica da *elementar normativa* do tipo – *cuja invalidação vier a ser decretada pelo Poder Judiciário* – somente poderá ser encontrada através do exame dogmático e hermenêutico da estrutura do tipo penal *sub examine*.

A interpretação de que se trata de condição objetiva de punibilidade, *venia concessa*, não se sustenta, pois ignora fundamentos básicos da teoria geral do delito, especialmente a estrutura do tipo penal e seus elementos constitutivos, os quais devem ser completamente abrangidos pelo dolo

---

[13] Guilherme de Souza Nucci, *Leis penais e processuais penais comentadas*, 3. ed., São Paulo: Revista dos Tribunais, 2008, p. 819.

[14] São coisas completamente diferentes, neste exemplo da Lei de Falências, a sentença que a decreta está fora do tipo penal, aliás, em outro artigo (art. 180), e ainda, define-a expressamente como tal. A comparação, portanto, é absolutamente equivocada.

[15] André Guilherme Tavares de Freitas, *Crimes da Lei de Licitações*, p. 115. Na mesma linha é o entendimento de Diógenes Gasparini, *Crimes na licitação*, p. 110.

[16] Greco Filho, op. cit., p. 83.

[17] Paulo José da Costa Jr., *Direito Penal das licitações*, p. 32.

do agente. Com efeito, as *condições objetivas de punibilidade* são alheias à estrutura do crime, isto é, não o integram e, por conseguinte, não são objetos do dolo ou da culpa[18]. *Elementares constitutivas da descrição típica* – como a que estamos examinando – não são *condições objetivas de punibilidade*, e tampouco podem ser como tais consideradas, pois, como *elementares típicas*, devem ser, necessariamente, abrangidas pelo dolo ou pela culpa, sob pena de autêntica responsabilidade penal objetiva. As *condições objetivas de punibilidade*, por sua vez, são exteriores à ação, isto é, não integram a descrição da conduta típica, mas delas depende a punibilidade do crime, por razões de política criminal (oportunidade, conveniência)[19]. Aliás, exemplo disso é exatamente a *sentença declaratória da falência*, que é absolutamente diferente da elementar que ora se examina, pois é exterior à descrição do tipo penal, localizando-se, em apartado, no art. 180 da Lei de Falências.

Consequentemente, o entendimento adotado por Vicente Greco Filho e Paulo José da Costa Jr., por nós antes destacados, ainda que sucintos, são dogmaticamente incensuráveis. Na verdade, essa *elementar normativa* – invalidação decretada pelo Poder Judiciário –, como integrante do tipo penal, deve ser, necessariamente, abrangida pelo dolo do agente, sob pena de não se configurar *subjetivamente* o tipo penal. A eventual dificuldade de o agente, no momento da ação, ter *consciência* da configuração dessa elementar não é fundamento idôneo para afastá-la de sua verdadeira função dogmática. A utilização de péssima técnica legislativa, responsável por dificultar a adequação típica de alguma conduta, *in concreto*, não autoriza interpretação equivocada, infundada e dogmaticamente insustentável na tentativa de salvar o texto legal. É inadmissível sacrificar os fundamentos dogmáticos para tentar suprir ou salvar a ignorância do legislador que, praticamente, inviabiliza a tipificação de alguma conduta correspondente a esse dispositivo legal, como pretende, por exemplo, Tavares de Freitas[20].

---

[18] Cezar Roberto Bitencourt, *Tratado de direito penal*, 21. ed., São Paulo: Saraiva, 2021, v. 2, p. 210. Veja, nesse sentido, nosso entendimento sobre a natureza jurídica da morte e das lesões corporais graves no crime descrito no art. 122 do CP.
[19] Para aprofundar o estudo sobre as *condições objetivas de punibilidade*, ver Walter Barbosa Bittar, *Condições objetivas de punibilidade e causas pessoais de exclusão de pena*, Rio de Janeiro: Lumen Juris, 2004.
[20] Tavares de Freitas, *Crimes na Lei de Licitações*, p. 115-116.

Por fim, a *inadequação típica* da conduta humana, por não satisfazer alguma elementar, não autoriza sua desclassificação para a *advocacia administrativa* prevista no art. 321 do CP, ao contrário do entendimento de alguns pensadores[21]. Sem nos alongarmos, *venia concessa*, dois fundamentos básicos impedem que se adote essa orientação: em primeiro lugar, a previsão constante do art. 321 do CP *não constitui crime subsidiário*, como se fora um soldado de reserva; em segundo lugar, não se pode ignorar que o *princípio da especialidade* afasta, por completo – e não apenas condicionalmente –, a aplicação daquela previsão geral constante no dispositivo do Código Penal. Na verdade, esse princípio afasta a aplicação do Código Penal, pois, no *âmbito licitatório*, somente a conduta que satisfizer as elementares constante do art. 337-G, que ora examinamos, será criminosa. Em outros termos, as normas incriminadoras do Código Penal são inaplicáveis nos *crimes licitatórios*, sob pena de violentar inexoravelmente o *conflito aparente de normas*.

5. Tipo subjetivo: adequação típica

O *tipo subjetivo* é constituído de um *elemento geral – dolo –*, que, por vezes, é acompanhado de *elementos especiais – intenções* e *tendências –*, que são *elementos acidentais*, conhecidos como elementos subjetivos especiais do injusto ou do tipo penal. Os *elementos subjetivos* que compõem a estrutura do tipo penal assumem transcendental importância na definição da conduta típica, pois é através do *animus agendi* que se consegue identificar e qualificar a *atividade comportamental* do agente.

O elemento subjetivo da conduta descrita neste art. 337-G da Lei de Licitações é o dolo, constituído pela vontade consciente de patrocinar interesse privado perante a Administração Pública, valendo-se o agente de sua condição de funcionário público. É desnecessário que o agente vise vantagem pessoal ou aja por interesse ou sentimento pessoal, basta que o faça conscientemente de estar defendendo interesse privado perante o Poder Público. É necessário, ademais, que a *vontade consciente* abranja todos os elementos constitutivos do tipo, independentemente de sua natureza ou função dogmática. É indispensável que o agente tenha *consciência* de que com sua ação estará dando causa à instauração de licitação

---

[21] Diógenes Gasparini, *Crimes na licitação*, 2. ed., São Paulo: NDJ, 2001, p. 109; Vicente Greco Filho, *Dos crimes da Lei das Licitações*, p. 80.

ou à celebração do contrato respectivo. Em outros termos, *a ação de patrocinar interesse privado* perante a Administração Pública deve ser praticada consciente e voluntariamente pelo sujeito ativo, isto é, conhecendo todos os elementos constitutivos do tipo penal. O dolo, puramente natural, constitui o elemento central do injusto pessoal da ação, representado pela vontade consciente de ação dirigida imediatamente contra o mandamento normativo.

A complexidade estrutural deste tipo penal exige, de certa forma, uma espécie de exercício de futurologia para que o agente possa ter *consciência* da decretação da invalidade, pelo Poder Judiciário, da instauração da licitação ou mesmo da celebração do contrato. A inegável dificuldade operacional da concretização desse conhecimento do agente não autoriza sua dispensa, sob pena de consagrar-se autêntica responsabilidade penal objetiva. Com efeito, a *previsão*, isto é, a consciência, deve abranger correta e completamente todos os elementos essenciais e constitutivos do tipo penal, sejam eles descritivos, normativos ou subjetivos. Enfim, a *consciência* (previsão ou representação) abrange a realização dos elementos descritivos e normativos, do nexo causal e do evento (delitos materiais), da lesão ao bem jurídico, dos elementos objetivos das circunstâncias agravantes e atenuantes que supõem uma maior ou menor gravidade do injusto e dos elementos acidentais do tipo objetivo. Por isso, quando o *processo intelectual volitivo* não atinge um dos componentes da ação descrita na lei, o *dolo* não se aperfeiçoa, isto é, não se completa.

Finalmente, não há previsão de modalidade culposa, como a imensa maioria, quase totalidade, dos crimes contra a Administração Pública.

5.1. (Des)necessidade de elemento subjetivo especial do injusto

Não se vislumbra nas elementares objetivas e subjetivas constantes do art. 337-G da lei extravagante a exigência do denominado *elemento subjetivo especial do tipo ou do injusto* (segundo a terminologia dominante). Contudo, segundo Rui Stoco[22] e Vicente Greco Filho[23], pode-se vislumbrar

---

[22] Rui Stoco, *Leis e sua interpretação jurisprudencial*, 7. ed., São Paulo: Revista dos Tribunais, 2001, v. 3, p. 2560.
[23] Vicente Greco Filho, *Dos crimes da Lei de Licitações*, 2. ed., São Paulo: Saraiva, 2007, p. 63.

a presença do *elemento subjetivo especial* de concorrer para a ilegalidade com o fim de celebrar contrato com o Poder Público.

No entanto, preferimos interpretar essa elementar como se fora uma espécie *sui generis de condição objetiva de punibilidade* (a despeito de integrar, como elementar, o tipo penal)[24], pois consideramos que a conduta incriminada *somente se consuma com a efetiva contratação* do agente com o Poder Público, embora reconheçamos ser bem razoável a interpretação de Greco e Stoco. Na verdade, concebemos essa infração penal como *crime material*, que somente se consuma com a efetiva contratação pública, e, se for considerada aquela elementar, como *elemento subjetivo especial do injusto*, essa concretização seria desnecessária, pois bastaria que integrasse da finalidade pretendida pelo agente.

As elementares subjetivadoras especiais – configuradoras do *especial fim de agir* – são, normalmente, representadas por expressões, tais como, "a fim de", "para o fim de", "com a finalidade de", "para si ou para outrem", "com o fim de obter"; "em proveito próprio ou alheio", entre outras, indicadoras de uma finalidade transcendente, além do dolo natural configurador do tipo subjetivo.

Com efeito, pode figurar nos tipos penais, ao lado do dolo, uma série de características subjetivas que os integram ou os fundamentam. Na realidade, o *especial fim* ou motivo de agir, embora amplie o aspecto subjetivo do tipo, não integra o dolo nem com ele se confunde, uma vez que, como vimos, o *dolo* esgota-se com a *consciência* e a *vontade* de realizar a ação com a finalidade de obter o resultado delituoso, ou na *assunção do risco* de produzi-lo. O *especial fim de agir* que integra determinadas definições de delitos condiciona ou fundamenta a *ilicitude* do fato, constituindo, assim, *elemento subjetivo do tipo* de ilícito, de forma autônoma e independente do dolo. A denominação correta, por isso, é *elemento subjetivo especial do tipo* ou *elemento subjetivo especial do injusto*, que se equivalem, porque pertencem, ao mesmo tempo, à ilicitude e ao tipo que a ela corresponde.

6. Consumação e tentativa

Consuma-se o crime de *advocacia administrativa* com a realização do primeiro ato que caracterize o patrocínio, ou seja, com a prática de um

---

[24] Embora, como demonstramos acima, não se trata de condição objetiva de punibilidade, mas de verdadeira elementar típica que precisa ser abrangida pelo dolo, ao contrário das verdadeiras condições objetivas de punibilidade.

ato inequívoco de patrocinar interesse privado perante a Administração Pública, sendo – ao contrário da figura similar do Código Penal – indispensável o sucesso do patrocínio, ou seja, dar causa à instauração de licitação ou à celebração de contrato, cuja invalidação venha a ser decretada pelo Poder Judiciário. Não é necessário, contudo, que o funcionário público atue como verdadeiro patrono do indivíduo, pois advogado não é, e tampouco é necessária a existência de contrato ou instrumento de mandato para caracterizar a conduta incriminada.

A *tentativa* é admissível, embora de difícil ocorrência. Como se trata de crime material, se não ocorrer o resultado do patrocínio, ou seja, dar causa à instauração de licitação ou à celebração de contrato, cuja invalidação venha a ser decretada pelo Poder Judiciário, o crime será tentado.

7. Classificação doutrinária

Trata-se de *crime próprio* (que exige qualidade ou condição especial do sujeito ativo, no caso, que seja *funcionário público*, sendo, portanto, *crime funcional*); *material* (consuma-se somente se causar a instauração de licitação ou celebração de contrato, cuja invalidação venha a ser decretada pelo Poder Judiciário, ao contrário do crime de advocacia administrativa prevista pelo Código Penal, que é *formal* e, consequentemente, não exige resultado naturalístico para sua consumação); *de forma livre* (que pode ser praticado por qualquer meio ou forma pelo agente); *instantâneo* (não há demora entre a ação e o resultado); *unissubjetivo* (que pode ser praticado por um agente apenas); *plurissubsistente* (crime que, em regra, pode ser praticado com mais de um ato, admitindo, em consequência, fracionamento em sua execução).

8. Pena e ação penal

As penas cominadas, cumulativamente, são reclusão, de seis meses a três anos, e multa, não havendo figura qualificada, ao contrário da previsão similar do Código Penal (art. 321), que considera qualificado o crime se o *interesse for ilegítimo*. Constata-se, como frequentemente ocorre na legislação extravagante, promulgada após a redemocratização do País, que há uma *desproporcional exacerbação punitiva*: na figura do Código Penal a pena cominada, alternativamente, é de três meses a um ano de detenção, ou multa; para a figura qualificada – quando o interesse é ilegítimo – a cominação era cumulativa, mas, ainda assim, detenção de três meses a um ano e multa.

234

Na nossa ótica, não se aplica a este crime a majorante prevista no art. 84, § 2º[25], pela condição de funcionário público do sujeito ativo. E a razão é simples: qualquer outro sujeito que não reúna a qualidade ou condição de funcionário público poderia ser autor desta infração penal? Não, a qualidade de *funcionário público* é condição essencial para a prática do crime de advocacia administrativa, logo, trata-se de pressuposto do crime, sem o qual a adequação típica não se materializa. Portanto, sustentar a aplicação da referida majorante significa punir duas vezes pelo mesmo fato, pois essa condição já foi valorada na definição do tipo penal e na sua respectiva cominação. Sustentar diferentemente significa fechar os olhos para o *bis in idem*, inadmissível em direito penal da culpabilidade.

A ação penal é pública incondicionada, a exemplo do crime similar previsto no Código Penal (art. 321), sendo desnecessária qualquer manifestação do ofendido ou seu representante legal. Por outro lado, também aqui se trata de infração penal de menor potenci*al ofensivo*, sendo da competência do Juizado Especial Criminal.

---

[25] "A pena imposta será acrescida da terça parte, quando os autores dos crimes previstos nesta Lei forem ocupantes de cargo em comissão ou de função de confiança em órgão da Administração direta, autarquia, empresa pública, sociedade de economia mista, fundação pública, ou outra entidade controlada direta ou indiretamente pelo Poder Público."

Capítulo X
MODIFICAÇÃO OU PAGAMENTO IRREGULAR EM CONTRATO ADMINISTRATIVO

Sumário: 1. Considerações preliminares. 2. Bem jurídico tutelado. 3. Sujeitos ativo e passivo do crime. 3.1. Sujeito ativo do crime. 3.1.1. Contratado (sem a qualificação de funcionário público). 3.1.2. Procurador Jurídico de órgão público: emissão de pareceres. 3.2. Sujeito passivo do crime. 4. Tipo objetivo: adequação típica. 4.1. Qualquer modificação ou vantagem, inclusive prorrogação contratual. 4.2. Durante a execução do contrato, no ato convocatório da licitação ou nos instrumentos contratuais. 4.3. Elemento normativo especial da ilicitude: sem autorização em lei. 4.4. Elementar implícita e exercício regular de direito. 5. Pagamento de fatura preterindo ordem cronológica de sua exigibilidade. 5.1. Vinculação do pagamento a cada unidade de Administração, obedecendo a cada fonte diferenciada de recurso. 6. Contratado que concorre para a ilegalidade: limitação de sua punibilidade. 7. Norma penal em branco: sem autorização em lei, no ato convocatório da licitação e prorrogação contratual. 8. Elemento subjetivo: adequação típica. 9. Consumação e tentativa. 10. Classificação doutrinária. 11. Pena e ação penal.

Modificação ou pagamento irregular em contrato administrativo

Art. 337-H. Admitir, possibilitar ou dar causa a qualquer modificação ou vantagem, inclusive prorrogação contratual, em favor do contratado, durante a execução dos contratos celebrados com a Administração Pública, sem autorização em lei, no edital da licitação ou nos respectivos instrumentos contratuais, ou, ainda, pagar fatura com preterição da ordem cronológica de sua exigibilidade:

Pena – reclusão, de 4 (quatro) anos a 8 (oito) anos, e multa.

1. Considerações preliminares

O texto deste art. 337-H reproduz, quase que integralmente, o texto do revogado art. 92 da igualmente revogada Lei de Licitações (8.666/93), sem conseguir melhorá-la razoavelmente. Com efeito, o novo texto legal substituiu a locução "celebrados com o Poder Público" por "com a Administração Pública". Substituiu, ainda, "no ato convocatório da licitação" por "celebrados com a Administração Pública"! E concluiu a redação do novo texto legal, suprimindo o final do anterior, que tinha essa redação "observado o disposto no art. 121 desta Lei". Logo, não melhorou quase nada, pois repetiu, quase que integralmente, o texto da lei revogada.

Perdoem-nos, prezados leitores, mas o texto deste artigo é, seguramente, um dos piores que já tivemos oportunidade de examinar (e olha que não foram poucos), mas a falta de técnica, de clareza expositiva, de construção vernacular dificulta sobremodo a compreensão e, por extensão, a interpreteção jurídica de seu significado. Por mais que tenhamos nos esforçado, enfrentamos grande dificuldade para ordenar o pensamento, para tentar compreender a linguagem confusa, obscura e desconexa utilizada nesta construção tipológica. Essa dificuldade poder-se-ia atribuir a este autor, por suas próprias deficiências, mas, sem pretendermos buscar algum álibi, destacamos que outros doutrinadores de escol também devem ter enfrentado as mesmas dificuldades, pelo menos é o que se pode depreender de algumas de suas manifestações.

Paulo José da Costa Jr., por exemplo, examinando a consumação deste crime, destaca: "*Data maxima venia*, quer nos parecer que estamos, também aqui, diante de uma redação defeituosa, em razão dos vocábulos inúteis da locução normativa. Preceitua o parágrafo único do art. 92 que o contratado, para incidir na mesma pena, deverá obter vantagem indevida, ou beneficiar-se injustamente das modificações ou prorrogações. Ora, beneficiar-se injustamente das modificações ou prorrogações contratuais equivale à obtenção de uma vantagem indevida. Não bastaria, pois..."[1]. Vicente Greco Filho, por sua vez, cansado de tentar fazer contorcionismo hermenêutico, destaca: "O legislador, porém, tendo em vista sua miopia, não se lembrou de que a regra também seria aplicável às empresas públicas, sociedades de economia mista e empresas controladas pelo Poder Público, as quais não atuam no sistema de dotações orçamentárias e elementos de despesas, e sim no sistema privado de regime de caixa..."[2]. Na página anterior, referindo-se a incongruência

---

[1]   Paulo José da Costa Jr., *Direito penal das licitações*, p. 38.
[2]   Vicente Greco Filho, *Dos crimes da Lei de Licitações*, p. 89-90.

do então art. 92 da lei revogada com o art. 5º do mesmo diploma legal, Greco Filho destacou "... *mas, seguindo sua sina de má redação*, a norma sancionatória não guarda correspondência com a norma instituidora do dever jurídico"[3] (destacamos). Em nota de rodapé, Greco Filho ainda acrescentou: "A locução normativa do parágrafo único é defeituosa, em razão dos vocábulos inúteis empregados, já que beneficiar-se injustamente das modificações ou prorrogações contratuais equivale à obtenção de vantagem indevida"[4].

Enfim, depois de nossos desabafos, esforçamo-nos ao máximo, mas, ainda assim, certamente, não conseguimos grande melhoria em termos hermenêuticos. Trata-se de um universo rico para divergências, que, como sempre, serão bem recebidas, pois colaborarão para o enriquecimento do debate, e, quando mais não seja, para comprovar que realmente estamos diante de um texto extremamente polêmico, defeituoso e conflituoso. Perdoem-nos este desabafo em nossos comentários, mas foi um trabalho angustiante até encontrar um caminho razoavelmente racional.

2. Bem jurídico tutelado

Além da *objetividade jurídica genérica* de todos os crimes deste diploma legal, qual seja, preservar os princípios básicos da legalidade, da impessoalidade, da moralidade, da igualdade, da publicidade e da probidade administrativa, este dispositivo legal tem seu próprio bem jurídico tutelado, sem, contudo, afastar-se do amplo contexto em que está inserido. Enfim, *bem jurídico tutelado*, especificamente, neste art. 337-H (antigo art. 92), é assegurar a inalterabilidade dos contratos administrativos, no âmbito licitatório, garantindo a respeitabilidade, probidade e moralidade das contratações públicas, que podem ser ofendidas com as condutas descritas neste dispositivo legal. O dispositivo ora examinado visa, acima de tudo, proteger o patrimônio público, a lisura e transparência dessas *contratações*, exigindo retidão no tratamento da coisa pública, atendendo o disposto no art. 37 da Constituição Federal.

O administrador público deve, para bem desempenhar suas funções, despir-se de *interesses ou sentimentos pessoais*, priorizando o cumprimento pronto e eficaz de suas atribuições de ofício, que devem ser realizadas

---

3 Vicente Greco Filho, op. cit., p. 88.
4 Vicente Greco Filho, op. cit., p. 92, nota 159.

de forma escrupulosa e tempestivamente visando obter o melhor resultado para a Administração Pública, aproveitando, por extensão, a toda comunidade. O sentimento do administrador público, enfim, não pode ser outro senão o de cumprir e fazer cumprir o processo licitatório com toda transparência e correção, observando estritamente as disposições legais pertinentes à matéria.

3. Sujeitos ativo e passivo do crime

3.1. Sujeito ativo do crime

As condutas descritas no *caput* do art. 337-H (antigo art. 92) – *admitir, possibilitar ou dar causa a qualquer modificação ou vantagem ao adjudicatário* – identificam-se com atribuições próprias do exercício de função pública, consequentemente, trata-se de crimes que exigem uma *qualidade especial* do sujeito ativo, qual seja, a de *funcionário público*, configurando o denominado *crime próprio*. Em outros termos, nenhuma dessas condutas pode ser praticada por alguém que não reúna a qualidade ou condição de *funcionário público*, que, no caso, é um pressuposto básico para poder ser imputada a alguém.

É indispensável, ademais, que o agente encontre-se no *exercício de sua função pública*, e que tenha *atribuição especial* para a prática do *procedimento licitatório*. Evidentemente que não pode praticar esse crime quem não se encontra no exercício da função ou, por qualquer razão, encontre-se temporariamente dela afastado, como, por exemplo, de férias, de licença etc. Nada impede, contudo, que o sujeito ativo, qualificado pela condição de funcionário público, consorcie-se com um *extraneus* para a prática do crime, devendo-se observar, evidentemente, a *limitação* preconizada pelo parágrafo único, conforme demonstraremos adiante. Essa limitação, contudo, não se aplica a qualquer outro *extraneus* que não seja "o contratado", e tampouco se aplica à conduta descrita na segunda parte do *caput* deste art. 337-H, qual seja, "pagar fatura ...", como veremos oportunamente.

Não se pode ignorar, por outro lado, que em se tratando de *funcionário público* deve-se observar a atribuição (ou existência) de atribuições ou competência específicas para a prática de determinados atos ou fatos, sendo insuficiente, portanto, a simples circunstância de reunir a qualidade ou condição de *funcionário público*. Dito de outra forma, *funcionário* que não reúna a atribuição devida para autorizar a realização do procedimento licitatório não pode praticar esse crime. Na nossa concepção, somente o *servidor público* com competência para admitir, possibilitar ou

240

dar causa a qualquer modificação ou vantagem ao adjudicatário, ou ainda para pagar fatura, pode ser sujeito ativo desse crime.

3.1.1. Contratado (sem a qualificação de funcionário público)

O parágrafo único do art. 337-H, agora analisado limita a responsabilidade penal do "contratado", como *partícipe ou participante*, que não reúna a qualidade de funcionário público, exigida pelo *caput*. O *crime de mão própria*, regra geral, admite a *intervenção de terceiro* sem a qualificação exigida pela descrição típica (*funcionário público*), na condição de *mero partícipe*, ou seja, participante com uma atividade secundária, acessória, sem realizar diretamente a conduta nuclear do tipo penal. O tipo descrito no parágrafo único deste artigo apresenta, no entanto, uma *peculiaridade especial*: limitação da intervenção e da punibilidade daquele que é "contratado", *condicionando-a* a comprovação de ter concorrido para a ilegalidade e obtido *benefício injusto das modificações ou prorrogações contratuais*. Por essa razão, concordamos com o entendimento segundo o qual a conduta tipificada no parágrafo único caracteriza *crime próprio*, na medida em que ser contratado é *condição especial* desse sujeito ativo.

Dito de outra forma, ainda que o contratado tenha concorrido para a consumação da ilegalidade, descrita na primeira parte do *caput*, se não houver se *beneficiado* com as modificações ou prorrogações contratuais, não responderá por esse crime (parágrafo único). Não é outro o magistério de Costa Jr.: "Consoante mandamento expresso do parágrafo único do mencionado dispositivo, o contratado só responde pelo crime se, além de ter 'comprovadamente concorrido para a consumação da ilegalidade, obtém vantagem indevida ou se beneficia, injustamente, das modificações ou prorrogações contratuais'"[5]. Trata-se, na realidade, de verdadeira e expressa *limitação à responsabilidade penal* de "quem, de qualquer modo, concorre para o crime" (art. 29), constituindo mais uma exceção à *teoria monística da ação, a* qual, por determinação do art. 12, aplicar-se-ia também aos *fatos incriminados* em *lei especial*, "se esta não dispuser de modo diverso". Neste caso, no entanto, a lei especial dispõe diversamente.

3.1.2. Procurador jurídico de órgão público: emissão de pareceres

Desenvolvemos este tema adequadamente quando analisamos o conteúdo do art. 337-E, para onde remetemos o leitor, que encontrará o

---

[5] Paulo José da Costa Jr., *Direito penal das licitações*, p. 37-38.

nosso entendimento devidamente fundamentado. Desde logo, no entanto, destacamos que o *procurador jurídico* que emite parecer devidamente fundamentado não responde por crime algum, ainda que seu parecer não seja acatado em instâncias superiores.

Regra geral, o *procurador jurídico* dos órgãos ou entes públicos são integrantes das denominadas *procuradorias jurídicas*, tais como Procuradoria Geral da União, Procuradoria Geral do Estado, Procuradoria Geral do Município, e similares, Procuradoria da Fazenda Nacional, da Petrobras, do Instituto Nacional da Previdência Social etc. Enfim, os "profissionais" (servidores) dessas procuradorias – funcionários públicos (*lato* ou *stricto sensu*) – são, via de regra, *advogados públicos*, competindo-lhes examinar os aspectos jurídicos dos atos, decisões e medidas que referidos órgãos ou entes públicos devem ou precisam realizar; devem, no exercício desse mister, emitir *fundamentado parecer*, que, aliás, não se confunde com mero conselho, opinião ou sugestão.

Para concluir este tópico, sucintamente, invocamos, por sua pertinência, antológico acórdão do Superior Tribunal de Justiça que, decidindo pela improcedência de *ação de improbidade administrativa*, com relatoria do Ministro Teori Zavascki, em sua ementa, afirma o seguinte: "3. É razoável presumir vício de conduta do agente público que pratica um ato contrário ao que foi recomendado pelos órgãos técnicos, por pareceres jurídicos ou pelo Tribunal de Contas. Mas não é razoável que se reconheça ou presuma esse vício justamente na conduta oposta: de ter agido segundo aquelas manifestações, ou de não ter promovido a revisão de atos praticados como nelas recomendado, ainda mais se não há dúvida quanto à lisura dos pareceres ou à idoneidade de quem os prolatou"[6].

Ora, se assim é para *ação de improbidade administrativa*, especialmente com fundamento no art. 10 da Lei n. 8.429/92, não é razoável que se reconheça ou presuma vício em conduta respaldada em parecer jurídico, com maior razão a sua inadmissibilidade em matéria criminal, considerando-se, ademais, que os *crimes licitatórios* não admitem modalidade culposa (princípio da excepcionalidade do crime culposo). Logo, o *servidor público* que decide pela dispensa ou inexigibilidade de licitação respaldado em fundado parecer jurídico não comete crime algum, sendo, portanto, sua conduta atípica.

---

[6] REsp 827.445/SP, rel. Min. Luiz Fux, rel. p/ acórdão Min. Teori Albino Zavascki, 1ª T., j. em 2-2-2010, *DJe* de 8-3-2010.

3.2. Sujeito passivo do crime

Sujeito passivo é o Estado/Administração (União, Estados, Distrito Federal e Municípios), bem como a entidade de direito público na qual houve a conduta incriminada no art. 337-H da lei de regência. Enfim, pode ser qualquer dos entes relacionados no art. 85 da lei, que estende a *subjetividade passiva* criminal para "quaisquer outras entidades sob seu controle direto ou indireto". O Estado é sempre sujeito passivo primário de todos os crimes, naquela linha de que a lei penal tutela sempre o *interesse da ordem jurídica geral*, da qual aquele é o titular (ressalvamos em nossos comentários ao art. 337-H, nosso entendimento contrário, embora, por razões didáticas e metodológicas, acompanhemos o entendimento majoritário). No entanto, há crimes, como este, que ora estudamos, em que o próprio Estado surge como sujeito passivo direto e imediato, pois lhe pertence o bem jurídico ofendido pela ação do servidor público infiel.

Convém destacar, primeiramente, que *sujeito passivo* não se confunde com *prejudicado*, embora, de regra, coincidam na mesma pessoa, as condições de sujeito passivo e *prejudicado* podem recair, no entanto, em sujeitos distintos: *sujeito passivo* é o titular do bem jurídico protegido, e, nesse caso, o lesado; *prejudicado* é qualquer pessoa que, em razão do fato delituoso, sofre prejuízo ou dano material ou moral decorrente de infração penal. Essa distinção não é uma questão meramente acadêmica, sem interesse prático, como pode parecer à primeira vista. Na verdade, o *sujeito passivo* tem legitimidade para propor ação penal subsidiária da pública (art. 103 da Lei n. 8.666/93), além do direito de representar contra o sujeito ativo, pode habilitar-se como assistente do Ministério Público no processo criminal (art. 268 do CPP). Ademais, o sujeito passivo tem o direito à reparação *ex delicto*, ao passo que ao *prejudicado* resta somente a possibilidade de buscar a reparação do dano na esfera cível.

Na hipótese do *pagamento de fatura com preterição da ordem cronológica de sua exigibilidade*, no entanto, o prejudicado sofrerá dano patrimonial diretamente e, nessas condições, deve ser recepcionado também como *sujeito passivo* dessa figura penal, com todas as prerrogativas que lhe são próprias, como acima mencionamos.

4. Tipo objetivo: adequação típica

Trata-se de um tipo penal composto de duas partes distintas, isto é, de incriminações autônomas: a primeira compõe-se de três verbos nucleares alternativos, que proíbem a *alteração*(modificação) *ilegal de contrato licitatório* em benefício do adjudicatário; a segunda, incrimina o *pagamento de fatura preterindo a ordem cronológica* de sua exigibilidade. Nesse sentido, afirma Greco Filho, "no primeiro caso, procura-se evitar as tão comuns prorrogações ou aditamentos contratuais que fazem com que o contrato original acabe sendo ampliado grande número de vezes. (...) A segunda incriminação, pagamento de fatura com preterição da ordem cronológica, é sancionatória da disposição do art. 5º"[7]. A prática de mais de uma dessas condutas da primeira parte constitui crime único (*crime de ação múltipla* ou *de conteúdo variado*); no entanto, a prática de qualquer delas e da conduta descrita na segunda parte (*pagar fatura*) constituirá *concurso de crimes*, devendo o agente ser responsabilizado dessa forma.

As condutas descritas na primeira parte do *caput* do artigo ora examinado são: a) *admitir* – que tem o significado de aceitar, concordar, consentir, tolerar, permitir e recepcionar; b) *possibilitar* – que é tornar possível, viabilizar, ensejar, dar condições para que algo ocorra, ambas, a nosso juízo, podem ser praticadas tanto na forma comissiva quanto omissiva, além de encerrarem, na essência, o mesmo significado. Não vemos, a rigor, ampliação ou restrição com o emprego dos dois verbos nucleares, parecendo-nos mais uma das tantas redundâncias, no uso das quais o legislador brasileiro é pródigo; e, finalmente, c) *dar causa* – é causar, ocasionar, oportunizar, criar as condições propiciadoras de modificação ou vantagem ao adjudicatário. Esta modalidade de conduta, aparentemente, só poderia ser *comissiva*. Contudo, a omissão de atos indispensáveis, inclusive causadores de nulidades do procedimento, não poderiam ser também causadores ou propiciadores das condições que podem permitir alguma modificação ou vantagem ao adjudicatário? Quer nos parecer que sim, como, por exemplo, um *servidor público* omite (esquece?!) de cumprir uma formalidade essencial do procedimento licitatório, esquece de tomar alguma assinatura indispensável, ou deixa de publicar corretamente o edital, esquece de apanhar a assinatura da autoridade responsável no contrato que é publicado incorretamente etc., anulando não apenas todo o procedimento licitatório, mas o próprio contrato; enfim, com sua *omissão* propicia a oportunidade (dá causa a...), que pode ser usada ou não, para *causar modificação ou qualquer vanta-*

---

[7] Vicente Greco Filho, *Dos crimes da Lei de Licitações*, p. 87.

gem ao adjudicatário. Nessas condições, embora, teoricamente, "dar causa a..." pressuponha apenas a forma comissiva, *in concreto*, pode-se constatar a admissibilidade de "dar-se causa a..." também através de *condutas omissivas*, que a casuística poderá nos ilustrar.

Essas três condutas – *admitir, possibilitar* e *dar causa* (causar) – que, a nosso juízo, são redundantes, repetindo, pois quem *admite* ou *possibilita* está, em última instância, *dando causa*, configuram *crime de ação múltipla* ou *de conteúdo variado*, ou seja, ainda que o agente realize todas elas simultânea ou sucessivamente responderá por crime único.

Na tentativa de facilitar a compreensão deste *complexo* tipo penal, cuja complexidade reside exclusivamente em sua equivocada redação, decomporemos suas elementares, procurando colocá-lo, dentro do possível, na ordem direta, especialmente a sua primeira parte. Na segunda parte do *caput* a incriminação refere-se a "pagar fatura com preterição da ordem cronológica de sua exigibilidade". Por se referir à conduta distinta, e poder haver responsabilidade penal cumulativa com aquelas da primeira parte, preferimos abordá-la em tópico separado, onde poderemos desenvolver melhor o raciocínio sobre suas particularidades especiais. Mas, antes disso, faremos a "decomposição" da primeira parte, examinando individualmente as suas elementares típicas.

4.1. Qualquer modificação ou vantagem, inclusive prorrogação contratual

Os verbos nucleares – *admitir, possibiliar* ou *dar causa* – têm um complemento, ou se preferirem, um *objeto*, que é a produção de (causar) *"qualquer modificação ou vantagem, inclusive prorrogação contratual, em favor do adjudicatário"*. Tanto isso é verdade que se essas ações forem praticadas em contratos com o Poder Público, como prevê o texto legal, mas se não resultarem em "vantagem" para o *adjudicatário,* não haverá crime, por ausência dessa elementar normativa.

O texto é confuso, obscuro e mal redigido, gerando perplexidade ao intérprete que tem dificuldade de identificar a que "modificação" refere-se o legislador, afinal, seria "modificação" de quê?! Modificação ou *vantagem* em quê? A construção frasal é, *venia concessa*, inadequada! Pode-se intuir, pela locução seguinte – *inclusive prorrogação contratual –*, que a mencionada "modificação" também deve referir-se a instrumento contratual, mas a conjunção adversativa "ou" também gera dificuldade interpretativa, acrescentando "vantagem". A sequência da frase, igualmente, não ajuda a elucidar o que pode ter pretendido o legislador, pois nos complementos que indicariam onde ou quando a "modificação ou vantagem" estão proibidas de ocorrer, encontra-se, entre eles, "no ato convocatório da licitação". Ora, nesse momento do procedimento licitatório – *convocação da licitação* – não há contrato, consequentemente, não se pode pensar na alteração de algo que não existe: alteração de alguma coisa ou objeto pressupõe a sua existência, para poder ser alvo de alteração (*ato convocatório de licitação* é *unilateral*, e não se confunde com contrato). Mas, enfim, vamos imaginar, isto é, vamos *fazer de conta* que o sábio legislador pretendeu realmente referir-se à *alteração de contrato*, em todas as fases mencionadas.

Ainda, a "modificação ou vantagem" em favor do adjudicatário é criminalizada – segundo se depreende do texto legal – se ocorrer "durante a execução dos contratos", sem autorização legal. Essa, em outros termos, é a preocupação do legislador: impedir que ocorram modificações nos contratos – durante sua execução – para beneficiar o adjudicatário. Mas, ainda assim, esbarramos numa dificuldade, onde essas modificações podem ocorrer (ou, melhor, não devem acontecer?!): "no ato convocatório da licitação ou nos respectivos instrumentos contratuais"! Ora, nos instrumentos contratuais é a sede natural para ocorrerem alterações, que, no caso, não devem acontecer para beneficiar o contratado. Alterações que o prejudiquem não há problema, não é crime, embora possam, eventualmente, constituir alguma infração administrativa. No entanto, como já referimos, "no ato convocatório da licitação" não há contrato a ser modificado, aliás, é um instrumento unilateral. Aí não pode ocorrer a modificação que se quer criminalizar. Pode-se entender que o legislador pretendeu coibir também no ato convocatório modificações que favoreçam o contratado, mas é outra coisa, não é modificação contratual, porque de contrato não se trata!

Por fim, em que consistiria a "vantagem" que o legislador tratou como alternativa à "modificação"? Certamente não será a *própria alteração* ou modificação contratual em si! Por essa razão, não podemos concordar com a advertência de Greco Filho, para quem, "cabe observar que a lei, em seu contexto geral, considera vantagem ou benefício a simples contratação, ainda que não haja o chamado superfaturamento"[8]. Evidentemente, *venia concessa*, não é esse o sentido de *vantagem* vislumbrado pelo

---

[8]   Vicente Greco Filho, *Dos crimes da Lei de Licitações*, p. 87.

legislador, caso contrário, ainda que a modificação contratual redundasse em prejuízo para o contratado e vantagem para o erário público, ainda assim ele estaria incorrendo em crime. Aliás, elucidativa, nesse sentido, a redação do parágrafo único que, para criminalizar a conduta do contratado, exige não só que tenha concorrido para a ilegalidade, como também obtido *vantagem indevida* ou *se beneficiado injustamente* com as modificações ou prorrogações contratuais. No particular, concordamos com a conclusão de Costa Jr., quando afirma: "*In casu*, o funcionário público admite, possibilita ou enseja qualquer modificação ou vantagem em benefício do adjudicatário. Evidentemente, a modificação que se vem a operar, para favorecer o adjudicatário, haverá de ser em detrimento do erário público"[9].

Assim, pode-se concluir, a *vantagem em favor do adjudicatário*, que o legislador criminaliza, deve decorrer do *conteúdo da modificação imprimida no contrato* ou instrumentos contratuais. Será esse novo conteúdo que representará a "vantagem" ao contratado, que, aliás, deve ser *indevida* ou *injusta*, porque, como se depreende do parágrafo único, se for devida ou justa não pode ser crime. Constituir-se-á o crime em epígrafe somente se as alterações contratuais resultarem *indevida* ou *injustamente* vantajosas para o contratado, significando, por conseguinte, que se tais modificações não aportarem *vantagem* ou *benefício* algum ao contratado (indevida ou injusto, respectivamente) não se configurará esta infração penal. Em outros termos, a ausência de vantagem ou benefícios, indevidos ou injustos, ao contratado inviabiliza a adequação típica da alteração contratual. Poderá, dependendo das circunstâncias, até configurar outra infração penal, mas não esta por absoluta inadequação típica.

4.2. Durante a execução do contrato, no ato convocatório da licitação ou nos instrumentos contratuais

A pergunta que se impõe – e deve ser respondida – é, afinal, quando ou onde estão proibidas penalmente "qualquer modificação ou vantagem em favor do adjudicatário?! Haveria possibilidade legal ou contratual de modificação ou alteração do contrato original? Afinal, a práxis não tem demonstrado a existência de *prorrogações* ou *alterações* nos contratos licitatórios ao longo do tempo de vigência do atual diploma legal? Seriam todos ilegais ou até mesmo criminosos?

---

[9]   Paulo José da Costa Jr., *Direito penal das licitações*, p. 36.

Desdobrando, enfim, esse questionamento: *quando* poderão verificar--se (ou melhor, quando não deverão ocorrer) as modificações contratuais vantajosas para o contratado? Pela dicção do texto penal *sub examine* resulta clara essa proibição: "durante a execução dos contratos celebrados com o poder público". *Onde*: (a) "no ato convocatório da licitação" (edital) e (b) "nos respectivos instrumentos contratuais" (contratos e respectivos aditamentos).

Na verdade, a Lei de Licitações não consagra vedação absoluta à prorrogação ou modificação como fala o texto penal, dos *contratos licitatórios*. Pelo contrário, sua flexibilidade fica ressaltada no próprio art. 337-H, quando condiciona sua relevância penal, a ausência de autorização legal, editalícia ou contratual. A rigor, como procuraremos demonstrar, não havendo vedação legal, o *ato convocatório da licitação* e o *contrato* poderão prever sua modificação. Em outros termos, para eventual modificação ou alteração contratual deverão ser conjugados a lei, o ato convocatório (Edital) e o contrato. Onde a lei proibir os outros dois instrumentos – *ato convocatório e contrato* – não poderão deliberar em sentido contrário, mas se qualquer destes vedar, é indiferente que, no caso, a lei permita. Dito de outra forma, qualquer destes dois – edital e contrato – só poderão prever modificação quando a lei não proíbe, mas poderão proibir quando a lei permite. E mais, o contrato só poderá prever a possibilidade de modificação contratual, quando a lei e o ato convocatório da licitação não fizerem restrição, ou seja, há uma espécie de subordinação hierárquica, na seguinte ordem: lei, edital e contrato. Sem vedação em lei e no edital, o contrato poderá prever modificações, nos limites permitidos pela legislação. Enfim, não havendo vedação legal, o ato convocatório e o contrato poderão dispor sobre a prorrogação contratual. Ou seja, ainda que a lei permita, o *ato convocatório da licitação* e o *contrato* poderão vedar a sua prorrogação, afinal, seria, *mutatis mutandis*, uma vedação especial regularmente prevista para o caso concreto, mas, esclareça-se, o contrato somente poderá fazer tal previsão se não houver restrição tanto na lei quanto no ato convocatório (edital).

A regra geral é de que uma vez *celebrado um contrato* com o Poder Público este deve ser executado, sem modificações ou alterações, tal como foi assinado. No entanto, a própria *Lei de Licitações* revogada previa, como já destacamos, as possibilidades de ocorrerem *alterações*, consoante dispunha em seu art. 65 e seus respectivos parágrafos e incisos. O art. 57, da mesma lei revogada, que disciplinava a durabilidade dos contratos, como já referimos, admite hipóteses de *prorrogação*, desde que observadas as formalidades e casos especificados, pois não se pode desconhecer que eventuais prorrogações possam ser do interesse, e até necessidade, da própria Administração Pública, quer pela imprevisibilidade de fatos supervenientes, quer por razões da natureza do contrato celebrado, da obra ou serviço contratados[10]. Mas, nesses casos, como destaca Greco Filho, comentando a lei revogada, "as prorrogações e alterações, para serem legítimas, devem obedecer ao procedimento legal previsto nos dispositivos acima citados, como, por exemplo, a funda-

---

[10] "Art. 57. A duração dos contratos regidos por esta Lei ficará adstrita à vigência dos respectivos créditos orçamentários, exceto quanto aos relativos: I – aos projetos cujos produtos estejam contemplados nas metas estabelecidas no Plano Plurianual, os quais poderão ser prorrogados se houver interesse da Administração e desde que isso tenha sido previsto no ato convocatório; II – à prestação de serviços a serem executados de forma contínua, que poderão ter a sua duração prorrogada por iguais e sucessivos períodos com vistas à obtenção de preços e condições mais vantajosas para a administração, limitada a sessenta meses (*redação dada pela Lei n. 9.648, de 1998*); III – (*vetado*) (*redação dada pela Lei n. 8.883, de 1994*); IV – ao aluguel de equipamentos e à utilização de programas de informática, podendo a duração estender-se pelo prazo de até 48 (quarenta e oito) meses após o início da vigência do contrato; V – às hipóteses previstas nos incisos IX, XIX, XXVIII e XXXI do art. 24, cujos contratos poderão ter vigência por até 120 (cento e vinte) meses, caso haja interesse da administração (*incluído pela Lei n. 12.349, de 2010*). § 1º Os prazos de início de etapas de execução, de conclusão e de entrega admitem prorrogação, mantidas as demais cláusulas do contrato e assegurada a manutenção de seu equilíbrio econômico-financeiro, desde que ocorra algum dos seguintes motivos, devidamente autuados em processo: I – alteração do projeto ou especificações, pela Administração; II – superveniência de fato excepcional ou imprevisível, estranho à vontade das partes, que altere fundamentalmente as condições de execução do contrato; III – interrupção da execução do contrato ou diminuição do ritmo de trabalho por ordem e no interesse da Administração; IV – aumento das quantidades inicialmente previstas no contrato, nos limites permitidos por esta Lei; V – impedimento de execução do contrato por fato ou ato de terceiro reconhecido pela Administração em documento contemporâneo à sua ocorrência; VI – omissão ou atraso de providências a cargo da Administração, inclusive quanto aos pagamentos previstos de que resulte, diretamente, impedimento ou retardamento na execução do contrato, sem prejuízo das sanções legais aplicáveis aos responsáveis. § 2º Toda prorrogação de prazo deverá ser justificada por escrito e previamente autorizada pela autoridade competente para celebrar o contrato. § 3º É vedado o contrato com prazo de vigência indeterminado. § 4º Em caráter excepcional, devidamente justificado e mediante autorização da autoridade superior, o prazo de que trata o inciso II do *caput* deste artigo poderá ser prorrogado por até 12 (doze) meses (*incluído pela Lei n. 9.648, de 1998*)."

mentação da hipótese permissiva, a existência de previsão no Plano Plurianual, conforme a hipótese etc."[11].

E, a despeito de *contrato* ser um instrumento jurídico *bilateral* – tanto para fazê-lo como para desfazê-lo –, o texto legal revogado (art. 65, I) assegura a possibilidade de a Administração Pública alterá-lo, inclusive *unilateralmente*, estabelecendo um privilégio que, de certa forma, desequilibra a relação contratual e fere a estrutura e natureza jurídica desse instituto, que se caracteriza exatamente por sua *bilateralidade*. Estabelecia, igualmente, as hipóteses em que as partes, de comum acordo (art. 65, II), *podiam alterar as condições contratuais*, nos limites legalmente previstos, justificando-se, por isso, a presença da *elementar normativa típica*, "sem autorização em lei". Aliás, em sentido semelhante, merece ser transcrito o lúcido magistério de Greco Filho: "A Lei n. 8.666/93 prevê os casos de alterações contratuais no art. 65, unilateralmente por parte da Administração ou por acordo das partes; o art. 57, por sua vez, prevê a duração dos contratos, admitida prorrogação nos casos especificados. A prorrogação também é admitida se prevista no instrumento convocatório, nas mesmas condições originais. Esses são os casos legais de alterações ou prorrogações, de modo que, fora deles, incide a incriminação, desde que isso caracterize vantagem e seja 'em favor' do adjudicatário, como consta do texto"[12].

Por outro lado, não se pode descartar a possibilidade de a *alteração* ou *prorrogação* de contrato em vigor resultar em prejuízo ou desvantagem para o contratado ou adjudicatário, não existindo, nesses casos, a presente infração penal, mesmo que este tenha concorrido para a referida alteração contratual. Essa *atipicidade* decorre exatamente da ausência da elementar "vantagem em favor do adjudicatário" – elementar obrigatória exigida pelo *caput* (crime próprio do servidor público) –, bem como das elementares "vantagem indevida" e "benefício injusto" – elementares normativas exigidas pelo parágrafo único (crime próprio do contratado). Em síntese, alterações ou prorrogações contratuais podem haver, legitimamente, desde que, previstas em lei, no ato convocatório da licitação ou nos instrumentos contratuais, devendo-se destacar, por amor à clareza, que estes dois últimos institutos (subsidiários) devem obedecer a legislação específica. Podem, inclusive, tais prorrogações ser ilegais, mas pela ausên-

---

[11] Vicente Greco Filho, *Dos crimes da Lei de Licitações*, p. 87.
[12] Vicente Greco Filho, op. cit., p. 87.

cia dessas elementares típicas – vantagem ou benefício – não apresentam adequação típica, podendo restar, subsidiariamente, alguma infração administrativa.

Por fim, o novo texto legal faz uma ressalva específica, como uma espécie *sui generis*, de *elemento negativo do tipo*, qual seja, "s*em autorização em lei, no edital da licitação ou nos respectivos instrumentos contratuais, ou, ainda, pagar fatura com preterição da ordem cronológica de sua exigibilidade*". Em outros termos, essa ressalva no próprio texto do art. 337-H, praticamente anula a disposição *criminalizadora*, significando, em outros termos, que "*se houver previsão contratual, no edital ou autorização em lei*", tudo o que está proibido neste tipo penal será legalmente permitido, excluindo, portanto, a criminalização das referidas condutas elencadas nesse texto legal.

4.3. Elemento normativo especial da ilicitude: sem autorização em lei

A locução "*sem autorização*" *em lei* é uma *elementar normativa negativa do tipo penal*. Qual o conteúdo ou abrangência dessa elementar típica? Seria *elemento constitutivo da tipicidade* ou seria *elemento normativo negativo especial da ilicitude*, embora se localize no tipo penal?

Os *elementos normativos do tipo* não se confundem com os *elementos normativos especiais da ilicitude*. Enquanto aqueles são elementos constitutivos do tipo penal, estes, embora integrem a descrição do crime, referem-se à *ilicitude*, e, assim sendo, constituem elementos *sui generis* do fato típico, na medida em que são, ao mesmo tempo, caracterizadores da *ilicitude* e integrantes da *tipicidade*. Esses "elementos normativos especiais da ilicitude", normalmente, são representados por expressões como *indevidamente, injustamente, sem justa causa, sem licença da autoridade, sem autorização legal* etc.

Pois essa elementar normativa *sem autorização em lei* (normalmente o legislador penal tem preferido utilizar "sem autorização legal", que significa a mesma coisa) refere-se, exclusivamente, a *ato legislativo* emanado do poder competente, isto é, do Poder Legislativo, e elaborado de acordo com o processo legislativo previsto no texto constitucional; refere-se exclusivamente a "lei", *stricto sensu*, não abrangendo regulamentos, resoluções ou circulares, como admitiria uma elementar do tipo "não autorizada", por exemplo. Portanto, a expressão "sem autorização em lei" tem significado restrito, formal, compreendendo o conteúdo e o sentido desse tipo de diploma jurídico; constitui, em outras palavras, um comando normativo claro, preciso e expresso, de tal forma que não paira dúvida ou obscuridade a respeito do seu conteúdo, ou seja, refere-se à necessidade de *autorização legal*. Consequentemente, a adequação típica da conduta, nessa modalidade delitiva, exige o *descumprimento de lei* e não simplesmente de regulamentos, resoluções ou similares, que têm hierarquia inferior.

A rigor, neste dispositivo legal, há três espécies de elementos normativos negativos do tipo, quais sejam, (a) *sem autorização em lei*, (b) no edital da *licitação* e (c) *nos respectivos instrumentos contratuais*. Ou seja, – ressalva o texto legal –, pode haver previsão da possibilidade de modificação contratual em qualquer desses três instrumentos – *lei, edital* e *contratos* –, desde que sejam observadas as restrições contidas no primeiro, conforme destacamos nos dois tópicos anteriores. Enfim, a ausência de proibição em lei, e a previsão no edital ou em contrato, não pode ser contrariada ou revogada por portaria, resoluções, regulamentos etc. E, nessas três hipóteses, não há que se falar em crime previsto neste artigo.

O erro eventual sobre a elementar – *sem autorização em lei* – merece uma atenção especial, mas o caráter sequencial das distintas categorias – *tipicidade, antijuridicidade* e *culpabilidade* – obriga-nos a comprovar primeiro o problema do *erro de tipo* e somente solucionado este se pode analisar o problema do *erro de proibição*. Logo, como a tipicidade vem em primeiro lugar, e como essa elementar reside no tipo, deve ser tratado como *erro de tipo*. Sintetizando, como o dolo deve abranger todos os elementos que compõem a figura típica, e se as características especiais do *dever jurídico* forem um elemento determinante da tipicidade concreta, a nosso juízo, o *erro* sobre elas deve ser tratado como *erro de tipo*[13].

4.4. Elementar implícita e exercício regular de direito

Com uma simples leitura despretensiosa desse dispositivo legal constata-se, de plano, que se trata de tipo que reúne alguma complexidade tipológica, com várias elementares, objetivas, normativas e subjetivas. No entanto, fatos, circunstâncias ou mesmo peculiaridades do caso poderão, ainda que excepcionalmente, justificar ou até recomendar a modificação do contrato durante a sua execução, e até mesmo a sua prorrogação. Dito de outra forma, nada impede que, eventualmente, possa

---

[13] Para aprofundar o estudo sobre o erro de tipo, ver nosso entendimento em Cezar Roberto Bitencourt, *Tratado de direito penal*: parte geral, 27. ed., São Paulo: Saraiva, 2021, v. 1, p. 538-541, item 5.1.

haver *justa causa* para se proceder modificação no acordado, e, consequentemente, possa afastar, legitimamente, a aplicação dessa proibição penal.

Com efeito, podem ocorrer fatos supervenientes que justifiquem a necessidade de alteração contratual, até mesmo para viabilizar o seu cumprimento. Na verdade, quer nos parecer que o *caput* do referido artigo, contém, *implicitamente*, o elemento normativo "sem justa causa", além daquele expresso – *sem autorização em lei* –, relativamente à modificação ou prorrogação contratual, porque há situações em que a modificação ou prorrogação são não apenas legítimas, mas necessárias, como na hipótese, por exemplo, de catástrofes, acidentes de grandes proporções, enfim, casos imprevisíveis ou, de qualquer sorte, tratar-se de caso fortuito ou força maior. Tais hipóteses criariam, no mínimo, uma situação de *estado de necessidade* (art. 24 do CP), ou, pelo menos, caracterizariam a *inexigibilidade de outra conduta*, que exclui a culpabilidade.

Nessas circunstâncias, isto é, em uma *colisão de deveres* ou mesmo de *interesses*, qual deve prevalecer? A escolha do *dever* poderá não ser exatamente mais adequada aos fins do Direito, no entanto, a opção do agente poderá ainda ser motivada por fatores pessoais de tal significado que lhe seria *impossível um comportamento diverso*. Na verdade, na pior das hipóteses, o cidadão tem o direito de defender, legitimamente, seus interesses contrariados e, em tais circunstâncias, podemos admitir que o indivíduo até invoque o *exercício regular de um direito*, e, certamente, quem exerce *regularmente um direito* não comete crime, não viola a ordem jurídica, nem no âmbito civil, e muito menos no âmbito penal.

De notar-se que o exercício de qualquer direito, para que não seja ilegal, deve ser *regular*. O *exercício de um direito*, desde que *regular*, não pode ser, ao mesmo tempo, proibido pela ordem jurídica. *Regular* será o exercício que se contiver nos *limites* objetivos e subjetivos, formais e materiais impostos pelos próprios fins do Direito. Fora desses limites, haverá o *abuso de direito* e estará, portanto, excluída essa *justificação*. O *exercício regular de um direito* jamais poderá ser *antijurídico*. Qualquer direito, público ou privado, penal ou extrapenal, regularmente exercido, afasta a antijuridicidade. Mas o exercício deve ser *regular*, isto é, deve obedecer a todos os requisitos objetivos exigidos pela ordem jurídica.

5. Pagamento de fatura preterindo ordem cronológica de sua exigibilidade

Na segunda parte do dispositivo *sub examine*, a conduta incriminada é "*pagar* fatura com preterição da ordem cronológica de sua exigibilidade". *Pagar* é liquidar o débito, resgatá-lo mediante pagamento, honrar um compromisso financeiro com o efetivo pagamento. Essa previsão legal transforma em crime o descumprimento da determinação constante do art. 5º da lei de regência, que estabelece o *dever de cada unidade da Administração* obedecer à ordem cronológica de suas exigibilidades, ressalvada a presença de relevantes razões de interesse público, como demonstraremos adiante.

De um modo geral a doutrina tem procurado ampliar o entendimento do conteúdo do texto legal, dando conotação mais abrangente no significado de *pagamento de despesas licitadas*, afrontando o dogma da tipicidade estrita. Vejamos, exemplificativamente, o entendimento de alguns autores. Greco Filho, nessa linha, afirma: "Na segunda parte do artigo a conduta consiste em pagar, mas obviamente a lei não quer referir-se ao caixa do banco que entrega o dinheiro. Refere-se ao agente público que, dentro das competências administrativas, autoriza o pagamento, desencadeando o procedimento para efetivá-lo. Observe-se, porém, que pode haver um órgão que autoriza e outro órgão pagador, podendo, em ambos, haver subversão da ordem"[14]. No mesmo sentido, José Torres Pereira Junior pontifica: "(...) pagar fatura significa autorizar o desencaixe de verba para a satisfação de fatura apresentada pelo adjudicatário, em decorrência da realização de obra, da prestação de serviço ou da entrega de bens contratados com a Administração Pública, de acordo com o disposto no art. 64 da Lei n. 4.320, de 17.03.1964"[15]. Tavares de Freitas, mesmo sendo mais específico, não consegue identificar efetivamente a conduta incriminada, ao afirmar: "Traz esta segunda modalidade delitiva o verbo-núcleo do tipo 'pagar', que deve ser entendido como satisfação da autorização para pagamento; vale dizer, da ordem de pagamento, que é 'o despacho exarado por autoridade competente, determinando que a despesa seja paga' (art. 64, *caput*, da Lei n. 4.320/64)"[16].

Venia concessa, essas afirmações que acabamos de citar não correspondem à dicção do tipo penal *sub examine*. Por que razão, muitas vezes, os autores, interpretando determinado texto legal, afirmam que o legislador não quis dizer o que o texto legal diz, ou que o significado ou sentido não é aquele contido no texto literal etc. Por que, afinal, o que

---

[14] Vicente Greco Filho, *Dos crimes da Lei de Licitações*, p. 92.
[15] José Torres Pereira Junior, *Comentários à Lei das Licitações e Contratações da Administração Pública*, 6. ed., Rio de Janeiro: Renovar, 2003, p. 852.
[16] André Guilherme Tavares de Freitas, *Crimes na Lei de Licitações*, p. 133.

está escrito no texto legal não é o que o texto quer dizer? No entanto, em Direito Penal material – e isso é dogma – não se pode criminalizar condutas que não estejam expressas no texto legal. Na verdade, a conduta incriminada é "pagar fatura com preterição da ordem cronológica", e, segundo o disposto no art. 65 da Lei n. 4.320/64, invocada pelos doutrinadores citados, "o pagamento da despesa será efetuado por tesouraria ou pagadoria regularmente instituídas, por estabelecimentos bancários credenciados e, em casos excepcionais, por meio de adiantamento". Significa dizer, portanto, que faticamente há pagamento de despesas e que a conduta de "pagar fatura" (ou documento equivalente)[17] pode ser praticada, inclusive preterindo ordem cronológica. Com efeito, a lei penal não criminaliza a conduta de "autorizar o pagamento", como refere Greco Filho, nem de "determinar que a despesa seja paga", como prevê o art. 64 da Lei n. 4.320/64, ou "autorizar desencaixe de verba para a satisfação da fatura apresentada", como sustenta José Torres Pereira Junior, e tampouco a "satisfação da autorização para pagamento", como prefere Tavares de Freitas.

Enfim, essas atividades sugeridas pelos mencionados autores não passam de *atos preparatórios*, os quais são penalmente impuníveis (art. 31 do CP). Mas, em definitivo, o que o legislador criminaliza é o *pagamento de fatura*, isto é, das despesas correspondentes à execução de obra, serviço ou compra licitados. Assim, as condutas sugeridas pelos doutrinadores já referidos, com muito boa vontade, poderão, no máximo, caracterizar *tentativa de pagamento*, dependendo das circunstâncias, isto é, se for inviabilizada "por circunstâncias alheias à vontade do agente" (art. 14, II, do CP).

Pela leitura e fria interpretação do texto penal tem-se a impressão, à primeira vista, que o simples pagamento da fatura preterindo a ordem cronológica é suficiente para caracterizar essa infração penal. Contudo, não é exatamente isso, na medida em que se trata de *norma penal em branco*, cuja finalidade é sancionar eventual descumprimento da previsão contida no art. 5º do mesmo diploma legal. Com efeito, este dispositivo legal determina que se deve "obedecer, para cada fonte diferenciada de

---

[17] Fatura aqui não tem aquele sentido técnico do Direito Comercial, correspondente ao objeto do contrato de compra ou venda, realização etc. Ou seja, a dívida não depende, para se tornar exigível, de qualquer formalidade ou documento elaborado pelo particular contratado. Em outros termos, a obrigação não se torna exigível para a Administração Pública porque recebeu uma fatura, mas porque o particular cumpriu, total ou parcialmente, a sua obrigação contratual.

recursos, a estrita ordem cronológica das datas de suas exigibilidades"; no entanto, é o mesmo dispositivo que ressalva a possibilidade de, se existirem, "relevantes razões de interesse público e mediante prévia justificativa da autoridade competente, devidamente publicada"[18], poder haver modificação contratual. Logo, estamos diante de mais uma *elementar normativa implícita*, qual seja, *indevidamente* ou *sem justa causa*. Não há crime, enfim, quando houver justificativa para inobservância da ordem cronológica de pagamento. Em sentido semelhante, reconhece Justen Filho, exemplificando: "Assim, por exemplo, podem existir questões orçamentárias: existem recursos disponíveis para o pagamento de certas despesas e não para outras. Ou poderão existir prazos diferentes para liquidação das despesas. Enfim, a reprovação volta-se contra a violação do dever de pagar segundo a ordem cronológica, para cada fonte diferenciada de recursos e segundo as datas de exigibilidade"[19].

Realmente, *razões relevantes de interesse público*, e devidamente justificadas, isto é, demonstradas pela *autoridade competente*, além de publicadas, *justificam* a eventual inobservância da cronologia do pagamento. Essa avaliação pertence exclusivamente à autoridade competente que, nas circunstâncias, decide sobre a existência ou não de relevantes razões do interesse público. Essa decisão pertence ao âmbito da *discricionariedade* da autoridade competente, que não pode ser invadido ou valorado por autoridade de outras searas. Essa autoridade até pode errar na valoração, mas, afastada a má-fé, não pode ser responsabilizada em nenhuma esfera (administrativa, cível ou penal).

Em sentido semelhante ao nosso entendimento é o magistério de Greco Filho, nos seguintes termos: "Quanto à possibilidade de alteração da ordem desde que presentes relevantes razões de interesse público e mediante prévia justificativa da autoridade competente, devidamente publicada, é óbvio que, se ocorrida a hipótese, há exclusão do crime. Havendo justa causa na alteração da ordem, consubstanciada na descrição

---

[18] "Art. 5º Todos os valores, preços e custos utilizados nas licitações terão como expressão monetária a moeda corrente nacional, ressalvado o disposto no art. 42 desta Lei, devendo cada unidade da Administração, no pagamento das obrigações relativas ao fornecimento de bens, locações, realização de obras e prestação de serviços, obedecer, para cada fonte diferenciada de recursos, a estrita ordem cronológica das datas de suas exigibilidades, *salvo quando presentes relevantes razões de interesse público e mediante prévia justificativa da autoridade competente, devidamente publicada*" (grifamos).

[19] Marçal Justen Filho, *Comentários à Lei de Licitações*, p. 632.

do art. 5º, não há antijuridicidade"[20]. Divergimos apenas quanto ao grau ou intensidade, na medida em que a conduta praticada foi lícita, isto é, *devidamente autorizada pela lei* (art. 5º, *in fine*), estando *implícita* no tipo penal a elementar *sem justa causa*. Pois a presença da *justa causa* – relevantes razões de interesse público – afasta a própria adequação típica, não se devendo falar, consequentemente, em exclusão de crime, se crime não houve, mas de *atipicidade* ou de inadequação típica da conduta. Logo, o que é afastada não é apenas a *antijuridicidade*, mas a própria *tipicidade*, por falta de uma elementar normativa implícita.

5.1. Vinculação do pagamento a cada unidade de Administração, obedecendo a cada fonte diferenciada de recurso

Vicente Greco Filho, com a perspicácia que lhe é peculiar, flagra as contradições da segunda parte do então art. 92 com o disposto no art. 5º do mesmo diploma legal, o qual estabelecia os critérios para pagamentos dos compromissos financeiros decorrentes das licitações. Em sua fundada crítica destaca que a norma penal "não guarda correspondência com a norma instituidora do dever jurídico" (art. 5º). E, acertadamente, conclui Greco: "O crime refere a violação da ordem de *apresentação*; o art. 5º, a ordem das datas de suas exigibilidades. A incriminação, ainda, deixa de referir a possibilidade de alteração da ordem, desde que presentes relevantes razões de interesse público, mediante prévia justificativa da autoridade competente, devidamente publicada, e, também, que a ordem a ser respeitada deve ser em cada unidade da Administração e para cada fonte diferenciadora de recursos"[21]. Faremos sucintas considerações sobre esse procedente comentário de Greco Filho.

Primeiramente, em relação ao final do *caput* do art. 92, que se referia "a violação da ordem de *apresentação*", justiça se faça, já foi corrigido pela Lei n. 8.883/94, ficando estabelecido que a ordem cronológica a ser observada é a "de sua exigibilidade", a exemplo do previsto no art. 5º. No demais, assiste razão a Greco Filho.

Quanto à equivocada ausência, no tipo penal, *da possibilidade de alteração da ordem cronológica*, quando presentes relevantes razões de interesse público e mediante prévia justificativa da autoridade competen-

---

[20] Vicente Greco Filho, *Dos crimes da Lei de Licitações*, p. 88-89.
[21] Vicente Greco Filho, *Dos crimes da Lei de Licitações*, p. 88.

te, necessariamente, deve ser superada com a interpretação sistemática, conjugando-se os dois dispositivos – arts. 92 e 5º –, recurso hermenêutico que resta facilitado em razão de tratar-se de *norma penal em branco*, que é integrada exatamente por esse art. 5º. As consequências dessa interpretação são exatamente aquelas que comentamos no final do tópico anterior, ou seja, presente o interesse público, devidamente fundamentado pela autoridade competente, e publicado em órgão oficial, fica afastada a adequação típica da conduta.

Na verdade, deve-se interpretar essa verdadeira *justa causa* – relevantes razões de interesse público – como uma *característica negativa do tipo*; logo, a presença dessa circunstância afasta a tipicidade da conduta, pois estaria legitimada por essa espécie *sui generis* de justa casa, que legitima a superação da ordem cronológica de pagamentos exigíveis. Parece-nos, pois, de uma clareza meridiana que a proibição de violar a ordem cronológica de sua exigibilidade *pressupõe a ausência de justa causa*, que, na hipótese, é representada pela presença de *relevantes razões de interesse público*, devidamente fundamentada pela autoridade competente. Em outros termos, não há crime quando a não observância dessa ordem cronológica for *justificável*.

O tipo penal (norma penal em branco), da lei revogada, proibia tão somente "pagar fatura com preterição da ordem cronológica de sua exigibilidade" (art. 92, *in fine*), mas, o art. 5º – que era norma complementadora – determinava que, no pagamento das obrigações relativas às licitações, devia "cada unidade da Administração (...) obedecer, para cada fonte diferenciada de recursos, a estrita ordem cronológica ...". Resta-nos clara a vinculação da ordem de pagamento *à unidade de Administração* e "*à fonte diferenciada de recursos*". Ambas as locuções, na nossa concepção, conforme raciocínio exposto acima, constituem – lá disposição anterior, repetida cá na nova lei – características negativas do tipo, que, como suas complementadoras devem, necessariamente, ser observadas. Não há dúvida, contudo, que a observância irrestrita da *ordem cronológica* é exigida somente dentro da *mesma Unidade da Administração*, e *para cada fonte diferenciada de recursos*.

Passamos a identificar com maior precisão cada uma das elementares anteriormente enunciadas, especialmente por comportarem interpretações técnicas.

Primeiramente, *ordem cronológica de suas exigibilidades* significa que a Administração Pública não pode, a seu bel-prazer, escolher a quem efetuar o pagamento, devendo respeitar exatamente a *ordem legal*. Com essa previsão evita-se a prática reprovável de condicionar os pagamentos a gestões políticas ou influências inconfessáveis, eternas fontes de corrupção. A severidade dessa previsão resta demonstrada com sua inobservância sendo tipificada como crime (art. 92, *in fine*).

Exigibilidade, por sua vez, consiste no poder do credor (o contratado) *exigir* o pagamento por parte da Administração. Ou seja, para a identificação da *ordem cronológica* é irrelevante a data da realização da licitação e da assinatura do contrato, mas a *data da exigibilidade da obrigação*. Segundo Marçal Justen Filho, "a exigibilidade se inicia a partir da data final do período de adimplemento"[22]. Essa conclusão decorre do disposto no art. 40, XIV, *a*, ou seja, o prazo máximo para a Administração adimplir sua obrigação é de trinta dias, a partir do cumprimento, total ou parcial, da execução pelo contratado; o início da *exigibilidade* coincide com a data final do prazo de adimplemento, pois somente a partir daí o contratado pode demandar sua execução, logo, os trinta dias anteriores é o período que a Administração tem para exercer, livremente, sua obrigação de pagar. Concluindo, nas palavras autorizadas de Justen Filho: "A exigibilidade é determinada no momento em que se exaure o período de adimplemento. Isso se passa com o recebimento definitivo. Portanto, a cobrança se reporta à exigibilidade e a ordem de preferência se determina, automaticamente, pela aquisição da exigibilidade da obrigação. A Administração não pode pagar antes obrigação que adquiriu exigibilidade posteriormente, nem mesmo com o argumento de que a fatura foi emitida com data prévia ou que deu entrada na repartição pública com antecedência. Insista-se em que a ordem de preferência é estabelecida em função da data em que a obrigação adquiriu exigibilidade e tal se opera com o recebimento definitivo da prestação"[23].

Questão básica: o que vem a ser "cada unidade da Administração"? E "cada fonte diferenciada de recursos"?

Segundo Vicente Greco Filho, "deve-se entender como unidade da Administração o órgão que, por força das leis administrativas e orçamentárias, tenha competência para determinar pagamentos; cada um deles é uma unidade, e dentro dela deve ser considerada a ordem de apresentação e exigibilidade das faturas. Isso é bastante razoável, tendo em vista que diversas unidades tenham competência para autorizar pagamentos, e somente uma a tenha para fazê-los. Nesse caso, a ordem a ser respeitada é a da entrada do documento no órgão pagador. Ou seja, pode cometer

---

[22] Marçal Justen Filho, *Comentários à Lei de Licitações*, p. 85, *in fine*.
[23] Marçal Justen Filho, *Comentários à Lei de Licitações*, p. 87.

o crime o agente que autoriza o pagamento (e este se efetiva porque o crime consiste em *pagar*) em detrimento da ordem de sua unidade, bem como o agente pagador que subverte a ordem de chegada das autorizações de pagamento"[24].

Fonte diferenciada de recursos, por outro lado, na linguagem orçamentária, significa a origem dos recursos, se próprios, decorrentes de operações de crédito, de transferência, ou de convênios etc. Em outras palavras, os *recursos* podem ter as mais variadas origens ou, como diz a lei, *fontes*. Por sua pertinência, transcrevemos o didático esclarecimento de Marçal Justen filho sobre o real significado de "fonte diferenciada de recursos", *in verbis*:

> Não é possível interpretar o texto legislativo na acepção de "rubrica orçamentária". O legislador, quando pretendeu indicar essa figura, sempre o fez de modo expresso e específico. Portanto, teria de admitir-se que teria ocorrido erro na formulação redacional legislativa – o que não pode ser excluído de modo absoluto, mas deve ser reputado como excepcional. Mas o argumento mais relevante reside em que adotar aludida interpretação conduziria a neutralizar a eficiência do dispositivo. É que restringir a preferência ao âmbito estrito da rubrica orçamentária conduziria à possibilidade de o Estado *controlar* o processo de liquidação das dívidas. Então, bastaria liberar recursos para determinadas rubricas e não para outras: o resultado seria a frustração da ordem cronológica das exigibilidades. Credores que fossem menos simpáticos aos olhos dos governantes não receberiam os pagamentos, na medida em que não ocorreria a liberação dos recursos para as rubricas orçamentárias "adequadas". Mais ainda, solução dessa ordem reflete um evidente incentivo à corrupção, cuja repressão seria extremamente problemática. Dito de outro modo, não se pode admitir interpretação que se configura incompatível com o espírito da regra legal e com o princípio da moralidade consagrado constitucionalmente[25].

Com efeito, deve-se considerar que a previsão legislativa refere-se à *sistematização* realizada pelo próprio art. 5º, relativamente a "fornecimento de bens, locações, realização de obras e prestação de serviços". Cada um desses grupos de contratações – que, certamente, terão suas verbas destinadas – deverá ser considerado como "fonte diferenciada de

---

[24] Vicente Greco Filho, *Dos crimes das Leis de Licitações*, p. 89.
[25] Marçal Justen Filho, *Comentários à Lei de Licitações*, p. 88.

260

recursos". Assim, de modo que o pagamento correspondente terá de respeitar a ordem cronológica das referidas categorias.

6. Contratado que concorre para a ilegalidade: limitação de sua punibilidade

O *crime de mão própria*, regra geral, admite a *intervenção de terceiro* sem a qualificação de *funcionário público*, mas somente na condição de *mero partícipe*, ou seja, participante com uma atividade secundária, acessória, sem realizar diretamente a conduta nuclear do tipo penal. Mas este tipo penal apresenta uma peculiaridade especial: a limitação da intervenção e, particularmente, da punibilidade do *extraneus*, no caso, o "contratado", que é *condicionada* à comprovação de haver "concorrido para a consumação da ilegalidade", além de obter "vantagem indevida" ou se beneficiar, injustamente, "das modificações ou prorrogações contratuais". Trata-se, como se constata, de *crime próprio*, na medida em que somente "o contratado" pode praticá-lo, não se estendendo essa restrição de punibilidade a quem não reúna essa *condição especial* exigida por esse dispositivo penal.

Essa é a única interpretação que se pode extrair desse texto legal, segundo o qual incorre na mesma pena "o contratado que, tendo comprovadamente concorrido para a consumação da ilegalidade, obtém *vantagem indevida* ou se beneficia, injustamente, das modificações ou prorrogações contratuais". Em outros termos, ainda que o contratado tenha *concorrido para a consumação da ilegalidade*, não será penalmente responsável se não houver obtido *vantagem indevida* ou *se beneficiado, injustamente, das modificações ou prorrogações contratuais*. Ademais, parece-nos *razoável* essa limitação, tendo-se em vista a finalidade do conteúdo proibitivo do *caput* do artigo *sub examine*: impedir que modificações, alterações ou prorrogações contratuais beneficiem o adjudicatário (contratado). O *crime é próprio*, logo a proibição destina-se ao servidor público, que não poderá descumpri-la, salvo se houver autorização legal, contratual ou editálica. Trata-se, na verdade, de uma clara e expressa limitação à responsabilidade penal de "quem, de qualquer modo, concorre para o crime" (art. 29 do CP), constituindo outra exceção à *teoria monística da ação*, que, por determinação do art. 12 do CP, aplicar-se-ia também *aos fatos incriminados por lei especial*.

Não desconhecemos, é verdade, o respeitável entendimento diverso de Vicente Greco Filho, para quem, comentando artigo similar da lei re-

261

vogada, a previsão do parágrafo único do art. 92 estaria estabelecendo *forma de participação elevada a condição de crime autônomo*. Nesse sentido, afirma Greco Filho, comentando o mesmo dispositivo revogado:

> O parágrafo único do dispositivo comentado prevê como crime autônomo para o contratado o que poderia ser participação e, como norma especial, exclui esta última. Essa observação é importante porque o parágrafo acrescenta circunstâncias que precisam estar presentes para ocorrência do crime e que não se encontra no *caput*. Ou seja, pode o agente público cometer o crime, com o concurso do contratado, mas este pode não praticar crime algum. Vejamos: o administrador comete a infração se modifica o contrato em favor do adjudicatário, por exemplo, ampliando o prazo de entrega da obra, sem autorização legal. Ainda que tenha o contratado concorrido para a ilegalidade, como no caso de tê-la requerido, somente incidirá no parágrafo único se, com isso, obtém vantagem indevida ou se se beneficia, injustamente, das modificações ou prorrogações contratuais[26].

Na realidade, a redação, *sui generis,* desse parágrafo único já revogado, pode-se afirmar com absoluta segurança, *não criou uma figura especial* de conduta típica *assemelhada*, como, eventualmente, o legislador penal faz (*v.g.*, arts. 171, § 2º, 296, § 1º, 334, § 1º, etc.). Não se trata, tampouco, de *crime autônomo* semelhante ao tipo-base, a exemplo do que consta nos dispositivos antes mencionados, que consagram as denominadas figuras típicas equiparadas. Aliás, o *legislador especial* não ignora essa linguagem utilizada pelo de 1940, nos dispositivos antes mencionados, pois a adota com o mesmo significado no parágrafo único do art. 97, igualmente revogado, por exemplo[27].

Na verdade, seria desnecessário acrescer um parágrafo ao tipo penal para determinar que o *partícipe* incorre nas mesmas penas, pois a *norma de extensão* do art. 29 (norma de adequação típica de subordinação mediata) já o alcançaria, por força do disposto no art. 12 (primeira parte), ambos do Código Penal. Por outro lado, tampouco elevou o *instituto da participação stricto sensu* à condição de crime autônomo, pois não lhe criou nenhuma conduta específica e não lhe previu sanção alguma, apenas,

---

[26] Vicente Greco Filho, *Dos crimes da Lei de Licitações*, p. 90.
[27] "Incide na mesma pena aquele que, declarado inidôneo, venha a licitar ou a contratar com a Administração."

por cautela dogmática, *condicionou* sua punibilidade a (a) comprovadamente ter concorrido para "consumação da ilegalidade" e (b) a beneficiar-se, injustamente, das modificações ou prorrogações contratuais. São, na verdade, duas *condições limitadoras* da punição do *contratado*, e não a criação de nova figura autônoma para este, completamente desvinculada do *caput*.

Enfim, concluindo, o legislador limitou a responsabilização do contratado, punindo-o somente se este beneficiar-se com as modificações ou prorrogações contratuais. Trata-se, com efeito, como se fora uma espécie *sui generis* de *condição objetiva de punibilidade*, sem a configuração da qual esse *partícipe* especial (o contratado) não será alcançado pela norma penal. Mas, convém que se destaque, essa "condição objetiva" é exigida somente em relação ao *partícipe contratado*, não se estendendo a qualquer outro eventual participante.

Ademais, essa limitação existe somente em relação à primeira parte da previsão do *caput*, porque somente a ela se refere o parágrafo único. Logo, relativamente à conduta – *pagar a fatura* – descrita na segunda parte do *caput*, o contratado, se concorrer para ela, responderá normalmente como qualquer partícipe alcançado pelo disposto no art. 29 do CP, sem a limitação prevista no parágrafo único.

7. Norma penal em branco: sem autorização em lei, no ato convocatório da licitação e prorrogação contratual

Esse revogado art. 92 da revogada Lei n. 8.666/93 constitui mais um exemplo da denominada *norma penal em branco*, pois a incompletude de sua descrição conta com a *integração* de outras *normas*, no caso, inclusive com definições contidas em outros dispositivos da própria lei, como, por exemplo, dos seus arts. 5º, 57 e 65. Essa necessidade constata-se claramente nas locuções "sem autorização em lei" e "vantagem indevida", "modificação ou prorrogação contratual", cujos complementos residem especialmente nas previsões constantes dos artigos supramencionados. Com efeito, essas expressões indicam a necessidade de *norma complementar* para *integrar* adequadamente a descrição típica que ora examinamos. As normas integradoras ou complementares, por sua vez, encontram-se, fundamentalmente, nos dispositivos acima citados.

Não se pode perder de vista que a *fonte legislativa* (Poder Legislativo, Poder Executivo etc.) que complementa a *norma penal em branco* deve, necessariamente, respeitar os limites que esta impõe, para não violar uma possível *proibição de delegação de competência* na lei penal material, definidora do tipo penal, em razão do *princípio constitucional da reserva legal* (art. 5º, XXXIX, da CF) e do *princípio da tipicidade estrita* (art. 1º do CP). A lei que complementa a norma penal em branco integra o próprio tipo penal. Em outros termos, é indispensável que essa integração ocorra nos parâmetros estabelecidos pelo *preceito da norma penal em branco*. É inadmissível, por exemplo, que um ato administrativo ultrapasse o *claro* da lei penal (criando, ampliando ou agravando o comando legal), sob pena de violar o *princípio da reserva legal* de crimes e respectivas sanções (art. 1º do CP).

Com efeito, as *normas penais incriminadoras ou restritivas* devem ser interpretadas sempre levando em consideração a sua finalidade (teleologia), sendo vedada a *analogia,* a *interpretação extensiva,* assim como *a interpretação analógica.* A *validez* da norma complementar decorre da *autorização* concedida pela norma penal em branco, como se fora uma espécie de *mandato,* devendo-se observar os seus estritos termos. Aliás, tratando-se de *norma penal em branco*, a própria denúncia do *Parquet* deve identificar qual lei complementar satisfaz a elementar exigida pela norma incriminadora, ou seja, deve constar da narrativa fático-jurídica qual lei desautoriza a prática da conduta imputada, sob pena de revelar--se inepta, pois a falta de tal descrição impede o aperfeiçoamento da adequação típica.

Quanto à questionada *constitucionalidade* de normas complementares de outras, tidas como incompletas, pode-se afirmar, de plano, que o legislador deve agir com criteriosa cautela, *evitando eventual ampliação da conduta incriminada* na norma que pretende complementar, especialmente quando se tratar de outro diploma legal, que não é o caso do revogado art. 92. Não se pode esquecer, por outro lado, que a *norma integradora* não pode alterar ou ultrapassar os parâmetros estabelecidos pelo preceito da *norma penal em branco,* que é a incriminadora. Sua função limita-se a especificações e detalhamentos secundários, que podem ser transitórios, temporários e até fugazes. Se a norma complementar, especialmente se tiver cunho ou natureza administrativa, ultrapassar o "claro da lei penal" (criando, ampliando ou agravando o comando legal), estará violando o princípio *nullum crimen nulla poena sine praevia lege*, e, por consequência, desrespeitando o princípio constitucional da reserva legal (art. 5º, XXXIX, da CF). Logo, estar-se-á diante de *norma complementadora flagrantemente inconstitucional*, não por ser norma integradora, mas por ultrapassar os limites que lhe são reservados como tal, alterando o comando legal, que é exclusivo da lei incriminadora (elaborada pelo Congresso Nacional, sob o crivo do devido processo legislativo etc.), mesmo carente de complemento normativo. Repetindo, não se pode esquecer que a *validez* da norma complementar decorre da *autorização* concedida pela norma penal em branco, como uma espécie de *mandato*, devendo-se observar os seus estritos termos, cuja desobediência ofende o *princípio constitucional da legalidade*. Não se trata de insegurança jurídica ou indeterminação, mas de violação mesmo da garantia constitucional dos princípios da legalidade e da taxatividade da tipicidade, que ficariam altamente comprometidos.

Por fim, para aprofundar o exame desta temática, *lei penal em branco*, remetemos o leitor para as considerações que fizemos sobre o art. 337-E, onde aprofundamos um pouco mais a análise dessa questão.

8. Elemento subjetivo: adequação típica

Elemento subjetivo é o dolo, representado pela vontade consciente de praticar qualquer das condutas descritas no dispositivo em exame, ou seja, admitir, possibilitar ou dar causa a modificação ou vantagem a favor do adjudicatário, durante a execução do contrato. Mais que isso, o servidor público deverá ter consciência que age desautorizadamente, isto é, sem autorização legal. Nesse sentido, concordamos com o magistério de Costa Jr., segundo o qual, "para que o delito possa aperfeiçoar-se, no campo subjetivo, deverá o agente público estar consciente da ilegalidade do que está praticando, em detrimento do erário público e em favor do particular. Ou melhor, deverá ter consciência de que está agindo desprovido de qualquer autorização legal"[28].

A *consciência* do agente, como elemento do dolo, deve abranger todas as elementares do tipo. Ademais, essa *consciência* deve ser *atual*, isto é, deve existir no momento em que a ação está acontecendo, ao contrário da *consciência da ilicitude* (elemento da culpabilidade), que pode ser apenas *potencial*. Na verdade, não basta que a "consciência", elemento intelectual do dolo, seja meramente *potencial* como ocorre na *culpabilidade*, sendo indispensável que ela seja real, isto é, que exista concomitantemente à ação. Essa distinção justifica-se porque o agente deve ter *plena consciência*, quando pratica a ação, daquilo que quer realizar, qual seja, admitir, possibilitar ou dar causa à modificação ou vantagem ao adjudicatário em prejuízo do erário público.

---

[28] Paulo José da Costa Jr., *Direito penal das licitações*, p. 39.

Mas, além desse elemento intelectual – consciência ou representação –, é indispensável ainda o *elemento volitivo*, sem o qual não se pode falar em *dolo*, direto ou eventual. Em outras palavras, a *vontade* deve abranger, igualmente, *a ação* (visando a modificação contratual), o *resultado* (execução efetiva da ação proibida), os *meios* (livres, qualquer um eleito pelo agente), a relação, enfim, de causa e efeito. Por isso, quando o processo *intelectual-volitivo* não atinge um dos componentes da ação descrita na lei, o dolo não se aperfeiçoa, isto é, não se realiza. Na realidade, o *dolo* somente se completa com a *presença simultânea* da *consciência* e da *vontade* de todos os elementos constitutivos do tipo penal.

Tudo o que dissemos em relação à primeira parte do dispositivo penal aplica-se, igualmente, à segunda, qual seja, pagar fatura preterindo a ordem cronológica de sua exigibilidade, livremente consciente.

Por fim, nas condutas descritas no presente tipo penal, não há exigência de qualquer elemento subjetivo especial do injusto. Na verdade, por sua estrutura típica, não exige o *especial fim de agir* que integra determinadas definições de delito e condiciona ou fundamenta a *ilicitude* do fato, *elemento subjetivo especial do tipo* de ilícito, de forma autônoma e independente do dolo. Enfim, neste tipo penal o dolo, com seus dois elementos subjetivos, *vontade e consciência*, deve materializar-se no fato típico executado pelo agente, por tratar-se de crime material.

Em relação à figura tipificada no parágrafo único, o elemento subjetivo é igualmente o dolo, constituído pela vontade livre e consciente de concorrer para a consumação da ilegalidade, obtendo vantagem, injusta ou indevida, decorrente das modificações ou prorrogações contratuais. É indispensável, igualmente, que o contratado tenha consciência de que obtém vantagem injusta ou indevida com as modificações ou prorrogações das contratações.

Relativamente à conduta tipificada no parágrafo único do artigo revogado – e refiro-me a ele por razões dogmáticas –, sem sombra de dúvida, *não há previsão de elemento subjetivo especial do injusto*, limitando-se sua subjetividade ao dolo constituído de vontade e consciência da ação incriminada e seus consectários. Discordamos, no particular, de Costa Jr., segundo o qual, nesse parágrafo, o elemento subjetivo, que ele ainda denominava dolo específico, "estaria representado pela intenção de obter a vantagem indevida, ou o benefício injusto, consistente nas modificações ou prorrogações contratuais"[29]. *Venia concessa*, a conduta descrita nesse parágrafo não tem previsão de elemento subjetivo especial, pois, na ver-

---

[29] Paulo José da Costa Jr., *Direito penal das licitações*, p. 39.

dade, as elementares mencionadas pelo digno autor citado integram o tipo penal, que como crime material devem concretizar-se, inclusive para que o contratado possa responder pela infração penal. Não se pode ignorar que o *elemento subjetivo especial do tipo*, como aspecto subjetivo distinto do dolo, não precisa concretizar-se, basta que oriente a conduta infratora ampliando o alcance do dolo, ao passo que a previsão do parágrafo único, que ora se examina, ao contrário, exige a concretização tanto da contribuição na consumação do crime como também do benefício auferido. Pois essa dupla exigência do texto legal, que é indispensável para o contratado responder por essa infração penal, a torna incompatível com o *elemento subjetivo especial do tipo* (que não se confunde com o dolo), que os *causalistas, como o saudoso Prof. Paulo José da Costa Junior,* denominavam "dolo específico" (terminologia de há muito superada).

9. Consumação e tentativa

O momento consumativo dos crimes da primeira parte do *caput*, quais sejam, *admitir, possibilitar ou dar causa* a modificação ou vantagem ao adjudicatário, pode apresentar alguma controvérsia, decorrente de sua complexidade estrutural e da similitude dessas condutas. Nas circunstâncias, não é desarrazoada eventual divergência doutrinária e mesmo jurisprudencial, embora com reflexos significativos no plano prático. Nessas condutas, os crimes são materiais, e somente se consumam com a efetiva produção do resultado, qual seja, gerar vantagem ou benefício ao adjudicatário, na medida em que não admitimos vantagem no simples ato de modificar ou alterar contrato em execução, ao contrário de algum entendimento em sentido diferente.

No crime descrito na segunda metade do *caput* deste art. 337-H, qual seja, "ou, ainda, *pagar fatura* preterindo a ordem cronológica de sua exigibilidade", somente se consuma com o efetivo pagamento, por isso, afastamos aquelas afirmações de que a conduta tipificar-se-ia com "autorizar o pagamento, desencadeando o procedimento para efetivá-lo"[30]. Nessa linha, é inconcebível pretender sustentar que o crime consuma-se – nas modalidades de *admitir, possibilitar ou dar causa* – com a simples modificação de um contrato, como pretendem alguns doutrinadores[31].

---

[30] Vicente Greco Filho, *Dos crimes da Lei de Licitações*, p. 92.
[31] Paulo José da Costa Jr., *Direito penal das licitações*, p. 38.

Qual seria a lesão, dano ou ofensa ao bem jurídico tutelado, se não houve nenhuma vantagem, indevida ou injusta, para o contratado? A resposta inevitavelmente será que não houve nenhum prejuízo, dano ou ofensa ao interesse ou patrimônio público protegido, logo, seria absolutamente injusto considerar como crime consumado.

Quanto à *conduta descrita* no revogado parágrafo único, que tipifica crime de resultado, consuma-se somente quando houver (se houver) a obtenção de vantagem indevida ou se beneficiar, injustamente, das modificações ou prorrogações contratuais. Com efeito, somente assim o agente beneficia-se da "consumação da ilegalidade", exigida por referido dispositivo revogado.

10.Classificação doutrinária

Trata-se de *crime próprio*, que exige *qualidade especial* do sujeito ativo, qual seja, a de *funcionário público*. Dito de outra forma, nenhuma das condutas nucleares pode ser praticada por alguém que não reúna essa qualidade ou condição, que, no caso, é um pressuposto básico para poder ser imputada a alguém; *material*, pois sua *consumação* ocorre somente com a efetiva produção do resultado, qual seja, gerar vantagem ou benefício ao adjudicatário; igualmente, a conduta descrita na segunda metade do *caput*, qual seja, *pagar fatura* preterindo a ordem cronológica exigível, somente se consuma com o efetivo pagamento. Trata-se de crime *de forma livre*, podendo ser praticado pelos meios ou formas escolhidos pelo sujeito ativo; *instantâneo*, consuma-se no momento em que o agente pratica a ação incriminada, esgotando-se aí a lesão jurídica, nada mais podendo ser feito para evitar a sua ocorrência. Em outros termos, não há delonga, não existe um lapso temporal entre a execução e sua consumação; *doloso*, não há previsão da modalidade culposa (excepcionalidade do crime culposo); *unissubjetivo*, que pode ser praticado por um agente apenas, embora admita a figura do concurso eventual de pessoas; *plurissubsistente*, trata-se de crime cuja conduta *admite desdobramento*, isto é, o *iter criminis* pode ser dividido em atos, facilitando, inclusive, a identificação da figura tentada.

11.Pena e ação penal

As penas cominadas, cumulativamente, para esta infração penal, que eram dois a quatro anos de detenção e multa, simplesmente dobraram a pena privativa de liberdade, além de transformar detenção em reclusão, sem qualquer justificativa razoável. Ou seja, a pena cominada ficou de quatro a oito anos de reclusão, além da multa.

A ação penal, como em todos os crimes deste diploma legal, é *pública incondicionada*. Será admitida ação penal privada subsidiária da pública, se esta não for ajuizada no prazo legal (art. 103, § 3º, do Código Penal).

Capítulo XI
PERTURBAÇÃO DE PROCESSO LICITATÓRIO

Sumário: 1. Considerações preliminares. 2. Bem jurídico tutelado. 3. Sujeitos do crime. 4. Tipo objetivo: adequação típica. 4.1. Elementares implícitas ou exercício regular de direito. 4.2. Descaracterização de possível excesso em exercício regular de direito. 5. Tipo subjetivo: adequação típica. 6. Consumação e tentativa. 7. Classificação doutrinária. 8. Pena e ação penal.

Perturbação de processo licitatório

Art. 337-I. Impedir, perturbar ou fraudar a realização de qualquer ato de processo licitatório:

Pena – detenção, de 6 (seis) meses a 3 (três) anos, e multa.

---

1. Considerações preliminares

Neste crime do art. 337-I do Código Penal, acrescido pela Lei n. 14.133/21, foi alterado somente o *nomen iuris* deste crime que era "fraude à realização do procedimento licitatório" para "perturbação de processo licitatório", bem como a pena cominada foi elevada de seis meses a dois anos de detenção, para *seis meses a três anos de detenção* e multa. Foi, no entanto, mantido integralmente seu conteúdo normativo no novo texto legal (337-I). Afora isso, foi mantida inalterada a integra do conteúdo do artigo revogado, nos seguintes termos: "*impedir, perturbar ou fraudar a realização de qualquer ato de processo licitatório*".

A *arrematação judicial*, no entanto, que tem objeto jurídico distinto, continua sendo tutelada penalmente pela disposição contida no art. 358 do CP, do qual tratamos no 5º volume do nosso *Tratado de Direito Penal*.

2. Bem jurídico tutelado

Bem jurídico protegido é garantir a respeitabilidade, probidade, integridade e moralidade do certame licitatório, especialmente quanto ao tratamento igualitário dos concorrentes. O dispositivo ora examinado visa, acima de tudo, proteger a correção, legalidade e moralidade na realização de cada um e de todos os atos do procedimento licitatório, observando rigorosamente a regra da isonomia concorrencial.

Protege-se, igualmente, a probidade e dignidade da função pública, sua respeitabilidade, bem como a integridade de seus funcionários. O sentimento do administrador público, enfim, deve ser o de cumprir e fazer cumprir todos os atos do procedimento licitatório com transparência, lisura e correção, observando estritamente as disposições legais pertinentes à matéria. A criminalização constante deste art. 337-I objetiva, enfim, *proibir a adoção de procedimento fraudulento*, procrastinatório ou desleal tanto entre os concorrentes como também a contribuição ou participação de algum funcionário, desvirtuando a finalidade e regularidade do procedimento licitatório.

3. Sujeitos do crime

Sujeito ativo do crime pode ser qualquer pessoa, tendo ou não interesse pessoal no procedimento licitatório, não sendo exigida qualidade ou condição especial; pode ser qualquer pessoa, seja ou não licitante, isto é, qualquer terceiro, interessado ou não no processo; pode, inclusive, ser *funcionário público* encarregado do procedimento licitatório, e o próprio procurador da parte, se efetivamente concorrer para a irregularidade de qualquer ato do procedimento licitatório. No entanto, não praticará o crime o advogado que não participar da fraude praticada pelo cliente; e eventual simples *conivência*, que não se confunde com a participação em sentido estrito, somente o exporá a medidas disciplinares, depois de investigada e processada pelo Tribunal de Ética da OAB.

Sujeito passivo é, prioritariamente, qualquer pessoa que seja prejudicada pela conduta irregular ou fraudulenta do sujeito ativo em relação a qualquer ato do procedimento licitatório; secundariamente, o Estado, sempre titular do bem jurídico ofendido *Administração Pública "lato sensu"*, mais especificamente, na hipótese, do órgão, autarquia ou ente da Administração Pública.

4. Tipo objetivo: adequação típica

As condutas descritas são: a) *impedir* (obstar, estorvar, embaraçar, obstruir ou impossibilitar); b) *perturbar* (tumultuar, confundir, atrapalhar), ou c) *fraudar* (usar de artifício, ardil ou qualquer meio enganoso idôneo para induzir ou manter alguém em erro) *a realização de qualquer ato de procedimento licitatório*. O legislador não estabelece os meios ou formas pelas quais o sujeito ativo pode impedir ou perturbar a realização de qualquer ato do procedimento licitatório, ficando em aberto a um universo incalculável de possibilidades, que somente a casuística poderá nos indicar.

Trata-se de um tipo penal excessivamente aberto, vago e impreciso, sem especificar qual seria *o ato inicial* do procedimento licitatório, cuja violação já representa o início da execução penal. Costa Jr. destaca que a locução *qualquer ato de procedimento licitatório* "é extremamente vaga, ensejando dúvidas exegéticas. Indaga-se, a esse respeito: os atos de preparação do procedimento licitatório, como, por exemplo, a redação dos editais, estão aqui incluídos?"[1]. Indiscutivelmente essa descrição típica é extremamente aberta, imprecisa e gera absoluta insegurança sobre quais seriam esses atos, e quais os que realmente integrariam a descrição típica, gerando perplexidade no intérprete.

Costa Jr. faz uma síntese perfeita da essência deste tipo penal: "O que se vem a impedir, a perturbar ou a fraudar é a realização do procedimento licitatório, ou melhor, a execução de qualquer ato do aludido procedimento. Considera-se como tal desde o ato de abertura do processo, que deve ser protocolado e numerado, bem como os atos subsequentes (edital, apresentação de propostas e abertura), até os atos finais de julgamento e adjudicação"[2].

Fraudar é usar *de meio* fraudulento, isto é, ardiloso, insidioso, artificioso na realização de qualquer ato de procedimento licitatório. *Fraude* é o engodo, o ardil, o artifício que engana, que ludibria e que desorienta alguém, no caso, os concorrentes, a Administração Pública, enfim qualquer interessado na lisura do certame licitatório. Mas para que a *fraude* se caracterize como tal deve ter idoneidade para enganar licitante, Administração Pública, enganar fiscais etc. Faz-se necessário, completando, o emprego de artifícios e estratagemas idôneos que crie situação de fato ou uma disposição de circunstâncias que torne insuperável o *erro* de pretenso licitante ou da própria Administração, que, em razão do comportamento fraudulento, seja levada a erro na fiscalização e controle do procedimento licitatório. Em outros termos, é indispensável que a conduta fraudulenta seja capaz de *enganar* ou de ludibriar o encarregado do

---

[1] Paulo José da Costa Jr., *Direito penal das licitações*, p. 42.
[2] Paulo José da Costa Jr., *Direito penal das licitações*, p. 43.

procedimento licitatório ou os próprios licitantes, sob pena de não se configurar a *fraude*.

A *fraude*, neste caso, pode residir em *qualquer ato do procedimento licitatório*, pode, por exemplo, recair na apresentação da documentação necessária, no conteúdo de um ou alguns dos documentos exigidos, ou na própria forma de ditos documentos, isto é, em sua falsidade material ou ideológica, na alteração de datas ou prazos. Enfim, a casuística de cada certame licitatório é que poderá nos dar, *in concreto*, os limites que a *conduta fraudulenta* pode abranger em termos de procedimento licitatório.

O objeto da fraude é o *procedimento licitatório*, que abrange desde o ato de abertura do procedimento administrativo, o qual deve ser devidamente protocolado e numerado, que deve ser acompanhado de autorização da autoridade competente, a sucinta indicação do objeto e dos recursos orçamentários para as respectivas despesas; os atos subsequentes, como o edital, sessões de apresentação e abertura de propostas, até os atos finais de julgamento.

4.1. Elementares implícitas ou exercício regular de direito

Com uma simples leitura despretensiosa do art. 337-I constata-se, de plano, que se trata de tipo objetivo, isto é, despido de qualquer *elemento normativo* ou mesmo de elemento subjetivo constitutivos do tipo. No entanto, fatos, circunstâncias ou mesmo peculiaridades do caso poderão, ainda que excepcionalmente, autorizar ou justificar a intervenção, interrupção ou suspensão do procedimento licitatório. Dito de outra forma, nada impede que, eventualmente, possa haver *justa causa* para a interrupção do andamento do procedimento licitatório, e, consequentemente, possa afastar, legitimamente, essa proibição legal. Vicente Greco Filho destaca, com acerto, que "o dispositivo contém, implícito, o elemento normativo 'sem justa causa' ou 'indevidamente' quanto ao *impedir* e o *perturbar*, porque há situações em que o impedimento ou perturbação são não só legítimos, mas necessários, como a utilização do mandado de segurança para suspender ou anular o procedimento viciado. Nesse caso o elemento normativo integra-se ao subjetivo, porque a utilização de medida judicial perturbadora da licitação pode caracterizar a infração se tem o agente consciência da improcedência de sua pretensão e utiliza o remédio judicial com a intenção de perturbar o certame"[3].

---

[3] Vicente Greco Filho, *Dos crimes da Lei de Licitações*, p. 98.

Discordamos, contudo, da conclusão no exemplo sugerido por Greco Filho, na medida em que o acesso ao Judiciário e o direito de petição são constitucionalmente assegurados ao cidadão. A procedência ou improcedência de determinada demanda judicial é da natureza do processo, e o eventual insucesso da demanda não torna, por si só, ilegítimo o direito de postular, ainda que resulte, afinal, improcedente. Em outros termos, quem promove alguma medida judicial o faz no *exercício de um direito* (direito de ação), não se podendo, por isso, atribuir-lhe a conotação de *impedir* ou *perturbar*, indevidamente, que é o sentido do texto penal. Na verdade, o *impedir* ou *perturbar* tem efetivamente, como sustenta Greco Filho, o significado de fazê-lo *sem justa causa, indevidamente,* não apenas quanto ao mérito, mas também e, principalmente, quanto ao *modus operandi,* que reflete em si mesmo um significado perturbador, desarrazoado, desrespeitoso, injusto e abusivo.

Na realidade, acreditamos que na hipótese de alguém *impedir* ou tentar impedir ou *perturbar* o andamento de um procedimento licitatório através de alguma medida judicial estará no *exercício legal de um direito,* o direito de ação e, certamente, quem exerce *regularmente um direito* não comete crime, não viola a ordem jurídica, nem no âmbito civil, e muito menos no âmbito penal. De notar-se que o exercício de qualquer direito, para que não seja ilegal, deve ser *regular. O exercício de um direito,* desde que *regular,* não pode ser, ao mesmo tempo, proibido pela ordem jurídica. *Regular* será o exercício que se contiver nos *limites* objetivos e subjetivos, formais e materiais impostos pelos próprios fins do Direito. Fora desses limites, haverá o *abuso de direito* e estará, portanto, excluída essa *justificação. O exercício regular de um direito* jamais poderá ser *antijurídico.* Qualquer direito, público ou privado, penal ou extrapenal, regularmente exercido, afasta a antijuridicidade. Mas o exercício deve ser *regular,* isto é, deve obedecer a todos os requisitos objetivos exigidos pela ordem jurídica.

Questão interessante a examinar, neste tópico, é sobre a possibilidade de *eventual existência de excesso* no *exercício desse direito,* e de esse *excesso* constituir o crime que ora se examina.

4.2. Descaracterização de possível excesso em exercício regular de um direito

Hipoteticamente, imaginemos que alguém se valha de *medidas judiciais* postulando pretensões *manifestamente improcedentes* ou equivocadas, ou abuse dos meios legais de impugnação que lhe são legalmente assegurados (*v.g.*, interpondo agravos de instrumentos e regimentais sucessivos, embargos declaratórios, embargos de embargos etc.): incorreria nas proibições constantes do art. 93 da lei de regência? A demanda judicial persistente, no exemplo dado, poderia caracterizar eventual *excesso de um exercício regular de direito*? Eis a questão que demanda maior reflexão.

Já observamos que, segundo Greco Filho, as condutas de *impedir* e *perturbar* contêm, implicitamente, um *elemento normativo*, qual seja, *sem justa causa ou indevidamente*, embora conclua referido autor que poderá configurar esse crime "se tem o agente consciência da improcedência da sua pretensão e utiliza o remédio judicial com a intenção de perturbar o certame"[4]. Em circunstâncias semelhantes, concebendo a interposição de medida judicial como *exercício regular de direito*, Tavares de Freitas, imaginando *excesso punível*, sustenta que o agente responderá por esse crime quando "nos casos de litigância de má-fé, de pretensões manifestamente improcedentes ou equivocadas e em qualquer outra hipótese na qual o agente abuse dos meios legais de impugnação que lhe são oferecidos, entendemos que o crime estará configurado, caso o agente, de forma abusiva, impeça ou perturbe ato de procedimento licitatório"[5].

Sobre a possibilidade de eventual *excesso punível* ou a punibilidade do uso consciente de medida judicial incabível, demanda alguma reflexão. Em primeiro lugar, admitimos, como Greco Filho comentando a lei revogada, cujo texto era igual a este, quando afirmava a existência de *elementar normativa implícita* no art. 93, algo como, *sem justa causa,* indevidamente ou *injustamente*. Contudo, discordamos da possibilidade de configurar essa infração penal a utilização de alguma medida judicial, mesmo que o agente tenha consciência de sua improcedência ou não cabimento, e ainda que o faça com o objetivo de atrasar o andamento do certame licitatório, pois, como destacamos no tópico anterior, representará apenas o *exercício regular de um direito* (direito de ação). Todos têm o direito de demandar judicialmente, mesmo sabendo que sua demanda é improcedente, e, inclusive, impertinente, mas caberá ao Judiciário dizê-lo, e, eventual litigância de má-fé, o próprio sistema processual prevê a sanção correspondente, esgotando-se nesse plano, a infração e seu respectivo sancionamento.

Quanto a eventual *excesso no exercício regular de direito*, enquanto excludente de criminalidade, é perfeitamente admissível. O que, no

---

[4] Vicente Greco Filho, *Dos crimes da Lei de Licitações*, p. 98.
[5] André Guilherme Tavares de Freitas, *Crimes na Lei de Licitações*, p. 140.

entanto, não a converte, no caso *sub examine*, em conduta criminosa por si só. Com efeito, em qualquer das *causas de justificação* (art. 23 do CP), quando o agente, dolosa ou culposamente, *exceder-se* dos limites da *norma permissiva*, responderá pelo *excesso*. A Reforma Penal de 1984, melhor sistematizada, que a redação original do Código Penal de 1940, prevê a punibilidade do *excesso* em relação a *todas* as excludentes de criminalidade, sem exceção, ao contrário do que previa sua redação primitiva. Assim, o *excesso* pode ocorrer em qualquer das modalidades de *excludentes*[6]. Ademais, esse *excesso* pode decorrer de *dolo*, de *culpa* ou simplesmente de *caso fortuito*, hipótese em que não se poderá falar de responsabilidade penal.

No entanto, para a análise do *excesso*, é indispensável que a situação *inicialmente* caracterize a presença de uma *excludente*, cujo *exercício*, em um segundo momento, mostre-se *excessivo*. Assim, por exemplo, o agente pode encontrar-se, *inicialmente*, no *exercício regular de um direito*, isto é, satisfazendo todos os seus requisitos legais, mas, durante o seu *exercício*, pelos meios que emprega, ou pela imoderação do seu uso ou ainda pela intensidade do seu emprego, *acaba ultrapassando os limites de sua regularidade*, exatamente como ocorre na *legítima defesa*, que se inicia legítima, *deslegitimando-se*, contudo, pela *imoderação* do uso, que faz dos meios (in)adequados. Não há, com efeito, nenhuma *incompatibilidade* entre o excesso e o *exercício regular de um direito* ou de *estrito cumprimento do dever legal*, que, como tal, *inicia*, mas que, na sua *execução*, ultrapassa os limites do estritamente necessário. Em outros termos, inicia-se nos estritos termos da lei, mas como tal não se consuma, excedendo-se na sua realização.

Enfim, o *excesso punível*, que pode configurar-se em qualquer das excludentes legais, seja a título de *dolo*, seja a título de *culpa*, decorre do *exercício imoderado* ou *excessivo* de determinado direito ou *dever*, que acaba produzindo resultado mais grave do que o razoavelmente suportável e, por isso mesmo, nas circunstâncias, não permitido. Sustentar entendimento diverso é ignorar o direito em vigor (art. 23, parágrafo único), que vem reforçado pela *Exposição de Motivos*, com o seguinte destaque: "A inovação está contida no art. 23, que estende o excesso punível, antes restrito à legítima defesa, a todas as causas de justificação". Decidir em sentido contrário, *venia concessa*, significa *negar vigência à lei federal* (art. 105, III, *a*, da CF).

---

[6] Cezar Roberto Bitencourt, *Tratado de direto penal*: parte geral, 16. ed., São Paulo: Saraiva, 2011, v. 1, p. 383-385.

Mas – dito isso – o que poderia caracterizar *excesso* em uma demanda judicial (direito de ação) contra o andamento do certame licitatório? Seria, talvez, uma demanda absolutamente improcedente? Uma medida judicial que se possa afirmar ser meramente protelatória ou, quem sabe, uma litigância de má-fé?

Admitindo-se, no entanto, como provada qualquer dessas circunstâncias, *ad argumentandum tantum*, encontram resposta e sanções no próprio sistema processual, e aí mesmo se esgotam, como é o caso da litigância de má-fé, que o diploma processual civil prevê a punição correspondente. Por outro lado, eventual infração ético-disciplinar do advogado encontrará solução no Código de Ética da OAB, que será o juiz natural para apurar eventual infração dessa natureza. Enfim, esses aspectos, além de não caracterizarem *excesso* do exercício regular de um direito (no máximo, sua inadequação ou impropriedade), tampouco caracterizam a ação tipificada no art. 337, qual seja, impedir, perturbar ou fraudar – qualquer ato do procedimento licitatório, com a conotação que o tipo penal lhe atribui, qual seja, indevidamente, injustamente ou sem justa causa. O meio escolhido, por outro lado – demanda judicial –, é adequado, legítimo e autorizado. Aliás, não raro se constata verdadeira guerra de liminares, especialmente nos certames licitatórios, frequentemente demandadas pelo próprio Ministério Público, por Autarquias ou Empresas Públicas, bem como por particulares. A realidade nos tem demonstrado que muitas e muitas dessas liminares postuladas, e por vezes concedidas, são indevidas, improcedentes e, inclusive, algumas, escancaradamente incabíveis. A despeito de retardarem, justa ou injustamente, o resultado final do certame, não tem sido criminalizada a conduta desses demandantes, exatamente porque o Poder Judiciário é a sede adequada para se discutir essas questões conflituosas, inclusive quanto às contendas relativas a qualquer ato do procedimento licitatório. Postular em juízo o que se tem direito ou se julga ter é um direito de todos, ainda que improcedente. As demandas temerárias encontram resposta no mesmo instrumento utilizado, não devendo repercutir em outras áreas, alheias à própria demanda.

Por fim, somente poderia representar *excesso* no exercício regular de um direito (no caso de direito de ação) se o demandante decidisse resolver a questão (impedir ou retardar a prática de algum ato do procedimento licitatório) pelas próprias mãos, isto é, resolvesse ele próprio executar, por exemplo, uma decisão judicial (*v.g.*, exercício arbitrário das próprias razões). Nesse caso, à evidência, poder-se-ia falar em conduta típica. Concluindo, *venia concessa*, o uso de medidas judiciais, ainda que tenham a finalidade de protelar o andamento do certame licitatório, conscientemente ou não, não tipifica, a nosso juízo, nenhuma das condutas descritas no dispositivo *sub examine*, pois *legitimou-se com a autorização judicial*.

5. Tipo subjetivo: adequação típica

Elemento subjetivo é o dolo, representado pela vontade consciente de praticar qualquer das condutas descritas no dispositivo em exame, ou seja, de impedir, perturbar ou fraudar a realização de qualquer ato do procedimento licitatório, por qualquer meio ou forma eleita pelo sujeito ativo. Trata-se de crime não vinculado, de forma livre, ao contrário daquele previsto no art. 337-L, da mesma lei de regência, que é crime vinculado, somente podendo ser executado por meio de violência, grave ameaça, fraude ou oferecimento de vantagem de qualquer tipo para afastar licitante do certame.

A *consciência* do agente, como elemento do dolo, deve abranger todas as elementares do tipo. Ademais, essa *consciência* deve ser *atual*, isto é, deve existir no momento em que a ação está acontecendo, ao contrário da *consciência da ilicitude* (elemento da culpabilidade), que pode ser apenas *potencial*. Na verdade, não basta que a "consciência", elemento intelectual do dolo, seja meramente *potencial* como ocorre na *culpabilidade*, sendo indispensável que ela seja real, isto é, que exista efetivamente no momento da ação. Dito de outra forma, essa distinção justifica-se porque o agente deve ter *plena consciência*, no momento em que pratica a ação, daquilo que quer realizar, qual seja, *impedir, perturbar ou fraudar a realização de ato licitatório*.

Mas além desse elemento intelectual – consciência ou representação –, é indispensável ainda o *elemento volitivo*, sem o qual não se pode falar em *dolo*, direto ou eventual. Em outras palavras, a *vontade* deve abranger, igualmente, *a ação* (visando que o ato licitatório não se realize corretamente), o *resultado* (execução efetiva da ação proibida), os *meios* (livres, qualquer um eleito pelo agente), a relação, enfim, de causa e efeito. Por isso, quando o processo *intelectual-volitivo* não atinge um dos componentes da ação descrita na lei, o dolo não se aperfeiçoa, isto é, não se realiza. Na realidade, o *dolo* somente se completa com a *presença simultânea* da *consciência* e da *vontade* de todos os elementos constitutivos do tipo penal. Com efeito, quando o processo *intelectual-volitivo* não abrange qualquer dos requisitos da ação descrita na lei, não se pode falar em dolo, configurando-se o *erro de tipo*, e sem dolo não há crime, ante a ausência de previsão da modalidade culposa.

Por fim, nas condutas descritas no presente tipo penal, não há exigência de qualquer elemento subjetivo especial do injusto. Na verdade, por sua estrutura típica, não exige o *especial fim de agir* que integra determinadas definições de delitos e condiciona ou fundamenta a *ilicitude* do fato, *elemento subjetivo especial do tipo* de ilícito, de forma autônoma e independente do dolo. Enfim, neste tipo penal o dolo, com seus dois elementos subjetivos, *vontade e consciência*, deve materializar-se no fato típico executado pelo agente.

Finalmente, não há previsão de modalidade culposa desta infração penal. Assim, eventual *displicência* do funcionário encarregado do certame licitatório, que poderia, em tese, caracterizar alguma conduta culposa, não constitui crime, exatamente pela ausência de previsão da modalidade culposa para este tipo penal[7].

6. Consumação e tentativa

Consuma-se o delito com o *efetivo* impedimento, perturbação ou fraude à realização de qualquer ato do procedimento licitatório. Nas palavras de Costa Jr., "aperfeiçoa-se a primeira modalidade do delito no instante do ato impeditivo do processo licitatório. A segunda, quando o ato licitatório for realizado de modo anormal, em virtude da turbação. Na hipótese de fraude, no momento da realização do ato licitatório, de forma viciada"[8]. Para Costa Jr. e Greco Filho, as três modalidades de condutas descritas configuram crime material, exigindo resultado concreto das referidas ações. No particular, apresentamos pequena divergência, notadamente quanto à segunda modalidade, qual seja, a de "perturbar" a realização de qualquer ato do procedimento licitatório.

Com efeito, na hipótese de "impedimento" consuma-se o crime com a efetiva produção do resultado naturalístico, qual seja, a não realização do ato impedido. Isso é concreto, o ato não se realiza, em razão do impedimento oposto pelo agente, configurando-se claramente a entidade crime material ou de resultado. Contudo, na conduta de "perturbar", na nossa ótica, é desnecessário que o "ato turbado" não se realize para que

---

[7]   Paulo José da Costa Jr., *Direito penal das licitações*, p. 45.

[8]   Paulo José da Costa Jr., *Direito penal das licitações*, p. 44. Em sentido semelhante é o magistério de Vicente Greco Filho, *Dos crimes da Lei de Licitações*, p. 99-100.

o crime, nessa modalidade, se consume. É necessário, no entanto, que a conduta do agente tenha não apenas *idoneidade para criar transtornos*, atrasando ou dificultando sobremodo a execução de ato do procedimento licitatório, mas que efetivamente crie esse tipo de inconveniente, de modo a demandar outras medidas supletivas e consertivas para que tal ato possa ser levado a efeito. Discordamos, por óbvio, da afirmação de Tavares de Freitas, *in verbis*: "(...) na segunda conduta, 'perturbar', o resultado naturalístico (não realização do ato perturbado) não precisa ser verificado para que o crime seja tido por consumado, bastando a análise da *intenção do agente de gerar*, em relação à prática daquele ato, tumulto, desordem etc."[9] (grifamos).

À evidência, é absolutamente insuficiente a simples manifestação de vontade ou a *intenção do agente de tumultuar* ou perturbar a realização do ato administrativo, sob pena de punir-se as simples "intenções", aliás, de difícil comprovação. Gostamos de lembrar sempre, nesse sentido, o magistério de Welzel, para quem, "a vontade má, como tal não se pune, só se pune a vontade má realizada"[10]. Reforçando, ao contrário da doutrina católica, segundo a qual "peca-se por pensamento, palavras, obras e omissões", o pensamento, *in abstracto*, não constitui crime. Para arrematar, convém recordar que a simples *cogitatio*, primeira fase do *iter criminis*, é impunível. Ora, "nesse momento puramente de elaboração mental do fato criminoso, a lei penal não pode alcançá-lo, e, se não houvesse outras razões, até pela dificuldade da produção de provas, já estaria justificada a impunibilidade da *nuda cogitatio*"[11]. Aliás, a próxima fase do *iter criminis*, em regra, os atos preparatórios tampouco são puníveis, salvo quando constituírem em si mesmos crimes (art. 31 do CP).

Por fim, a terceira modalidade do crime previsto no art. 337-I, a conduta de "fraudar" a realização de algum ato do procedimento licitatório, consuma-se com a realização efetiva do ato de forma viciada em decorrência da fraude levada a efeito pelo sujeito ativo. Esta modalidade, a exemplo da primeira, configura igualmente crime material, cujo resultado é indispensável para a sua consumação. Em relação a esta modalidade, a conduta de fraudar, afinal, estamos de pleno acordo com os três autores antes citados.

---

[9] André Guilherme Tavares de Freitas, *Crimes na Lei de Licitações*, p. 140.

[10] Hans Welzel, *Derecho penal alemán*, trad. Juan Bustos Ramírez e Sergio Yáñez Pérez, Santiago do Chile: Ed. Jurídica, 1987, p. 259.

[11] Cezar Roberto Bitencourt, *Tratado de direito penal*: parte geral, 27. ed., São Paulo: Saraiva, 2021, v. 1, p. 557.

A tentativa é admissível apenas nas duas modalidades de conduta – *impedir* e *fraudar* –, cuja consumação pode ser impedida por circunstâncias alheias à vontade do agente. Com efeito, em qualquer delas, pode haver fracionamento da fase executória, sendo possível, consequentemente, a interrupção do seu *iter criminis*. No entanto, na modalidade de "perturbar", já destacamos, parece-nos a tentativa ser de difícil configuração. Nesse sentido, estamos de acordo com Rui Stoco, quando conclui: "Neste caso o crime é formal, não exige resultado material, bastando a conduta de criar dificuldade, de modo que o só comportamento inadequado do agente já caracteriza o crime"[12].

7. Classificação doutrinária

Trata-se de *crime comum* (que não exige qualquer qualidade ou condição especial do sujeito ativo, podendo ser praticado por qualquer pessoa, inclusive por funcionário público); *material*, nas modalidades de *impedir* e *fraudar* (...), *de mera conduta,* na modalidade de *perturbar* (que não exige resultado naturalístico para sua consumação); *de forma livre* (que só pode ser praticado por qualquer meio ou forma livremente pelo agente); *instantâneo* (consuma-se no momento em que o agente pratica a ação incriminada, esgotando-se aí a lesão jurídica, nada mais podendo ser feito para evitar a sua ocorrência); *comissivo* (sua prática exige um comportamento ativo do agente, sendo, teoricamente, impossível praticá-lo através da omissão); *de ação múltipla ou de conteúdo variado* (ainda que eventualmente o agente pratique mais de uma das condutas descritas, responderá por crime único); *doloso* (não há previsão da modalidade culposa); *unissubjetivo* (que pode ser praticado por um agente apenas, embora admita a figura do concurso eventual de pessoas); *plurissubsistente,* nas condutas de *impedir e fraudar* (trata-se de crime cuja conduta *admite fracionamento*, isto é, pode ser dividida em atos, tanto que admite a figura tentada em ambas as figuras penais).

8. Pena e ação penal

As penas cominadas, cumulativamente, são de detenção, de seis meses a três anos e multa. Com essa elevação de pena não será mais possível a adoção do instituto da *transação penal*, mas somente o da *suspensão condicional do processo*, em razão de a pena mínima, abstratamente

---

[12] Rui Stoco, *Licitação*, p. 2579.

cominada, não ser superior a um anos, sendo, portanto, da competência da justiça criminal

A ação penal é pública incondicionada, sendo desnecessária qualquer manifestação de eventual ofendido. Será admitida ação penal privada subsidiária da pública, se esta não for ajuizada no prazo legal (art. 103 do CP).

Capítulo XII
VIOLAÇÃO DE SIGILO EM LICITAÇÃO

Sumário: 1. Considerações preliminares. 2. Bem jurídico tutelado. 3. Sujeitos ativo e passivo. 4. Tipo objetivo: adequação típica. 4.1. Proteção penal específica do dever de fidelidade funcional. 5. Tipo subjetivo: adequação típica. 6. Consumação e tentativa. 7. Concurso de crimes e conflito aparente de normas. 8. Classificação doutrinária. 9. A desproporcional cominação de penas e sua questionável constitucionalidade. 10. Pena e ação penal.

Violação de sigilo em licitação

Art. 337-J. Devassar o sigilo de proposta apresentada em processo licitatório ou proporcionar a terceiro o ensejo de devassá-lo:

Pena – detenção, de 2 (dois) anos a 3 (três) anos, e multa.

---

1. Considerações preliminares

O presente artigo reproduz, com pequenas alterações, a previsão contida no art. 326 do CP de 1940, que contemplava a seguinte redação: "Devassar o sigilo de proposta de *concorrência pública*, ou proporcionar a terceiro o ensejo de devassá-lo", que já havia sido alterado pelo revogado art. 94 da revogada Lei n. 8.666/93.

Finalmente, com a alteração proposta pela Lei n. 14.133/21, este artigo, depois de algumas alterações, ficou com a seguinte redação: "devassar o sigilo de proposta apresentada em processo licitatório ou proporcionar a terceiro o ensejo de devassá-lo". Com essa nova alteração a pena cominada ficou a detenção de dois a três anos e multa. Constata-se nessa cominação a dificuldade da dosimetria penal ante o caso concreto, nenhuma margem para o juiz dosar a pena adequada. Trata-se de uma política criminal completamente equivocada que retira do juiz a possibilidade de individualizar correta e adequadamente a pena ao caso concreto. Assim a pena mínima muito próxima da máxima, como é o presente caso, viola o sagrado *princípio constitucional* da correta individualização da pena, aliás, uma tendência absolutamente errônea dos legisladores contemporâneos. Há um grande equívoco de política criminal do legislador que deseja forçar a aplicação de pena mais alta, reduzindo a diferença entre mínimo e máximo cominada a determinado crime.

2. Bem jurídico tutelado

O bem jurídico protegido, neste artigo, é a *inviolabilidade do sigilo das propostas* dos concorrentes no *certame licitatório*. A importância desse bem jurídico, na garantia de *honestidade, correção* e *sobriedade* do certame licitatório encontra-se, inclusive, abrangida pela *previsão constitucional* que exige a observância da *legalidade, impessoalidade, moralidade, publicidade* e *eficiência* (art. 37 da CF). A violação desse bem jurídico, que já era criminalizado pelo Código Penal de 1940 (art. 326), recebeu nova e reforçada proteção penal através desta Lei n. 14.133/21.

À evidência que o bem jurídico tutelado, especificamente, é o sigilo que deve guardar o procedimento que envolve o oferecimento das propostas dos concorrentes de uma *licitação pública*. Aliás, a proteção do *sigilo das propostas* apresentadas no procedimento licitatório é condição fundamental para o sucesso de tal empreendimento, tanto no interesse da Administração Pública quanto dos próprios concorrentes, sob pena de desvirtuar por completo a *lisura e o tratamento isonômico* que esse certame objetiva assegurar aos participantes.

O *sigilo das propostas na licitação* é determinado pelo § 3º do art. 3º da lei de regência[1], constituindo um dos elementos fundamentais que

---

[1] "Art. 3º A licitação destina-se a garantir a observância do *princípio constitucional da isonomia*, a seleção da proposta mais vantajosa para a administração e a promoção do desenvolvimento nacional sustentável e será processada e julgada em estrita conformidade com os princípios básicos da legalidade, da impessoalidade, da moralidade, da igualdade, da publicidade, da probidade administrativa, da vinculação ao instrumento convocatório, do julgamento objetivo e dos que lhes são correlatos (*redação dada pela Lei n. 12.349, de 2010*).

(...)

§ 3º A licitação não será sigilosa, sendo públicos e acessíveis ao público os atos de seu procedimento, salvo quanto ao conteúdo das propostas, até a respectiva abertura" (grifamos).

visam assegurar a competitividade e a igualdade do certame licitatório. Na realidade, a criminalização das condutas descritas neste dispositivo legal tutela a *regularidade do procedimento licitatório*, no qual o *sigilo das propostas* funciona como um *pressuposto* para assegurar a melhor proposta dos competidores, segundo as leis de mercado. Para Hungria, comentando o antigo art. 326 do CP afirmava, "trata-se de uma modalidade de violação de *sigilo funcional*, que o Código destacou para, em razão de menor gravidade que apresenta, reduzir as penas, quer a privativa de liberdade, quer a pecuniária, embora cominando-as cumulativamente (ao invés de alternativamente, como no art. 325)"[2]. Pois, lamentavelmente, nos tempos contemporâneos, o legislador alterou equivocadamente essa política elogiada por Hungria, elevando demasiadamente essas penas, e, principalmente, a pena mínima que ficou em dois anos, aliás, repetindo, muito próxima da pena máxima que é de três anos de reclusão.

Com efeito, com essa proteção do sigilo das propostas pretende-se assegurar a lealdade da competição, dificultar a eventual prática de fraudes e proteger o princípio da isonomia e a paridade de armas na competição licitatória. Há todo um cuidado na guarnição e proteção das propostas oferecidas pelos concorrentes, para que um não saiba da proposta do outro. Como destacava Hungria, "como estas são apresentadas dentro de invólucros encerrados, segundo determina a lei, o devassamento há de ser alcançado mediante fraudulenta habilidade, para evitar a indiscrição de vestígios. É bem de ver que o devassamento terá de ser praticado em tempo útil, isto é, antes de expirado o prazo do edital ou antes do momento seletivo, de modo a permitir ou possibilitar a insídia de substituições ou alterações, ou a quebra de normalidade da concorrência"[3].

3. Sujeitos ativo e passivo

Sujeito ativo somente pode ser quem tem a guarda das propostas, que não podem ser abertas antes da audiência pública prevista para esse fim. Trata-se de uma modalidade muito peculiar de *crime próprio*, uma vez que a *condição especial* não se encontra, exclusivamente, no sujeito ativo propriamente – funcionário público –, mas na natureza da atividade ou função

---

[2] Nélson Hungria, *Comentários ao Código Penal*, 2. ed., Rio de Janeiro: Forense, 1959, v. IX, p. 399.

[3] Nélson Hungria, *Comentários ao Código Penal*, p. 399.

pública que desempenha, em razão da qual é o garantidor da indevassabilidade do sigilo das propostas dos competidores do certame licitatório.

Enfim, embora o texto do artigo em exame não diga expressamente, sujeito ativo somente pode ser o *funcionário público*, ainda que o seja transitoriamente, como autoriza o art. 327, *caput*, do Código Penal. Com efeito, somente nessa condição, exercendo função pública, pode ser o responsável pela guarda e proteção das propostas apresentadas pelos concorrentes. Na realidade, as licitações públicas são exclusividade dos órgãos públicos e, consequentemente, quem exerce função pública, vinculada à realização do certamente licitatório, tem o *dever de fidelidade* de manter o sigilo exigido relativamente às propostas, até a audiência própria para divulgá-las. Logo, é indispensável que o agente reúna essa qualidade de funcionário, e exerça essa *função* vinculada, para poder ser autor dessa infração penal, ressalvada, logicamente, a possibilidade do concurso eventual de pessoas.

Em outros termos, tratando-se de crime próprio, o particular, isto é, que não reúna a qualidade ou condição de funcionário público, não pode ser autor dessa infração penal, ressalvada a hipótese de ser alcançado pela *norma de extensão* constante do art. 337-J. Nesse sentido, o impecável magistério de Greco Filho, comentando a lei revogada quando afirmou: "Se os concorrentes, entre eles, revelam as propostas para fraudar a licitação, incide o art. 90. O dispositivo comentado prevê o crime do funcionário que devassa a proposta ou propicia que seja devassada por terceiro, para revelá-la a concorrente ou possível concorrente, mas não há necessidade de que isso ocorra para a consumação da infração. Basta a devassa do sigilo"[4].

Sujeito passivo é, prioritariamente, o eventual prejudicado com a devassa do sigilo da proposta. É, na nossa concepção, quem tem legítimo interesse na manutenção do sigilo da proposta, e sofre o prejuízo por sua divulgação antecipada. Secundariamente, a nosso juízo, é a Administração Pública, a qual teve desrespeitado por seu funcionário o *dever de fidelidade funcional*, que é inerente ao exercício de cargo ou função pública. A doutrina majoritária, contudo, entende no sentido inverso, ou seja, sustenta que sujeito ativo imediato é a Administração Pública, enquanto aquele que sofre o prejuízo concreto é sempre o sujeito passivo secundário.

Convém destacar, por outro lado, que *sujeito passivo* não se confunde com *prejudicado;* embora, de regra, coincidam, na mesma pessoa, as

---

[4] Vicente Greco Filho, *Dos crimes da Lei de Licitações*, p. 104.

condições de sujeito passivo e prejudicado, podem recair, no entanto, em sujeitos distintos: *sujeito* é o titular do bem jurídico protegido, e, nesse caso, o lesado; *prejudicado* é qualquer pessoa que, em razão do fato delituoso, sofre prejuízo ou dano material ou moral. Essa distinção não é uma questão meramente acadêmica, despicienda de interesse prático, como pode parecer à primeira vista. Na verdade, o *sujeito passivo*, além do direito de representar contra o sujeito ativo, pode habilitar-se como assistente do Ministério Público no processo criminal (art. 268 do CPP), e ainda tem o direito à reparação *ex delicto*, ao passo que ao *prejudicado* resta somente a possibilidade de buscar a reparação do dano na esfera cível.

4. Tipo objetivo: adequação típica

Trata-se de uma *espécie* do *gênero* crime de *violação de segredo ou sigilo funcional*. Duas são as modalidades de conduta incriminadas neste artigo "*devassar* o sigilo ou *proporcionar* a terceiro o ensejo de devassá-lo". A primeira – *devassar* o sigilo – consiste no seu indevido devassamento praticado diretamente pelo *funcionário público* encarregado de receber e guardar as propostas; a segunda – *proporcionar a terceiro* – que o faça, ilegalmente. Nesta segunda hipótese, o funcionário encarregado pela manutenção das propostas e, consequentemente, responsável por assegurar o seu *sigilo absoluto*, *facilita* ou *proporciona* que terceiro o faça (inclusive quem não é funcionário público).

O núcleo do *caput* que protege a inviolabilidade do *sigilo de proposta apresentada em procedimento licitatório* é *devassar*, que significa ver, descobrir, olhar, manusear, perscrutar referida proposta, quando fechada, total ou parcialmente. Nesse sentido, referindo-se à *ação física*, pontifica Greco Filho: "Consiste em *devassar*, que significa violar, tomar conhecimento indevidamente, ou *proporcionar a terceiro o ensejo de devassar*, que significa possibilitar, permitir podendo evitá-lo. Basta que a violação ocorra em face de uma das propostas, não havendo necessidade de atingir todas"[5]. É desnecessária a abertura do invólucro em que a mesma se encontra; basta, por qualquer meio, tomar conhecimento do seu conteúdo. O *devassamento de proposta licitatória* sempre constitui crime, desde que ocorra antes do momento adequado para sua abertura pública, devidamente convocada. É, igualmente, desnecessário que o conteúdo da proposta violada seja divulgado, pois

---

[5] Vicente Greco Filho, *Dos crimes da Lei de Licitações*, p. 105.

o crime consuma-se com o seu devassamento, independentemente de sua divulgação.

Logicamente, para que a conduta de *devassar* possa ocorrer é necessário que a *proposta* (proposta *apresentada*, é bom que se diga) esteja *fechada*, isto é, que já não tenha sido violada ou *devassada* por alguém. Se a *proposta* não estiver fechada, não se poderá falar que aquele que assim a encontrou a tenha devassado, desde que, à evidência, não tenha concorrido para a sua abertura ou mesmo para a abertura do recipiente onde a proposta estava acondicionada.

Não é imprescindível, por outro lado, que o sujeito ativo *leia* a proposta licitatória apresentada, sendo suficiente que *vulnere* ou rompa o invólucro ou recipiente em que a mesma se encontra. Consuma-se o crime, a nosso juízo, mesmo que o agente sequer tome conhecimento do seu conteúdo, ou seja, o sujeito ativo comete o crime com a simples abertura do local onde se encontra acondicionada a proposta (envelope ou invólucro), pois essa conduta é suficiente para *vulnerá-la*, retirando-lhe a garantia de sua *indevassabilidade*.

A lei não estabelece os *meios* ou *formas* pelos quais a *proposta no procedimento licitatório* pode ser violada; logo, estamos diante de *crime de forma livre*, e, ante o avanço tecnológico, a *devassa* de proposta licitatória pode ser realizada das mais diversas maneiras, inclusive sem abrir o invólucro onde aquela se encontra (com raios de luz, raio *laser* etc.), desde que consiga violar o seu conteúdo. Fundamental, mais que o *meio* ou *forma* de execução da *devassa*, é que a proposta esteja fechada, comprovando o seu caráter sigiloso e o objetivo de que seu conteúdo seja conhecido somente quando for autorizada a abertura pública das *propostas apresentadas*.

Por último, na segunda parte do dispositivo *sub examine*, criminaliza--se uma segunda conduta, qual seja, "ou proporcionar a terceiro o ensejo de devassá-lo". Significa, em outras palavras, *facilitar-lhe* o acesso ou devassamento de proposta apresentada no certame licitatório (uma ou várias, indiferentemente), é tornar possível ou acessível a sua *devassa* por outra pessoa; é, em outros termos, permitir que terceiro não responsável diretamente pelo sigilo das propostas apresentadas possa devassá-las. Significa que, nesta modalidade de conduta, surge como executor (no caso, coautor) tanto um *funcionário público* (que não tenha como atribuição funcional atuar no procedimento licitatório) quanto também o particular, um *extraneus*, que pode funcionar como *participante*, no caso coautor, a despeito de não reunir a condição especial exigida pelo tipo penal (art. 30 do CP).

290

Tudo o mais que afirmamos em relação à primeira figura do tipo aplica-se, igualmente, a esta segunda conduta.

4.1. Proteção penal específica do dever de fidelidade funcional

Essa previsão legal – a exemplo daquela prevista no art. 325 do CP – objetiva a proteção do *sigilo funcional* específico, qual seja, a *indevassabilidade do sigilo* das propostas dos concorrentes no certame licitatório. O sigilo aqui exigido é o mesmo, próprio e típico da *função pública*, para manter secretos ou sigilosos fatos relevantes, inerentes à função, punindo a violação do sigilo de fatos que se tem conhecimento no exercício de certas funções ou cargos públicos. Não importa a forma ou o meio pelo qual o *funcionário* toma conhecimento, antecipada e indevidamente, de proposta apresentada no *certame licitatório,* desde que tal conhecimento tenha ocorrido em *razão da função* ou do cargo público que exerce. Por outro lado, é igualmente irrelevante o meio ou forma pela qual o funcionário *proporciona a terceiro* a possibilidade de devassar referida proposta.

Contudo, é indispensável uma *relação causal* entre a devassa do sigilo da proposta e a especial qualidade do sujeito ativo (*em razão da função pública* que exerce); ou seja, um *nexo causal* entre o exercício função pública e a *devassa do sigilo*, que é exatamente o aspecto revelador da *infidelidade funcional* do sujeito ativo, que a norma penal pretende tutelar. Em outros termos, a responsabilidade penal do funcionário pela *indevassabilidade do sigilo* da proposta decorre exatamente em razão do cargo que ocupa e da função que exerce.

Trata-se, na verdade, de *norma especial* decorrente da conjugação da previsão do art. 337-J com a do § 2º do art. 327 do Código Penal. Decorre daqui deste § 2º o *dever funcional* de preservar sigilo. A presença dessa exigência legal reforça a norma penal incriminadora, que ora examinamos. Na verdade, a lei penal, ao proteger o *sigilo funcional*, assegura, igualmente, o interesse da Administração Pública, que deve gozar da mais absoluta confiança da população em geral, que é identificado como *dever de fidelidade*. O *dever de fidelidade* – segundo Hely Lopes Meirelles – "exige de todo servidor a maior dedicação ao serviço e o integral respeito às leis e às instituições constitucionais, identificando-o com os superiores interesses do Estado. Tal dever impede que o servidor atue contra os fins e os objetivos legítimos da Administração"[6].

---

[6] Hely Lopes Meirelles, *Direito administrativo brasileiro*, 16. ed., São Paulo: Revista dos Tribunais, 1991, p. 389.

Se o segredo violado for particular, o agente poderá, conforme o caso, responder pelos crimes inscritos nos arts. 151, 153 ou 154 do CP, quando, por exemplo, faltar alguma elementar desse tipo penal. Contudo, quando o particular concorrer com o funcionário responsável pela licitação pública, será coautor desta infração penal, por força das previsões contidas nos arts. 29 e 30, ambos do Código Penal, aplicáveis por determinação do art. 12 desse mesmo diploma legal.

A criminalização da conduta *devassar* não exige, pelo menos expressamente, que esta seja *indevida, isto é, ilegítima ou sem justa causa*. Se houvesse essa exigência constituiria um *elemento normativo especial do tipo*. Contudo, essa elementar normativa está implícita, na medida em que se a devassa, por alguma razão, for lícita ou excepcionalmente permitida a conduta não será típica. A diferença dogmática que decorre da ausência dessa elementar expressa é que torna desnecessário que o dolo do agente a abranja.

5. Tipo subjetivo: adequação típica

Elemento subjetivo é o *dolo*, representado pela vontade livre e consciente de devassar o sigilo de proposta ou de proporcionar a terceiro devassá-lo. A *consciência atual* do agente deve abranger a ação, os meios utilizados, o conhecimento de que o sigilo das propostas é indevassável, e que se trata de dever funcional que deve ser respeitado. A ausência dessa *consciência* ou da sua *atualidade* afasta o dolo e, por extensão, a tipicidade. É necessário que o funcionário tenha consciência de que as propostas apresentadas estão legalmente protegidas por sigilo, e que o seu *dever funcional* lhe impede que o devasse. O agente deve estar ciente de que as propostas, e especialmente seus conteúdos, devem ser mantidas em sigilo até a audiência pública de abertura. Em outros termos, é necessário que o funcionário tenha consciência de todos os elementos constitutivos da descrição típica. É indiferente, contudo, que o agente tenha consciência de que a devassa é ilegítima, ou seja, sem justa causa.

Não há exigência de qualquer *elemento subjetivo especial do injusto*. Tampouco exige finalidade de obter *qualquer vantagem* com a devassa do sigilo, que, se existir, poderá caracterizar outro crime, como, por exemplo, corrupção passiva ou concussão. Igualmente, não há previsão de modalidade culposa, por mais clara que seja eventual culpa (consciente) do sujeito ativo.

O *desconhecimento*, pelo agente, de alguma elementar típica pode, em tese, caracterizar *erro de tipo*. Desnecessário dizer, depois do afirmado, que o *erro de tipo*, a exemplo do que ocorre com as demais infrações penais, exclui o dolo, e, por extensão, a própria tipicidade, ante a inexistência de previsão de modalidade culposa desse crime.

6. Consumação e tentativa

Consuma-se o crime com a devassa de proposta apresentada em certame licitatório, ou com a facilitação a terceiro de sua devassa. Enfim, consuma-se o crime com o *devassamento da proposta*, ou seja, com a abertura do invólucro ou recipiente onde a mesma se encontre. Para a consumação dessa infração penal é desnecessária a divulgação a terceiro do seu conteúdo da proposta devassada, que, se ocorrer, representará somente o seu exaurimento. É absolutamente desnecessário que resulte qualquer dano material ou patrimonial tanto à Administração Pública como aos concorrentes, na medida em que o resultado não integra a descrição desse tipo penal. Nesse sentido, é o magistério de Paulo José da Costa Jr., que afirma: "Independe o aperfeiçoamento do delito de qualquer dano à Administração Pública. Ao contrário, poderá suceder que o concorrente, ao inteirar-se, pela devassa, da proposta apresentada, oferte preço mais baixo, em benefício do Estado. Nem será necessário à consumação que o particular venha a conhecer os termos da proposta devassada pelo funcionário"[7].

Contudo, na hipótese da primeira figura – *devassar* o sigilo de proposta apresentada – a consumação ocorre somente com a efetiva *devassa do sigilo*, isto é, com o conhecimento efetivo do conteúdo da proposta por parte do funcionário ou mesmo de terceiro. Em outros termos, é *necessário que o sigilo seja quebrado* em decorrência da *conduta funcional indevida*, seja ele próprio tomando conhecimento, seja permitindo que outrem o conheça. Trata-se, como se constata, de crime material. Por outro lado, em relação à segunda figura – *proporcionar a terceiro* a possibilidade de devassá-la –, é desnecessário que este tome efetivo conhecimento do conteúdo da proposta, isto é, que efetivamente devasse o seu sigilo. Na verdade, o crime se consuma com a ação do funcionário público de *proporcionar*, isto é, possibilitar, facilitar ou ensejar que o terceiro possa devassá-lo. Enfim, consuma-se no momento em que o funcionário *proporciona* a ação do terceiro, independentemente deste vir a devassá-lo. Trata-se, com efeito, de *crime formal*, antecipando a ocorrência do resultado, como diz a doutrina especializada.

---

[7] Paulo José da Costa Jr., *Direito penal das licitações*, p. 50.

A *tentativa* é admissível, verificando-se quando, por exemplo, alguém é interrompido por terceiro, quando está procurando *violar* o invólucro ou recipiente onde a proposta apresentada se encontre aguardando o momento de sua abertura pública, embora não seja necessária a abertura do envelope para devassá-la; caracteriza, igualmente, a tentativa quando o agente não consegue *apossar-se* da proposta por circunstâncias alheias à sua vontade. Comentando a antiga previsão similar do Código Penal, já revogada, Magalhães Noronha admitia a figura tentada, na hipótese de o funcionário ser surpreendido no momento de rasgar o envelope, antes de tomar conhecimento do conteúdo da proposta, que continua sigilosa[8].

7. Concurso de crimes e conflito aparente de normas

Tema que não raro traz alguma desinteligência entre os doutrinadores refere-se a possível ocorrência de concurso de crimes, material ou formal. Partindo do entendimento de que o lacre ou envelope lacrado por assinaturas onde se encontra a proposta apresentada constitui em si mesmo documento[9], Vicente Greco Filho sustenta que o funcionário que devassar a proposta, destruindo o lacre, comete dois crimes, quais sejam, este da devassa e o do art. 305 do CP, *in verbis*: "Nosso entendimento, portanto, é o de que o *funcionário*, ao devassar o sigilo destruindo o lacre dos envelopes, comete o crime do artigo e, em concurso material, o do art. 305 do Código Penal. O terceiro que devassa, sem concordância ou conhecimento do funcionário, comete o crime do art. 305"[10].

Em sentido oposto, Paulo José da Costa Jr., comentando esse entendimento de Greco Filho, destaca:

> Com a devida vênia, não nos parece sustentável o concurso material sugerido. O agente, na hipótese apresentada, não suprimiu, nem ocultou o documento (no caso, a proposta). Tampouco destruiu. Destruir, consoante Exposição de Motivos do Código Penal italiano vigente, significa "fazer com que não mais subsista o documento na sua materialidade, no todo ou em parte juridicamente relevante". Ora, o lacre não configura parte relevante do documento. Nada mais

---

[8]   Magalhães Noronha, *Direito penal*, São Paulo: Saraiva, 1965, v. 3, p. 351.

[9]   Vicente Greco Filho, *Manual de processo penal*, 6. ed., São Paulo: Saraiva, 1999, p. 210.

[10]   Vicente Greco Filho, *Dos crimes da Lei de Licitações*, p. 107.

é ele senão um obstáculo que se apresenta à devassa da proposta apresentada[11].

Preferimos, no entanto, encontrar a solução desta questão por outros meios, como, por exemplo, pelo *conflito aparente de normas,* que tem seus próprios princípios bem definidos, permitindo a aplicação de uma só lei ao caso concreto, excluindo ou absorvendo as demais. A solução, via de regra, deve ser encontrada através da *interpretação,* pressupondo, porém, a unidade de conduta ou de fato, pluralidade de normas coexistentes e relação de hierarquia ou de dependência entre essas normas. Pois, dentre os diversos princípios orientadores do *conflito aparente de normas,* especialidade, subsidiariedade e *consunção,* quer nos parecer que este último resolveria adequadamente a questão proposta pelos doutrinadores a que antes nos referimos.

Com efeito, pelo *princípio da consunção* ou absorção, a norma definidora de um crime constitui *meio necessário* ou fase normal de preparação ou execução de outro crime. Em termos bem esquemáticos, há *consunção* quando o fato previsto em determinada norma é compreendido em outra, mais abrangente, aplicando-se somente esta. Na relação consuntiva, os fatos não se apresentam em relação de gênero e espécie, mas de *minus* e *plus,* de continente e conteúdo, de todo e parte, de inteiro e fração[12].

Por isso, o crime consumado absorve o crime tentado, o crime de perigo é absorvido pelo crime de dano etc. A *norma consuntiva* constitui a fase mais avançada na realização da ofensa a um bem jurídico, aplicando-se o princípio *major absorbet minorem.* Assim, as lesões corporais que determinam a morte são absorvidas pela tipificação do homicídio, ou o furto com arrombamento em casa habitada absorve os crimes de dano e de violação de domicílio etc. Logo, no exemplo questionado o eventual rompimento do lacre é meio necessário para a prática da devassa, sem o qual não poderia acontecer. Consequentemente, a devassa absorve o rompimento do lacre, constituindo crime único. A norma *consuntiva* exclui a aplicação da norma *consunta,* por abranger o delito definido por esta. Há consunção quando o crime-meio é realizado como uma fase ou etapa do crime-fim, onde vai esgotar seu potencial ofensivo, sendo, por isso, a punição somente da conduta criminosa final do agente.

---

[11] Paulo José da Costa Jr., *Direto penal das licitações,* p. 49.

[12] Oscar Stevenson, Concurso aparente de normas, in *Estudos de direito e processo penal em homenagem a Nélson Hungria,* Rio de Janeiro: Forense, 1962, p. 39.

Não convence o argumento de que é impossível *a absorção* quando se tratar de bens jurídicos distintos. A prosperar tal argumento, jamais se poderia, por exemplo, falar em *absorção* nos *crimes contra o sistema financeiro* (Lei n. 7.492/86), na medida em que todos eles possuem objetividade jurídica específica. É conhecido, entretanto, o entendimento do TRF da 4ª Região, no sentido de que *o art. 22 absorve o art. 6º da Lei n. 7.492/86*[13]. Na verdade, a *diversidade de bens jurídicos* não é obstáculo para a configuração da *consunção*. Inegavelmente – exemplificando – são diferentes os bens jurídicos tutelados na invasão de domicílio para a prática de furto, e, no entanto, somente o crime-fim (furto) é punido, como ocorre também na falsificação de documento para a prática de estelionato, não se punindo aquele, mas somente este (Súmula 17 do STJ). No conhecido enunciado da Súmula 17 do STJ, convém que se destaque, reconheceu-se que o *estelionato* pode absorver a *falsificação de documento*. Registre-se, por sua pertinência, que a pena do art. *297 é de dois a seis anos de reclusão, ao passo que a pena do art. 171 é de um a cinco anos*. Não se questionou, contudo, que tal circunstância impediria a absorção, mantendo-se em plena vigência a referida súmula.

Concluindo, não é, portanto, a diferença dos bens jurídicos – *inviolabilidade do sigilo das propostas* (art. 337-J) e *fé pública* (art. 305 do CP) –, e tampouco a disparidade de sanções cominadas, mas a *razoável inserção na linha causal do crime final*, com o *esgotamento do dano social* no último e desejado crime, que faz as condutas serem tidas como únicas (consunção) e punindo-se somente o crime último da cadeia causal – no caso, a *devassa do sigilo* de proposta em certame licitatório – que efetivamente orientou a conduta do agente. A eventual ruptura do lacre encontrava-se, na verdade, *na linha causal do crime final*, sendo, portanto, absorvido por este (337-J).

8. Classificação doutrinária

A devassa de proposta apresentada em certame licitatório é *crime comum*, logo, pode ser praticado por qualquer pessoa, independentemente de qualquer qualidade ou condição especial; *instantâneo*, consuma-se no momento em que o agente pratica a ação incriminada, esgotando-se aí a lesão jurídica, nada mais podendo ser feito para evitar a sua ocorrência; *comissivo*, na primeira figura, sendo impossível praticá-lo através da

---

[13] TRF da 4ª Região, Proc. 200104010804291/PR, 7ª T., rel. Maria de Fátima Freitas Labarrère, j. em 26-10-2004, *DJU* de 17-11-2004, p. 838.

omissão; na segunda, há a possibilidade de sua prática ocorrer tanto por ação quanto por omissão, embora esta última modalidade seja mais rara, mas não impossível; *doloso*, não havendo previsão da modalidade culposa; decorrendo a quebra do sigilo em razão de negligência ou imprudência do funcionário, certamente a conduta será atípica, por falta de previsão legal; *unissubjetivo*, pode, como a maioria dos crimes, ser praticado por um agente, embora admita naturalmente eventual concurso de pessoas; *plurissubsistente*, trata-se de crime cuja conduta *admite fracionamento*, isto é, pode ser dividida em atos, tanto que admite a figura tentada em ambas as figuras penais.

9. A desproporcional cominação de penas e sua questionável constitucionalidade

Incompreensível e injustificadamente o legislador brasileiro restringe exageradamente a margem de discricionariedade do julgador para efetuar a adequada dosagem de pena ao fixar a pena mínima em dois anos de detenção e o máximo em três. Na verdade, com essa postura abusiva e arbitrária do legislador praticamente inviabiliza a *individualização judicial* da pena, esquecendo que essa fase compõe-se de três estágios, nos termos do art. 68 do CP, quando devem ser analisadas as circunstâncias judiciais (art. 59), as circunstâncias legais (agravantes e atenuantes) e as *majorantes e minorantes* (causas de aumento e de diminuição de pena). Essa *agressividade do legislador* asfixiando o juiz retira-lhe a possibilidade de dosar a pena de acordo com os dados que envolvem cada caso concreto, com suas peculiaridades, além dos aspectos pessoais de cada participante do crime, viola a garantia constitucional da individualização judicial da pena (art. 5º, XLVI).

O Poder Legislativo *não pode atuar de maneira imoderada*, nem formular regras legais cujo conteúdo revele deliberação absolutamente divorciada dos padrões de *razoabilidade* assegurados pelo nosso sistema constitucional, afrontando diretamente o *princípio da proporcionalidade*. Para Sternberg-Lieben[14], o *princípio de proporcionalidade* parte do pressuposto de que a *liberdade constitucionalmente protegida* do cidadão somente pode ser restringida em cumprimento do dever estatal de prote-

---

[14] Veja a respeito Detlev Sternberg-Lieben, Bien jurídico, proporcionalidad y libertad del legislador penal. In: Roland Hefendehl (ed.), *La teoría del bien jurídico ¿Fundamento de legitimación del derecho penal o juego de abalorios dogmático?* Madrid/Barcelona: Marcial Pons, 2007, p. 106-107.

ção imposto para a preservação da liberdade individual de outras pessoas. Essa concepção abrange tanto a proteção da *liberdade individual* como a proteção dos demais bens jurídicos, cuja existência é necessária para o livre desenvolvimento da personalidade. Ademais, de acordo com o *princípio de proporcionalidade*, a restrição da liberdade individual não pode ser excessiva, mas *compatível e proporcional à ofensa causada* pelo comportamento humano criminoso. Sob essa configuração, o *exercício legítimo do direito de punir*, pelo Estado, deve estar fundamentado não apenas na proteção de bens jurídicos, mas na proteção *proporcional* de bens jurídicos, sob pena de violar o princípio constitucional da *proporcionalidade*.

Mas não basta como a identificação de um bem jurídico a proteger, nem como a demonstração de que esse bem jurídico foi, de alguma forma, afetado, para legitimar a resposta penal estatal. De acordo com o princípio da *proporcionalidade*, enquanto limite do *ius puniendis* estatal, é necessário que (a) a intervenção do Estado seja idônea e necessária para alcançar o *fim de proteção de bem jurídico* e (b) que exista uma relação de adequação entre os meios, isto é, a ameaça, imposição e aplicação da pena, e o fim de proteção de bem jurídico[15].

Em matéria penal, mais especificamente, segundo Hassemer, a exigência de *proporcionalidade* deve ser determinada mediante "um juízo de ponderação entre a carga 'coativa' da pena e o fim perseguido pela cominação penal"[16]. Com efeito, pelo *princípio da proporcionalidade* na relação entre crime e pena deve existir um equilíbrio – *abstrato* (legislador) e *concreto* (judicial) – entre a gravidade do injusto penal e a pena aplicada. Ainda segundo a doutrina de Hassemer, o princípio da proporcionalidade não é outra coisa senão "uma concordância material entre ação e reação, causa e consequência jurídico-penal, constituindo parte do postulado de Justiça: ninguém pode ser incomodado ou lesionado em seus direitos com medidas jurídicas desproporcionadas"[17].

---

[15] Irene Navarro Frías, El principio de proporcionalidad en sentido estricto: ¿principio proporcionalidad entre el delito y la pena o balance global de costes y beneficios? *InDret*, revista para el análisis del derecho, n. 2, 2010, p. 3-4; Detlev Sternberg-Lieben, in Roland Hefendehl (ed.), *La teoría del bien jurídico*, p. 120.
[16] Winfried Hassemer, *Fundamentos del derecho penal*, trad. Francisco Muñoz Conde e Luís Arroyo Sapatero, Barcelona: Bosch, 1984, p. 279.
[17] Hassemer, *Fundamentos del derecho penal*, p. 279.

Para Ferrajoli[18], as questões que devem ser resolvidas através desse princípio no âmbito penal podem ser subdivididas em três grupos de problemas: em primeiro lugar, o da predeterminação por parte do legislador das condutas incriminadas e da medida mínima e máxima de pena cominada para cada tipo de injusto; em segundo lugar, o da determinação por parte do juiz da natureza e medida da pena a ser aplicada no caso concreto uma vez o crime é praticado; e, em terceiro lugar, o da pós-determinação da pena durante a fase de execução.

Quanto ao primeiro problema, isto é, o da *proporcionalidade* que deve existir entre o injusto tipificado e a medida da pena em abstrato, é evidente a *desproporcionalidade* da previsão legal constante do preceito secundário do art. 337-J, *sub examine*. Com efeito, essa absurda aproximação entre o mínimo (dois anos) e o máximo (três de reclusão) impede a adequada dosimetria judicial da pena. O normal para um máximo cominado de três anos, o mínimo, via de regra, gira em torno de seis meses, ou não mais que um ano. Não se pode esquecer que a gravidade de uma conduta, tipificada, no mesmo dispositivo, pode apresentar grande variação, sendo, portanto, injustificável uma cominação mínima tão elevada, como no caso desse dispositivo legal.

Nélson Hungria, já na década de 50 do século passado, questionando a escala de cominação de pena privativa de liberdade, com mínimo de dois e máximo de quatro anos, concluiu:

> Como se compreende que, não obstante a extensa gradação de gravidade da receptação, se cominasse uma pena que, praticamente, não permite individualização, tal a aproximação entre o seu elevado mínimo e o seu máximo? Será, porventura, que se deva punir com a mesma severidade o receptador primário e o habitual, o que recepta um paletó usado e o que recepta um solitário de Cr$ 100.000,00?[19].

Na mesma linha, Nilo Batista, recordando essa passagem de Hungria, também questiona a *constitucionalidade* do "engessamento" do julgador, *in verbis*:

---

[18] Luigi Ferrajoli, *Derecho y razón – teoría del garantismo penal*, Madrid: Trotta, 1995, p. 398-399.
[19] Nélson Hungria, *Comentários ao Código Penal*, 2. ed., Rio de Janeiro: Forense, 1958, v. VII, p. 317.

A constitucionalização do princípio da individualização da pena questiona, hoje mais fundamentadamente do que ao tempo em que Hungria levantava a questão, essas escalas penais em que o patamar mínimo representa a metade do máximo, e o juiz se converte num refém das fantasias prevencionistas do legislador, que passa a ser uma espécie de "juiz oculto" por ocasião da individualização judicial, usurpando previamente à magistratura sua indelegável tarefa[20].

Como afirmamos, em várias passagens desta mesma obra, adoto o mesmo entendimento dos dois autores que acabamos de citar.

10. Pena e ação penal

As penas cominadas, cumulativamente, são detenção de dois a três anos, e multa. Infelizmente, como já destacamos reiteradamente, o legislador engessou o julgador impedindo que este possa dosar a pena adequadamente, como recomenda o sistema trifásico (art. 68 do CP). Acreditamos, que há boa possibilidade em sustentar essa inconstitucionalidade, inclusive, com a interposição de uma ADI (ação declaratória de inconstitucionalidade).

A ação penal, por sua vez, é pública condicionada, não dependendo da manifestação do ofendido.

---

[20] Nilo Batista, *Lições de direito penal falimentar*, Rio de Janeiro: Revan, 2006, p. 148.

Capítulo XIII
AFASTAMENTO DE LICITANTE

Sumário: 1. Considerações preliminares. 2. Bem jurídico tutelado. 3. Sujeitos ativo e passivo do crime. 4. Tipo objetivo: adequação típica. 4.1. Mediante violência, grave ameaça, fraude *ou* oferecimento de vantagem de qualquer tipo. 4.1.1. Mediante violência (*vis corporalis*). 4.1.2. Mediante grave ameaça (*vis compulsiva*). 4.1.3. Mediante fraude. 4.1.4. Mediante o oferecimento de vantagem de qualquer tipo: irrelevância da natureza ou espécie da vantagem oferecida. 5. Abstenção ou desistência de licitar, em razão de vantagem oferecida. 6. Crime praticado mediante violência: concurso material de crimes ou cúmulo material de penas. 7. Tipo subjetivo: adequação típica. 8. Consumação e tentativa. 9. Classificação doutrinária. 10. Pena e ação penal.

Afastamento de licitante

Art. 337-K. Afastar ou tentar afastar licitante por meio de violência, grave ameaça, fraude ou oferecimento de vantagem de qualquer tipo:

Pena – reclusão, de 3 (três) anos a 5 (cinco) anos, e multa, além da pena correspondente à violência.

Parágrafo único. Incorre na mesma pena quem se abstém ou desiste de licitar em razão de vantagem oferecida.

---

1. Considerações preliminares

As condutas incriminadas neste art. 337-K assemelham-se àquelas contidas na segunda parte dos arts. 335 e 358, ambos do Código Penal, com a diferença de que neste dispositivo da lei especial protege a moralidade e regularidade do certame licitatório, além do patrimônio da Administração Pública (federal, estadual ou municipal). O art. 335, no entanto, foi revogado pelo art. 93 da revogada Lei n. 8.666/93, segundo a doutrina especializada. Na realidade, na Lei n. 8.666/93, o legislador dividiu o conteúdo do art. 335 do CP (já revogado tacitamente) e distribuiu a primeira e segunda partes aos também já revogados arts. 93 e 95, respectivamente. Em outros termos, referido art. 335 do CP já está revogado e dispositivos legais revogados não "ressuscitam" com a revogação da lei revogante, até porque, q*uando mais não fosse*, a Lei n. 14.133/21 que revogou a Lei n. 8.666/93, repete dispositivos semelhantes dessa lei revogada, e, tacitamente, revogaria novamente esse art. 335 do Código Penal, se necessário fosse.

No art. 358, por sua vez, protege-se a administração da justiça e o patrimônio do particular que se encontra sujeito à arrematação judicial. Concretamente, no art. 358 protege-se a *arrematação judicial* – hasta pública – determinada pelo juiz, mas promovida pelo particular, e não a concorrência ou venda em hasta pública, que se refere ao patrimônio público.

A previsão deste art. 337-K, ao contrário do que estabelecia o revogado art. 335 do CP, circunscreve-se ao "licitante" como destinatário da ação incriminada, na medida em que "concorrente" – que constava do dispositivo revogado – é o próprio *licitante*, não havendo sentido em manter a locução "concorrente ou licitante". Com isso, ganha-se em clareza e precisão. Este art. 337-K manteve as alterações procedidas pela Lei n. 8.666/93, apresentando somente novo *nomen iuris* deste crime, "afastamento de licitante".

2. Bem jurídico tutelado

Bem jurídico protegido é, mais uma vez, segundo este art. 337-K, assegurar a respeitabilidade, probidade, integridade e moralidade do certame licitatório, especialmente quanto a *participação igualitária* dos concorrentes naquilo que representa a *essência do certame licitatório*, qual seja, a elaboração, apresentação e avaliação da proposta de todo e qualquer candidato à licitação. O dispositivo ora examinado visa, acima de tudo, proteger a lisura, correção e transparência na realização de todo o certame licitatório, exigindo retidão na apresentação e avaliação das propostas licitatórias para assegurar a mais ampla competição observando a regra da isonomia concorrencial.

O sentimento do administrador público, enfim, não pode ser outro senão o de cumprir e fazer cumprir o processo licitatório com toda transparência, lisura e correção, observando estritamente as disposições legais pertinentes à matéria. A criminalização constante do art. 337-K visa, enfim, coibir a adoção de procedimento que ofenda ou dificulte o tratamento isonômico dos concorrentes e a seleção da proposta legítima e mais vantajosa para a

Administração Pública. Para Vicente Greco Filho, "o bem jurídico tutelado é a regularidade do procedimento licitatório, cuja finalidade é a de preservar a moralidade administrativa, a igualdade, e alcançar a contratação mais vantajosa para a Administração"[1]. Para Paulo José da Costa Jr., por sua vez, "tutela-se o bom andamento da Administração Pública, que tenha interesse em que concorrências sejam realizadas normalmente e com seriedade"[2]. A criminalização constante do art. 337-K objetiva, enfim, evitar procedimento que ofenda ou dificulte o *tratamento isonômico dos concorrentes* e a seleção da proposta mais vantajosa para a Administração Pública, e sem prejudicar os licitantes que concorrerem licitamente.

3. Sujeitos ativo e passivo do crime

Sujeito ativo do crime de afastar ou procurar afastar licitante pode ser, regra geral, qualquer pessoa que afasta ou procura afastar licitante. Nada impede que, eventualmente, possa ser um *servidor público*, embora não seja exigida essa qualidade ou condição especial, tratando-se, por conseguinte, de *crime comum*; pode, inclusive, ser qualquer pessoa, sendo ou não licitante, isto é, pode ser terceiro não participante direto da licitação, mas interessado em favorecer ou prejudicar algum participante do certame licitatório, ou simplesmente prejudicar o seu regular andamento; pode, também, ser o próprio procurador de licitante, se concorrer efetivamente para a violência ou fraude utilizada.

No entanto, não praticará o crime o advogado que não participar da fraude ou violência cometida pelo cliente licitante. Eventual *conivência* somente com cliente o exporá a medidas disciplinares, a serem apuradas e aplicadas pela Comissão de Ética da Ordem dos Advogados do Brasil, que é o *juiz natural* para apurar e julgar essas infrações profissionais (éticas). A simples *conivência* não transforma o *conivente* em cúmplice ou partícipe de um crime, salvo se se tratar de *servidor público* que tenha o dever legal de intervir, denunciar ou investigar os fatos. O cidadão comum não é obrigado a bancar o "dedo-duro" e se envolver em fatos ilícitos que não lhe dizem respeito para denunciar à autoridade pública. Não tem esse *dever ético*, que é ínsito, regra geral, na gama de deveres que envolvem a condição de servidor público.

Nunca se pode esquecer *as limitações jurídico-dogmáticas da participação em sentido estrito* em crime de terceiro, e especialmente a necessi-

---

[1]   Vicente Greco Filho, *Os crimes da Lei de Licitações*, p. 110.
[2]   Paulo José da Costa Jr., *Direito penal das licitações*, p. 53.

dade dos requisitos imprescindíveis do concurso eventual de pessoas[3]. A conduta típica de cada *participante* deve integrar-se à *corrente causal* determinante do resultado. Nem todo comportamento constitui "participação", pois precisa ter "eficácia causal", provocando, facilitando ou ao menos estimulando a realização da conduta principal. Assim, no exemplo daquele que, querendo *participar* de um homicídio, empresta uma arma de fogo ao executor, que não a utiliza e tampouco se sente estimulado ou encorajado com tal empréstimo a executar o delito. Aquele não pode ser tido como *partícipe* pela simples e singela razão de que o seu comportamento *foi irrelevante*, isto é, sem qualquer eficácia causal para o crime.

Deve existir, ademais, um *liame psicológico* entre os vários participantes, ou seja, *consciência* de que *participam* de uma obra comum. A ausência desse *elemento psicológico* desnatura o concurso eventual de pessoas, transformando-o em condutas isoladas e autônomas. Somente a adesão voluntária, objetiva (nexo causal) e subjetiva (nexo psicológico), à atividade criminosa de outrem, objetivando à realização do *fim comum*, cria o vínculo do concurso de pessoas, sujeitando os agentes à responsabilidade penal pelas consequências de sua ação.

Mas mais do que isso, é preciso *desmitificar* o seguinte aspecto: o simples *conhecimento* da realização de uma infração penal, por outrem, e até mesmo a *concordância psicológica* (digamos que no íntimo o indivíduo até goste do que está acontecendo) não transforma ninguém em *partícipe* do crime! Tecnicamente, o simples *conhecimento* caracteriza, no máximo, a "conivência", que não é punível, a título de *participação*, se não constituir, pelo menos, *alguma forma de contribuição causal*, ou, então, constituir, por si mesma, uma infração típica[4]. Tampouco será responsabilizado como partícipe quem, tendo ciência da realização de um delito, não o denuncia às autoridades, salvo se tiver o dever jurídico de fazê-lo[5].

Por derradeiro, qualquer que seja a forma ou espécie de *participação punível* é indispensável a presença de dois requisitos fundamentais: *eficácia causal* e *consciência de participar* na ação criminosa de outrem. É

---

[3] Cezar Roberto Bitencourt, *Tratado de direito penal*: parte geral, 27. ed., São Paulo: Saraiva, 2021, v. 1, p. 579-580: a) *pluralidade causal de participantes e de condutas*; b) *relevância causal de cada conduta*; c) *vínculo subjetivo entre os participantes*; d) *identidade de infração penal*.

[4] Giuseppe Bettiol, *Direito penal*, 2. ed., trad. de Paulo José da Costa Jr. e Alberto Silva Franco, São Paulo: Revista dos Tribunais, 1977, t. 2, p. 251.

[5] Cezar Roberto Bitencourt, *Tratado de direito penal*: parte geral, 27. ed., São Paulo: Saraiva, 2021, v. 1, p. 580.

insuficiente a simples exteriorização da vontade de participar, como já destacamos. Como também não basta *realizar a atividade de partícipe* se esta não influir na atividade final do autor. Não tem relevância a *participação* se o crime não for, pelo menos, tentado. Que importância teria, por exemplo, o *empréstimo da arma* se o autor não a utiliza na execução do crime ou sequer se sente encorajado a praticá-lo com tal empréstimo? Por outro lado, é indispensável *saber que coopera na ação delitiva de outrem*, mesmo que o autor desconheça ou até recuse a cooperação. O *partícipe* precisa ter *consciência de participar* na ação principal de outrem e no resultado.

Sujeito passivo é o Estado-Administração (União, Estados, Distrito Federal e Municípios), bem como a entidade de direito público na qual houve a prática de conduta incriminada no art. 337-K em exame. O Estado é sempre *sujeito passivo primário* de todos os crimes, naquela linha de que a lei penal tutela sempre o *interesse da ordem jurídica geral*, da qual aquele é o titular, embora, pessoalmente, discordemos dessa orientação, a nosso juízo equivocada, ou, no mínimo, demasiadamente publicista e autoritária (ver nossa justificativa exposta no mesmo tópico de nossos comentários ao art. 337-E desta lei).

Por fim, discordamos do entendimento tradicional da doutrina que define o particular sempre como *sujeito passivo secundário*, mesmo quando atinge direta e imediatamente bens jurídicos deste. Na verdade, não vemos nenhuma razão lógica ou jurídica para colocá-lo em segundo plano, mesmo que se trate de infração penal contra a Administração Pública, que não é o caso do dispositivo ora examinado, pois, especificamente, lesa somente de ordem pública. Na realidade, *o Estado é sempre sujeito passivo* de todos os crimes, desde que avocou a si o monopólio do *ius puniendi*, daí o caráter público do Direito Penal que somente tutela interesses particulares pelos reflexos que sua violação acarreta na coletividade. Contudo, os fundamentos básicos desse nosso entendimento foram desenvolvidos com mais profundidade quando examinamos as condutas descritas no art. 337-E.

Por essas razões, mesmo nos *"Crimes contra a Administração Pública"*, praticados, em grande parte, por seus próprios funcionários, é o Estado que aparece como sujeito passivo particular, pois é titular do bem jurídico diretamente ofendido pela ação incriminada. Quando, no entanto, nessa espécie de crime, como também nos *crimes licitatórios*, atinge-se também o patrimônio ou qualquer outro interesse penalmente tutelado do particular, este também se apresenta como *sujeito passivo*, e, se alguém deveria ser denominado como *sujeito secundário*, acreditamos que, ainda assim, seria o Estado, que é sempre ofendido, e não o particular eventualmente lesado.

Em síntese, o Estado, que é o *sujeito passivo permanente* de todos os crimes praticados contra a Administração Pública, deveria ser, contudo, considerado como sujeito passivo *secundário*, sempre que houver lesado ou ofendido diretamente bem jurídico pertencente a algum particular. Finalmente, somente para evitarmos dificuldades metodológicas, seguiremos a doutrina majoritária, ressalvando apenas nosso entendimento pessoal sobre essa temática.

4. Tipo objetivo: adequação típica

As condutas criminalizadas, no art. 337-K em exame, objetivam *afastar* os concorrentes à licitação pública, em qualquer de suas modalidades, ou seja: *afastar ou procurar afastar* o *licitante, por* meio de *violência* (física), *grave ameaça* (violência moral), *fraude* (artifício ou ardil) ou *oferecimento de vantagem de qualquer tipo* (de natureza econômica ou não). Em síntese, as condutas incriminadas no *caput* são "afastar" ou "procurar afastar" o licitante, e os *meios* utilizados para executar tais condutas são: *violência, grave ameaça, fraude* ou *oferecimento de vantagem de qualquer tipo*[6]. Em outros termos, as *condutas* incriminadas são representadas pelos verbos nucleares e os "meios" representam os instrumentos ou as formas através dos quais se praticam as ações incriminadas.

Destaca Costa Jr., com acerto, que a conduta incriminada, neste dispositivo, não se destina ao processo licitatório, mas a quem dele irá participar, ou seja, o licitante[7]. Saliente-se que *afastar* o licitante não é apenas ocasionar o seu distanciamento ou sua ausência para não licitar, mas também conseguir que se abstenha de formular proposta, ou a retirada desta, ou, ainda, a *desistência* de apresentar sua proposta. Em outros termos, *afastar*, aqui, não significa deslocar o pretendente no espaço ou no tempo, e tampouco distanciá-lo fisicamente da repartição encarregada do certame licitatório, mas sim *alijá-lo da licitação*, levando-o a abster-se ou desistir de participar do pleito.

---

[6] Vicente Greco Filho, no entanto, dá outra classificação: "Três são as condutas previstas no artigo: a violência ou grave ameaça, a fraude e o oferecimento da vantagem, usadas para afastar licitante" (*Dos crimes da Lei de Licitações*, p. 111).

[7] Paulo José da Costa Jr., *Direito penal das licitações*, p. 54.

306

Vejamos cada um dos quatro *meios* que podem ser utilizados pelo agente para afastar o licitante do certame licitatório.

4.1. Mediante violência, grave ameaça, fraude *ou* oferecimento de vantagem de qualquer tipo

Neste dispositivo o legislador tomou o cuidado de vincular os *meios* através dos quais a ação incriminada pode ser executada, destacando-os como *elementares típicas*. A despeito da existência de conceituações conhecidas e reconhecidas de cada um desses *meios*, acreditamos que, nesta seara especial de direito penal econômico-*empresarial*, convém que analisemos o significado e limite de cada um desses conceitos jurídico-dogmáticos, com a pretensão unicamente de facilitar a sua compreensão.

4.1.1. Mediante violência (*vis corporalis*)

Este *meio*, expressamente destacado no *caput* do artigo *sub examine*, ganha especial relevo porque, além de *meio executório* das condutas tipificadas, neste dispositivo legal, a *violência* é condição para dupla punição, na ótica do legislador, conforme veremos. Mais uma vez, neste dispositivo, o legislador equiparou a *violência* à *grave ameaça*, dando-lhes, juridicamente, a mesma importância. Apenas por razões didáticas, faremos análise de cada uma *individualizadamente*.

Tanto a *violência* quanto a *grave ameaça* devem visar *o afastamento do licitante do certame licitatório*, isto é, devem ser o *meio* utilizado para o seu afastamento. No entanto, não há necessidade de que o *sujeito passivo* da violência seja o próprio licitante, podendo recair em algum familiar, sendo suficiente a existência de relação de causa e efeito ou de *meio* e *fim* entre ambos. O crime de afastamento de licitante, enfim, pode ser, eventualmente, daqueles que se poderiam chamar de crime de *dupla subjetividade* passiva, quando são vítimas, ao mesmo tempo, dois indivíduos, titulares de bens jurídicos distintos. Ao praticar o crime, dessa forma, o agente ofende outros bens jurídicos, como a liberdade individual ou a integridade física de alguém, podendo, inclusive, constituir crime autônomo até mais grave (*v.g.*, lesão corporal leve, grave etc.). Enfim, a violência e a grave ameaça podem ser exercidas contra outra pessoa que não o próprio licitante.

O termo *violência* empregado no texto legal significa a *força física*, material, a *vis corporalis*, com a finalidade de vencer a *resistência* da vítima. Essa *violência* pode ser produzida pela própria energia corporal do agente que, no entanto, poderá preferir utilizar outros meios, como fogo, água, energia elétrica (choque), gases etc. A *violência* poderá ser *imediata* quando empregada diretamente contra o próprio ofendido, e *mediata* quando utilizada contra terceiro a que a vítima esteja diretamente vinculada. Não é necessário que a força empregada seja *irresistível*, basta que seja idônea para *coagir* a vítima a permitir que o sujeito ativo realize seu intento. *Violência* à pessoa consiste no emprego de força contra o corpo da vítima, e não contra coisa ou o próprio patrimônio do licitante, a despeito de algum entendimento em sentido contrário. Para caracterizá-la é suficiente que ocorra *lesão corporal leve* ou simples *vias de fato*.

4.1.2. Mediante grave ameaça (*vis compulsiva*)

Grave ameaça constitui forma típica da "violência moral". É a *vis compulsiva* que exerce uma força intimidativa, inibitória, anulando ou minando a *vontade* e o *querer* do ofendido, procurando, assim, inviabilizar eventual resistência da vítima. Na verdade, a *ameaça*, especialmente quando grave, também pode perturbar, escravizar ou *violentar a vontade* da pessoa como a violência material (física). Em outros termos, *ameaça grave* é aquela capaz de atemorizar a vítima, viciando-lhe a vontade, impossibilitando sua capacidade de resistência. A *grave ameaça* objetiva criar na vítima o fundado receio de iminente e grave mal, físico ou moral, tanto a si quanto a pessoas que lhe sejam caras. É irrelevante a *justiça* ou *injustiça* do mal ameaçado, na medida em que, utilizada para a prática de crime, torna-se também antijurídica.

A *violência moral* pode materializar-se em gestos, palavras, atos, escritos ou qualquer outro meio simbólico. Caracteriza o tipo penal, no entanto, somente a *ameaça grave*, isto é, aquela ameaça que efetivamente imponha medo, receio ou temor na vítima, e que recaia sobre algo que lhe seja de capital importância, opondo-se à sua liberdade de querer e de agir.

Grave ameaça deve consistir em intimidação, e que constitua ameaça de um *mal grave* e sério, capaz de impor medo à vítima. Ademais, o *desvalor do resultado* é o mesmo do crime praticado com violência real. Por outro lado, o *mal* prometido, a título de ameaça, além de *futuro* e *imediato*, deve ser *determinado*, sabendo o agente o que quer impor. Com efeito, o *mal* deve possuir as seguintes características: a) *determinado*, pois, sendo indefinido e vago não terá grandes efeitos coativos; b) *verossímil*, ou seja, que se possa realizar, e não fruto de mera fanfarronice ou bravata do agente, não o caracterizando, por conseguinte, a ameaça de mal futuro e incerto ou de improvável concretização; c) *iminente*, isto é, suspenso sobre o ofendido, podendo concretizar-se a qualquer momento.

Não caracteriza o crime de ameaça a promessa de mal nem no *passado*, nem em *futuro* longínquo, quando, respectivamente, não teria *força coatora*, ou esta seria destituída do vigor necessário; d) *inevitável*, pois, caso contrário, se o ofendido puder evitá-lo, não se intimidará; e) *dependente*, via de regra, da vontade do agente, já que, se depender de outrem, perderá muito de sua *inevitabilidade*. Enfim, esses são os requisitos que, em tese, a *ameaça* de mal ou dano graves deve apresentar. A enumeração não é taxativa nem *numerus clausus*, podendo, no caso concreto, apresentar alguns requisitos e em outros não, sem desnaturar a gravidade da ameaça. Em outros termos, é indispensável que a *ameaça* tenha idoneidade intimidativa, isto é, que tenha condições efetivas de constranger a vítima.

Ao contrário do que ocorre com o *crime de ameaça* (art. 147 do CP), no crime de *afastar licitante* (art. 337-K) não é necessário que o *mal grave* prometido seja *injusto*, sendo suficiente que *injusta* seja a pretensão do sujeito ativo ou a forma de obtê-la. A *injustiça do mal* não se encerra em si mesma, mas deverá relacionar-se ao *fim pretendido* e à forma de consegui-lo. O *mal pode ser justo*, mas o fundamento que leva o agente a prometê-lo ou o método utilizado podem não sê-lo. É irrelevante, enfim, que a *ameaça* para afastar o licitante seja *justa* ou *legal*. Sua *finalidade especial – afastar licitante de certame licitatório –* é que determina sua *natureza ilícita*, transformando-a não apenas em *ilegal*, mas também em *penalmente típica*.

O *mal* ameaçado pode consistir em *dano* ou em simples *perigo*, desde que seja *grave*, impondo medo à vítima, que, em razão disso, sente-se inibida, tolhida em sua vontade, incapacitada de opor qualquer resistência ao sujeito ativo, e acaba abstendo-se ou desistindo do certame licitatório. No entanto, repetindo, é desnecessário que o dano ou perigo ameaçado à vítima seja *injusto*, bastando que seja *grave*. Na verdade, a *injustiça* deve residir na *ameaça* em si e não no dano ameaçado, no afastamento do licitante.

4.1.3. Mediante fraude

Mediante fraude é outro meio ou forma de execução das condutas tipificadas – *afastar ou procurar afastar* licitante – mediante um comportamento *fraudulento*, isto é, ardiloso, insidioso, artificioso. A *fraude* é o engodo, o ardil, o artifício que leva a vítima ao engano. A fraude deve constituir meio idôneo para enganar o ofendido quer sobre a natureza, lisura ou legitimidade do certame, quer quanto a finalidade da própria conduta do agente, quer contra os motivos alegados para afastar o licitante etc. *Contudo, a fraude não pode anular a capacidade de entendimento ou mesmo de resistência da vítima.*

Contudo, a *fraude* deve constituir meio idôneo para enganar o *ofendido* – que se encontra de *boa-fé* – sobre, por exemplo, os propósitos do agente, sobre os motivos alegados para que o licitante se afaste da competição, sobre a própria identidade do agente, enfim, entre tantos outros fundamentos. Em outros termos, a vítima precisa ser *enganada* pelo agente, sob pena de não se configurar a *fraude*; havendo dúvida, a menor que seja, há previsão, e quem prevê e consente *assume*, no mínimo, os riscos das consequências, descaracterizando a "entrega" mediante ardil. É irrelevante, repetindo, a "honestidade da vítima" – ao contrário do que prescrevia o Código Penal em sua redação original.

Enfim, a realização das condutas incriminadas apresenta-se, não raro, cheia de dificuldade para concretizar-se, pois não é qualquer *meio* enganoso que serve de suporte a essa entidade criminal. Necessita, para se configurar, que a vítima seja levada a situação de *erro*, ou nela seja mantida, quanto aos fundamentos que expusemos acima. Faz-se necessário o emprego de *artifícios* e *estratagemas*, criando uma situação de fato ou uma disposição de circunstâncias que torne insuperável o *erro* do pretenso licitante.

4.1.4. Mediante o oferecimento de vantagem de qualquer tipo: irrelevância da natureza ou espécie da vantagem oferecida

O legislador, nesta hipótese, preferiu não definir e nem identificar a *natureza da vantagem* oferecida, a exemplo do que fez o legislador do Código Penal de 1940 ao tipificar o crime de extorsão mediante sequestro. A única diferença reside em que, neste dispositivo, adotou-se a locução "vantagem de qualquer tipo", enquanto naquele diploma legal codificado a locução utilizada foi "qualquer vantagem". Ambas, na essência, não apresentam distinção alguma, nem de conteúdo nem de abrangência, mas apenas de estilo.

Os autores clássicos divergiam ao interpretar a elementar normativa do *crime de extorsão mediante sequestro*, "qualquer vantagem", que, *mutatis mutandis*, não é muito diferente de um dos *meios executórios* previstos como possíveis para praticar o crime de "afastar licitante", qual seja, "vantagem de qualquer tipo". Guardadas as peculiaridades de cada tipo penal, bem como as funções dogmáticas distintas, neste – vantagem de qualquer tipo – é *meio executório*; naquele (extorsão mediante sequestro) – qualquer vantagem – é apenas *elementar normativa do tipo*. É conveniente repassar a doutrina dos clássicos relativamente àquele dispositivo do Código Penal, na medida em que, respeitadas as diferenças, poder-se-á adotar solução semelhante.

Com efeito, Magalhães Noronha, examinando aquela elementar, concluía: "O Código fala em *qualquer* vantagem, não podendo o adjetivo referir-se à natureza desta, pois ainda aqui, evidentemente, ela há de ser, como no art. 158, *econômica*, sob pena de não haver razão para o delito ser classificado no presente título"[8]. Esse entendimento era reforçado por Heleno Cláudio Fragoso, com o seguinte argumento: "A ação deve ser praticada para obter *qualquer vantagem* como preço ou condição do resgate. Embora haja aqui uma certa imprecisão da lei, é evidente que o benefício deve ser de ordem econômica ou patrimonial, pois de outra forma este seria um crime contra a liberdade individual"[9].

Preferimos, contudo, relativamente a esse mesmo dispositivo do Código Penal (art. 159), adotar outra orientação[10], sempre comprometida com a segurança dogmática da tipicidade estrita, naquela linha que o próprio Magalhães Noronha gostava de repetir de que "a lei não contém palavras inúteis", mas também não admite – acrescentamos nós – a inclusão de outras, não contidas no texto legal. Coerente, jurídica e tecnicamente correto era o velho magistério de Bento de Faria, que pontificava: "A *vantagem* – exigida para restituição da liberdade ou como preço do resgate, pode consistir em dinheiro ou qualquer outra utilidade, pouco importando a forma da exigência"[11]. Adotamos esse entendimento de Bento de Faria, na interpretação que damos àquele art. 159 do CP, pelos fundamentos que passamos a expor no exame do art. 337-K.

Com efeito, os tipos penais, desde a contribuição de Mayer, não raro trazem em seu bojo determinados *elementos normativos*, que encerram um *juízo de valor*. Convém destacar, no entanto, como tivemos oportunidade de afirmar, que "os elementos normativos do tipo não se confundem com os elementos jurídicos normativos da ilicitude. Enquanto aqueles são elementos constitutivos do tipo penal, estes, embora integrem a descrição do crime, referem-se à ilicitude e, assim sendo,

---

[8]   Magalhães Noronha, *Direito penal*, v. 2, p. 287.

[9]   Heleno Cláudio Fragoso, *Lições de direito penal*, v. 1, p. 367.

[10]   Cezar Roberto Bitencourt, *Tratado de direito penal*: parte especial, 17. ed., São Paulo: Saraiva, 2021, v. 3, p. 186-189.

[11]   Bento de Faria, *Código Penal brasileiro comentado*: parte especial, 3. ed., Rio de Janeiro: Record, 1961, v. 5, p. 63.

constituem elementos *sui generis* do fato típico, na medida em que são, ao mesmo tempo, caracterizadores da ilicitude. Esses elementos especiais da ilicitude, normalmente, são representados por expressões como 'indevidamente', 'injustamente', 'sem justa causa', 'sem licença da autoridade' etc."[12].

Curiosamente, no entanto, na descrição desse tipo penal – *extorsão mediante sequestro* –, contrariamente ao que fez na constituição do crime anterior (extorsão), que seria, digamos, o tipo-matriz do "crime extorsivo", o legislador brasileiro não inseriu na descrição típica a elementar normativa *indevida vantagem econômica*, que identificaria a sua natureza. Poderia tê-la incluído, não o fez, certamente não terá sido por esquecimento, uma vez que acabara de descrever tipo similar, com sua inclusão (art. 158). Preferiu, contudo, adotar a locução "qualquer vantagem", sem adjetivá-la, provavelmente para não restringir seu alcance.

Com efeito, a nosso juízo, a *natureza econômica da vantagem* é afastada pela elementar típica *qualquer vantagem*, que deixa clara sua abrangência, pois, se quisesse restringi-la, teria incluído a locução *econômica*. Não o fez. Quando a lei quer limitar a *espécie de vantagem*, usa, invariavelmente, o elemento normativo – *indevida, injusta, sem justa causa* etc. –, como destacamos nos parágrafos anteriores. Assim, havendo *sequestro*, para obter *qualquer* vantagem, para si ou para outrem – não importando a natureza (econômica ou não) ou espécie (indevida ou não) –, como *condição* ou *preço* do resgate, estará caracterizado o crime de extorsão mediante sequestro. Por fim, são absolutamente equivocadas as afirmações de Fragoso[13] (que seria apenas um crime contra a liberdade individual) e Magalhães Noronha[14] (sob pena de não haver razão para o delito ser classificado no presente título), *se a vantagem não for econômica*.

Esqueceram esses doutrinadores que a *extorsão mediante sequestro* é um crime *pluriofensivo*, e "qualquer vantagem" exigida pelo tipo é *alternativa*, como "condição" ou "preço" do resgate. Se *condição* e *preço* tivessem, nessa hipótese, o mesmo significado, a previsão dupla seria supérflua e inútil, circunstância essa rejeitada pelos estudiosos. Aliás, o próprio Magalhães Noronha encarregava-se de defini-los: "Temos que

---

[12] Cezar Roberto Bitencourt, *Tratado de direito penal*: parte geral, 27. ed., São Paulo: Saraiva, 2021, v. 1, p. 541-543.
[13] Heleno Fragoso, *Lições de direito penal*, v. 1, p. 361.
[14] Magalhães Noronha, *Direito penal*, v. 2, p. 287.

como *condição* de resgate a lei refere-se particularmente ao caso em que o fim do agente seja especialmente obter uma coisa, documento, ou ato, em troca da libertação do sequestrado. *Preço do resgate* dirá, em especial, da hipótese em que a vantagem se concretize em dinheiro"[15]. Essa definição, na verdade, não deixa de ser um tanto quanto contraditória com a posição assumida por Noronha. Assim, por exemplo, aluno que sequestra filho do professor antes da prova final, exigindo, como *condição* do resgate, sua aprovação, não apresenta outra adequação típica que aquela descrita no art. 159. É um grande equívoco afirmar que, nessa hipótese, estar-se-á diante do crime de sequestro descrito no art. 148 do CP, ignorando que tal infração penal não exige nenhuma *motivação especial*; esta, se existir, poderá tipificar outro crime. Com efeito, ao examinarmos esse crime (sequestro), fizemos a seguinte consideração: "Não se exige nenhum *elemento subjetivo especial do injusto* que, se houver, poderá configurar outro crime; se a privação da liberdade objetivar a obtenção de *vantagem ilícita*, caracterizará o crime de *extorsão mediante sequestro* (art. 159); se a *finalidade* for *libidinosa*, poderá configurar crime contra a dignidade sexual (art. 215) etc. Se, no entanto, a finalidade for atentar contra a segurança nacional, constituirá crime especial, tipificado no art. 20 da Lei de Segurança Nacional (Lei n. 7.170, de 14-12-1983). Se for praticado por funcionário público, constituirá o crime de violência arbitrária (art. 322). Se o sequestro for *meio* para a prática de outro crime, será absorvido pelo delito-fim"[16].

Pois bem, *mutatis mutandis*, tudo o que dissemos a respeito dos crimes patrimoniais e, particularmente, em relação à *extorsão mediante sequestro*, aplica-se, no particular, integralmente ao meio executório do art. 337-K em exame, pois *vantagem de qualquer tipo* assemelha-se à locução "qualquer vantagem", elementar normativa daquele dispositivo do Código Penal. É irrelevante, portanto, que a *vantagem de qualquer tipo*, referida no artigo que ora examinamos, tenha ou não natureza econômica, pois fosse essa a exigência legal não poderia ser usada a locução

---

[15] Magalhães Noronha, *Manual de direito penal*, 2. ed., São Paulo: Saraiva, 2002, v. 2, p. 445.
[16] Cezar Roberto Bitencourt, *Tratado de direito penal*: parte especial, 17. ed., São Paulo: Saraiva, 2021, v. 3, p. 186-189.

"vantagem de qualquer tipo". Como a descrição típica não restringiu a espécie ou natureza da vantagem, contida nesse tipo penal, não cabe ao intérprete fazê-lo, sob pena de restringir *indevidamente* o seu alcance.

5. Abstenção ou desistência de licitar, em razão de vantagem oferecida

O parágrafo único encarrega-se de descrever *conduta omissiva* de pretenso participante de licitação: o licitante *abstém-se* ou *desiste* de licitar, em razão de *vantagem oferecida*. O excessivo rigor do legislador, nos últimos tempos, tem-no levado, não raro, a intolerável redundância, como ocorre na figura descrita neste parágrafo que ora comentamos. Nesse sentido, a procedente crítica de Costa Jr., que destaca essa redundância, *in verbis*: "Se alguém se *abstém* de apresentar a proposta, é porque *desistiu* de licitar, em virtude da vantagem ofertada, que deve ter-se apresentado compensadora. O que se poderia talvez sustentar é que a omissão de participar vem antes da desistência, ou seja, a *desistência* importa num início de participação, da qual se vem ao depois desistir"[17].

Na realidade, tem razão Costa Jr., quanto à sutil distinção que existe entre *abster-se* e *desistir* de licitar: com efeito, na *abstenção* há a recusa em participar na licitação, há a omissão de participar, simplesmente, sem ato algum, ou seja, do nada não se produz nada, não nasce nada; na *desistência*, pelo contrário, há um início de execução, há um começo do agir, há o abandono de uma atividade iniciada, ou seja, não se pode *desistir* de algo que não se iniciou, que não foi começado. A *desistência* implica o abandono de uma tarefa iniciada. No particular, concordamos com a precisa definição de Greco Filho: "Na hipótese do parágrafo único, a ação física consiste em abster-se ou desistir de licitar, isto é, não apresentar proposta ou retirar proposta apresentada em razão da vantagem oferecida"[18].

Outro aspecto de grande relevância na tipificação desse crime constante do parágrafo único do art. 337-K é a *vinculação da conduta omissiva* ao oferecimento de qualquer vantagem. Significa afirmar que não basta a desistência ou abstenção de pretenso participante da licitação para

---

[17] Paulo José da Costa Jr., *Direito penal das licitações*, p. 55.
[18] Vicente Greco Filho, *Dos crimes da Lei de Licitações*, p. 112.

configurar-se o crime, sendo indispensável que essa conduta omissiva decorra do recebimento de oferta de vantagem. Em outros termos, é necessário que a *oferta da vantagem* seja a *causa* da desistência ou abstenção de licitar, enfim, a ausência (ou ineficácia) dessa *relação causal* torna a conduta atípica, ainda que o agente tenha desistido ou se abstido de licitar, por qualquer outra razão, ou simplesmente porque decidiu não participar do certame.

Discordamos do entendimento de que a previsão deste parágrafo único seria hipótese de restrição do alcance do art. 29 do CP, embora se possa, de certa forma, ver uma espécie de exceção à *teoria monística* adotada por nosso diploma legal codificado. Na realidade, é *atípica* a conduta do desistente que abandona o certame licitatório imotivadamente ou o faz por qualquer outra razão. Rigorosamente, somente a abstenção ou desistência movida pela oferta de qualquer vantagem para esse fim caracteriza a conduta proibida no parágrafo único que ora examinamos.

Referidas condutas podem ser praticadas durante a realização do certame, especialmente a conduta de *desistir* de licitar. Contudo, a ação de abster-se de licitar, como tal, pode ocorrer mesmo antes do início do prazo para oferta de propostas dos participantes, pois, como demonstramos, nessa modalidade *omissiva* é desnecessário que o agente que se abstém tenha iniciado a ação de licitar; aliás, se já houver iniciado a apresentação de proposta não mais pode *abster-se*, mas somente *desistir*, porque já iniciou a ação de licitar. Repetindo, a *desistência* ou *abstenção* sem estar vinculada a uma proposta de vantagem para abster-se ou desistir de licitar é absolutamente atípica. Embora também seja verdade que para a consumação do crime não é necessário que haja o efetivo recebimento da vantagem, sendo suficiente que ela tenha sido oferecida (e, evidentemente, aceita, caso contrário não terá sido eficaz), e estará configurado aquele *nexo de causalidade* a que nos referimos.

Em outros termos, se o licitante recebe, de alguém, proposta concreta para que se *abstenha* ou *desista* de participar da licitação, esta não se configurará se o pretenso licitante não a aceitar ou não se motivar por ela, mesmo que desista ou se abstenha por outra razão. No entanto, o ofertante, ou seja, aquele que procura *afastar licitante* do certame, responderá por crime consumado, incorrendo na segunda figura do *caput*.

6. Crime praticado mediante violência: concurso material de crimes ou cúmulo material de penas

Quando da *violência* empregada para afastar licitante do certame licitatório resultar lesões corporais, leves ou graves, haverá a *aplicação cumulativa das penas* correspondentes ao dano qualificado pela violência e as decorrentes desta, se constituir em si mesmo crime. Essa é a previsão constante do *preceito secundário* do art. 337-K, a exemplo de muitos dispositivos do Código Penal de 1940 (*v.g.*, art. 163), que não se confunde, no entanto, com o concurso material de crimes.

Registramos, desde logo, que *consideramos grande equívoco* afirmar--se que a punição pela *violência implica concurso material de crimes*[19], pois se ignora a verdadeira *natureza* desse *concurso*. O festejado Heleno Fragoso também incorria nesse deslize quando, examinando o crime de *dano*, afirmava: "Haverá sempre concurso material entre o dano e o crime resultante da violência, aplicando-se cumulativamente as penas"[20]. Com efeito, o fato de determinar-se a *aplicação cumulativa de penas* – do próprio crime visado e da violência – não significa que se esteja reconhecendo aquela espécie de concurso, mas apenas que se adota o sistema do *cúmulo material de penas*, que são coisas completamente diferentes.

Na verdade, o que caracteriza o *concurso material* de crimes não é a soma ou cumulação de penas, como prevê o dispositivo em exame, mas a *pluralidade de condutas*, pois no concurso formal impróprio, isto é, naquele cuja conduta única produz dois ou mais crimes, resultantes de *desígnios autônomos*, as penas também são aplicadas *cumulativamente*. Ora, esse comando legal – preceito secundário do art. 337-K –, determinando a aplicação cumulativa de penas, não autoriza o intérprete a confundir o *concurso formal impróprio* com o *concurso material*. Na verdade, *concurso de crimes* e *sistema de aplicação de penas* são institutos inconfundíveis; o primeiro relaciona-se à teoria do crime, e o segundo, à teoria da pena. Por isso a confusão é injustificável.

Concluindo, o art. 337-K da lei de regência, ao determinar a punição cumulativa com a pena correspondente à violência, não criou uma espé-

---

[19] Luiz Régis Prado, *Curso de direito penal brasileiro*, São Paulo: Saraiva, 2000, v. 2, p. 450.

[20] Heleno Cláudio Fragoso, *Lições de direito penal*, 11. ed., Rio de Janeiro: Forense, 1995, v. 1, p. 401. No mesmo erro incorria Magalhães Noronha, *Direito penal*, 15. ed., São Paulo: Saraiva, 1979, v. 2, p. 327.

cie *sui generis* de concurso material, mas adotou tão somente o *sistema do cúmulo material* de aplicação de penas, a exemplo do que fez em relação ao *concurso formal impróprio* (art. 70, segunda parte). Assim, quando a *violência* empregada na prática do crime de *afastamento de licitante* constituir em si mesma outro crime, havendo *unidade de ação* e pluralidade de crimes, estaremos, a rigor, diante de concurso formal de crimes. Aplica-se, nesse caso, por expressa determinação legal, o sistema do *cúmulo material de aplicação de pena*, independentemente da existência de *desígnios autônomos*. A aplicação de penas, mesmo sem a presença de desígnios autônomos, constitui uma exceção no sistema de aplicação de penas previsto para o *concurso formal* impróprio. Mas esta é uma *norma genérica*, prevista na Parte Geral do Código Penal (art. 70, segunda parte); aquela constante do dispositivo em exame (art. 337-K) é *norma específica* contida na lei de regência, onde se individualizam as normas aplicáveis a cada figura delituosa.

No entanto, a despeito de tudo o que acabamos de expor, nada impede que, concretamente, possa ocorrer *concurso material* deste crime com outros crimes violentos, como acontece com quaisquer outras infrações penais, desde que, é claro, haja "*pluralidade* de condutas e *pluralidade* de crimes", mas aí, observe-se, já não será mais o caso de unidade de ação ou omissão, caracterizadora do concurso formal.

7. Tipo subjetivo: adequação típica

Elemento subjetivo é o dolo, representado pela vontade consciente de praticar qualquer das condutas descritas no dispositivo em exame, ou seja, de *afastar* ou *procurar afastar* licitante do certame licitatório, por meio de violência, grave ameaça, fraude ou oferecimento de vantagem de qualquer tipo.

A *consciência* do agente, como elemento do dolo, deve abranger todas as elementares do tipo. Ademais, essa *consciência* deve ser *atual*, isto é, deve existir no momento em que a ação está acontecendo, ao contrário da *consciência da ilicitude* (elemento da culpabilidade), que pode ser apenas *potencial*. Na verdade, não basta que a "consciência", elemento intelectual do dolo, seja meramente *potencial*, como ocorre na *culpabilidade*, é indispensável que ela seja real, isto é, que realmente esteja presente no momento da ação. Dito de outra forma, essa distinção justifica-se porque o agente deve ter *plena consciência*, no momento em que pratica a ação, daquilo que quer realizar – *afastar o licitante*.

Além desse *elemento intelectual*, é indispensável ainda o *elemento volitivo*, sem o qual não se pode falar em *dolo*, direto ou eventual. Em outras palavras, a *vontade* deve abranger, igualmente, *a ação (visando o afastamento do licitante)*, o *resultado* (execução efetiva da ação proibida), os *meios* (vinculados), ou seja, aqueles meios expressamente previstos no tipo penal, e o *nexo causal* (relação de causa e efeito). Por isso, quando o processo *intelectual-volitivo* não atinge um dos componentes da ação descrita na lei, o dolo não se aperfeiçoa, isto é, não se realiza. Na realidade, o *dolo* somente se completa com a *presença simultânea da consciência* e da *vontade* de todos os elementos constitutivos do tipo penal. Com efeito, quando o processo *intelectual-volitivo* não abrange qualquer dos requisitos da ação descrita na lei, não se pode falar em dolo, configurando-se o *erro de tipo*; e sem dolo não há crime, ante a ausência de previsão da modalidade culposa.

Por fim, nas condutas descritas no presente tipo penal, não há exigência de qualquer elemento subjetivo especial do injusto. Na verdade, por sua estrutura típica, não exige o *especial fim de agir* que integra determinadas definições de delitos e condiciona ou fundamenta a *ilicitude* do fato, o ele*mento subjetivo especial do tipo* de ilícito, de forma autônoma e independente do dolo. Enfim, neste tipo penal o dolo, com seus dois elementos subjetivos, *vontade e consciência*, deve materializar-se no fato típico executado pelo agente.

8. Consumação e tentativa

Consuma-se o crime de afastamento de concorrente à licitação com o emprego de um dos meios executórios declinados no tipo penal (violência, grave ameaça, fraude ou oferecimento de vantagem de qualquer tipo, mesmo não aceita), com o objetivo de afastá-lo do certame licitatório. Não é necessário à consumação que ocorra o efetivo afastamento do licitante, pois o próprio legislador equipara, de certa forma, ao afastamento a figura tentada, embora não o diga expressamente. Com efeito, com a locução adotada pelo legislador "afastar ou procurar afastar" licitante, outra coisa não é que equiparar uma certa forma de tentativa – à consumação, diríamos uma modalidade *sui generis* de tentativa, com a agravante de afastar qualquer resultado decorrente da ação incriminada. Nada impede, como veremos adiante, que a primeira figura, *afastar*, possa ser interrompida, por circunstâncias alheias à vontade do agente, e isso, inegavelmente, tipifica a figura da tentativa.

Na hipótese prevista no parágrafo único – *abstenção ou desistência de licitar, em razão de vantagem oferecida* – o crime consuma-se com a *abstenção* em participar da licitação ou com a *desistência* de apresentar a proposta ao certame licitatório, desde que, logicamente, essa omissão ou desistência decorra efetivamente de "vantagem de qualquer tipo" oferecida ao omisso ou desistente do certame. Em outros termos, é indispensável *a relação de causalidade* entre uma efetiva *oferta de vantagem*, de qualquer natureza (que a lei fala, atecnicamente, em "de qualquer tipo") e a abstenção ou desistência do possível licitante. Estamos afirmando, dessa forma, a imprescindibilidade de prova concreta que a causa da *abstenção ou desistência* do possível licitante tenha sido a existência concreta de oferta nesse sentido. É inamissível, nesse caso, qualquer *presunção, dedução* ou *ilação* sobre a possibilidade de que tenha ocorrido tal oferta.

A despeito de certa *esperteza* do legislador na definição nuclear típica, a primeira figura típica "afastar" admite, teoricamente, a tentativa, quando, por exemplo, a *ação* que visa diretamente *afastar* o licitante, no curso de sua execução, circunstância estranha ao seu querer impede que se consume seu intento, *v.g.*, o agente é surpreendido por funcionário, que o impede de prosseguir na sua tentativa. No particular, discordamos de Paulo José da Costa Jr., para o qual "já que a figura penal em causa admitiu como crime a tentativa de afastamento, a infração em tela não admite o *conatus*. O crime tentado, por assim dizer, já é o crime consumado"[21]. Nessa mesma linha é o magistério de Vicente Greco Filho: "Como a tentativa foi considerada como crime, a infração não comporta o *conatus*"[22].

Na segunda figura do *caput*, no entanto – *procurar afastar licitante* – é inadmissível a tentativa, pois *procurar afastar* é uma forma *sui generis* de *tentar* afastá-lo, em que o legislador antecipou sua consumação, como dizia a antiga doutrina. Em outras palavras, ainda que o *licitante* não se *afaste*, o crime já estará consumado. Por outro lado, na figura prevista no *parágrafo único* tampouco admite a figura tentada, por tratar--se de *crime omissivo*, pois não exige qualquer resultado naturalístico produzido pela omissão. Trata-se de crime de ato único, unissubsistente, que não admite *fracionamento*. Se o agente deixa passar o momento que deve agir, consuma-se o crime; se ainda pode agir, não se pode falar em crime. Por isso, a inviabilidade dogmática da figura tentada.

---

[21] Paulo José da Costa Jr., *Direito penal das licitações*, p. 56.
[22] Vicente Greco Filho, *Dos crimes da Lei de Licitações*, p. 112.

9. Classificação doutrinária

Trata-se de *crime comum* (que não exige qualquer qualidade ou condição especial do sujeito ativo, podendo ser praticado por qualquer pessoa); *formal* (que não exige resultado naturalístico para sua consumação); *de forma vinculada* (que só pode ser praticado através dos *meios* expressamente previstos no tipo penal, ou seja, mediante violência, grave ameaça, fraude ou recebimento de vantagem de qualquer tipo); *instantâneo* (consuma-se no momento em que o agente pratica a ação incriminada, esgotando-se aí a lesão jurídica, nada mais podendo ser feito para evitar a sua ocorrência); *comissivo* (na primeira figura sendo impossível praticá-lo através da omissão; na segunda, há a possibilidade de sua prática ocorrer tanto por ação quanto por omissão, embora esta última modalidade seja mais rara, mas não impossível); *doloso* (não havendo previsão da modalidade culposa); *unissubjetivo* (que pode ser praticado por um agente apenas, embora admita a figura do concurso eventual de pessoas); *plurissubsistente* (trata-se de crime cuja conduta *admite fracionamento*, isto é, pode ser dividida em atos, a despeito da dificuldade de admitir a figura tentada).

10. Pena e ação penal

As penas cominadas, cumulativamente, são de prisão e multa. A pena de prisão foi transformada de detenção em reclusão, e elevada de dois a quatro anos, para três a cinco anos, reiterando uma espécie de *política criminal doentia*, aumentando as penas de todos os crimes aos quais tem oportunidade de rever, como se a prisão aumentada resolvesse todos os problemas da violência, da segurança pública e do sistema penitenciário, sem enfrentar efetivamente as precariedades desse sistemas, além da pena *correspondente à violência*, quando constituir, em si mesma, crime, que pode ser lesões corporais, homicídio etc. Sempre cumuladas com pena de multa, como tem feito em todas as leis que envolvem matéria criminal, ignorando completamente o fundamento, necessidade e conveniência de aplicar a pena pecuniária.

A ação penal é pública incondicionada, sendo desnecessária qualquer manifestação de eventual ofendido. Será admitida ação penal privada subsidiária da pública, se esta não for ajuizada no prazo legal.

Capítulo XIV
FRAUDE EM LICITAÇÃO OU CONTRATO

Sumário: 1. Considerações preliminares. 2. Bem jurídico tutelado. 3. Objeto material: licitação instaurada ou contrato dela decorrente. 4. Sujeitos do crime. 4.1. Sujeito ativo do crime. 4.2. Sujeito passivo do crime. 5. Tipo objetivo: adequação típica. 5.1. Meios executórios da conduta fraudulenta descrita no *caput* do art. 337-L. 5.2. "Licitação instaurada" para aquisição ou venda de bens ou mercadorias, ou contrato dela decorrente. 6. Tipo subjetivo: adequação típica. 6.1. (Des)necessidade de elemento subjetivo especial do injusto. 7. Consumação e tentativa. 8. Classificação doutrinária. 9. Pena e ação penal.

Fraude em licitação ou contrato

Art. 337-L. Fraudar, em prejuízo da Administração Pública, licitação ou contrato dela decorrente, mediante:

I – entrega de mercadoria ou prestação de serviços com qualidade ou em quantidade diversas das previstas no edital ou nos instrumentos contratuais;

II – fornecimento, como verdadeira ou perfeita, de mercadoria falsificada, deteriorada, inservível para consumo ou com prazo de validade vencido;

III – entrega de uma mercadoria por outra;

IV – alteração da substância, qualidade ou quantidade da mercadoria ou do serviço fornecido;

V – qualquer meio fraudulento que torne injustamente mais onerosa para a Administração Pública a proposta ou a execução do contrato:

Pena – reclusão, de 4 (quatro) anos a 8 (oito) anos, e multa.

---

1. Considerações preliminares

O art. 337-L do Código Penal, acrescentado pela Lei n. 14.133/21, *criminaliza fraudes* praticadas em licitações ou em contratos dela decorrentes, mediante uma variedade de condutas, elencadas em seus cinco incisos em prejuízo da Administração Pública. Comina-lhe a pena mínima de quatro anos.

A previsão anterior, que correspondia ao art. 96 da lei revogada, cominava pena de detenção de três a seis anos e multa. Acreditamos que seria mais razoável, a nosso juízo, a pena mínima na faixa de dois a três anos, pois permitiria ao juiz dosar melhor a pena no caso concreto. Assim, com limites mais elásticos, permitiria ao julgador melhores condições para dosar a pena e adequá-la a condutas menos graves. No entanto essa elevadíssima pena mínima de quatro anos de reclusão foi, injustificadamente, cominada no mesmo patamar em quatro desses novos tipos penais.

Por outro lado, a previsão relativa à pena de multa de *seguir a metodologia de cálculo prevista no Código Penal* (art. 337-P) é complementada, no mesmo dispositivo legal, de "não poder ser inferior a dois por cento (2%) do valor do contrato licitado". Por outro lado, a previsão do Código Penal em vigor, desde a Reforma Penal de 1984, é fixar a pena de multa no mínimo de um terço (1/3) do salário mínimo (art. 49, *caput* e seu § 1º), vigente na data do fato. Ora, essa previsão da Lei n. 14.133/21 choca-se frontalmente com o *sistema dias-multa* adotado pelo Código Penal. São, na verdade, dois sistemas *incompatíveis* um com o outro: a nova previsão legal fixa o piso mínimo de 2% (dois por cento) do valor do contrato licitado, enquanto o Código Penal fixa o mínimo de um terço do salário mínimo vigente na data do fato. Precisaremos fazer uma "ginástica" do gênero "salto triplo carpado" para compatibilizar a pretensão declarada expressamente pelo legislador contemporâneo. Examinaremos essas dificuldades *em capítulo próprio destinado a aplicação da pena de multa nos crimes licitatórios*. Enfim, essa foi a escolha do legislador, desafortunadamente.

Este tipo penal apresenta uma peculiaridade especial, qual seja, fez uma correção na identificação do *sujeito passivo*, como a Administração Pública antes identificado como Poder Público. Com efeito, o legislador penal original, por meio do uso da expressão "fraudar, *em prejuízo da Fazenda Pública*" foi identificar *a vítima* que é diretamente afetada pela conduta incriminada, restringindo, consequentemente, seu alcance. Posteriormente, a revogada Lei n. 8.666/93 corrigiu para Poder Público, parecendo que, finalmente, este dispositivo faz a correção final identificando o sujeito passivo como Administração Pública, que é mais abrangente. Ou seja, com a identificação da Administração Pública abrange-se os órgãos integrantes de União, Estados, Distrito Federal e Municípios, e respectivas autarquias, empresas públicas, sociedades de economia mista, fundações públicas, de direito público e de direito privado, *além de quaisquer outras entidades sob seu controle direto ou indireto*. Essa, enfim, é a abrangência, neste contexto licitatório, de Administração Pública, que engloba não apenas as entidades de *direito público*, mas também as de *direito privado* que são obrigadas a licitar. *Fazenda Pública*, por sua vez, em seu sentido técnico-jurídico, refere-se somente aos mesmos entes federativos (União, Estados, Distrito Federal e Municípios) e respectivas autarquias (as Fundações de Direito Público são equiparadas a autarquias). E só! Ficava excluído, portanto, do conceito de *Fazenda Pública* o *patrimônio* das *empresas públicas*, das *sociedades de economia mista* e das *fundações de direito privado*, as quais, embora integrem o conceito de Administração Pública para fins da Lei de Licitações (art. 6º, XI[1]), não são abrangidas pela definição legal de *Fazenda Pública*, como demonstraremos quando abordarmos os sujeitos do crime.

Enfim, observa-se que se a *fraude* prejudicar vítima distinta, inclusive outras entidades públicas, bem como somente outro licitante, o agente agora responderá por este crime previsto neste art. 337-L.

2. Bem jurídico tutelado

Bem jurídico protegido é, novamente, garantir a respeitabilidade, probidade, integridade e moralidade do *certame licitatório*, mas especialmente preservar o patrimônio da Administração Pública em geral, em todos os níveis de Poderes Federal, Estadual e Municipal. O dispositivo ora examinado visa, acima de tudo, assegurar a correção, legalidade e moralidade na realização de cada um e de todos os atos do procedimento licitatório, observando rigorosamente a regra do respeito ao bem público.

Protege-se, igualmente, a probidade e dignidade da função pública, sua respeitabilidade, e busca assegurar, intransigentemente, o cumprimen-

---

[1] "Art. 6º Para os fins desta Lei, considera-se: (...) XI – Administração Pública – a administração direta e indireta da União, dos Estados, do Distrito Federal e dos Municípios, abrangendo inclusive as entidades com personalidade jurídica de direito privado sob controle do poder público e das fundações por ele instituídas ou mantidas."

to do *dever de fidelidade* do servidor público, bem como sua integridade. A criminalização constante deste artigo objetiva, enfim, proibir a adoção de *procedimento fraudulento*, procrastinatório ou desleal, que cause prejuízo à Administração Pública. Objetiva, ao mesmo tempo, evitar a contribuição ou participação de algum funcionário, desvirtuando a finalidade e regularidade do procedimento licitatório.

Necessário atentar para o *objeto material* protegido, nesta infração penal que é mais restrito, limitando-se à aquisição ou venda de bens, mercadorias ou contrato dela decorrente, que possam causar prejuízo à Administração Pública.

3. Objeto material: licitação instaurada ou contrato dela decorrente

Objeto material da ação fraudulenta são a "licitação e o contrato dela decorrente", uma ou outro, ou ambos ao mesmo tempo; ou seja, a prática deste crime pressupõe "licitação instaurada" e/ou "contrato assinado" em decorrência de licitação instaurada. Aliás, a *existência de licitação instaurada*, mais que uma elementar do tipo, é *pressuposto* da ocorrência da conduta fraudulenta, a qual, *sem a instauração da licitação*, não pode acontecer, nem na licitação nem no contrato. Qualquer *fraude* verificada antes dessa instauração não se adequa a este tipo penal. A elementar "contrato dela decorrente", por sua vez, não abrange todo e qualquer *contrato*, mas tão somente aquele que decorra diretamente de licitação instaurada. *Contrato* é um instrumento jurídico bilateral, formal, e além de firmado pelas partes contratantes (inclusive intervenientes, se houver), deve ser assinado também por duas testemunhas instrumentais. E para resolvê-lo, de comum acordo, deve ser celebrado um "distrato", que é igualmente bilateral e formal, isto é, basicamente, com as mesmas formalidades do contrato.

Constitui *erro crasso* imaginar que se aplica, neste dispositivo, a abrangência geral dos contratos. Essa previsão, no entanto, vale para o âmbito administrativo, mas, para a seara penal, deve ser respeitado o dogma da tipicidade estrita. A despeito de válida aquela definição de *contrato* – todo e qualquer *ajuste* entre órgãos ou entidades da Administração Pública e particulares – não se trata de qualquer *contrato* com a Administração Pública, mas tão somente de contrato relativo à *licitação instaurada*. Observe-se que também estão excluídas deste tipo penal as licitações instauradas para realização de obras ou contratação de serviços, porque não integram a descrição típica.

É um equívoco, por outro lado, não menos grave, equiparar "contrato", elementar do *caput*, com "qualquer pacto firmado pela Administração Pública", como pretendem alguns[2]. Na verdade, a própria lei de regência distingue o "contrato" de "outros instrumentos hábeis", quando determina que "o instrumento de contrato é obrigatório nos casos de concorrência e de tomada de preços" (...) "e facultativo nos demais em que a Administração puder substituí-lo por outros instrumentos hábeis". Ora, quando o artigo mencionado faculta substituir o "instrumento de contrato" por "outros instrumentos hábeis" está reconhecendo que são instrumentos diferentes, isto é, que não tem a mesma estrutura formal e nem a mesma força e confiabilidade jurídica, tanto que os destina a situações menos importantes e menos formais, como são as outras modalidades de certames licitatórios.

Por outro lado, o legislador penal, ao incluir no tipo penal a elementar "ou contrato dela decorrente", se o desejasse poderia ter acrescido, naturalmente, "ou outros instrumentos hábeis", como outros diplomas já fizeram, e transformaria esse instrumental em generalidade, que, facilmente, abrangeria referidas alternativas. Contudo, o legislador da parte penal não o fez, e, consequentemente, não poderá o intérprete fazê-lo, sob pena de violar o princípio da *tipicidade estrita*.

Entendimento diverso violaria o *princípio da taxatividade* da tipicidade, intolerável no direito penal da culpabilidade, e, por extensão, o *princípio da legalidade*, aliás, pelos mesmos fundamentos que desenvolvemos no item 4.2, logo adiante.

4. Sujeitos do crime

4.1. Sujeito ativo do crime

Sujeito ativo do crime pode ser qualquer pessoa, tendo ou não interesse pessoal no procedimento licitatório, não sendo exigida qualidade ou condição especial; pode ser qualquer pessoa, seja ou não licitante, isto é, qualquer terceiro, interessado ou não no processo; pode, inclusive, ser *funcionário público* encarregado do procedimento licitatório, e o próprio procurador da parte, se efetivamente concorrer para a irregularidade de qualquer ato do procedimento licitatório. No entanto, não praticará o crime o advogado que não participar da fraude praticada pelo cliente; e

---

[2] André Guilherme Tavares de Freitas, *Crimes na Lei de Licitações*, 2. ed., Rio de Janeiro: Lumen Juris, 2010, p. 164.

eventual *conivência do advogado*, que não se confunde com a participação em sentido estrito, somente o exporá a medidas disciplinares a ser investigada e processada pelo Tribunal de Ética da OAB.

Aparentemente pode dar impressão que se trata de *crime próprio* e que só poderia ser praticado pelo *licitante* ou "contratado", mas não é o caso, embora essa seja a regra. Trata-se, na realidade, de *crime comum*, podendo, como já afirmamos, ser praticado por qualquer indivíduo, licitante ou não, inclusive *funcionário público*. O tipo penal identifica somente o objeto contra o qual se destina a conduta fraudulenta, qual seja, *licitação instaurada* ou *contrato dela decorrente*, mas não limitou sua autoria a licitante ou contratado. No mesmo sentido, é a orientação de Tavares de Freitas, *in verbis*: "Diante disso, entendemos versar a hipótese sobre crime comum, que poderá, por conseguinte, ser praticado por qualquer pessoa que consiga utilizar-se das vias de execução previstas neste art. 96 para o fim de fraudar o contrato ou a licitação (...). Evidente que este crime é praticado mais comumente pelos contratados ou licitantes, o que não impede, contudo, a possibilidade de também ser praticado por outras pessoas que não tenham esta qualidade"[3].

Subscrevemos, por sua pertinência, integralmente o entendimento ora transcrito.

4.2. Sujeito passivo do crime

Sujeito passivo é a Administração Pública que, neste caso, até pode ser confundido com Poder Público, embora não seja a forma mais adequada para definir o sujeito passivo destes crimes, aliás, utilizado em outros dispositivos penais deste mesmo diploma legal. Aqui, o legislador preferiu não restringir o alcance do destinatário do *prejuízo* ou dano produzido pela conduta incriminada, ou seja, o sujeito passivo da infração penal. Essa previsão contraria a previsão anterior. Certamente, essa sua escolha nos parece a mais correta se comparada a anterior que definia como sujeito passivo a Fazenda Pública.

5. Tipo objetivo: adequação típica

Estamos diante de um dos quatro crimes mais graves previstos nesta lei, pois todos os quatro recebem a pena de reclusão de quatro a oito anos

---

[3] André Guilherme Tavares de Freitas, *Crimes na Lei de Licitações*, p. 160.

de reclusão e multa, e, ao mesmo, é aquele que contém o preceito primário mais extenso deste diploma legal. Mas, a despeito dessa longa extensão, descreve somente uma conduta nuclear, qual seja, "fraudar", em prejuízo da Administração Pública, licitação ou contrato dela decorrente. No entanto, por outro lado, elenca cinco formas ou modos que essa criminalização pode configurar-se. Vejamos, sucintamente, cada um deles.

Com efeito, os verbos constantes nos cinco incisos vinculados ao *caput*, utilizados no gerúndio, representam simples *meios* ou *formas* pelos quais a *conduta de fraudar* pode ser executada em prejuízo do ente público. Nesse sentido, Tavares de Freitas, acertadamente, manifesta: "O verbo nuclear deste tipo penal é 'fraudar', sendo estabelecido nos cinco incisos os meios de execução de tal fraude"[4]. Aliás, convém relembrar, na boa técnica legislativa, os *verbos nucleares* indicadores da conduta proibida nunca são empregados no gerúndio. Em outros termos, a conduta de *fraudar* pode ser executada "elevando" preços, "vendendo" mercadorias inadequadas, "entregando" uma mercadoria por outra, "alterando" a essência da mercadoria fornecida ou "tornando", injustamente, a proposta ou contrato mais oneroso. No entanto, repetindo, são apenas os *meios* elencados nos cinco incisos do *caput*, por meio dos quais a conduta "fraudar" pode ser executada.

Por estas razões, não nos parece tecnicamente correto afirmar-se que este tipo penal contempla ou descreve inúmeras condutas criminosas, como alguns doutrinadores chegam a afirmar[5]. Rui Stoco, no entanto, a despeito da afirmação ambígua, que destacamos na nota anterior, referindo-se aos incisos do *caput*, reconhece que "as condutas referidas constituem apenas meio e modo para a realização do tipo"[6]. Com efeito, a conduta incriminada é *fraudar* licitação instaurada, causando prejuízo

---

[4]   André Guilherme Tavares de Freitas, *Crimes na Lei de Licitações*, p. 163.

[5]   Paulo José da Costa Jr., *Direito penal das licitações*, p. 57: "cinco as modalidades de condutas elencadas em lei, de forma taxativa"; Vicente Greco Filho, *Dos crimes da Lei de Licitações*, p. 115: "Diversas são as ações previstas, que serão analisadas adiante, mas todas elas referem-se à fraude na licitação ou no contrato relativo à aquisição ou venda de bens ou mercadorias"; Rui Stoco, *Leis penais especiais e sua interpretação jurisprudencial*, p. 2588: "Inúmeras as condutas através das quais o agente pode fraudar, em prejuízo da Fazenda Pública, licitação instaurada ou contrato dela decorrente". Essa afirmação de Stoco não estaria de todo inadequada, apenas deveria substituir a locução "inúmeras condutas" por "inúmeros meios".

[6]   Rui Stoco, *Leis penais especiais e sua interpretação jurisprudencial*, p. 2589.

327

à Administração Pública. As formas representadas por verbos no gerúndio, nos respectivos incisos, apresentam-se como meros instrumentos de execução da ação de fraudar licitação instaurada em prejuízo da Fazenda Pública, mas a conduta incriminada, repetindo, é uma só, a de *fraudar* licitação instaurada.

Mas antes de examinarmos referidos *meios* – que são vinculados – precisamos analisar a única conduta nuclear típica – *fraudar* – e defini-la, isto é, descortiná-la, *enfim*, examinar o seu conteúdo jurídico-dogmático.

Fraudar "licitação" ou "contrato dela decorrente" significa utilizar-se de *fraude na própria licitação*, já instaurada, ou na execução do contrato celebrado dela decorrente. *Fraude*, por sua vez, é todo e qualquer *meio enganoso*, que tem a finalidade de *ludibriar*, de alterar a verdade de fatos ou a natureza das coisas, e deve ser interpretada como *gênero*, que pode apresentar-se sob várias *espécies* ou modalidades distintas, tais como *artifício, ardil* ou *qualquer outro meio fraudulento*, como distinguiu o legislador de 1940 na definição do crime de estelionato. A *fraude consiste em atos praticados, dissimulados ou não, aptos a iludir, enganar ou ludibriar a contratante,* isto é, *o sujeito passivo,* lesando ou pondo em risco o bem jurídico tutelado. Na realização da conduta fraudulenta, alterando a verdade ou a natureza de fatos, documentos, operações ou quaisquer ações diretivas, sempre com a finalidade de *enganar* alguém, induzindo-o ou mantendo-o em erro, o agente pode empregar, efetivamente, artifício, ardil ou qualquer outro meio fraudulento.

Artifício é toda simulação ou dissimulação idônea para induzir uma pessoa em erro, levando-a à percepção de uma *falsa aparência da realidade*; *ardil* é a trama, o estratagema, a astúcia utilizada pelo agente para ludibriar a boa-fé da vítima; *qualquer outro meio fraudulento*, por sua vez, é uma *fórmula genérica* para admitir quaisquer espécies de fraude que possam enganar a vítima, que são meramente exemplificativas da *fraude penal*, tratando-se, portanto, de *crime de forma livre*. No entanto, o Ministério Público deverá identificar, na denúncia, a *espécie* ou *modalidade* de fraude perpetrada, descrevendo, inclusive, em que esta consiste. Significa admitir, em outros termos, que se o Ministério Público imputar a prática do fato delituoso mediante *artifício,* e, afinal, a prova dos autos demonstrar que se trata de *ardil*, haverá inegável prejuízo para a defesa, ficando claro que o *Parquet* não observou seu *dever funcional* de descrever, detalhadamente, a infração penal imputada, não podendo prosperar a denúncia. Enfim, é indispensável que se descreva na denúncia exatamente em que consiste a *fraude*, quais são os atos *in concreto* que caracterizam aquilo que se denomina *fraude*.

5.1. Meios executórios da conduta fraudulenta descrita no *caput* do art. 337-L

Como destacamos no tópico anterior, discordamos da afirmação de alguns doutrinadores, para os quais, referindo-se ao revogado art. 96 (atual art. 337-L) descreve inúmeras *condutas criminosas*[7]. Repetindo, o verbo núcleo do tipo é *fraudar* licitação instaurada, causando prejuízo à Administração Pública. Os cinco incisos elencados junto ao *caput, com* verbos no gerúndio, identificam somente os *meios, modos ou formas* de realizar o único verbo nuclear desse artigo, "fraudar", que simbolizam simples instrumentos de execução da ação fraudulenta, mas a conduta nuclear do tipo é uma só, ou seja, *fraudar* licitação instaurada ou contrato dela decorrente. Vejamos, sucintamente, cada um desses meios.

I. *Entrega de mercadoria ou prestação de serviços com qualidade ou em quantidade diversas das previstas no edital ou nos instrumentos contratuais a previsão não existia no diploma legal revogado.* Mas significa, sucintamente, não entregar a mercadoria contratada, mas outra no lugar dela. Nessa hipótese é irrelevante que a mercadoria entregue seja mais cara ou melhor avaliada no mercado, importa é que o contrato não está sendo honrado. Entregar mercadoria ou serviço diferente do que foi contratado, ou com qualidade ou quantidade diferente do que foi ajustado no edital ou nos instrumentos contratuais significa desonrar o compromisso firmado.

O Poder Público precisa e tem o direito de receber exatamente o que comprou ou contratou, porque a maior valia da mercadoria entregue ou do serviço contratado é indiferente do ajustado ou comprada. Causa, inegavelmente, prejuízo à Administração Pública. Regra geral, os contratos da administração pública, seja de serviço, de obra ou de compra de material tem objeto certo, não entregá-lo de acordo com o ajustá-lo significa descumprir contrato. Esse descumprimento configura a violação do inciso mencionado. Enfim, apenas exemplificando hipóteses de descumprimentos contratuais elencadas no inciso I deste artigo.

II. *Fornecimento, como verdadeira ou perfeita, mercadoria falsificada ou deteriorada, inservível para o consumo ou com prazo de validade vencido.*

---

[7] Paulo José da Costa Jr., *Direito penal das licitações*, p. 57: "cinco as modalidades de condutas elencadas em lei, de forma taxativa"; Vicente Greco Filho, *Dos crimes da Lei de Licitações*, p. 115: "Diversas são as ações previstas, que serão analisadas adiante, mas todas elas referem-se à fraude na licitação ou no contrato relativo à aquisição ou venda de bens ou mercadorias".

As previsões dos incisos II, III e IV assemelham-se a modalidades especiais de estelionato, especialmente daquelas figuras especiais contidas no § 2º do art. 171, bem como à fraude ao comércio, prevista no art. 175, ambos do Código Penal, devendo, por isso mesmo, receber tratamento similar, respeitando as elementares típicas de cada infração penal. Logicamente que cada figura apresenta alguma peculiaridade que a distingue daquelas, tornando-a específica.

A ação incriminada consiste – lembrando sempre – em *fraudar* licitação instaurada (ou contrato dela decorrente), *vendendo* (modo ou meio de execução) mercadoria *falsificada* ou *deteriorada,* como se verdadeira ou perfeita fosse. Deve tratar-se, portanto, de *venda* e não de permuta, dação ou entrega da mercadoria a qualquer outro título, e menos ainda de aquisição (referida somente no *caput*). O *objeto material* da ação é *mercadoria,* que pode ser coisa móvel ou semovente (art. 191 do Código Comercial), ficando excluídos, portanto, *outros bens*, aos quais apenas o *caput* refere-se, não sendo incluídos nesta modalidade de execução. *Falsificada* é a mercadoria adulterada a que o sujeito ativo dá a aparência de legítima ou genuína. *Deteriorada* é a mercadoria estragada, total ou parcialmente. A *fraude* requerida pelo tipo penal em exame consiste exatamente em apresentá-la como *perfeita* ou *verdadeira*, enganando o adquirente de boa-fé e causando-lhe, consequentemente, prejuízo.

Como observação complementar a este tópico, cabe realçar que a entrega de mercadorias *adulteradas* ou *falsificadas* só pode ocorrer, necessariamente, na fase de execução do contrato, antes é impossível.

III. *Entregando uma mercadoria por outra*

Nesta modalidade, o *meio* ou *forma* de execução da *fraude* à licitação instaurada (ou contrato dela decorrente) é "*entregando* uma mercadoria por outra", ou seja, o sujeito passivo, no caso uma entidade de direito público, *adquire* uma *mercadoria* e recebe outra diversa daquela que havia comprado. Nessa hipótese, há *presunção* da existência de uma relação obrigacional, na qual a mercadoria foi determinada e individualizada, não podendo ser entregue outra em seu lugar. Faltando, portanto, essa individualização e determinação da mercadoria a ser entregue, a conduta é atípica. A *fraude* pode referir-se à substância da mercadoria (farinha por sal), à qualidade ou quantidade. Mesmo que seja falsificada, se o ofendido, isto é, o adquirente não foi enganado, sabendo que a mercadoria não é verdadeira, a conduta é atípica, por faltar precisamente esse elemento de ludibriador, enganador e ardiloso que caracteriza a fraude.

330

Nesse sentido, discordamos da doutrina majoritária que sustenta ser irrelevante o conhecimento do adquirente[8]. O que constitui a *fraude*, neste meio de execução, não é propriamente o emprego de algum ardil, artifício ou outro meio fraudulento induzindo o comprador ou adquirente na aquisição da coisa a erro ou engano. O engano ou fraude está na efetivação, na realização mesma da *venda*, nos fatos mencionados de *vender* e *entregar*. Contudo, destaca Costa Jr.: "Sem dúvida, a mercadoria haverá de ser substituída por outra, de qualidade inferior. Se a substituição se fizer *in melius* não há que falar em crime, em razão da ausência de prejuízo por parte da Fazenda Pública"[9].

Mas, para concluir, as fraudes praticadas pelos meios mencionados nos incisos II e III somente podem configurar o crime descrito neste art. 337-L se o "vendedor" ou "entregador" for o particular para a Administração Pública, *stricto sensu*, pois lhe causará, inevitavelmente, prejuízo. O inverso não é verdadeiro, pois se tais condutas forem praticados pelos entes federativos e respectivas autarquias, acabarão se beneficiando com a própria torpeza. Contudo, é preciso cautela interpretativa, porque, mesmo não se configurando crime, a Administração Pública, por meio de seus representantes legais, poderá estar lesando o consumidor, e por essa lesão deverá responder, inclusive objetivamente. Senão, vejamos como essa matéria é disciplinada no Código de Defesa do Consumidor (Lei n. 8.078/90).

Com efeito, o art. 18, § 6º, da Lei n. 8.078/90 determina: "*São impróprios ao uso e consumo: I – os produtos cujos prazos de validade estejam vencidos; II – os produtos deteriorados, alterados, adulterados, avariados, falsificados, corrompidos, fraudados, nocivos à vida ou à saúde, perigosos ou, ainda, aqueles em desacordo com as normas regulamentares de fabricação, distribuição ou apresentação*". Enfim, definitivamente, a Administração Pública não está imune à responsabilização por lesão que possa eventualmente causar ao consumidor, devendo arcar com ela, de infringir referidos dispositivos legais.

IV. *Alterando substância, qualidade ou quantidade da mercadoria fornecida*

---

[8] Vicente Greco Filho, *Dos crimes da lei das licitações*, p. 117; Paulo José da Costa Jr., *Direito penal das licitações*, p. 58; André Guilherme Tavares de Freitas, *Crimes na Lei de Licitações*, p. 166.

[9] Paulo José da Costa Jr., *Direito penal das licitações*, p. 58.

A fraude tipificada, no inciso IV, deve ter por objeto a *substância* (a matéria, qual seja, a essência), *qualidade* (espécie, modalidade, seu atributo) ou *quantidade* (número, peso ou dimensão). O contratante descumpre, ainda que parcialmente, aquilo que foi acordado em contrato público, lesando o patrimônio do Estado, como um todo, da Administração Pública. Nesta hipótese, o sujeito ativo deve ter a obrigação de entregar *coisa certa* e *determinada*, obrigação essa que, em tese, poderia ser legal, judicial ou contratual, mas especificamente pela previsão deste dispositivo legal a obrigação deve, necessariamente, não só decorrer de *contrato* (obrigação contratual, portanto), mas de *contrato* que seja *decorrente de certame licitatório*. Essa restrição decorre exatamente do próprio tipo penal, que determina "fraudar licitação instaurada ... ou contrato dela decorrente", ficando excluídas, consequentemente, *fraudes* semelhantes ocorridas em outras espécies de contratos celebrados com o Poder Público. Logicamente, essas outras fraudes em outras modalidades de contratos, alheios ao âmbito licitatório, encontrarão proteção jurídico-penal, provavelmente, no âmbito da figura do estelionato, e particularmente em suas figuras especiais.

A simples falta de *qualidade* (deficiente, insuficiente ou diferente) e até mesmo de *quantidade* (que pode facilmente ser suprida) não configura a infração penal aqui prevista. Para que se configure o crime é imprescindível a ocorrência da *fraude*, se não a beneficiar, mas com certeza a *prejudicada é a Administração Pública*. Necessariamente, a alteração de qualidade e quantidade deverá ser – para caracterizar o crime – para pior ou para menor, respectivamente. Pois, se a alteração se fizer para melhor ou para quantidade superior à contratada não haverá prejuízo algum à Fazenda Pública, logo, não se poderá cogitar de crime algum[10]. Nestas duas hipóteses, simples deficiências de qualidade e quantidade devem ser resolvidas nos planos cível e administrativo, ganhando importância aquela distinção que fizemos entre fraude civil e fraude penal, quando analisamos o crime previsto no art. 337-E.

V. *Tornando, por qualquer modo, injustamente, mais onerosa a proposta ou a execução do contrato*

Trata-se de um enunciado extremamente aberto, abrangente e difuso, sem significado específico, que pode significar (a redundância é proposital) qualquer coisa e nada ao mesmo tempo. "Tornando mais onerosa a

---

[10] Paulo José da Costa Jr., *Direito penal das licitações*, p. 59.

proposta" em relação a que, qual é, afinal, o paradigma a que deve ser comparada tal proposta para considerá-la mais ou menos onerosa? Embora não se possa afirmar que se trata de um enunciado insignificante, certamente não é demasia afirmar-se que não tem nenhum significado em si mesmo, pairando como uma abstração descontextualizada. E com essa vagueza e imprecisão pretende-se determinar a tipificação de um comportamento penalmente passível de sanção penal, ignorando-se os princípios mais comezinhos e mais elementares de direito penal, como legalidade, taxatividade etc. Mais uma vez cabem, neste contexto, as observações anteriormente feitas relativamente à necessidade, na hipótese, de que haja conluio de todos os participantes, eis que o fator preço é um dos elementos determinantes da concorrência. Aquele que se apresentar "fora de preço" será naturalmente sobrepassado pelos demais. Além, evidentemente, de não representar qualquer dano ao Erário.

Permita-se uma pequena digressão sobre a nossa cultura legislativa. Muitas vezes, pelas próprias características do processo eletivo, os legisladores não possuem o necessário conhecimento técnico (num sentido amplo) do que significa *empreender*. A nossa legislação tributária, *v.g.*, é rica em exemplos de como a atividade privada é vista com preconceito por aqueles que jamais emitiram uma nota fiscal na vida, ou que tiveram que pagar salários obtendo recursos como fruto da atividade empresarial. Quando a Constituição Federal eleva as empresas à condição de corresponsáveis pelo aspecto social de suas atividades, não pode ter no próprio Estado Legislador, infraconstitucional, um "inimigo" prático.

Tratar penalmente questões que são oriundas de procedimentos administrativos deveria exigir não só a já mencionada precisão nas definições legais, bem como o claro entendimento dos procedimentos empresariais em si. Não se pode tratar como criminoso qualquer empresário que tenha participado de *certames licitatórios*, meramente por "deduções" acusatórias. Vejamos o que dizem a respeito deste enunciado alguns dos autores que consultamos: Destaca Costa Jr.: "... o prejuízo da Fazenda Pública acha-se implícito na norma. De algum modo, a proposta apresentada pelo concorrente ou a execução do contrato haverão de ser dispendiosas, o que irá gerar um prejuízo injusto, em detrimento da Fazenda Pública"[11]. Greco Filho sintetiza: "... isto é, *tornar injustamente mais onerosa a pro-*

---

[11]   Paulo José da Costa Jr., *Direito penal das licitações*, p. 59.

posta não tem significado se não houver prejuízo para a Administração[12] e se não representar fraude à licitação ou ao contrato. Assim, se a proposta não for a vencedora, a elevação de preços, ainda que arbitrária, não tem relevância penal"[13].

Enfim, com esse enunciado – *tornando, por qualquer modo, injustamente, mais onerosa a proposta ou a execução do contrato* – estamos diante de outra provável *inconstitucionalidade*, a exemplo do que ocorre com a previsão constante do inciso I, conforme fundamentos que expusemos acima. Parece-nos, sem sombra de dúvida, que a redação ora questionada agride flagrantemente os princípios da legalidade e da taxatividade da tipicidade, como demonstramos a seguir.

Para que o *princípio de legalidade* seja, na prática, efetivo, cumprindo com eficácia a finalidade de estabelecer quais são as *condutas puníveis* e as sanções a elas cominadas, é necessário que o legislador penal evite ao máximo o uso de expressões *vagas, equívocas, ambíguas* ou excessivamente *abertas* como as que ora criticamos. Nesse sentido profetiza Claus Roxin, afirmando que "uma lei indeterminada ou imprecisa e, por isso mesmo, pouco clara não pode proteger o cidadão da arbitrariedade, porque não implica uma autolimitação do *ius puniendi* estatal, ao qual se possa recorrer. Ademais, contraria o princípio da divisão dos poderes, porque permite ao juiz realizar a interpretação que quiser, invadindo, dessa forma, a esfera do legislativo"[14].

Dessa forma, objetiva-se que o *princípio de legalidade*, enquanto garantia material, ofereça a necessária segurança jurídica para o sistema penal. O que deriva na correspondente exigência, dirigida ao legislador, de *determinação* das condutas puníveis, que também é conhecida como *princípio da taxatividade* ou mandato de determinação dos tipos penais.

Não se desconhece, contudo, que, por sua própria natureza, a ciência jurídica admite certo grau de *indeterminação*, visto que, como regra, todos os termos utilizados pelo legislador admitem várias interpretações. De fato, o legislador não pode abandonar por completo os *conceitos valorativos*, expostos como *cláusulas gerais*, os quais permitem, de certa forma, uma melhor adequação da norma de proibição com o comporta-

---

[12] Nota do autor: apenas para relembrarmos que o *prejuízo* deve ser para a Fazenda Pública, que tem um alcance mais restrito, como demonstramos anteriormente.

[13] Vicente Greco Filho, *Dos crimes da Lei de Licitações*, p. 118.

[14] Claus Roxin, *Derecho penal*, p. 169.

mento efetivado. O tema, entretanto, pode chegar a alcançar proporções alarmantes quando o legislador utiliza excessivamente *conceitos que necessitam de complementação valorativa*, isto é, não descrevem efetivamente a *conduta proibida*, requerendo, do magistrado, um *juízo valorativo* para complementar a descrição típica, com graves violações à segurança jurídica.

Na verdade, uma técnica legislativa correta e adequada ao *princípio de legalidade* deverá evitar ambos os extremos, quais sejam, tanto a proibição total da utilização de conceitos normativos gerais como o exagerado uso dessas cláusulas gerais valorativas, que não descrevem com precisão as condutas proibidas. Sugere-se que se busque um meio-termo que permita a proteção dos bens jurídicos relevantes contra aquelas condutas tidas como gravemente censuráveis, de um lado, e o uso equilibrado das ditas *cláusulas gerais* valorativas, de outro lado, possibilitando, assim, a abertura do Direito Penal à compreensão e regulação da realidade dinâmica da vida em sociedade, sem fissuras com a exigência de segurança jurídica do sistema penal, como garantia de que a total *indeterminação* será inconstitucional. Os pontos de vista da justiça e da necessidade de pena devem ser considerados dentro dos limites da legalidade, ou estar-se-ia renunciando ao princípio da determinação em favor das concepções judiciais sobre a Justiça.

Por todos esses fundamentos, estamos de acordo com Claus Roxin quando sugere que a solução correta deverá ser encontrada mediante os "princípios da interpretação em Direito Penal". Segundo esses princípios, "um preceito penal será suficientemente preciso e determinado se e na medida em que do mesmo se possa deduzir um claro fim de proteção do legislador e que, com segurança, o teor literal siga marcando os limites de uma extensão arbitrária da interpretação"[15]. No entanto, a despeito de tudo, os textos legais em matéria penal – como o que ora examinamos – continuam abusando do uso excessivo de expressões valorativas, ambíguas, vagas e imprecisas, dificultando, quando não violando, os *princípios de legalidade e da tipicidade estrita*.

O princípio de legalidade exige que a norma contenha a descrição hipotética do comportamento proibido e a determinação da correspondente sanção penal, com alguma precisão, como forma de impedir a imposição a alguém de uma punição arbitrária sem uma correspondente

---

[15] Claus Roxin, *Derecho penal*, p. 172.

infração penal. É intolerável que o legislador ordinário possa regular de forma tão vaga e imprecisa o teor do que seja "tornando, por qualquer modo, injustamente, mais onerosa a proposta ou a execução do contrato", pois afronta, flagrantemente, o princípio de legalidade, sem dúvida alguma.

Curiosamente, há, no entanto, quem ainda defenda uma *interpretação extensiva* desse conteúdo do inciso V, nos seguintes termos: "... vemos que o legislador utilizou-se de uma norma genérica, isto é, abrangente das outras hipóteses fraudulentas existentes não listadas nos quatro incisos anteriores, geradoras de prejuízo à Fazenda Pública e que sejam observadas em procedimento licitatório para aquisição ou venda de bens ou mercadorias, o contrato decorrente de tal certame. Assim, o presente inciso não só abrange os demais incisos do art. 96, como, também, **por interpretação extensiva**, as outras hipóteses de fraude adequadas ao aqui mencionado" (destacamos).

Finalmente, na nossa concepção, por todas as razões que expusemos, esse dispositivo penal (inciso V), a exemplo do inciso I, é inaplicável, por padecer de absoluta inconstitucionalidade, esperando-se que o Supremo Tribunal Federal, quando tiver oportunidade de apreciá-lo, declare-o como tal. Ressalva-se, contudo, o aspecto relativo à "execução do contrato". Em relação a este pode haver, concretamente, um paradigma a ser confrontado, qual seja, a própria proposta vencedora, isto é, se o vencedor da licitação, quando da execução do contrato, onerá-la desproporcional e injustamente. Essa *oneração* desproporcional e injusta da execução do contrato, comparada à proposta que o originou, pode, seguramente, configurar o crime que se pretende, *sem se revestir do vício de inconstitucionalidade que apontamos.*

Todas essas hipóteses disciplinadas no dispositivo legal em exame configuram *crime material*, e somente se consumam com o prejuízo efetivo à *Administração Pública*, pois esse prejuízo integra, aliás, expressamente, o tipo penal. E tal prejuízo, repita-se, não decorre de participação isolada, mas na prática de verdadeiro conluio entre todos os competidores. Fato este que deverá ser objeto de prova.

5.2. "Licitação instaurada" para aquisição ou venda de bens ou mercadorias, ou contrato dela decorrente

A prática deste crime pressupõe a existência de *licitação instaurada*. A *conduta fraudulenta*, incriminada neste dispositivo, só pode ocorrer em *licitação instaurada* ou *contrato celebrado* decorrente de licitação, e desde que verse sobre aquisição ou venda "de bens ou mercadorias". Em outros termos, a existência de "licitação instaurada" é pressuposto fundamental da ocorrência deste crime, significando que eventual conduta fraudulenta, por qualquer meio, praticada antes da instauração da licitação, não encontra correspondência típica neste dispositivo legal. Dever-se-á examinar a possibilidade da tipificação de uma das condutas insertas no art. 337-L do Código Penal, qual seja, "fraudar a realização de qualquer ato de procedimento licitatório", desde que seja antes da "instauração da licitação".

A *fraude* em relação a *contrato*, por sua vez, ocorre, na verdade, na *execução do contrato* e não no contrato propriamente, o qual se pressupõe seja verdadeiro, correto, legal e perfeito. O desvirtuamento do contrato, ou a *fraude,* acontece na realização ou execução daquilo que foi efetivamente pactuado, isto é, a *execução do objeto do contrato* não corresponde exatamente àquilo que foi realmente acordado. Exatamente nesse "descumprimento contratual" reside a conduta fraudulenta e não no contrato em si, que é perfeito e acabado, por isso, é necessário grande cautela para não confundir mero descumprimento contratual – uma espécie de fraude civil –, que se resolve na esfera civil, com a fraude penal, com magnitude suficiente para merecer a punição penal[16].

Mas a criminalização dessa *fraude*, neste dispositivo, está circunscrita somente a contrato decorrente de licitação "*para aquisição ou venda de bens ou mercadorias*", estando excluído, portanto, contrato decorrente licitação "*para a realização de serviços ou execução de obras*", por absoluta inadequação típica. Com efeito, se a *fraude* ocorrer em *licitação ou contrato de serviços ou execução de obra* não configurará a conduta incriminada neste art. 337-L, devendo encontrar adequação típica em outro dispositivo deste mesmo diploma legal. Haveria, indiscutivelmente, *absoluta inadequação típica*, e embora seja incompreensível essa opção do legislador, a verdade é que a *taxatividade da tipicidade* e o *princípio da legalidade* não admitem tal extensão. Vicente Greco Filho, a despeito de lamentar essa opção político-criminal do legislador, invocando Manoel Pedro Pimentel, adota o mesmo entendimento, *in verbis*: "A limitação da

---

16 Veja, a respeito da semelhança entre fraude civil e fraude penal, os comentários que elaboramos quando da análise do art. 337-F, nesta mesma obra.

lei à aquisição ou venda de bens deve ser respeitada tendo em vista o princípio da tipicidade, como advertiu Manoel Pedro Pimentel, referido na introdução deste trabalho, mas não se justifica, porque o mesmo tipo de conduta e de prejuízo pode ocorrer relativamente a contratos de prestação de serviços e, com maior frequência, em contratos de obras. É muito comum a utilização de material inadequado ou inútil na execução de obras públicas ou a elevação arbitrária de preços"[17].

Nessa mesma linha, destacamos que também *estão excluídas dessa infração penal condutas fraudulentas em contratos ou relações contratuais que não decorram de licitações públicas*, isto é, obrigações contratuais que não tenham se originado em licitações públicas. Assim, por exemplo, estão excluídas eventuais *condutas fraudulentas* praticadas em contratos ou decorrentes de contratos nas hipóteses de *dispensa ou inexigência de licitação*, porque, basicamente, falta a elementar típica "licitação instaurada" para aquisição de bens ou mercadorias. Pelas mesmas razões, as *condutas fraudulentas* praticadas em quaisquer outros contratos com o Poder Público que não tenham como base ou fundamento *licitações públicas*, não se adequam tipicamente ao crime descrito no art. 337-L, devendo-se buscar outro fundamento jurídico-penal.

6. Tipo subjetivo: adequação típica

Elemento subjetivo é o *dolo natural*, representado pela vontade consciente de praticar a conduta descrita no *caput* do art. 337-L, ou seja, *fraudar licitação instaurada para aquisição ou venda de bens ou mercadorias*, ou, ainda, *contrato dela decorrente*, por qualquer dos meios ou formas relacionados nos respectivos incisos. Logicamente, referida fraude resultará em prejuízo à Administração Pública. Trata-se, como se constata, de crime vinculado, somente podendo ser executado por um dos meios ou formas expressamente relacionados no próprio dispositivo legal.

A *consciência* do agente como elemento do dolo deve abranger, necessariamente, todas as elementares do tipo. Não basta que essa "consciência", elemento intelectual do dolo, seja meramente *potencial*, como ocorre na *culpabilidade*, sendo indispensável que ela seja *real*, isto é, que exista efetivamente no momento da ação. Dito de outra forma, essa distinção justifica-se porque o agente deve ter *plena consciência*, no momento em que pratica a infração penal, daquilo que quer realizar, qual seja,

---

[17] Vicente Greco Filho, *Dos crimes da Lei de Licitações*, p. 116.

fraudar, em prejuízo da Administração Pública, licitação instaurada para aquisição ou venda de bens ou mercadorias, ou contrato dela decorrente.

Mas, além desse elemento intelectual – *consciência atual* ou *representação* –, é indispensável ainda o *elemento volitivo*, sem o qual não se pode falar em *dolo*, direto ou eventual. Em outras palavras, a *vontade* deve abranger, igualmente, *a ação* (visando fraudar licitação instaurada ou contrato dela decorrente), o *resultado* (execução efetiva da ação proibida com a materialização da fraude na licitação instaurada ou no contrato dela decorrente), os *meios* (vinculados àqueles elencados no dispositivo legal), a *relação de causa e efeito*. Por isso, quando o processo *intelectual-volitivo* não atinge um dos componentes da ação descrita na lei, o dolo não se aperfeiçoa, isto é, não se realiza. Na realidade, o *dolo* somente se completa com a *presença simultânea* da *consciência* e da *vontade* de todos os elementos constitutivos do tipo penal. A vontade pressupõe a previsão, isto é, a representação, na medida em que é impossível querer algo conscientemente senão aquilo que se previu ou representou na nossa mente, pelo menos parcialmente. Com efeito, quando o processo *intelectual-volitivo* não abrange qualquer dos requisitos da ação descrita na lei, não se pode falar em dolo, configurando-se o *erro de tipo*, e sem dolo não há crime, ante a ausência de previsão da modalidade culposa.

6.1. (Des)necessidade de elemento subjetivo especial do injusto

Além do dolo, constituído pelos elementos intelectual e volitivo (consciência e vontade de realizar os elementos do tipo)[18], haveria necessidade de algum elemento subjetivo especial do injusto, para completar o *tipo subjetivo* deste crime constante do art. 337-L? A doutrina, de um modo geral, tem se posicionado pela necessidade desse *elemento subjetivo especial do tipo*, embora o denomine ainda como "dolo específico". Vejamos alguns desses posicionamentos.

Para Paulo José da Costa Jr., além do dolo, que denomina de genérico, haveria necessidade de "dolo específico", nos seguintes termos: "Ao dolo genérico haverá de juntar-se o específico, representado pela intenção de causar um prejuízo econômico à Fazenda"[19]. No mesmo sentido, posiciona-se Vicente Greco Filho, que, referindo-se ao elemento subjetivo, conclui: "É o dolo genérico, que consiste na vontade livre e consciente do

---

[18] Para que haja *vontade de agir* é necessário que primeiro haja *consciência* (representação intelectual) dos elementos do tipo.
[19] Paulo José da Costa Jr., *Direito penal das licitações*, p. 60.

agente de praticar uma das condutas do artigo, ao qual se adiciona o específico, isto é, a intenção de causar prejuízo à Administração"[20]. Tavares de Freitas não destoa dessa linha de pensamento, enfatizando: "Exige-se também outro elemento subjetivo além do dolo, que é o especial fim de agir, visualizado na específica intenção do agente de causar prejuízo à Fazenda Pública"[21]. Em sentido contrário, convém que se destaque, posiciona-se Rui Stoco[22], vislumbrando a ausência de elemento subjetivo especial do tipo.

Questionamo-nos: qual seria, afinal, o fundamento jurídico-dogmático que leva referidos autores, dentre outros, a sustentar a presença de elemento *subjetivo especial do injusto*, e identificá-lo como "a intenção de causar prejuízo" à Fazenda Pública ou à Administração? Em que elementar típica, no caso subjetiva, estaria embasado esse entendimento? Será que o sujeito ativo deste crime do art. 337-L *frauda licitação instaurada* com a intenção especial de causar prejuízo à Administração Pública ou à Fazenda Pública? Não seria mais razoável, nessa infração penal, o sujeito objetivar locupletar-se, obter mais ganhos, sem se preocupar se causa ou não prejuízo a alguém? São questões que devem ser consideradas para obtermos uma resposta satisfatoriamente adequada, na medida em que reflete diretamente na consumação da própria infração penal, considerando especialmente que o elemento subjetivo especial do injusto não precisa concretizar-se para se considerar o crime consumado.

No crime de furto (art. 155 do CP), por exemplo – *subtrair, para si ou para outrem, coisa alheia móvel* –, há a necessidade desse elemento subjetivo especial, para alguns deles ainda denominado "dolo específico", mas nunca se identificou como sendo representado *pela intenção de causar prejuízo à vítima*, embora esta também o sofra! Aliás, apenas para ilustrar, examinando esse aspecto no crime de furto, e reconhecendo a existência de um *fim especial de agir*, fizemos a seguinte afirmação: "O *elemento subjetivo especial do tipo*, por sua vez, é representado pelo *fim especial* de apoderar-se da coisa subtraída, *para si* ou *para outrem*. A

---

[20] Vicente Greco Filho, *Dos crimes da Lei de Licitações*, p. 119.
[21] André Guilherme Tavares de Freitas, *Crimes na Lei de Licitações*, p. 168. Pode-se destacar mais alguns doutrinadores, apenas ilustrativamente, que adotam a mesma orientação: Diógenes Gasparini, *Crimes na licitação*, p. 151; Guilherme de Souza Nucci, *Leis penais e processuais penais comentadas*, São Paulo: Revista dos Tribunais, 2006, p. 455.
[22] Rui Stoco, Licitação, in *Leis penais e sua interpretação jurisprudencial*, p. 2590.

ausência desse *animus* apropriativo (finalidade de apossamento) desnatura a figura do crime de furto"[23]. A doutrina especializada, de um modo geral, não destoa desse entendimento.

Consideramos que, pela importância do tema e, particularmente, pelo forte entendimento acima indicado, do qual discordamos, devemos aprofundar um pouco mais o exame dogmático do sentido, extensão e configuração do *elemento subjetivo especial do injusto*, bem como de suas consequências.

As elementares *subjetivadoras especiais* – configuradoras do *especial fim de agir* – são representadas, normalmente, por expressões tais como "a fim de", "para o fim de", "com a finalidade de", "para si ou para outrem", "com o fim de obter", "em proveito próprio ou alheio", "com o intuito" ou "com a intenção de", entre outras, indicadoras de uma *finalidade transcendente*, além do *dolo natural* configurador do tipo subjetivo. Com efeito, pode figurar nos tipos penais, ao lado do dolo, uma série de *características subjetivas* que os integram ou os fundamentam. A doutrina clássica denominava, impropriamente, o *elemento subjetivo geral* do tipo *dolo genérico* e o *especial fim* ou motivo de agir, de que depende a ilicitude de certas figuras delituosas, *dolo específico*. Essa classificação – dolo geral e dolo específico – encontra-se completamente superada, representando um anacronismo do antigo *Direito Penal clássico*, abandonado pelas doutrinas contemporâneas. O próprio Welzel esclareceu que "ao lado do dolo, como momento geral *pessoal-subjetivo*, que produz e configura a ação como acontecimento dirigido a um fim, apresentam-se, frequentemente, no tipo, *especiais* momentos subjetivos, que dão colorido num determinado sentido ao conteúdo ético-social da ação". Assim, o *tomar* uma coisa alheia é uma atividade dirigida a um fim por imperativo do dolo; no entanto, seu sentido ético-social será completamente distinto se aquela atividade tiver como *fim* o uso passageiro ou se tiver o desígnio de apropriação.

Na realidade, o *especial fim* ou motivo de agir, embora amplie o aspecto subjetivo do tipo, não integra o dolo nem com ele se confunde, uma vez que, como vimos, o *dolo* esgota-se com a *consciência* e a *vontade* de realizar a ação com a *finalidade* de obter o resultado delituoso, ou na *assunção do risco* de produzi-lo. O *especial fim de agir* que integra determinadas definições de delitos condiciona ou fundamenta a *ilicitude* do

---

[23] Cezar Roberto Bitencourt, *Tratado de direito penal*: parte especial, 17. ed., São Paulo: Saraiva, 2021, v. 3, p. 47-48.

fato, constituindo, assim, *elemento subjetivo especial do tipo* de ilícito, de forma autônoma e independente do dolo. A denominação correta, por isso, é *elemento subjetivo especial do tipo* ou *elemento subjetivo especial do injusto*, que se equivalem, porque pertencem, ao mesmo tempo, à *ilicitude* e ao *tipo* que a ela corresponde.

A ausência desses *elementos subjetivos especiais* descaracteriza o *tipo subjetivo*, que deles necessita, independentemente da presença do dolo. Enquanto o *dolo* deve materializar-se no fato típico, os elementos subjetivos especiais do tipo especificam o dolo, sem necessidade de se concretizarem, sendo suficiente que existam no psiquismo do autor, isto é, desde que a conduta tenha sido orientada por essa finalidade específica.

A evolução dogmática do Direito Penal nos revela que determinado ato poderá ser *justo* ou *injusto*, dependendo da *intenção* com que o agente o pratica. Um comportamento, que externamente é o mesmo, pode ser *justo* ou *injusto*, segundo o seu *aspecto interno*, isto é, de acordo com a *intenção* com que é praticado. Assim, por exemplo, quando o ginecologista toca a região genital da paciente com fins terapêuticos exercita, legitimamente, sua nobre profissão de médico; se o faz, no entanto, com intenções voluptuárias, sua conduta é ilícita. Determinados crimes requerem um agir com ânimo, finalidade ou *intenção adicional* de obter um resultado ulterior ou uma ulterior atividade, distintos da realização do tipo penal. Trata-se, portanto, de uma finalidade ou ânimo que vai além da simples realização do tipo. As *intenções especiais* integram a estrutura subjetiva de determinados tipos penais, exigindo do autor a persecução de um objetivo compreendido no tipo, mas que não precisa ser alcançado efetivamente. Faz parte do tipo de injusto uma *finalidade transcendente* – um especial fim de agir –, como, por exemplo, *para si ou para outrem* (art. 157); *com o fim de obter* (art. 159); *em proveito próprio ou alheio* (art. 180) etc.

Enfim, ao contrário do que afirmam, equivocadamente, alguns autores que mencionamos, *venia concessa*, a conduta incriminada não exige qualquer *elemento subjetivo especial do injusto*, a despeito de, *in concreto*, poder a ação incriminada ter alguma motivação especial. O que fez o legislador penal pelo uso da expressão "fraudar, *em prejuízo da Administração Pública*" foi identificar a vítima que é diretamente afetada pela conduta incriminada no art. 337-L. Observe que se a fraude prejudicar vítima distinta, a exemplo de outro licitante, o agente não responderá por esse crime. Nesse sentido, pode-se afirmar que a Administração Pública é circunstância elementar desse tipo penal, que deve ser necessariamente abarcada pelo dolo. Ou seja, para que a conduta do agente se ajuste ao tipo penal, é necessário que atue com *consciência e vontade de fraudar a Administração Pública*. Esse juízo de *subsunção* nada mais é do que a afirmação de que o agente deve atuar com dolo, sem necessidade de perquirir nenhum outro elemento subjetivo especial.

Havendo alguma finalidade especial, para fraudar o certame licitatório, poderá transformar-se no denominado *crime-meio*, deixando, nessa hipótese, de ser punível esta infração licitatória; nessa hipótese, a fraude à *licitação instaurada* poderá ser apenas o *crime-meio*, mas o agente responderá somente pelo *crime-fim* que, eventualmente, tal conduta caracterizar, em razão do *princípio da consunção*, segundo o qual se pretende evitar a violação do *ne bis in idem*, consistente em *dupla punição por um único fato*. Assim, o crime tipificado no art. 337-L do Código Penal resulta absorvido pelo *crime-fim*, independentemente da natureza dos bens jurídicos em questão, bem como da maior ou menor punibilidade desta última conduta.

7. Consumação e tentativa

Como crime material, consumação e tentativa estão condicionadas ao prejuízo causado à Administração Pública. Consuma-se o crime com a fraude efetiva, causando prejuízo à Administração Pública, em *licitação instaurada* ou em contrato dela decorrente. A eventual fraude na preparação do procedimento do preparatório ou mesmo de elaboração do edital, ainda que resulte prejuízo à Administração Pública, não configura este crime, pois ainda não existe "licitação instaurada". Costa Jr., destacando a indispensabilidade do efetivo prejuízo à Administração Pública, conclui: "Consequentemente, o crime em tela aperfeiçoa-se com a verificação do prejuízo, que se apresenta ao ensejo do pagamento da respectiva fatura"[24].

Consuma-se o crime de fraude à licitação instaurada, em prejuízo da Administração Pública, com o engano efetivo do sujeito passivo, que se opera com a venda ou entrega da mercadoria diferente daquela que foi contratada, seja vendendo como verdadeira ou perfeita mercadoria falsificada ou deteriorada, entregando uma mercadoria por outra, de menor valor ou qualidade, ou, por fim, alterando substância, qualidade ou quantidade da mercadoria fornecida. Não se consuma antes de a merca-

---

[24] Paulo José da Costa Jr., *Direito penal das licitações*, p. 61.

doria encontrar-se em poder do sujeito passivo, para que se possa constatar o vício ou sua diversidade. Nesse momento, e nesse lugar, consuma-se o crime, que é material.

À evidência, é absolutamente insuficiente a simples manifestação de vontade ou a *intenção* do agente de fraudar *licitação instaurada*, sob pena de punir-se as simples "intenções", aliás, de difícil comprovação. Gostamos de lembrar sempre, nesse sentido, o magistério de Welzel, para quem, "a vontade má, como tal não se pune, só se pune a vontade má realizada"[25]. Reforçando, ao contrário da doutrina católica, segundo a qual "peca-se por pensamento, palavras, obras e omissões", o pensamento, *in abstracto*, não constitui crime. Para arrematar, convém recordar que a simples *cogitatio*, primeira fase do *iter criminis,* é impunível. Ora, "nesse momento puramente de elaboração mental do fato criminoso, a lei penal não pode alcançá-lo, e, se não houvesse outras razões, até pela dificuldade da produção de provas, já estaria justificada a impunibilidade da *nuda cogitatio*"[26]. Aliás, a próxima fase do *iter criminis*, em regra, os atos preparatórios tampouco são puníveis, salvo quando constituírem em si mesmo crimes (art. 31 do CP).

Por essas razões, este crime é impossível nas hipóteses de dispensa ou inexigibilidade de licitação, por faltar-lhe a elementar "licitação instaurada". Com efeito, pode ocorrer tentativa sempre que, praticada a conduta descrita, por qualquer dos meios mencionados no tipo legal, não ocorrer o pagamento por circunstâncias alheias à vontade do agente. Sempre que a casuística permitir o fracionamento do *iter criminis*, será admitida a figura tentada, ou seja, estarão presentes circunstâncias alheias à vontade do agente. Desta forma, em qualquer delas, pode haver fracionamento da fase executória, sendo possível, consequentemente, a interrupção do seu *iter criminis*.

8. Classificação doutrinária

Trata-se de *crime comum*, podendo ser praticado por qualquer indivíduo, licitante ou não, inclusive *funcionário público*. O tipo penal identifica somente o objeto contra o qual se destina a conduta fraudulenta, qual seja, *licitação instaurada* ou *contrato dela decorrente*, mas não limi-

---

[25] Hans Welzel, *Derecho penal alemán*, trad. Juan Bustos Ramírez e Sergio Yáñez Pérez, Santiago do Chile: Jurídica, 1987, p. 259.
[26] Cezar Roberto Bitencourt, *Tratado de direito penal*: parte geral, 27. ed., São Paulo: Saraiva, 2021, v. 1, p. 557.

tou sua autoria a licitante ou contratado; *material*, em todas as suas modalidades, sendo indispensável a ocorrência de "prejuízo da Administração Pública", expressamente exigido no próprio tipo penal; *de forma vinculada*, somente podendo ser praticado pelos meios ou formas relacionados no texto legal, inclusive o contido no inciso V. Aliás, somente para lembrar, sustentamos a *inconstitucionalidade* deste e do inciso I, por violarem o princípio da *legalidade estrita*; *instantâneo*, consuma-se no momento em que o agente pratica a ação incriminada, esgotando-se aí a lesão jurídica, nada mais podendo ser feito para evitar a sua ocorrência; em outros termos, não há delonga, não existe um lapso temporal entre a execução e sua consumação; *comissivo*, a sua prática, em todos os meios elencados no texto legal, exige um comportamento ativo do agente, sendo, teoricamente, impossível praticá-lo através da omissão; ressalvada eventual possibilidade da modalidade *comissiva omissa*, que é uma *omissão imprópria*, como sabemos, esta sempre possível nos crimes de resultado; *de ação múltipla ou de conteúdo variado*, aliás, a própria conduta tipificada é única (fraudar), mas ainda que eventualmente o agente a pratique, por mais de um meio, incorrerá em crime único; *doloso*, não há previsão da modalidade culposa (excepcionalidade do crime culposo); *unissubjetivo*, que pode ser praticado por um agente apenas, embora admita a figura do concurso eventual de pessoas; *plurissubsistente*, trata-se de crime cuja conduta *admite fracionamento*, isto é, o *iter criminis* pode ser dividido em atos, facilitando, inclusive, a identificação da figura tentada.

9. Pena e ação penal

As penas cominadas, cumulativamente, são de detenção, reclusão de quatro a oito anos e multa. Como afirmamos, inicialmente, trata-se de uma das quatro infrações penais mais graves deste novo capítulo da Parte Especial do Código Penal, pelo menos a que é cominada com a sanção penal mais elevada. A ação penal, a exemplo de todos os crimes deste novo capítulo inserido na Parte Especial do Código Penal são de ação pública incondicionada, sendo desnecessário qualquer manifestação de eventual ofendido (art. 100 do CP). Será admitida ação penal privada subsidiária da pública, se esta não for ajuizada no prazo legal (art. 103).

Capítulo XV
CONTRATAÇÃO INIDÔNEA

Sumário: 1. Considerações preliminares. 2. Bem jurídico tutelado. 3. Sujeitos ativo e passivo do crime. 4. Tipo objetivo: adequação típica. 4.1. A elementar normativa "declarado inidôneo". 5. Declarado inidôneo que vier a licitar ou contratar com o Poder Público. 6. Tipo subjetivo: adequação típica. 7. Consumação e tentativa. 8. Classificação doutrinária. 9. Pena e ação penal.

Contratação inidônea

Art. 337-M. Admitir à licitação empresa ou profissional declarado inidôneo:

Pena – reclusão, de 1 (um) ano a 3 (três) anos, e multa.

§ 1º Celebrar contrato com empresa ou profissional declarado inidôneo:

Pena – reclusão, de 3 (três) anos a 6 (seis) anos, e multa.

§ 2º Incide na mesma pena do *caput* deste artigo aquele que, declarado inidôneo, venha a participar de licitação e, na mesma pena do § 1º deste artigo, aquele que, declarado inidôneo, venha a contratar com a Administração Pública.

---

1. Considerações preliminares

O art. 337-M do Código Penal estabelece, para a inexecução total ou parcial de contrato com a Administração Pública, as seguintes sanções: a) *advertência*; b) *multa*, na forma prevista no edital ou no contrato; c) *suspensão temporária* de participação em licitação e impedimento de contratar com a Administração; e d) *declaração de inidoneidade* para licitar ou contratar com a Administração Pública.

Não estabelece, contudo, quais as infrações ou hipóteses a que são ou devem ser aplicadas as referidas sanções, ampliando absurdamente a

347

discricionariedade do legislador, afrontando diretamente o próprio texto constitucional e, particularmente, o *princípio de legalidade*. Marçal Justen Filho, referindo-se ao *princípio de legalidade* no Direito Administrativo, afirma: "É um truísmo afirmar que o princípio da legalidade domina toda atividade administrativa do Estado. Como regra, é vedado à Administração Pública fazer ou deixar de fazer algo senão em virtude de lei. Em contrapartida, somente se pode impor a um particular que faça ou deixe de fazer algo em decorrência da lei. (...)A legalidade é instituto fundamental tanto do Direito Penal como do Direito Administrativo. Logo, não poderia deixar de reconhecer-se que também o Direito Administrativo Repressivo se submete ao dito princípio. Não se pode imaginar um Estado Democrático de Direito *sem o princípio da legalidade das infrações e sanções*"[1] (destacamos).

Pressuposto da incriminação contida no art. 337-M em exame é a "declaração de inidoneidade" da empresa ou profissional licitante, transformada em elementar normativa do tipo. É irrelevante que a inidoneidade do concorrente seja verdadeira, bastando que tenha sido declarado como tal pela autoridade competente, respeitado o devido processo legal. No entanto, é de competência exclusiva do Ministro de Estado, do Secretário Estadual ou Municipal, conforme o caso, facultada a defesa do interessado no respectivo processo, no prazo de dez dias da abertura de vista, podendo a reabilitação ser requerida após dois anos de sua aplicação.

2. Bem jurídico tutelado

Bem jurídico protegido é, mais uma vez, assegurar a respeitabilidade, probidade e moralidade do certame licitatório, especialmente a correta gestão das finanças públicas com atuação irrepreensível da autoridade pública e seus agentes preservando o patrimônio público. Objetiva ainda assegurar a contratação de empresas e profissionais idôneos que honrem os compromissos que assumirem com a Administração Pública.

O dispositivo ora examinado visa, acima de tudo, proteger a lisura, correção e transparência na realização de todo o certame licitatório, impedindo que pessoas consideradas inidôneas para licitar e contratar com o Poder Público participem do ato. A lisura e retidão de todo o certame não pode permitir que pessoas qualificadas como inidôneas para licitar

---

[1] Marçal Justen Filho, *Comentários à Lei de Licitações e contratos administrativos*, p. 615.

participem de licitações públicas, pelo menos enquanto não resgatarem seu débito ou não tenham conquistado sua reabilitação que os torne novamente idôneos.

3. Sujeitos ativo e passivo do crime

Sujeito ativo do crime deste art. 337-M é o funcionário público, aquele encarregado do certame licitatório, ou, pelo menos, que trabalhe diretamente vinculado a esse setor. Nesse sentido, adotamos a precisa limitação de Rui Stoco, *in verbis*: "Sujeito ativo é o agente público com poderes e atribuições para admitir ou rejeitar pretendente à licitação ou com ele celebrar o contrato decorrente do certame. Portanto, não é qualquer servidor, mas apenas aquele que detém tais poderes"[2]. A conduta descrita no *caput* constitui *crime próprio*, não dispensando a necessidade dessa condição de funcionário público, embora admita, naturalmente, a possibilidade de concurso eventual de pessoas. Logicamente, na hipótese de concurso, deve existir, ademais, um *liame psicológico* entre os vários participantes, ou seja, *consciência* de que participam de uma obra comum. A ausência desse *elemento psicológico* desnatura o concurso eventual de pessoas, transformando-o em condutas isoladas e autônomas. Somente a adesão voluntária, *objetiva* (nexo causal) e *subjetiva* (nexo psicológico), à atividade criminosa de outrem, objetivando à realização do fim comum, cria o vínculo do concurso de pessoas, sujeitando os agentes à responsabilidade penal pelas consequências de sua ação. No entanto, nem todo comportamento constitui "participação", pois precisa ter "eficácia causal", provocando, facilitando ou ao menos estimulando a realização da conduta principal.

Na hipótese da conduta prevista em seu parágrafo único, o *crime é comum*, podendo ser praticado por qualquer pessoa, desde que tenha sido *declarado inidôneo* para licitar ou celebrar contrato com a Administração Pública. Nada impede que, eventualmente, possa ser um servidor público, de outro setor ou mesmo de outra repartição pública, concorrendo, nesse caso, como cidadão comum.

Sujeito passivo é o Estado-Administração (União, Estados, Distrito Federal e Municípios), bem como a entidade de direito público na qual houve a prática de conduta incriminada no art. 337-M do Código Penal. Enfim, pode ser qualquer dos entes relacionados na mesma lei, que esten-

---

[2] Rui Stoco et al., *Leis penais especiais e sua interpretação jurisprudencial*, 7. ed., São Paulo: Revista dos Tribunais, 2001, v. 2, p. 2591.

de a *subjetividade passiva* criminal para "quaisquer outras entidades sob seu controle direto ou indireto". O Estado é sempre *sujeito passivo primário* de todos os crimes, naquela linha de que a lei penal tutela sempre o *interesse da ordem jurídica geral*, da qual aquele é o titular, embora, pessoalmente, discordemos dessa orientação, a nosso juízo equivocada, ou, no mínimo, demasiadamente publicista e autoritária (ver nossa justificativa exposta no mesmo tópico de nossos comentários ao art. 337-E do CP).

Por essas razões, nos "*Crimes contra a Administração Pública*", praticados, em grande parte, por seus próprios funcionários, é o Estado que aparece como sujeito passivo particular, pois é titular do bem jurídico diretamente ofendido pela ação incriminada. Quando, no entanto, nessa espécie de crime, como também nos *crimes licitatórios*, atinge-se também o patrimônio ou qualquer outro interesse penalmente tutelado do particular, este também se apresenta como *sujeito passivo*, e, se alguém deveria ser denominado como *sujeito secundário*, acreditamos que, ainda assim, seria o Estado, que é sempre ofendido, e não o particular eventualmente lesado.

Em síntese, o Estado, que é o *sujeito passivo permanente* de todos os crimes praticados contra a Administração Pública, deveria ser, contudo, considerado como sujeito passivo *secundário*, sempre que houver lesado ou ofendido diretamente bem jurídico pertencente a algum particular.

4. Tipo objetivo: adequação típica

As condutas criminalizadas, neste art. 337-M, objetivam impedir que participem de licitação ou contratem com a Administração Pública, empresa ou profissional que tenha sido declarada inidônea para esses fins. As condutas descritas são: a) *admitir* (acolher, aceitar, permitir, deixar participar) em licitação; b) *celebrar* (formalizar, contratar, acordar, realizar) contrato com empresa ou profissional declarado inidôneo. A *admissão* de licitante é feita pela comissão de licitação através da análise prévia da documentação e da satisfação dos requisitos exigidos pela lei e pelo edital de convocação. A contratação, no entanto, superada a fase inicial de admissão, é feita, diretamente ou por delegação, pelo Chefe de Poder, Ministro, Secretário de Estado, Presidente de Tribunais, de autarquias ou empresas públicas etc. Nesse sentido, conclui Greco Filho: "... uma vez declarada a inidoneidade, fica a empresa ou profissional proibido de licitar ou contratar, e se o Administrador, tendo conhecimento dessa circuns-

350

tância, deixa de desclassificá-lo, admitindo-o à licitação, ou o contrata com inexigibilidade ou dispensa, incide na incriminação"[3]. Em outros termos, as condutas incriminadas são *admitir* ao certame licitatório, e, superado este, *celebrar* contrato com empresa e profissional *declarado inidôneo*. Para Marçal Justen Filho, acertadamente, "admitir à licitação significa permitir a participação em procedimento licitatório. O ato formal de verificação das condições do licitante é o julgamento da fase de habilitação. Antes disso, a Administração não tem condições de verificar se o licitante foi declarado inidôneo"[4].

A *declaração de inidoneidade* é uma forma dura de punir, afastando da competição quem desonrou o certame, mas, fundamentalmente, quem não executou, total ou parcialmente, o contrato celebrado com a Administração Pública. Assim, a declaração de inidoneidade está diretamente vinculada a *inadimplemento contratual* do particular perante a Administração Pública, e o contrato inadimplido, por sua vez, deve aludir à licitação anterior.

Referindo-se ao fundamento da conduta incriminada, destaca Nucci: "... busca-se evitar que o servidor público coloque em risco o erário, permitindo que pessoa, reputada inidônea, o que envolve vários aspectos, possa tomar parte da licitação, uma vez que tem potencial para prejudicar o processo. Além disso, ainda que vença, não poderia formalizar o contrato, pois há elevada probabilidade de não cumprir o pacto"[5]. *Venia concessa*, discordamos do exercício de futurologia elaborado por Nucci, pois, na verdade, o que impede que quem é *declarado inidôneo*, nos termos do art. 337-M, possa participar de licitação ou celebrar contrato com a Administração, não é o "potencial para prejudicar o processo" e tampouco a "elevada probabilidade de não cumprir o pacto", mas tão somente a condenação com pena de *declaração de inidoneidade* para licitar ou contratar com a Administração Pública, por não ter cumprido, total ou parcialmente, um contrato. Só isso! Aliás, qualquer pretenso licitante, declarado idôneo ou inidôneo, poderá ter potencial para prejudicar o processo ou apresentar elevada probabilidade de não cumprir o pacto. Portanto, não são esses os fundamentos para impedi-lo de licitar ou celebrar contrato, mas sim a existência de "declaração de inidoneidade",

---

[3] Vicente Greco Filho, *Dos crimes da Lei de Licitações*, p. 123.
[4] Marçal Justen Filho, *Comentários à Lei de Licitações e contratos administrativos*, p. 635.
[5] Guilherme de Souza Nucci, *Leis penais e processuais penais comentadas*, São Paulo: Revista dos Tribunais, 2008, p. 828-829.

como tal, simplesmente, e enquanto persistir. Caso contrário, se assim não fosse, bastaria encontrar ou oferecer as maiores e melhores garantias, reais ou fidejussórias, de cumprimento contratual e se poderia levantar a declaração de inidoneidade e autorizar a participação em licitação, bem com a celebração contratual. No entanto, assim não é.

A *inidoneidade* a que se refere o art. 337-M é uma *inidoneidade vinculada*, não podendo ter as mesmas consequências a *inidoneidade* decorrente de outros fundamentos ou outras infrações de qualquer natureza (administrativa, fiscal, penal etc.). Convém destacar que a sanção de *declaração de inidoneidade* – referida no art. 337-M – é aquela decorrente da "inexecução total ou parcial" de contrato com a Administração Pública, que diríamos "qualificada" pela gravidade da consequência que produz (inabilitação, por tempo indeterminado, para licitar ou contratar com a Administração Pública). A rigor, a prática de atos ilícitos contra a Administração Pública, *visando frustrar objetivos da licitação*, até podem impedir seus autores de participarem de licitações, mas não os transforma em infratores do art. 337-M, se tentarem essa participação.

Com efeito, não basta que empresa ou profissional tenha, por exemplo, sofrido (a) condenação definitiva por fraude fiscal no recolhimento de tributo; (b) acusação de ter praticado atos ilícitos visando frustrar os objetivos da licitação; (c) demonstrem idoneidade para contratar com a Administração em virtude atos ilícitos praticados. Mas é indispensável que lhe tenha sido aplicada especificamente a sanção de *inidoneidade para licitar* ou *celebrar contrato* com a Administração Pública, sob pena de violar-se o princípio da legalidade. É insuficiente que o agente tenha sido processado pelas infrações que acabamos de elencar, sendo indispensável que, através do *devido processo legal*, lhe tenha sido imposta a condenação, por tais fatos, qualquer deles, com a aplicação da sanção de "inidoneidade para licitar ou contratar" com a Administração Pública. Dito de outra forma: o pretenso licitante não poderá ser qualificado de *inidôneo* ou "ser condenado" por *inidoneidade* no momento em que vai fazer seu registro cadastral ou quando vai habilitar-se como licitante ou oferecer a sua proposta, pelo fato de ter incorrido em uma infração disciplinar. Afirmando não existir *discricionariedade* em matéria punitiva, mesmo no Direito Administrativo, afirma Marçal Justen Filho, *in verbis*:

> Assim expostos os pressupostos doutrinários, cabe sua aplicação a propósito do art. 87. Insiste-se na tese da impossibilidade de atribuição de competência discricionária para imposição de sanções, mesmo quando se tratar de responsabilidade administrativa. A au-

sência de discricionariedade refere-se, especialmente, aos pressupostos de imposição da sanção. Não basta a simples previsão legal da existência da sanção. O princípio da legalidade exige a descrição da "hipótese de incidência" da sanção. A expressão, usualmente utilizada no campo tributário, indica o aspecto da norma que define o pressuposto de aplicação do mandamento normativo. A imposição de sanções administrativas depende da previsão tanto da hipótese de incidência quanto da consequência. A definição deverá verificar-se através de lei[6].

Por essas razões são, a nosso juízo, equivocados os "exemplos de declaração de inidoneidade para contratar", citados por Nucci. Os demais, até podem qualificá-los como *inidôneos*, mas não integram a conduta incriminada que ora se examina. Vejamos esses exemplos:

a) (...); b) art. 12 da Lei 8.429/92: "Independentemente das sanções penais, civis e administrativas, previstas na legislação específica, está o responsável pelo ato de improbidade sujeito às seguintes cominações: I – na hipótese do art. 9º, perda dos bens ou valores acrescidos ilicitamente ao patrimônio, ressarcimento integral do dano, quando houver, perda da função pública, suspensão dos direitos políticos de oito a dez anos, pagamento de multa civil de até três vezes o valor do acréscimo patrimonial e *proibição de contratar com o Poder Público* ou receber benefícios ou incentivos fiscais ou creditícios, direta ou indiretamente, ainda que por intermédio de pessoa jurídica da qual seja sócio majoritário, pelo prazo de dez anos; II – na hipótese do art. 10, ressarcimento integral do dano, perda dos bens ou valores acrescidos ilicitamente ao patrimônio, se concorrer esta circunstância, perda da função pública, suspensão dos direitos políticos de cinco a oito anos, pagamento de multa civil de até duas vezes o valor do dano e *proibição de contratar com o poder público* ou receber benefícios ou incentivos fiscais ou creditícios, direta ou indiretamente, ainda que por intermédio de pessoa jurídica da qual seja sócio majoritário, pelo prazo de cinco anos; III – na hipótese do art. 11, ressarcimento integral do dano, se houver, perda da função pública, suspensão dos direitos políticos de três a cinco anos, pagamen-

---

[6] Marçal Justen Filho, *Comentários à Lei de Licitações e contratos administrativos*, p. 619.

to de multa civil de até cem vezes o valor da remuneração percebida pelo agente e *proibição de contratar com o Poder Público* ou receber benefícios ou incentivos fiscais ou creditícios, direta ou indiretamente, ainda que por intermédio de pessoa jurídica da qual seja sócio majoritário, pelo prazo de três anos. Parágrafo único. Na fixação das penas previstas nesta Lei o juiz levará em conta a extensão do dano causado, assim como o proveito patrimonial obtido pelo agente"[7] (grifos do original).

De notar-se que, nessas três hipóteses exemplificadas, todas da *Lei de Improbidade Administrativa* (Lei n. 8.429/92), a despeito de cominarem a "proibição de contratar com o poder público", por determinado período, não traz em seu bojo a *cominação da pena* de "declaração de inidoneidade para licitar ou contratar com a Administração Publica" (que é sanção por tempo indeterminado), como exige o tipo penal do art. 337-M em estudo. Observe-se que referido dispositivo penal traz em sua descrição típica a elementar normativa "declarado inidôneo", e, como não se pode presumir a existência de elementares típicas, sob pena de violar-se o *princípio da tipicidade estrita* e, por extensão, o de *legalidade*, é impossível estender a interpretação desse tipo penal para abranger outras condenações que não tenham aplicado, legalmente, a pena de "declaração de idoneidade para licitar ou contratar". Pode-se até concluir que alguém condenado por *improbidade administrativa* possa ser qualificado como *inidôneo* para contratar com a Administração Pública, mas essa conceituação ou adjetivação não satisfaz a exigência normativa do art. 337-M, qual seja, de tratar-se de empresa ou profissional "declarado inidôneo". Fora dessa hipótese, haverá absoluta *inadequação típica*, decorrente da ausência da *elementar normativa* "declarado inidôneo", que, repetindo, não pode ser presumida. Como reconhece Greco Filho, "observe-se que o elemento do tipo é a situação de o licitante ou contratado ser *declarado* inidôneo, por conseguinte, nos termos da lei, e não que ele o seja realmente. É irrelevante discutir se a decisão administrativa foi, ou não, correta. Enquanto pendente a declaração de inidoneidade, há impedimento de licitar ou contratar, sob a cominação penal"[8]. E essa cominação penal é inaplicável na hipótese de indivíduo *proibido de contratar* por condenação por *improbidade administrativa*, na medida em que essa lei

---

[7]   Guilherme de Souza Nucci, *Leis penais e processuais penais comentadas*, p. 829.
[8]   Vicente Greco Filho. *Dos crimes da Lei de Licitações*, p. 123.

não consagra a sanção de "declaração de inidoneidade" para licitar ou contratar com a Administração Pública. *Proibido de contratar*, por essa lei, não satisfaz a elementar normativa do art. 337-M, "declarado inidôneo", havendo, portanto, absoluta *inadequação típica*.

4.1. A elementar normativa "declarado inidôneo"

Aqui estamos diante de *norma penal em branco*, na medida em que este tipo penal é complementado pela atribuição à própria Administração Pública o poder de *declarar a inidoneidade* de determinada pessoa. Não se trata, contudo, de simples declaração de inidoneidade feita pela Administração, mas de sanção penal aplicada por esta, respeitado o *contraditório e a ampla defesa*, pela *inexecução*, total ou parcial, de contrato público. Em outras palavras, a *declaração de inidoneidade* é sanção administrativa decorrente de condenação em processo administrativo, devidamente transitado em julgado.

Por isso, enquanto *não transitar em julgado* a decisão administrativa, não se poderá falar em "empresa ou profissional declarado inidôneo". Consequência natural dessa afirmação: quem estiver respondendo processo administrativo, por *inexecução de contrato licitatório*, ainda que já tenha sido aplicada a sanção de "declaração de inidoneidade", não poderá responder processo criminal por ter se habilitado como licitante, se referida decisão não houver transitado em julgado. O recurso administrativo, enquanto tramitar, impedirá que se possa atribuir ao recorrente a condição de "declarado inidôneo", pois essa situação ainda poderá mudar. Sem o trânsito em julgado dessa decisão não haverá *justa causa* para o oferecimento de denúncia. Se mesmo assim a exordial acusatória for oferecida pelo *Parquet*, deverá ser rejeitada pelo magistrado, por falta de *justa causa* (art. 395, III, do CPP). Nesse sentido, discordamos parcialmente da seguinte afirmação de Rui Stoco: "Caso a empresa ou profissional *declarado inidôneo* recorra no âmbito administrativo ou venha a discutir sua adequação em juízo, essas circunstâncias surgem como questões prejudiciais, impondo-se que o processo-crime seja suspenso até decisão nas outras esferas"[9]. Na realidade, como afirmamos acima, havendo recurso administrativo, a decisão não transitou em julgado e, nessas circunstâncias, não pode ser oferecida denúncia, e muito menos ser recebida. Contudo, na segunda hipótese mencionada por Stoco – questionamento judicial da decisão administrativa – estaria realmen-

---

[9] Rui Stoco, *Leis penais especiais e sua interpretação jurisprudencial*, p. 2592.

te configurada uma *questão prejudicial*, sendo recomendada a suspensão do processo criminal até a decisão final.

Havendo *desconstituição judicial* da "declaração de inidoneidade" do agente, a ação penal por infração ao art. 97 deverá ser trancada ou antecipada a absolvição. Nesse sentido, é incensurável a conclusão de Vicente Greco Filho, *in verbis*: "Se o licitante ou contratado obtém, posteriormente, a revogação ou anulação da declaração de inidoneidade, por meio de recurso administrativo ou ação judicial, desaparece o elemento do tipo '*declarado inidôneo*', o qual, na verdade, nunca existiu, de modo que inexiste a infração penal, extinguindo-se qualquer providência penal a respeito, inclusive após sentença penal condenatória transitada em julgado. É o mesmo que ocorre com o crime falimentar se houver a rescisão da sentença declaratória da falência"[10].

A *reabilitação*, por fim, de alguém "declarado inidôneo", após ter praticado o crime, não o exclui, pois é um acontecimento posterior, que não tem efeito retroativo e tampouco exclui os efeitos que aquela declaração produziu.

5. Declarado inidôneo que vier a licitar ou contratar com o Poder Público

Trata-se de crime material, visto que o resultado, isto é, a *licitação* ou *contratação* com a Administração Pública, somente configurará o crime se o *declarado inidôneo* efetivamente *licitar* ou *contratar* com a Administração Pública. Neste caso, sujeito ativo será somente o licitante, isto é, o particular que conseguiu enganar ou corromper o funcionário encarregado de *admitir* ou rejeitar licitantes, ou, após selecionado, com ele *celebrar* contrato. No entanto, essa limitação não o transforma em *crime próprio*. Mais do que uma exceção à *teoria monística* da ação, o legislador pretendeu enfatizar a *responsabilidade penal do inidôneo*, condenado como tal, que ousar participar de licitação ou celebrar contrato com a Administração Pública. No entanto, trata-se de discutível incriminação, por possível violação do princípio da isonomia. Afinal, por que razões políticas, científicas ou ideológicas o indivíduo que descumpre outras obrigações com o Poder Público, ou é condenado por corrupção, peculato ou por qualquer ato de *improbidade administrativa*, também não é incriminado se vier a licitar ou celebrar contratos com o Poder Público? Por que, afinal, indivíduo condenado por atos ilícitos

---

[10] Vicente Greco Filho, *Dos crimes da Lei de Licitações*, p. 123.

356

contra a Administração Pública e proibido de contratar não tem sua conduta incriminada se vier a licitar ou contratar com a Administração Pública?

Lógica e sucintamente a resposta é esta: porque em todas essas hipóteses não está presente a elementar normativa "declarado inidôneo para licitar ou contratar com a Administração Pública". Pois bem, mas por que essa opção político-criminal do legislador, ou melhor, é legítima essa opção do legislador, ou, ainda, tal opção não estaria violando o princípio da isonomia ou do tratamento igualitário do cidadão?

Nessa linha de pensamento, Marçal Justen Filho, corajosamente, sustenta a *inconstitucionalidade do parágrafo único*, nos seguintes termos:

> A regra é inconstitucional por ferir os princípios da isonomia e proporcionalidade. É destituído de cabimento impor sancionamento penal contra o sujeito que, não dispondo de idoneidade, comparece para disputar uma licitação. Mas, se não fosse desproporcional cominar com sanção penal essa conduta, ter-se-ia de reconhecer que *todos* aqueles que, não preenchendo os requisitos de habilitação, pretendessem disputar o contrato incorreriam em idêntica ilicitude. Como justificar a ausência de tipificação de conduta similar praticada por aquele que teve suspenso seu direito de licitar? E o sujeito que, encontrando-se em dívida com a seguridade social, formulasse proposta? A antijuridicidade das diversas condutas é a mesma, que acarreta o descabimento de reservar a punição penal apenas para algumas delas[11].

Nucci, contrariando esse entendimento, sustenta:

> Em primeiro lugar, o fato de não ter sido prevista a hipótese de impedimento àquele que teve o direito de participar de licitação suspensos, mas ainda não declarado inidôneo, pode ser uma falha legislativa, mas não envolve, em absoluto, lesão ao princípio da isonomia. Se o legislador olvidou determinado fato grave, não quer isto significar que deva haver impunidade a todos os demais, que sejam semelhantes e tenham sido tipificados. Por outro lado, não há nenhuma ofensa à proporcionalidade, uma vez que o Estado pode,

---

[11] Marçal Justen Filho, *Comentários à Lei de Licitações e contratos administrativos*, p. 636.

desde que o faça legal e previamente, impor o dever e omissão a quem quer que seja[12].

A despeito de nossa simpatia pelo entendimento de Marçal Justen Filho, nossa lealdade à cientificidade nos leva a endossar o entendimento sustentado por Nucci, fundamentalmente em razão do princípio da fragmentariedade do Direito Penal, que o impede de criminalizar todas as condutas que, por algum fator relevante, devessem ser também criminalizadas. Com efeito, fragmentariedade do Direito Penal é corolário do princípio da intervenção mínima e da reserva legal, como destaca Eduardo Medeiros Cavalcanti: "O significado do princípio constitucional da intervenção mínima ressalta o caráter fragmentário do Direito Penal. Ora, este ramo da ciência jurídica protege tão somente valores imprescindíveis para a sociedade. Não se pode utilizar o Direito Penal como instrumento de tutela de todos os bens jurídicos. E, neste âmbito, surge a necessidade de se encontrar limites ao legislador penal"[13].

Nem todas as ações que lesionam bens jurídicos são proibidas pelo Direito Penal, como nem todos os bens jurídicos são por ele protegidos. O Direito Penal limita-se a castigar as ações mais graves praticadas contra os bens jurídicos mais importantes, decorrendo daí o seu *caráter fragmentário*, uma vez que se ocupa somente de uma parte dos bens jurídicos protegidos pela ordem jurídica. Isso, segundo Régis Prado, "é o que se denomina *caráter fragmentário* do Direito Penal. Faz-se uma tutela seletiva do bem jurídico, limitada àquela tipologia agressiva que se revela dotada de indiscutível relevância quanto à gravidade e intensidade da ofensa"[14].

O Direito Penal – já afirmava Binding – não constitui um "sistema exaustivo" de proteção de bens jurídicos, de sorte a abranger todos os bens que constituem o universo de bens do indivíduo, mas representa um "sistema descontínuo" de seleção de ilícitos decorrentes da necessidade de criminalizá-los ante a indispensabilidade da proteção jurídico-penal[15].

---

[12] Guilherme de Souza Nucci, *Leis penais e processuais penais comentadas*, p. 830.
[13] Eduardo Medeiros Cavalcanti, *Crime e sociedade complexa*, Campinas: LZN, 2005, p. 302.
[14] Régis Prado, *Direito penal ambiental*, São Paulo: Revista dos Tribunais, 1992, p. 52.
[15] Jescheck, *Tratado de derecho penal*, Barcelona: Bosch, 1981, v. 1, p. 73. Palazzo esclarece que fragmentariedade não significa, obviamente, deliberada lacunosidade na tutela de certos bens e valores e na busca de certos fins, mas

O *caráter fragmentário* do Direito Penal – segundo Muñoz Conde[16] – apresenta-se sob três aspectos: em primeiro lugar, defendendo o bem jurídico somente contra ataques de especial gravidade, exigindo determinadas intenções e tendências, excluindo a punibilidade da prática imprudente de alguns casos; em segundo lugar, tipificando somente parte das condutas que outros ramos do Direito consideram antijurídicas e, finalmente, deixando, em princípio, sem punir ações que possam ser consideradas como imorais, como a homossexualidade, a infidelidade no matrimônio ou a mentira.

Resumindo, "caráter fragmentário" do Direito Penal significa que o Direito Penal não deve sancionar todas as condutas lesivas dos bens jurídicos, mas tão somente aquelas condutas mais graves e mais perigosas praticadas contra bens mais relevantes. Além disso, o princípio de *fragmentariedade* repercute de maneira decisiva tanto na determinação da função que deve cumprir a norma penal como na delimitação de seu conteúdo específico. Em síntese, por todas essas razões, não vemos com a clareza necessária uma possível *inconstitucionalidade* na previsão constante do § 2º, primeira parte, deste art. 337-M. Não constatamos, tampouco, violação aos princípios de isonomia e de proporcionalidade.

6. Tipo subjetivo: adequação típica

Elemento subjetivo é o dolo, representado pela vontade consciente de praticar qualquer das duas condutas descritas no *caput* do art. 337-M, ou seja, de admitir à licitação ou celebrar contrato com empresa ou profissional declarado inidôneo. É indispensável que o funcionário público encarregado do procedimento licitatório tenha conhecimento da condição de "declarado inidôneo" para licitar ou contratar, sob pena de incorrer em erro de tipo.

A *consciência* do agente deve abranger todas as elementares do tipo, como elemento do dolo, e, ademais, essa *consciência* deve ser *atual*, isto é, deve existir no momento em que a ação está acontecendo, ao contrário da *consciência da ilicitude* (elemento da culpabilidade), que pode ser apenas *potencial*. Na verdade, não basta que a "consciência", elemento intelectual do dolo, seja meramente *potencial*, como ocorre na *culpabili-*

---

antes limites necessários a um totalitarismo de tutela, de modo pernicioso para a liberdade (*Il principio di determinatezza nel diritto penale*, Padova: CEDAM, 1979, p. 414).

[16] Muñoz Conde, *Introducción al derecho penal*, p. 72.

dade, sendo indispensável que ela seja real, isto é, que efetivamente exista no momento da ação. Dito de outra forma, essa distinção justifica-se porque o agente deve ter *plena consciência*, no momento em que pratica a ação, daquilo que quer realizar, qual seja, admitir licitante declarado inidôneo.

Além desse elemento intelectual, é indispensável ainda o *elemento volitivo*, sem o qual não se pode falar em *dolo*, direto ou eventual. Em outras palavras, a *vontade* deve abranger, igualmente, *a ação (visando o afastamento do licitante)*, o *resultado* (execução efetiva da ação proibida), os *meios necessários* à execução da ação proibida. Por isso, quando o processo *intelectual-volitivo* não atinge um dos componentes da ação descrita na lei, o dolo não se aperfeiçoa, isto é, não se realiza. Na realidade, o *dolo* somente se completa com a *presença simultânea* da *consciência* e da *vontade* de todos os elementos constitutivos do tipo penal. Por essas razões a aplicação da sanção de "declaração de inidoneidade" deve ser registrada no cadastro de fornecedores e pretensos licitantes, para que a autoridade pública e seus agentes possam tomar conhecimento. A existência de referida anotação cadastral torna inócua eventual alegação do funcionário de desconhecimento da condição de inidoneidade declarada do licitante. Não havendo, contudo, sido anotada nos registros próprios a declaração de inidoneidade, por negligência ou descuido do outro funcionário, o responsável pela admissão não pode ser incriminado, por faltar-lhe o elemento intelectual do dolo, o conhecimento dos fatos.

Igualmente as condutas descritas nos §§ 1º e 2º devem ser praticadas *consciente* e *livremente* pelo particular que, declarado inidôneo, venha a solicitar ou contratar com a Administração Pública. Todos os aspectos que descrevemos sobre o dolo relativamente às condutas descritas no *caput* aplicam-se integralmente às condutas contidas nos §§ 1º e 2º

Por fim, não há exigência de qualquer elemento subjetivo especial do injusto, tanto para o *caput* quanto para seu parágrafo único. Na verdade, por sua estrutura típica, não exige o *especial fim de agir* que integra determinadas definições de delitos e condicionam ou fundamentam a *ilicitude* do fato, qual seja, o *elemento subjetivo especial do tipo* de injusto, de forma autônoma e independente do dolo.

7. Consumação e tentativa

Consuma-se o crime, descrito no *caput* do art. 337-M, cujo sujeito ativo é servidor público, com a simples admissão de licitante "declarado inidôneo", nos termos dos §§ 1º e 2º deste art. 337-M. Na hipótese de deficiência ou ausência de dados do licitante nos registros cadastrais, o funcionário encarregado do *juízo de admissibilidade* não pode responder penalmente pela admissão de *licitante declarado inidôneo*, sem que fique efetivamente comprovado nos autos que tinha *conhecimento* de que se tratava de licitante *declarado inidôneo*. O servidor público encarregado que, admitir, equivocadamente, *licitante inidôneo*, desconhecendo essa circunstância, deverá responder somente no âmbito administrativo, se restar configurada infração nessa seara, ante a falta de previsão da modalidade culposa.

Repita-se que *licitante proibido de contratar* em razão de condenação por *improbidade administrativa* não configura este crime, por faltar-lhe a condição de "declarado inidôneo", mesmo que se trate de *indivíduo inidôneo* por dedução de dita condenação. Falta-lhe a imposição de pena, qual seja, a imposição da sanção de "declaração de inidoneidade" para licitar ou contratar com a Administração Pública. Essa sanção, ou mesmo condição, não se presume, mas decorre da aplicação da respectiva sanção em hipótese específica prevista em lei.

Trata-se de *crime de ação múltipla* ou *de conteúdo variado*, isto é, ainda que o servidor admita, indevidamente, licitante declarado inidôneo, já consumando o crime, venha, num segundo momento, a celebrar sua contratação, não praticará dois crimes, mas apenas um, qual seja, o de admiti-lo ilegalmente. Ainda que assim não fosse, a contratação após a ilegal admissão representaria somente o exaurimento desse crime. Contudo, na hipótese que ventilamos acima, de a admissão de licitante inidôneo ocorrer, sem conhecimento do funcionário encarregado, que não configura o crime, por falta do elemento subjetivo (vontade e consciência), poderá, num segundo momento, ao contratar referido licitante inidôneo, praticar o crime na segunda modalidade, qual seja, celebrando contrato, desde que já saiba que se trata de licitante declarado inidôneo para contratar.

Na hipótese prevista no parágrafo único – quem declarado inidôneo vier a licitar ou contratar com a Administração – a consumação ocorre com sua *efetiva admissão* ou inscrição para participar de certame licitatório, ou, observada as circunstâncias, com a *celebração de contrato* com a Administração Pública, desde que tenha conhecimento de sua condição de, legalmente, "declarado inidôneo", com trânsito em julgado. Trata-se, a nosso juízo, de crime material, visto que o resultado, isto é, a *licitação* ou *contratação* com a Administração Pública, somente configurará o crime se o *declarado inidôneo* efetivamente *licitar* ou *contratar*.

Convém destacar, para evitar grave equívoco, que o fato, por exemplo, de a admissão à licitação não ser confirmado em recurso administrativo, não configura, por si só, a tentativa, pois, a essa altura, ou o crime já estará consumado ou a conduta é atípica. Adotando em sentido contrário, destaca-se Tavares de Freitas, *in verbis*: "A tentativa será plenamente possível, em face da possibilidade de, em várias situações, ser fracionado o *iter criminis* a partir da execução (ex.: admissão à licitação não confirmada em grau de recurso administrativo)"[17]. *Venia concessa*, quando da interposição de recurso administrativo, se a conduta for típica, o crime já estará consumado, e nenhum recurso – administrativo ou judicial – tem, como efeito secundário, a possibilidade de configurar a *tentativa* de um crime se o ato administrativo não for confirmado.

Nas figuras constantes do *caput*, devemos distingui-las: na modalidade de *admitir*, parece-nos tratar-se de crime de mera conduta, consumando-se com a simples ação, sem qualquer consequência de outra natureza. Relativamente, a segunda figura – celebrar contrato – trata-se de uma conduta que admite fracionamento, e, consequentemente, admite a figura tentada, quando essa ação for interrompida por circunstâncias alheias à vontade do agente. Por fim, em relação às figuras constantes do parágrafo único, tratando-se de crime material, a figura tentada pode ser facilmente constatada.

8. Classificação doutrinária

Trata-se de *crime próprio*, quanto ao *caput* (somente pode ser cometido por funcionário público encarregado do setor de cadastro e habilitação ao certame licitatório); *crime comum*, quanto ao parágrafo único (que não exige qualquer qualidade ou condição especial do sujeito ativo, podendo ser praticado por qualquer pessoa, *declarada inidônea*, que pretenda habilitar-se a certame licitatório. A exigência de que se trate de alguém *declarado inidôneo* não transforma sua conduta em *crime próprio*, como também não ocorreria se a exigência fosse de tratar-se de reincidente. A exigência de tratar-se de indivíduo *declarado inidôneo* constitui apenas uma elementar típica); *formal* (que não exige resultado naturalístico para sua consumação); *de forma livre* (que pode ser praticado por qualquer meio ou forma escolhida pelo agente); *instantâneo* (consuma-se no momento em que o agente pratica a ação incriminada, esgotando-se aí a lesão jurídica, nada mais podendo ser feito para evitar a sua ocorrência); *comissivo* (os verbos nucleares indicam ações, sendo impossível praticá-los através da omissão); *doloso* (não há previsão da modalidade

---

[17] André Guilherme Tavares de Freitas, *Crimes na Lei de Licitações*, p. 175.

culposa); *unissubjetivo* (que pode ser praticado por um agente apenas, embora admita a figura do concurso eventual de pessoas); *plurissubsistente* (trata-se de crime cuja conduta *admite fracionamento*, isto é, pode ser dividida em atos, tanto que admite a figura tentada).

9. Pena e ação penal

As penas cominadas, cumulativamente, são reclusão de um a três anos e multa. Trata-se de infração de pequeno potencial ofensivo, isto é, com pena mínima não superior a um não de prisão, pode receber a *suspensão condicional do processo*, nos termos do art. 89 da Lei n. 9.099/95. A ação penal é *pública incondicionada*, sendo desnecessária qualquer manifestação de eventual ofendido; residualmente há a possibilidade de *ação penal privada subsidiária da pública*, se esta não for ajuizada no prazo legal (§ 3º do art. 100 do CP).

Capítulo XVI
IMPEDIMENTO INDEVIDO

Sumário: 1. Considerações preliminares. 2. Bem jurídico tutelado. 3. Sujeitos do crime. 4. Tipo objetivo: adequação típica. 5. Tipo subjetivo: adequação típica. 6. Consumação e tentativa. 7. Classificação doutrinária. 8. Pena e ação penal.

Impedimento indevido

Art. 337-N. Obstar, impedir ou dificultar injustamente a inscrição de qualquer interessado nos registros cadastrais ou promover indevidamente a alteração, suspensão ou o cancelamento de registro do inscrito:

Pena – reclusão, de 6 (seis) meses a 2 (dois) anos, e multa.

---

1. Considerações preliminares

Embora, teoricamente, o *direito de participar de licitações públicas seja o mais amplo possível*, estando aberto e disponível a todos os cidadãos, a segurança burocrática recomenda a existência de mecanismos de controle para filtrar a regularidade, legalidade e legitimidade dos participantes. Objetiva-se, em outros termos, permitir que o Poder Público detenha um certo *banco de dados* daqueles que se apresentem aptos a competir, isto é, que satisfaçam os requisitos mínimos indispensáveis estabelecidos previamente pela legislação específica (arts. 62 e seguintes desta lei). Com essa finalidade, disciplinou e regulou a formalização desses "registros cadastrais".

A previsão de *registros cadastrais* assume a natureza de *interesse público*, na medida em que facilita à Administração Pública e aos próprios cadastrados a apresentação de propostas, ampliando o universo de possíveis participantes, além de preparar o próprio Poder Público para recepcioná-los, considerando que pode fazer precisão do volume ou número de participantes. Por isso mesmo, obstar, impedir ou dificultar, injustamente, inscrição de qualquer interessado nos registros cadastrais, ou

365

causar-lhe obstáculos após inscrito, constitui crime definido neste dispositivo legal, o qual passamos a examinar. Antes do registro dos dados cadastrais, cuidou o legislador das *formalidades da própria habilitação* nas licitações previstas nos arts. 62 a 66 da nova Lei de Licitações e Contratos Administrativos.

Cadastro é um conjunto de dados organizados ou não em arquivos que documentam o *status* jurídico, técnico, financeiro e fiscal de quem, normalmente, participa de licitações públicas. Trata-se de um método simplificador de armazenagem de dados dos múltiplos concorrentes ao certame licitatório e representa uma atividade burocrático-organizativa da Administração Pública que facilita a consulta, comprovação, identificação e registro dos dados mais importantes daqueles que estarão aptos a participar de atuais e futuras licitações que órgãos e entidades da Administração necessitam realizar. Antecipa-se, assim, as condições e qualificações que legitimam o direito de licitar, independentemente de qualquer licitação específica. Sobre esse aspecto, destaca Marçal Justen Filho, comentando a lei revogada, *in verbis*:

> O registro cadastral funciona como uma espécie de banco de dados que permite à Administração Pública obter informações importantes, inclusive acerca do universo de eventuais licitantes em condições de executar certas prestações. A Administração Pública não necessitará dedicar-se à verificação de alguns requisitos de habilitação no momento em que realiza a licitação. *Verifica-se uma espécie de dissociação entre o julgamento da habilitação e o julgamento das propostas.* É possível, inclusive, atribuir as duas tarefas a agentes distintos. Os registros cadastrais simplificam e tornam mais rápido o trâmite das licitações[1].

Esses registros devem receber a mais ampla divulgação e devem estar permanentemente abertos aos interessados. Devem sofrer anualmente atualização, e ser renovados com abertura de novos chamamentos para ingresso de novos interessados. Essa divulgação deve ser feita pelo diário oficial e um jornal diário de boa circulação. Os inscritos serão classificados por categorias, observando-se suas especializações, que deverão ser, por sua vez, divididos em grupos, segundo a qualificação técnica e econômica, avaliada pelos elementos constantes da documentação exigida.

---

[1] Marçal Justen Filho, *Comentários à Lei de Licitações e Contratos Administrativos*, 11. ed., São Paulo: Dialética, 2005, p. 365.

Enfim, essa regulamentação administrativa relativa aos registros cadastrais é o objeto material das condutas criminalizadas neste art. 337-N, cuja legitimidade e necessidade de tutela penal colocamos em dúvida.

2. Bem jurídico tutelado

A doutrina, de um modo geral, tem se esforçado na tentativa de identificar o possível bem jurídico tutelado por este dispositivo legal, na vigência da lei revogada, aliás, cujo texto foi repetido, *ipsis litteris*, pela Lei n. 14.133/21. Segundo Costa Jr., "é a regularidade e a eficiência da Administração Pública, interessada na obtenção de um maior número de concorrentes a fim de que o preço da proposta apresentada seja o mais conveniente possível"[2]. Greco Filho, por sua vez, destaca: "O bem jurídico tutelado é o interesse da Administração em que haja o maior número possível de concorrentes em licitações e, de maneira indireta ou consequentemente, o interesse de obter a melhor proposta no mercado"[3]. Para Tavares de Freitas, por outro lado: "Almeja-se tutelar, através desta norma penal, o regular funcionamento da Administração Pública, que poderá ser prejudicado caso haja ingerência no registro cadastral para fins licitatórios. Uma das formas de se preservar a regularidade do funcionamento da Administração Pública é com o resguardo da certeza, *segurança* e confiabilidade de seus registros cadastrais na seara contratual e licitatória"[4].

Em pequena síntese, pode-se dizer que os autores em geral convergem em admitir que se procura tutelar a regularidade e o interesse da Administração Pública em obter um maior número de concorrentes à licitação pública. Na verdade, trata-se de *uma fórmula genérica* repetida basicamente em alguns dos dispositivos penais deste diploma legal, sem maior significado específico, e, por isso mesmo, *vazia de conteúdo*.

A rigor, enfrentamos grande dificuldade em encontrar o verdadeiro bem jurídico específico tutelado por esta norma penal, que, a nosso juízo, não teria razão de existir, por sua inocuidade, redundância e desnecessidade, além de discutível eficácia enquanto norma protetora de algum bem jurídico. A doutrina, de um modo geral, ante essa dificuldade apontada, tem se conformado em repetir, acriticamente, que se tutela o interesse da Administração na participação do maior número de concorrentes, visando à melhor proposta no mercado.

---

[2] Paulo José da Costa Jr., *Direito penal das licitações*, p. 67.
[3] Vicente Greco Filho, *Dos crimes da Lei das Licitações*, p. 129.
[4] André Guilherme Tavares de Freitas, *Crimes na Lei de Licitações*, p. 176-7.

3. Sujeitos do crime

Sujeito ativo deste crime, segundo parte da doutrina especializada, comentando a lei revogada, relativamente às condutas de sua primeira parte (obstar, impedir ou dificultar, injustamente), pode ser qualquer pessoa, inclusive funcionário público, tendo ou não interesse pessoal no procedimento licitatório, não sendo exigida qualidade ou condição especial[5]. Em outros termos, para esse setor doutrinário sujeito ativo poderia ser qualquer pessoa, seja ou não licitante, isto é, qualquer terceiro, interessado ou não no processo; pode, inclusive, ser *funcionário público* encarregado do respectivo setor de registros ou não. E quanto à conduta descrita na segunda parte do dispositivo *sub examine*, "promover", tratar-se-ia de crime próprio, que somente funcionário público poderia, indevidamente, alterar, suspender ou cancelar registro de inscrito.

Para outro setor da doutrina, no entanto, também as condutas da primeira parte do tipo penal – *obstar, impedir* ou *dificultar* – injustamente a inscrição nos registros cadastrais também seria *crime próprio*, que só poderia ser praticado por funcionário público encarregado do setor[6]. Confira-se, por sua pertinência, a essência do entendimento de Rui Stoco, que sedimenta, basicamente, em quatro argumentos: a) a interpretação da primeira parte do art. 98 da lei revogada (atual art. 337-N), cujo texto foi mantido) não pode ser puramente literal – obstar, impedir ou dificultar a inscrição em registros cadastrais, injustamente, são ações que só podem ser praticadas internamente, por servidor público com atribuições específicas, considerando-se que dependem de providências *interna corporis*; b) numa interpretação teleológica constata-se que a pretensão do legislador foi punir o funcionário público que dificulte ao particular na obtenção de sua inscrição nos registros cadastrais (primeira parte), ou, superada a inscrição, *promova* alteração, suspensão ou cancelamento desse registro; c) o particular que concorrer para que outro interessado não consiga o registro cadastral praticará o crime previsto no art. 93 *(atual art. 337-O)* considerando-se que o registro cadastral integra o procedimento licitatório; d) finalmente, a impugnação, pelo particular, do registro de qualquer outro concorrente, ainda que com fundamento fático ou legal equivocado, mesmo com a finalidade de afastá-lo do certame, configura simples *direi-*

---

[5] Paulo José da Costa Jr., *Direito penal das licitações*, p. 69; Vicente Greco Filho, *Dos crimes da Lei de Licitações*, p. 129.

[6] Rui Stoco, *Leis penais especiais e sua interpretação jurisprudencial*, p. 2594; Guilherme de Souza Nucci, *Leis penais e processuais penais comentadas*, p. 831.

to de ação, não constituindo crime algum[7]. Para Guilherme Nucci, na mesma linha de Stoco, sujeito ativo é o servidor público. "O tipo penal – prossegue Nucci – é voltado a quem pode promover a inscrição ou de qualquer forma manipular o registro, logo, somente o servidor público. Se terceiro impedir alguém de ir ao órgão competente inscrever-se, não está cometendo crime contra a Administração Pública, mas contra o particular, configurando-se constrangimento ilegal"[8].

Realmente, o texto da norma proibitiva do art. 337-N, que repetiu literalmente o texto do revogado art. 98, inclusive a pena cominada (o único que não a teve gravemente majorada), deve ser interpretado a partir de sua *literalidade*, mas orientando-se, contudo, *teleologicamente*, e, nessa linha interpretativa, chega-se, inevitavelmente, no verdadeiro *destinatário* da norma proibitiva, qual seja, *quem tem atribuição para promover a inscrição dos registros cadastrais* de pretensos licitantes, qual seja, o servidor público.

Essa proibição destina-se a evitar a *infidelidade do dever funcional* ou mesmo o *desvio de finalidade* de sua atribuição. Trata-se, na verdade, de autêntico *crime funcional*, admitindo como sujeito ativo somente servidor público, que é verdadeiramente quem pode manipular os registros cadastrais. Se o fizer, injustamente, isto é, obstar, impedir ou dificultar a inscrição cadastral de algum interessado, sem justa causa, incorrerá nessa infração penal. O particular, no entanto, não dispõe nem de espaço e tampouco de atribuição para manipular registros cadastrais, que é uma atividade *interna corporis*, específica do servidor, que, por isso mesmo, também pode promover alteração, suspensão ou cancelamento de registro cadastral, indevidamente. Se sua ação for indevida, incorrerá na proibição contida na segunda parte do dispositivo *sub examine*.

Aliás, o particular se *impedir, dificultar* ou mesmo *obstar* a inscrição de algum concorrente não cometerá, em tese, crime algum, pois fará parte, inclusive, da própria competição eliminar concorrentes. Se usar de *meios ilícitos*, fraudulentos ou violentos responderá por outro crime, mas não este. A única forma do particular responder pelo crime descrito o art. 98 será somente se estiver conluiado com o servidor responsável, sendo alcançado pela norma de extensão do art. 29 do CP. Para não deixar dúvidas, Rui Stoco arrematava:

---

[7] Rui Stoco, *Leis penais especiais e sua interpretação jurisprudencial*, p. 2594.
[8] Guilherme de Souza Nucci, *Leis penais e processuais penais comentadas*, p. 831.

Em reforço ao entendimento de que o particular não pode ser sujeito ativo, acrescente-se que a impugnação à pretensão de registro ou ao registro já efetivado, por parte de qualquer pessoa, ainda que não tenha fundamento legal ou fático, ou seja, feita com o só propósito de afastar o licitante, não constitui crime, pois se traduz em exercício de um direito legítimo. O direito de petição é constitucionalmente assegurado[9].

Em síntese, trata-se de *crime funcional*, isto é, *crime próprio* que, em qualquer de suas modalidades, somente pode ser praticado por funcionário público, no exercício de suas funções.

Sujeito passivo é, prioritariamente, qualquer pessoa que seja prejudicada pela conduta irregular do sujeito ativo em relação a qualquer ato relativo aos procedimentos de registros cadastrais; secundariamente, o Estado, sempre titular do bem jurídico ofendido *Administração Pública "lato sensu"*, mais especificamente, empresas públicas, autarquias ou entes da Administração Pública em geral.

4. Tipo objetivo: adequação típica

"Levantamento cadastral" é uma espécie *sui generis* de investigação ou de pesquisa curricular, ou seja, uma coleta de dados pessoais e profissionais de possíveis interessados em participar de grandes licitações promovidas pela Administração Pública brasileira. As condutas incriminadas *omitir, modificar* ou *entregar* à Administração Pública levantamento cadastral ou *condição de contorno* em importante, significativa e relevante dissonância, ou seja, em desacordo com a realidade dos fatos.

Trata-se de um tipo penal absolutamente desnecessário e totalmente infundado, isto é, duplamente inútil! Em primeiro lugar, porque as condutas que incrimina já estão devidamente abrangidas pelo conteúdo do art. 337-I, que proíbe "impedir, perturbar ou fraudar a realização de qualquer ato do procedimento licitatório", o qual abrangeria, por certo, também essa fase preambular de registros cadastrais. Em segundo lugar, porque *não identifica especificamente nenhum bem jurídico em especial* merecedor e legitimador da proteção penal, e, consequentemente, poderia receber melhor e suficiente repressão no âmbito do Direito Administrativo. Certamente, nesse plano, a *repressão* poderia apresentar melhor eficácia pela simplicidade e celeridade procedimental, longe da morosidade

---

[9] Rui Stoco, *Leis penais especiais e sua interpretação jurisprudencial*, p. 2594.

judicial e da absoluta ausência de repercussão no prontuário individual do funcionário relapso. Relativamente ao particular, certamente, sanções administrativas, do tipo impedir ou restringir a sua participação em futuros certames licitatórios, alcançaria maior repercussão e com melhores resultados pragmáticos.

As condutas descritas são: a) *obstar* significa estorvar, embaraçar, opor-se; b) *impedir* significa obstruir, impossibilitar, inviabilizar ou não deixar realizar; c) *dificultar* tem o significado de obstaculizar, tumultuar, confundir, perturbar ou atrapalhar a execução. Dificultar é, em outros termos, criar embaraços, atrapalhar, fazer exigências difíceis de serem cumpridas, com a finalidade de inviabilizar a execução do registro. Para Paulo José da Costa Jr., "dificultar é menos grave que obstar ou impedir. A ação de dificultar representa um estágio menos avançado que a ação de impedir. Esta última equivale ao impedimento absoluto do registro, enquanto dificultar é torná-lo mais difícil"[10]. Mas, como já destacamos, há uma certa redundância entre os verbos nucleares "obstar" e "impedir", o que indica, por si só, que apenas um deles seria suficiente para tutelar o bem jurídico que se pretende preservar. Aliás, redundância tem sido uma característica altamente negativa deste diploma legal, que, é bom que se diga, foi inaugurada pela antiga Lei de Drogas, já revogada sem deixar saudades.

A elementar normativa, *injustamente*, deixa claro que essas condutas são criminalizadas, como é natural, somente se forem praticadas injustamente, isto é, sem a existência de uma *causa justa* a impulsioná-las, caso contrário, isto é, se houver motivo para obstaculizar o registro cadastral, o servidor estaria não mais do que cumprindo com seu dever funcional. Por outro lado, ainda que não houvesse essa previsão expressa da necessidade da "injustiça" das condutas, esse elemento normativo estaria implícito e, igualmente, não poderia ser ignorado pelo intérprete da lei, a exemplo com o que ocorre no crime de *devassa de sigilo de proposta em procedimento licitatório* (art. 337-J). A diferença dogmática que decorre da *ausência* dessa elementar expressa é que torna desnecessário que o dolo do agente a abranja.

Após o registro efetuado, criminaliza-se também a conduta de *promover*, que tem o significado de realizar, impulsionar ou fomentar, *indevidamente*, a alteração, suspensão ou cancelamento de registro do inscrito. Essa elementar normativa – indevidamente –, a exemplo da anterior-

---

[10] Paulo José da Costa Jr., *Direito penal das licitações*, p. 68.

mente referida, injustamente, deixa claro que, em havendo motivo justo para a promoção de alteração, suspensão ou cancelamento de registro já realizado, não há que se falar de crime, pois esse elemento normativo especial do injusto, que tem função híbrida, exclui a sua ilicitude. Diz-se *função híbrida* porque referida expressão funciona, ao mesmo tempo, como *elementar típica* e como *excludente especial do injusto*, mas em razão de sua existência expressa deve ser abrangida, também, pelo elemento intelectual do dolo, qual seja, *consciência* de sua existência.

O legislador, por fim, não estabelece os *meios* ou formas pelas quais o sujeito ativo pode *obstar, impedir* ou *dificultar* o registro cadastral de interessado, ou, ainda, *promover* sua alteração, suspensão ou cancelamento. Trata-se, por conseguinte, de crime de forma livre, podendo ser praticado por qualquer meio escolhido pelo agente. Enfim, o *objeto material* desta infração penal é a inscrição de interessados no registro cadastral, para habilitação de órgãos ou entidades públicas que realizem, com frequência, licitações.

5. Tipo subjetivo: adequação típica

Elemento subjetivo é o dolo, representado pela vontade consciente de praticar qualquer das condutas descritas no dispositivo em exame, ou seja, de obstar, impedir ou dificultar, injustamente, a inscrição de qualquer interessado nos registros cadastrais, bem como promover, indevidamente, a alteração, suspensão ou cancelamento de registro do inscrito. Trata-se de crime não vinculado, isto é, crime de forma livre, podendo ser praticado pelos meios ou formas que o agente escolher para fazê-lo.

A *consciência* do agente, como elemento do dolo, deve abranger todas as elementares do tipo. Ademais, essa *consciência* deve ser *atual*, isto é, deve existir no momento em que a ação está acontecendo. Quer dizer, o agente deve ter *plena consciência*, no momento em que pratica a ação, daquilo que quer realizar, qual seja, obstar, *impedir ou dificultar a realização dos atos descritos no tipo penal*. Mas além da consciência ou representação – elemento intelectual do dolo –, é indispensável ainda o *elemento volitivo*, sem o qual não se pode falar em *dolo*, direto ou eventual. Em outras palavras, a *vontade* deve abranger, igualmente, *a ação*, o *resultado*, os *meios* executórios e a relação de causa e efeito. *Injustamente* e *indevidamente, como demonstramos acima, constituem elementos normativos especiais do tipo, representando características especiais do dever jurídico*; nessas circunstâncias, como o *dolo* deve abranger todos os elementos que compõem a descrição da figura típica,

372

à evidência que o sujeito ativo deve ter *consciência* também desses *elementos normativos*, que é fundamental na determinação da tipicidade concreta.

Por isso, quando o processo *intelectual-volitivo* não atinge um dos componentes da ação descrita na lei, o dolo não se aperfeiçoa, isto é, não se realiza. Na realidade, o *dolo* somente se completa com a *presença simultânea* da *consciência* e da *vontade* de todos os elementos constitutivos do tipo penal. Nas condutas descritas no presente tipo penal, não há exigência de qualquer *elemento subjetivo especial do injusto*. Na verdade, por sua estrutura típica, não exige o *especial fim de agir* que integra determinadas definições de delitos e condiciona ou fundamenta a *ilicitude* do fato, e *elemento subjetivo especial do tipo* de ilícito, de forma autônoma e independente do dolo. Enfim, neste tipo penal o dolo, com seus dois elementos subjetivos, *vontade e consciência*, deve materializar-se no fato típico executado pelo agente.

Finalmente, não há previsão de modalidade culposa desta infração penal. Assim, eventual *displicência* do funcionário encarregado do certame licitatório, que poderia, em tese, caracterizar alguma conduta culposa, não constitui crime, exatamente pela ausência de previsão da modalidade culposa, para este tipo penal.

6. Consumação e tentativa

Consuma-se o crime com a efetiva *obstrução, impedimento ou dificuldade* criada, *injustamente*, à inscrição de qualquer interessado nos registros cadastrais, ou, ainda, com a real promoção indevida de alteração, suspensão ou cancelamento de registro do inscrito. Para Rui Stoco, "nas condutas de 'obstar' e 'dificultar' não exige a lei que se impeça ou não se realize o registro ou que a alteração, suspensão ou cancelamento se efetive. Basta a causação de empecilhos. Mas nas ações de 'impedir' e 'promover', impõe-se que o resultado ocorra"[11]. Consideramos, no entanto, que obstar é uma forma também de *inviabilizar* a realização do registro cadastral, por isso, obstar também é um crime material, e, no particular, divergimos de Stoco.

Com efeito, na hipótese de "obstrução" e "impedimento" consuma-se o crime com a efetiva produção do resultado naturalístico, qual seja, a

---

[11] Rui Stoco, *Leis penais especiais e sua interpretação jurisprudencial*, p. 2595-2596.

não realização da inscrição pelo postulante, em decorrência da ação do sujeito ativo. Ou seja, a inscrição não se realiza, em razão da obstrução ou impedimento oposto pelo agente, configurando-se claramente a entidade crime material ou de resultado. Contudo, na conduta de "dificultar", na nossa ótica, é desnecessário que a inscrição não se realize para que o crime, nessa modalidade, se consume. É suficiente, com efeito, que a conduta do agente tenha não apenas *idoneidade para criar transtornos*, atrasando ou dificultando sobremodo a execução do ato, isto é, da sua inscrição nos registros cadastrais, mas que efetivamente crie esse tipo de inconveniente, de modo a demandar outras medidas supletivas e consertivas para que a inscrição se efetive. Não basta, por óbvio, a simples manifestação de vontade ou a *intenção do agente de dificultar* ou perturbar a realização da inscrição nos registros cadastrais, sob pena de punir--se as simples "intenções", aliás, de difícil comprovação.

A tentativa é admissível apenas nas duas modalidades de conduta, obstar e impedir, sendo impossível, contudo, na conduta de dificultar que, para nós, seria crime de mera conduta. Com efeito, em qualquer das duas condutas, pode haver fracionamento da fase executória, por circunstâncias alheias à vontade do agente. Para Stoco, no entanto, considerando que o legislador teria equiparado a conduta de "dificultar" às de "obstar" e "impedir", embora nesta última fosse tecnicamente possível, ela é inaceitável porque, em última instância, teria o mesmo significado de "dificultar". A despeito da lógica e da coerência do raciocínio de Stoco, não nos parece que essa seja a melhor interpretação, que seria extensiva, pois agravaria indevidamente a situação do infrator. Na realidade, são condutas diferentes, que comportam, por isso mesmo, formas de realização e obtenção de resultados igualmente distintas. O fato de *dificultar* o registro representar uma conduta menos grave não autoriza que se dê interpretação mais rigorosa à de "impedir", para considerá-la consumada, quando, na verdade, ela é *tentada*. A nosso juízo, a forma menos agressiva, hermeneuticamente falando, será no momento da dosimetria da pena, quando o juiz deverá valorá-las adequadamente.

7. Classificação doutrinária

Trata-se de *crime próprio* (que exige qualidade ou condição especial do sujeito ativo, isto é, somente pode ser praticado por funcionário público. Na verdade, este tipo penal destina-se a quem tem atribuição para promover a inscrição no registro cadastral, ou seja, o servidor público encarregado do setor; ou, posteriormente a inscrição, quem pode *mani-*

pulá-lo, alterando, suspendendo etc.); *material*, nas modalidades de *obstar* ou *impedir* (que causa transformação no mundo exterior, no caso, evitar que o registro se realize); *de mera conduta*, na modalidade de *dificultar* (o qual se consuma de imediato, com a simples ação, sem necessidade de qualquer resultado para sua consumação); *de forma livre* (que pode ser praticado por qualquer meio ou forma livremente pelo agente); *instantâneo* (consuma-se no momento em que o agente pratica a ação incriminada, esgotando-se aí a lesão jurídica, nada mais podendo ser feito para evitar a sua ocorrência); *comissivo* (sua prática exige um comportamento ativo do agente, sendo, teoricamente, impossível praticá-lo através da omissão); *de ação múltipla ou de conteúdo variado* (ainda que eventualmente o agente pratique mais de uma das condutas descritas, responderá por crime único); *doloso* (não há previsão da modalidade culposa); *unissubjetivo* (que pode ser praticado por um agente apenas, embora admita a figura do concurso eventual de pessoas); *plurissubsistente* (trata-se de crimes cuja conduta *admite fracionamento*, isto é, pode ser dividida em atos, tanto que admite a figura tentada em todas as figuras penais, com exceção da que "dificulta", que é de mera conduta).

8. Pena e ação penal

As penas cominadas, cumulativamente, são de detenção de seis meses a dois anos e multa. Admite-se a *transação penal* em razão de a pena máxima abstratamente cominada não ser superior a dois anos, sendo, portanto, da competência dos Juizados Especiais Criminais (art. 61 da Lei n. 9.099/95 e art. 98, I, da CF). É admissível, igualmente, a *suspensão condicional do processo*, considerando-se que sua pena mínima cominada não é superior a um ano (art. 89 da Lei n. 9.099/95).

A ação penal é pública incondicionada, sendo desnecessário qualquer manifestação de eventual ofendido. Será admitida ação penal privada subsidiária da pública, se esta não for ajuizada no prazo legal (art. 100, § 3º, do CP).

Capítulo XVII
OMISSÃO GRAVE DE DADO OU DE INFORMAÇÃO POR PROJETISTA

Sumário: 1. Considerações preliminares. 2. Bem jurídico tutelado. 3. Sujeitos ativo e passivo. 4. Tipo objetivo: adequação típica. 5. Tipo subjetivo: adequação típica. 6. Consumação e tentativa. 7. Pena e ação penal.

Omissão grave de dado ou de informação por projetista

Art. 337-O. *Omitir, modificar ou entregar à Administração Pública levantamento cadastral ou condição de contorno* em relevante dissonância com a realidade, em frustração ao caráter competitivo da licitação ou em detrimento da seleção da proposta mais vantajosa para a Administração Pública, em contratação para a elaboração de projeto básico, projeto executivo ou anteprojeto, em diálogo competitivo ou em procedimento de manifestação de interesse:

Pena – reclusão, de 6 (seis) meses a 3 (três) anos, e multa.

§ 1º Consideram-se condição de contorno as informações e os levantamentos suficientes e necessários para a definição da solução de projeto e dos respectivos preços pelo licitante, incluídos sondagens, topografia, estudos de demanda, condições ambientais e demais elementos ambientais impactantes, considerados requisitos mínimos ou obrigatórios em normas técnicas que orientam a elaboração de projetos.

§ 2º Se o crime é praticado com o fim de obter benefício, direto ou indireto, próprio ou de outrem, aplica-se em dobro a pena prevista no *caput* deste artigo.

---

1. Considerações preliminares

Criminalizando a "omissão grave de dado ou de informação por projetista", o legislador utiliza-se de uma redação prolixa, confusa, obscura, em péssimo português, com uma construção frasal incompreensível, equivocada e sem nenhuma concordância nominal, de difícil leitura e improvável compreensão. Não bastasse a pobreza linguística o legislador utiliza, inapropriadamente, locução que "expressa um conceito matemático", como alternativa a "levantamento cadastral", ou seja, "ou *condição de contorno* em relevante dissonância com a realidade". Certamente, trata-se de uma definição ou conceito matemático, segundo a Wikipedia, desconhecida da imensa maioria dos não matemáticos, dentre os quais nos incluímos.

2. Bem jurídico tutelado

Com a ação de *omitir, modificar ou entregar* à Administração Pública levantamento cadastral em dissonância com a realidade, frustrando o caráter competitivo de licitação ou em detrimento da seleção da proposta mais vantajosa para a Administração Pública, visivelmente o bem jurídico ofendido é a própria administração pública, na medida que há um desvirtuamento no objetivo pretendido por ela. Ou seja, em ação realizada exatamente para atender as necessidades da administração pública, o agente ativo ou passivo desvirtua a sua finalidade, o faz contrariando as expectativas desta, causando-lhe prejuízo na elaboração de atividade que deveria lhe beneficiar. Trata-se a rigor de uma infidelidade dos contratados, traindo, inclusive a confiança que a administração pública lhe confiara.

3. Sujeitos ativo e passivo

Pode ser sujeito ativo qualquer pessoa candidata a projetista, teoricamente, com alguma formação técnico-profissional para a *elaboração de projeto básico, projeto executivo ou anteprojeto nas modalidades elencadas no "caput" deste artigo*, além da decência, dignidade, bons antecedentes e responsabilidade para o exercício dessa atividade profissional.

Sujeito passivo é, prioritariamente, o Estado Administração que é o titular do bem jurídico ofendido *Administração Pública "lato sensu"*, e, mais especificamente, empresas públicas, autarquias ou outros entes da Administração Pública em geral.

4. Tipo objetivo: adequação típica

O *levantamento cadastral* é uma espécie *sui generis* de investigação ou de pesquisa curricular, ou seja, uma coleta de dados pessoais e profissionais de possíveis interessados em participar de licitações promovidas pela Administração Pública brasileira. As condutas incriminadas são *omitir, modificar* ou *entregar* à Administração Pública levantamento cadastral por pessoas interessadas a integrar uma espécie de quadro ou grupo de pessoas para elaborar projetos.

Alternativamente enumera *"condição de contorno* em importante, significativa e relevante dissonância, em desacordo com a realidade dos fatos". A locução "condição de contorno", segundo a Wikipedia (enciclopédia livre), significa "em matemática é um tipo de *condição de contorno*, nomeada devido a *Carl Neumann*. Quando aplicada a uma equação diferencial ordinária ou parcial, especifica os valores que derivada de uma solução deve tomar no contorno do domínio"[1].

Em outros termos, mesmo diante da definição de Neumann temos grande dificuldade de interpretar o significado contextual dessa expressão alternativa a *levantamento cadastral*, qual seja, "condição de contorno em relevante dissonância com a realidade, em frustração ao caráter competitivo da licitação ou em detrimento da seleção da proposta mais vantajosa para a Administração Pública". Em outros termos, essa locução "condição de contorno" encontra-se no lugar errado para desempenhar função absolutamente equivocada, mostrando-se um *corpo estranho* dentro do contexto que tem a finalidade de definir uma das duas formas ou modos de realizar as condutas incriminadas neste tipo penal. Com todas as escusas, referida locução constitui uma *impropriedade técnico-linguística* para elemento constitutivo do crime que se pretende tipificar. Na realidade, nunca vimos uma construção tipológica em que o seu próprio conteúdo inviabilize a realização da descrição típica pretendida pelo legislador.

Nessas condições, para tentar salvar o texto legal e sua pretensão de descrever um comportamento criminoso, sugerimos que se ignore essa locução "condição de contorno", que representaria apenas a descrição de uma segunda forma ou modo de realizar as condutas tipificadas, mantendo-se o restante da descrição típica.

Assim, as condutas incriminadas de *omitir* que pode significar *deixar de agir* ou de *manifestar-se*, quando necessário, *modificar* ou alterar a entrega à Administração Pública *levantamento cadastral* com grave ou significativa contrariedade a realidade fática, isto é, com frontal diferença com a realidade dos fatos, frustrando, dessa forma, o *caráter compe-*

---

[1] https://pt.wikipedia.org/wiki/Problema_de_valor_sobre_o_contorno, consultado dia 17 de abril, às 22h49m.

titivo da licitação, bem como dificultando ou até inviabilizando a seleção adequada da proposta mais vantajosa para a Administração Pública. Ou seja, apresentando resultado final diverso do pretendido pela Administração Pública, contrariando, flagrantemente, a expectativa, como diz o texto legal, "em relevante dissonância com a realidade, em frustração ao caráter competitivo da licitação ou em detrimento da seleção da proposta mais vantajosa para a Administração Pública". *Prejudica* e até inviabiliza a correta contratação para a elaboração desses projetos, quais sejam, de projeto básico, projeto executivo ou anteprojeto em diálogo competitivo ou em procedimento de manifestação subjetiva.

5. Tipo subjetivo: adequação típica

O *elemento subjetivo* do crime de *"omissão grave de dado ou de informação por projetista"* é representado pela vontade consciente de participar de uma espécie *sui generis* de investigação ou de pesquisa, ou seja, uma coleta de dados pessoais e profissionais de possíveis interessados em participar de licitações promovidas pela Administração Pública, orientadas pela vontade consciente de *omitir, modificar ou entregar* à Administração Pública levantamento cadastral com resultado diverso do pretendido, ou seja, *frustrando o caráter competitivo da licitação ou em detrimento da seleção da proposta mais vantajosa* para a Administração Pública. Em outros termos, *fraudando* a expectativa da Administração Pública, *em contratação para a elaboração de projeto básico, projeto executivo ou anteprojeto, em diálogo competitivo ou em procedimento de manifestação de interesse*. Ou seja, apresentando resultado final diverso ao pretendido pela Administração Pública contrariando flagrantemente a expectativa, como diz o texto legal, "em relevante dissonância com a realidade, em frustração ao caráter competitivo da licitação ou em detrimento da seleção da proposta mais vantajosa para a Administração Pública".

6. Consumação e tentativa

Tratando-se de crime *omissivo-comissivo*, ou seja, *omitir* (deixar de fazer, deixar de realizar a ação devida) e *modificar* ou *entregar* o resultado do levantamento realizado, a tentativa é, em tese, de difícil configuração. Curiosamente, o *resultado* propriamente deste tipo penal, em sua essência, não reside no fazer ou deixar de fazer o levantamento cadastral desejado, mas consiste na essência ou no conteúdo do que é feito e como é feito. Em outros termos, a licitude ou ilicitude da ação não reside na realização do levantamento cadastral, mas no conteúdo e na forma em que essa ação é realizada, isto é, uma espécie *sui generis* de *falsidade ideológica*, na medida em que o agente desvirtua a ação de pesquisa que realiza para prejudicar a Administração Pública, quando deveria beneficiá--la; trata-se, portanto, de *crime formal*, pois não deixa vestígios, cuida-se, enfim, de crime formal, não havendo possibilidade da ocorrência de tentativa.

Consuma-se o crime no momento da própria realização da conduta omissiva ou positiva do agente. Consuma-se, enfim, com a obtenção da manifestação do interessado em participar do levantamento de currículos de interessados em participar dessa pesquisa, desvirtuado pelo agente que deseja prejudicar a Administração Pública.

7. Pena e ação penal

As penas cominadas a este crime são de seis meses a três anos de reclusão, cumulada com a pena de multa. A natureza da ação penal é pública incondicionada, não dependendo de qualquer manifestação de vítima ou ofendido.

Capítulo XVIII
A PENA DE MULTA NOS CRIMES LICITATÓRIOS

Sumário: 1. Considerações preliminares sobre a pena de multa nos crimes licitatórios. 2. O Direito Penal positivo brasileiro. 2.1. Cominação e aplicação da pena de multa. 3. O sistema dias-multa aplicado pelo Código Penal. 4. Limites da pena de multa. 5. Competência para execução da pena de multa a partir da Lei n. 13.964/19. 6. A inaplicabilidade do sistema trifásico adotado pela Reforma Penal de 1984 para a pena de prisão. 7. Sistema trifásico da aplicação da pena de multa, a partir da Lei n. 13.964/19. 7.1. As três fases do cálculo da pena de multa.

Art. 337-P. A pena de multa cominada aos crimes previstos neste Capítulo seguirá a metodologia de cálculo prevista neste Código e não poderá ser inferior a 2 % (dois por cento) do valor do contrato licitado ou celebrado com contratação direta.

---

1. Considerações preliminares sobre a pena de multa nos crimes licitatórios

O legislador, no caso concreto, *demonstra desconhecer a pena de multa* disciplinada no nosso Código Penal, e tampouco ter noção de como ela é disciplinada no Código Penal, que adotou desde a Reforma Penal de 1984, o sistema dias-multa.

Por isso, ao aplicar a pena de multa nos crimes licitatórios, fez uma miscelânia ao disciplinar a pena de multa nos crimes licitatórios. Prevendo que "a pena de multa cominada aos crimes previstos, neste Capítulo (capítulo II-B), seguirá a metodologia de cálculo prevista neste Código e não poderá ser inferior a 2% (dois por cento) do valor do contrato licitado ou celebrado com contratação direta"!

Tratam-se, contudo, de questões absolutamente diferentes e incompatíveis uma coisa com a outra. Ou seja, o Código Penal, como sabido por todos, menos pelo legislador, adota o *sistema dias-multa*, com metodologia própria e específica, no qual fixa, como limite inferior, *um terço do salário mínimo*, ou seja, o resultante da combinação da previsão do *caput* do art. 49 (mínimo dez dias-multa) combinado com o disposto em seu § 1º (um trigésimo do maior salário mínimo). Com efeito, nesse sistema, genuinamente brasileiro (teve origem no Código Criminal do Império), nosso Código fixa como mínimo dez *dias-multa*, correspondendo, portanto, a um terço do salário mínimo, e tendo como limite máximo trezentos e sessenta dias-multa.

Portanto, é absolutamente contraditória e equivocada a previsão do legislador para os crimes licitatórios, constante no art. 337-P. Com efeito, pretendendo estabelecer como limite mínimo um "percentual do contrato licitado" (2%), não poderia ter afirmado que a aplicação da pena de multa *"seguirá a metodologia de cálculo prevista neste Código"*. A Assessoria do Congresso Nacional deveria ter advertido o "legislador" sobre a impossibilidade de adotar *dois sistemas incompatíveis*, quais sejam, o *sistema dias-multa* do Código Penal, com o *sistema de percentual do valor do contrato licitado* previsto na Lei das Licitações Públicas (Lei n. 14.133/21). No entanto, o sistema jurídico-penal brasileiro não pode prescindir da aplicação do sistema dias-multa que, além de moderno e atualizado, é benéfico ao infrator.

Posto isso, façamos um raciocínio hipotético e criativo para tentarmos solucionar este impasse, considerando que os dois diplomas legais estão aí vigentes e necessitam encontrar uma saída honrosa e menos traumática aos direitos do cidadão.

Como se trata de contradição *interna corporis*, isto é, no seio do mesmo diploma legal, considerando que a *nova lei licitatória* incluiu um novo capítulo (Capítulo II-B no Título XI da Parte Especial do Código Penal), urge que se encontre uma fórmula para superar essa *contraditio interna corporis*. Seria razoável, a nosso juízo, tomarmos, como base, o percentual mínimo de 2% (dois por cento) do valor do contrato licitado ou celebrado, como determina a Lei n. 14.133/21, e dividi-lo por 360 (trezentos e sessenta), que é o máximo de dias-multa permitido pelo *sistema dias-multa* do Código Penal. O resultado dessa divisão seria o valor do *dia-multa* para os *crimes licitatórios* acrescidos ao Código Penal. Dessa forma encontrar-se-ia o menor valor do dia-multa para os novos *crimes licitatórios*, segundo o percentual previsto nesse novo diploma legal, ponto de partida da *metodologia do cálculo da pena de multa pre-*

visto no Código Penal, posto que assim teríamos o menor valor do dia--multa para os crimes licitatórios. Como a pena mínima aplicada será de dez dias-multa e o máximo de trezentos e sessenta será multiplicar ao valor encontrado na divisão anterior e teríamos o menor valor da pena de multa, comparando-se com a pena de multa normalmente aplicada nos demais crimes. A partir dessa premissa, pode-se adotar o *sistema trifásico aplicável no sistema dia-multa* do Código Penal, como demonstraremos a seguir.

2. O Direito Penal positivo brasileiro

2.1. Cominação e aplicação da pena de multa

O legislador de 1984 adotou a seguinte classificação de penas: a) *privativas de liberdade*; b) *restritivas de direitos*; c) multa[1]. Abandonou a velha e desgastada classificação de penas principais e penas acessórias. As acessórias não mais existem, pelo menos como penas acessórias. Algumas foram deslocadas para efeitos da condenação (não automáticos)[2] e outras fazem parte do elenco das chamadas "penas substitutivas", que são as restritivas de direitos.

Com a adoção do dia-multa e das penas restritivas de direitos, o legislador inaugurou uma nova sistemática de cominação de penas. Em vez de repetir em cada tipo penal a espécie ou cabimento da pena restritiva ou a quantidade de multa, inseriu um capítulo específico para as penas restritivas e cancelou as referências a valores de multa, substituindo a expressão "multa de..." simplesmente por "multa" em todos os tipos da Parte Especial do Código que cominam pena pecuniária. Em decorrência dessa técnica, os tipos penais não trazem mais, em seu bojo, os limites mínimo e máximo da pena cominada, dentro dos quais o julgador deveria aplicar a sanção necessária e suficiente à reprovação e prevenção do crime. E, nas duas hipóteses possíveis de multa substitutiva, esta não é prevista no tipo penal, conforme se examinará mais adiante.

Observa-se que a multa, revalorizada, com o critério adotado, pode surgir como pena comum (principal), isolada, cumulada ou alternadamente, e como pena substitutiva da privativa de liberdade, quer sozinha, quer em conjunto com a pena restritiva de direitos, independentemente de cominação na Parte Especial.

---

[1]   Art. 32 do Código Penal.
[2]   Art. 92 do Código Penal.

3. O sistema dias-multa aplicado pelo Código Penal

Segundo esse sistema, o valor de um dia-multa deverá corresponder à renda média que o autor do crime aufere em um dia, considerando-se sua situação econômica e patrimonial. Nessa aferição levar-se-á em consideração não só o seu salário, mas toda e qualquer renda, inclusive de bens e capitais, apurados na data do fato. Cientificamente, pode-se concluir, o *sistema dias-multa* é o mais completo de todos os que até agora foram utilizados. A forma de avaliação da culpabilidade e das condições econômicas do réu ajusta-se melhor aos princípios de igualdade e de proporcionalidade[3]. Na instrução criminal, a avaliação da situação socioeconômica do autor do crime passa a ser de vital importância. Além dos elementos que a polícia puder fornecer no inquérito policial, deverá o magistrado, no interrogatório, questionar o acusado sobre a sua situação econômico-financeira. O Ministério Público poderá requisitar informações junto às Receitas Federal, Estadual e Municipal, para melhor aferir a real situação do réu, em casos em que as circunstâncias o exigirem[4].

4. Limites da pena de multa

De acordo com o art. 49 e seus parágrafos, o *valor mínimo de um dia-multa* é de trinta avos do maior salário mínimo vigente à época do crime e o valor máximo é de cinco vezes esse salário. Estabelecendo a renda média que o acusado aufere em um dia, o juiz fixará o valor do dia-multa entre os limites de 1/30 do salário mínimo, que é o menor valor do dia-multa, e cinco salários mínimos, que é o seu maior valor. E o limite mínimo da pena de multa aplicada é de 10 dias-multa e o máximo aplicável é de 360 dias-multa (*caput* do art. 49).

Para encontrarmos a menor pena de multa aplicável tomaremos o menor valor do dia-multa, um trigésimo do salário mínimo, e o limite de dias-multa, que é dez, o que representará um terço do salário mínimo. E para encontrarmos a maior pena de multa faremos uma operação semelhante: tomaremos o maior valor do dia-multa, cinco salários mínimos, e o limite máximo de dias-multa, que é trezentos e sessenta, o que representará 1.800 salários mínimos. Mas esse é o limite normal, ordinário.

---

[3] Luiz Régis Prado, Do sistema de cominação da multa no Código Penal brasileiro, *RT* 650/252, dez. 1989.

[4] Luiz Régis Prado, *Pena de multa: aspectos históricos e dogmáticos*, São Paulo, 1980, p. 69.

Há um outro limite, especial, extraordinário: se, em virtude da situação econômica do réu, o juiz verificar que, embora aplicada no máximo, essa pena é ineficaz, poderá elevá-la até o triplo (art. 60, § 1º, do CP), o que representará a 5.400 salários mínimos. No entanto, essa fixação não pode ser produto de uma decisão arbitrária. Logicamente que as razões que levarem o magistrado a aplicar esta ou aquela quantia de multa deverão ser demonstradas fundamentadamente na sentença[5].

Dessa forma, percebe-se, a pena de multa recuperou sua eficácia, revitalizou-se, tomou vulto e assumiu, definitivamente, importância no Direito Penal moderno. Com essa nova regulamentação, atingindo essas proporções, poder-se-á dizer, com Sílvio Teixeira Moreira, que "os doutrinadores afirmam ser a pena de multa mais aflitiva que a privação da liberdade, dizem-na mais flexível e, por isso, mais permeável ao princípio da individualização da pena; asseveram-na menos degradante que a segregação e sem as nefastas consequências desta; preconizam-na como mais econômica para o Estado, que, ao invés de despender grandes somas no sustento dos internos, recebe pagamento dos condenados"[6].

A majoração estabelecida no § 1º do art. 60 permite a elevação do valor dia-multa até o triplo. Essa é aplicável a todas as hipóteses que houver aplicação da pena de multa. Enfim, os limites da multa não são só os do art. 49 e seus parágrafos, mas também o do art. 60, § 1º, que se aplica tanto à multa prevista nos tipos legais de crimes como nas multas substitutivas. O legislador deu dimensão mais abrangente à pena de multa. Ela aparece não só na condição de *pena comum*, como também na condição de *pena substitutiva* ou multa substitutiva. As mais recentes reformas europeias consagram a pena de multa como substitutiva da pena privativa de liberdade, como ocorre na Alemanha, França e Itália, entre outros países.

5. Competência para execução da pena de multa a partir da Lei n. 13.964/19

A Lei n. 13.964, de 24 de dezembro de 2019, tem o mérito de, pelo menos, afastar a dificuldade interpretativa de grande parte da doutrina e da jurisprudência sobre a *competência para a execução da pena de multa*,

---

[5] Basileu Garcia, Reforma da pena de multa, *RT* 306/25; Nélson Ferraz, Aplicação da pena..., *RT*, cit., p. 430.

[6] Silvio Teixeira Moreira, Penas pecuniárias, *Revista de Direito Penal*, n. 28, p. 94.

ao definir, expressamente, *que ela é do juiz da vara de execução penal*, como sempre sustentamos. Na nossa concepção, sempre foi do *juízo da execução penal* e do correspondente representante do Ministério Público com atribuição naquela vara criminal, mas esse nosso entendimento sempre foi *amplamente* minoritário. Agora, com o texto da Lei n. 13.964/19, não resta mais qualquer dúvida sobre essa competência e respectiva atribuição do *Parquet*. Sempre sustentamos que a Lei n. 9.268/96 não alterou a competência para a execução da pena de multa como previa a Reforma Penal de 1984, ao contrário do que passaram a sustentar, a nosso juízo equivocadamente, doutrina e jurisprudência nacionais, inclusive dos Tribunais Superiores.

O *processo executório* da pena de multa, inclusive para esse diploma legal, continuou sendo regulado pelos arts. 164 e 169 da LEP, que, propositalmente, não foram revogados pela Lei n. 9.268/96. Sempre defendemos que "A competência, portanto, para a execução da pena de multa continuou sendo do Juiz das Execuções Criminais, bem como a legitimidade para a sua promoção continua sendo do Ministério Público correspondente. Assim, todas as questões suscitadas na execução da multa penal, como, por exemplo, o *quantum* da execução ou causas interruptivas ou suspensivas, eventualmente suscitadas em embargos de execução, não serão da competência do juízo cível. Referida lei, além de não fazer qualquer referência sobre a execução da pena de multa, deixou vigentes os dispositivos penais relativos à sua execução"[7].

A redação do art. 51 do Código Penal, definida pela Lei n. 9.268/96, passou a ser a seguinte: "Transitada em julgado a sentença condenatória, a multa será considerada dívida de valor, aplicando-se-lhe as normas da legislação relativa à dívida ativa da Fazenda Pública, inclusive no que concerne às causas de interruptivas e suspensivas da prescrição". O fundamento político-legislativo da definição da pena de multa como dívida de valor objetivou, somente, justificar a *inconversibilidade da pena de multa* não paga em prisão, e, ao mesmo tempo, satisfazer os hermeneutas civis, segundo os quais, "dívida de valor" pode ser atualizada monetariamente. A edição da Lei n. 9.268/96, que definiu a condenação criminal como "dívida de valor", acabou sendo objeto de *grande desinteligência* na doutrina e jurisprudência nacionais, particularmente sobre a compe-

---

[7] Essa definição sempre constou em todas as edições de nosso *Tratado de Direito Penal*, cujo volume 1º já se encontra na 27ª edição (2021), bem como em nosso *Falência da pena de prisão*. 5. ed. São Paulo: Saraiva, 2017.

tência para a execução da pena de multa e sua natureza jurídica. A corrente, maciçamente majoritária, passou a entender que a competência passava a ser das varas da *Fazenda Pública*, além de a condenação dever ser lançada em *dívida ativa*. Outra corrente, humilhantemente minoritária, à qual nos filiamos, entende que nada mudou: a *competência* continua com a vara das execuções criminais e a condenação à pena de multa mantém sua *natureza* de sanção criminal, além de ser juridicamente *impossível inscrever em dívida ativa uma sentença penal condenatória*. Ademais, aquela redação do dispositivo citado não falava em "inscrição na dívida ativa da Fazenda Pública". Ao contrário, limitava-se a referir que são aplicáveis "as normas da legislação relativa à dívida ativa da Fazenda Pública, inclusive no que concerne às causas interruptivas e suspensivas da prescrição".

Definir, juridicamente, nome, título, ou espécie da obrigação do condenado não altera, por si só, a *natureza jurídica de sua obrigação*, ou melhor, da sua condenação. A mudança do rótulo não altera a essência da substância! Na verdade, a natureza jurídica da pena de multa criminal não sofreu qualquer alteração com a terminologia utilizada pela Lei n. 9.268/96, considerando-a "dívida de valor", após o trânsito em julgado. *Dívida de valor* ou não a pena de multa (ou pena pecuniária) continua sendo uma sanção criminal. Não se pode esquecer que a sanção criminal – seja de natureza pecuniária ou não – é a *consequência jurídica do crime* e, como tal, está restringida pelos *princípios limitadores do direito repressivo penal*, dentre os quais destacam-se os *princípios da legalidade* e da *personalidade da pena*. Pelo princípio da *personalidade da pena* – aliás, a grande característica diferenciadora da pena criminal pecuniária (multa) das demais penas pecuniárias –, ao contrário do que se chegou a afirmar, por alguns intérpretes – pouco afeitos à teoria geral do delito – herdeiros e sucessões não respondem por essa sanção. Ademais, não se pode esquecer que a *morte do agente* é a primeira *causa extintiva de punibilidade* (art. 107, I, do CP). A rigor, como no passado, as condenações a penas de multas eram, normalmente, irrisórias, especialmente para os crimes comuns do Código Penal, levaram o Ministério Público a repelir a função que lhe cabia de exercer execução da pena de multa, como determina a LEP, impondo que a Fazenda Pública assumisse tal ônus. Ademais, o procedimento adotado pela Lei de Execução Penal (arts. 164 a 169) era mais trabalhoso e, ao mesmo tempo mais democrático, na medida em que possibilitava ao condenado executado defender-se, em juízo, sobre as exigências formais desejadas pela acusação. Contudo, a nova era dos "crimes contra o colarinho branco", possibilitando cifras estratosféricas, despertou o interesse do *Parquet*, permitindo, inclusive, que alguns tenham dado destinação equivocada aos seus resultados.

Inúmeras questões de ordem jurídico-sistemática impedem que se admita a possibilidade de *inscrição em dívida ativa* da pena de multa transitada em julgado como se defendia, de um lado e, de outro lado, que a competência para a sua execução fosse transferida para as varas da Fazenda Pública, como já sustentávamos há longa data (há 25 anos). Afinal, qual seria a vantagem ou finalidade de *inscrição em dívida ativa* da pena de multa? Por que, por exemplo, se inscreve em dívida ativa os créditos tributários? Simplesmente porque só se pode executar a cobrança judicial, de algum crédito, mediante a execução de um título judicial ou extrajudicial, *v.g.*, títulos de crédito.

Ora, a *certidão de inscrição em dívida ativa* é o título de crédito que permite ao Poder Público executar judicialmente os créditos tributários, caso contrário teria que ter um título judicial, isto é, uma sentença condenatória, com tudo o que demanda um processo de conhecimento. Portanto, não havia nenhum sentido em inscrever em *dívida ativa* a pena de multa, que já é resultado de uma decisão judicial, portanto, é um título judicial, e transformá-la em título extrajudicial, seria prejudicial, além de dispendioso e perda de tempo, ficaria mais sujeito a impugnações etc. Sem falar-se que a *autoridade competente para inscrever créditos públicos em dívida ativa* é o Procurador da Fazenda Nacional, o qual, consultado para tanto, respondeu que não pode inscrever em *dívida ativa* a multa penal, porque não faz parte do rol *numerus clausus* dos créditos passíveis de serem inscritos em dívida ativa. Aliás, sua inscrição em dívida ativa seria uma absoluta inutilidade, menos mal que referida inscrição é juridicamente impossível!

Enfim, a Lei n. 9.268/96 *não revogou o art. 49* do Código Penal, que continuou em pleno vigor. Aliás, reforçando a previsão desse dispositivo, a Lei Complementar n. 79/94, que criou o *Fundo Penitenciário Nacional*, prevê como uma de suas receitas a pena de multa (art. 2°, V). O fato de a multa penal passar a ser considerada *dívida de valor, repetindo*, além de não alterar a natureza jurídica dessa sanção penal, como já afirmamos, também não pode alterar a sua destinação final, qual seja, o *Fundo Penitenciário Nacional*. A execução de sanções criminais – privativas de liberdade, restritivas de direitos ou multas – é competência exclusiva do juízo criminal!

Finalmente, a previsão da Lei n. 13.964/19 deu a seguinte redação ao art. 51 do CP, *in verbis*: "Art. 51. Transitada em julgado sentença condenatória, a multa será executada perante o juiz da execução penal e será considerada dívida de valor, aplicáveis as normas relativas à dívida ativa da Fazenda Pública, inclusive no que concerne às causas interruptivas e suspensivas da prescrição". Enfim, passa a reinar tranquilidade e harmonia na interpretação do texto legal e da competência para a execução da pena de multa que, à luz da legislação brasileira, sempre foi do *Juiz da execução Penal* e atribuição do *Parquet* vinculado à referida vara. A execução ou "cobrança" da pena de multa integra a *persecução penal*, cujo único órgão do Estado com "competência" para exercitá-la é o Ministério Público com assento no *juízo criminal*. Com efeito, o Processo de Execução Penal é o instrumento legal que o Estado pode utilizar, coercitivamente, para tornar efetivo o conteúdo decisório de uma sentença penal condenatória.

6. A inaplicabilidade do sistema trifásico adotado pela Reforma Penal de 1984 para a pena de prisão

Há um grande equívoco no entendimento que sustenta a aplicabilidade do tradicional *sistema trifásico* do cálculo de pena assegurado no art. 68 do Código Penal, o qual seguiu a orientação resultante do conhecido debate de Roberto Lyra (bifásico) e Nélson Hungria (trifásico), vencido por este. A rigor, a *Reforma Penal de 1984* adotou, repetindo, o **"sistema dias-multa"**, por isso, mudou toda a sistemática relativamente à pena de multa, desvinculando-a, por completo, da pena privativa de liberdade, e em especial da gravidade do crime e dos próprios tipos penais, *vinculando-a expressamente à situação econômico-financeira do infrator*.

Nesse sentido é a previsão constante dos arts. 49, 58 e 60, todos do Código Penal, os quais deixam claros os *limites da pena de multa*, destacando, inclusive, que na sua aplicação "o juiz deve atender, principalmente, à *situação econômica do réu*" (art. 60). Logo, há completa *desvinculação da gravidade do crime* e das penas a ele cominadas. Ademais, estabelece seus próprios critérios, os quais denomina de *especiais*, para a fixação da pena de multa, nos termos do art. 60 do CP, alheios, portanto, aos critérios estabelecidos no art. 68. Aliás, adota, como veremos adiante, **o seu próprio sistema trifásico de aplicar a pena de multa**.

Esses aspectos resultam cristalinos, inclusive quando autoriza o pagamento da multa, até mesmo *com desconto em folha*, nos seguintes termos: "*O desconto não deve incidir sobre os recursos indispensáveis ao sustento do condenado e de sua família*" (art. 50, §§ 1º e 2º). Nessa linha, calha ressaltar que *as agravantes e as causas de aumentos da pena de prisão referem-se somente à gravidade do crime* e não à situação econômico-financeira do infrator, que é prioritária para aplicação da pena de multa, segundo a dicção do *caput* do art. 60 do Código Penal. Por isso, essas *causas modificadoras da pena* (gravidade do crime, circunstâncias judiciais, legais e causas de aumento ou diminuição) não podem e não devem ser consideradas individualmente na dosimetria da pena de multa, exatamente porque o *sistema de seu cálculo* é absolutamente distinto, como demonstraremos abaixo.

Enfim, constata-se que o *sistema dias-multa* tem sua própria *metodologia de aplicação de penas* (diversa daquela descrita no art. 68 do CP), a qual deve ser operacionalizada em duas ou três fases, dependendo das circunstâncias casuísticas, como demonstramos acima. Inegavelmente, os fundamentos e os elementos a serem utilizados na *dosimetria da pena de multa* são absolutamente diversos daqueles adotados no cálculo da pena privativa de liberdade, sintetizados no art. 68 do Código Penal, tanto que para a pena de multa não existe sequer a denominada "pena-base" sobre a qual as demais *causas modificadoras da pena*, relacionadas no art. 68, incidiriam. Ora, se não existe sequer a *pena-base*, tampouco poderá haver *pena provisória* ou definitiva. Essa linguagem não existe para a pena de multa dentro do sistema dias-multa consagrado pela Reforma Penal de 1984. Na verdade, a pena de multa tem seu próprio *sistema trifásico de aplicação*, distinto daquele previsto no art. 68 para a pena de prisão, com outros parâmetros, com outros fundamentos e outros critérios, como demonstraremos no tópico seguinte.

7. Sistema trifásico da aplicação da pena de multa, a partir da Lei n. 13.964/19

Não se pode ignorar o verdadeiro sentido da adoção, pela Reforma Penal de 1984, do *sistema dias-multa*, que não se resume a simples previsão do dia-multa, mas na adoção do seu próprio *sistema de aplicação da pena de multa* previsto nos arts. 49 e 60, e seus respectivos parágrafos, o qual leva em consideração, *prioritariamente*, a condição financeira do infrator, e não, repetindo, a gravidade da infração penal. De notar-se que, ao contrário da filosofia do Código Penal de 1940, os tipos penais não estabelecem mais, ao lado da pena de prisão, a quantidade mínima e máxima da pena de multa, mas tão somente se lhe é aplicável pena de multa ou não. Essa é outra grande demonstração da desvinculação da pena de multa da gravidade do crime e de sua metodologia de aplicação de pena (68), caso contrário, continuaria com a previsão em cada tipo penal dos limites mínimo e máximo da pena de multa.

Com efeito, a criação de uma seção exclusiva, a III (arts. 49 a 52, acrescida dos arts. 58 e 60), para a *cominação e aplicação da pena de multa*, tem sido, equivocadamente, desprezada pela orientação que sustenta a aplicabilidade do *sistema trifásico tradicional* também na aplicação da pena de multa. Na realidade, a interpretação deve ser feita do conjunto de todo o Código Penal, e não individualmente deste ou daquele dispositivo legal, para não se perder a *grande harmonia* que esse diploma penal consagra. Nesse sentido, vejamos como restou definida a aplicação das respectivas sanções penais, quais sejam, da pena de privativa de liberdade e da pena de multa. Dispõe o art. 53 que "as *penas privativas de liberdade têm seus limites estabelecidos na sanção correspondente a cada tipo legal de crime*". Por sua vez, o art. 58 determina que "*a multa, prevista em cada tipo legal de crime, tem os limites fixados no art. 49 e seus parágrafos deste Código*", adotando-se, portanto, critérios diferentes para dimensionar as penas aplicáveis às infrações penais que tipifica. Essa distinção é complementada pelo art. 60, segundo o qual, "na fixação da pena de multa o juiz deve atender, *principalmente*, à situação econômica do réu", mas o referido dispositivo não faz nenhuma referência à gravidade do crime ou suas consequências!

Essa disposição legal sobre a pena de multa não representa somente uma previsão programática, mas se trata de *norma imperativa orientadora da política de aplicação da pena de multa*, considerando prioritária a *situação econômica do denunciado*, ao contrário da pena de prisão, cujo fundamento básico é a gravidade do crime e a culpabilidade do agente. Toda essa sistemática, criteriosamente disciplinada pelo legislador, para a aplicação da pena de multa, não pode ser ignorada pelo intérprete-aplicador, mesmo na tentativa de dar-lhe atendimento similar, pois contraria diretamente a disciplina diferenciada que atribuiu a cada uma das duas espécies de penas que então cominara aos crimes que tipificou.

Com efeito, o Código Penal ao cominar a *pena de multa*, agora com caráter aflitivo, considerou *dois aspectos* absolutamente distintos: (i) *a renda média* que o condenado aufere em um dia, de um lado, e (ii) *a gravidade do crime* e a *culpabilidade* do agente, de outro lado[8], *priorizando, contudo, a renda do condenado*. Para que se possa aplicar a *pena de multa*, com equidade, entendemos que o seu cálculo, de regra, deve ser feito em *duas fases*, ou seja, em duas operações, e, excepcionalmente, em *três fases*, aliás, semelhante à pena de prisão, cuja *terceira fase* somente ocorrerá se houver causas de aumento ou de diminuição de pena.

---

[8]   Antonio Beristain, La multa penal y administrativa, *Anuario de Derecho Penal y Ciencias Penales*, n. 28, 1975, p. 378.

Na pena de multa, por sua vez, somente haverá a terceira fase, se o valor da *multa* resultante da segunda fase, for considerada *insuficiente* em razão das condições socioeconômicas do infrator, sem qualquer relação com a gravidade do crime. Pois nisso reside o *sistema trifásico da aplicação da pena* de multa, devendo-se adotar os seus próprios critérios. Repetindo, na *primeira fase* deve ser encontrada a quantidade de dias--multa (art. 49, *caput*); na *segunda fase* deverá ser encontrado o *valor do dia-multa* ($\S$ 1º do art. 49), por fim, na *terceira fase* – se for necessário – o julgador poderá elevar o valor do *dia-multa* até o triplo ($\S$ 1º do art. 60), dependendo da condição econômico-financeira do condenado.

7.1. As três fases do cálculo da pena de multa

Assim, destacamos as três fases de aplicação da pena de multa, no *sistema dias-multa* adotado pela Reforma Penal de 1984, devendo-se enfatizar que não foi apenas uma mudança do sistema antigo pelo *dia--multa*, mas, a rigor, a adoção de um novo sistema, o denominado *sistema dias-multa*, com sua própria metodologia de aplicação e dosimetria da pena de multa. Vejamos, a seguir, cada uma dessas três fases do cálculo (dosimetria) da pena de multa.

PRIMEIRA FASE: estabelece-se o *número de dias-multa* dentro do limite estabelecido de 10 a 360 dias-multa (art. 49). Na escolha desse número deve-se levar em conta a gravidade do crime, em respeito ao *princípio da proporcionalidade*, visto que não há mais a cominação individual para cada crime, como ocorria no sistema anterior. Deve-se, por outro lado, considerar ainda a *culpabilidade, os antecedentes, a conduta social, a personalidade*, bem como os motivos, as circunstâncias e as consequências do crime, além de todas as circunstâncias legais, inclusive as majorantes e minorantes, nessa fixação. Nesse aspecto, a aplicação da pena de *multa* diferencia-se da pena de prisão. Aqui, o critério para a *pena de multa* é outro. Nesse sentido, também é o magistério de dois grandes doutrinadores, especialistas em matéria de aplicação de pena, quais sejam, Juarez Cirino dos Santos e Sérgio Salomão Shecaira, os quais, como nós, sustentam que para encontrar adequadamente *a quantidade de dias--multa* aplicável, o julgador deve considerar nessa primeira fase as agravantes e atenuantes, bem como as causas especiais de aumento e diminuição da pena, ao lado das circunstâncias judiciais[9].

---

[9]   Juarez Cirino Santos, *Direito Penal – Parte Geral*, 2. ed., Rio de Janeiro, Lumen Juris, 2007, p. 54; Sérgio Salomão Shecaira e Alceu Corrêa Junior, *Teoria*

Ou seja, nessa *primeira fase*, examina-se as circunstâncias judiciais do art. 59, as agravantes e atenuantes (da 2ª fase da pena de prisão), bem como as majorantes e minorantes, se existirem (que seriam da 3ª fase da pena de prisão). Tudo somente para encontrar, na primeira fase, a *quantidade de dias-multa*, entre 10 e 360 previstos no *caput* do art. 49 do CP. Imaginemos, nesta primeira fase, em um *cálculo hipotético*, um crime de *corrupção ativa* praticado por um rico empresário, ou seja, com grande capacidade de pagamento. Pela gravidade do crime e demais circunstâncias etc., podemos aplicar *cem dias-multa*, hipoteticamente falando.

SEGUNDA FASE: nesta fase do cálculo da pena de multa deverá ser encontrado o valor *de cada dia-multa*, e, nessa oportunidade, o julgador valorará somente *as condições econômico-financeiras* do sentenciado, dando-lhes especial importância, segundo determinação do *caput* art. 60. Com efeito, aqui, nesta fase, não se deverão valorar *circunstâncias judiciais, agravantes e causas de aumento*, pois elas já foram consideradas, na primeira fase, para fixar a *quantidade* de dias-multa a ser aplicada em eventual sentença condenatória. Merece destaque aqui que todos os aspectos que se referem ao crime propriamente, gravidade, circunstâncias, inclusive quanto ao infrator, já foram considerados na primeira fase, ou seja, na *fixação da quantidade de dias-multa*.

Portanto, de posse da quantidade *de dias-multa* obtida na *primeira fase*, examinando os dados acima mencionados, passa-se, nesta *segunda fase*, ao exame dos aspectos necessários para fixar o *valor de cada dia-multa*, nos limites estabelecidos no § 1º do art. 49, já referido. Enfim, para a fixação do *valor* do dia-multa, leva-se em consideração, tão somente, *a situação econômica* do acusado e sua *capacidade de pagamento*, pois a gravidade do crime e a culpabilidade do agente e demais circunstâncias já foram valoradas todas na primeira operação (primeira fase) para fixar a quantidade de dias-multa.

Para a verificação da *real situação financeira* do apenado, especialmente o quanto ganha por dia, o magistrado poderá, além de haver questionado em seu interrogatório, *determinar diligências* para apurar com mais segurança a verdadeira situação do infrator, para se evitar a aplicação de pena exorbitante, algumas vezes (para o pobre), e irrisória e desprezível, outras vezes (para o rico). Dessa forma, atende-se à previsão do ordenamento jurídico-penal, que determina que se leve em conta, *principalmente*, e não *exclusivamente*, a situação econômica do acusado.

---

da pena. São Paulo: Revista dos Tribunais, 2002, p. 286.

Assim, no caso hipotético que imaginamos na primeira fase, empresário rico e corruptor, pode-se, em tese, examinando bem a *situação econômica* e a proporcionalidade, aplicar-se o valor máximo do dia-multa, prevista em *cinco salários mínimos*, consoante disposto no § 1º do art. 49 do CP. Dessa forma, *nessas duas fases*, hipoteticamente, chegou-se a quinhentos salários mínimos, que atinge, nas circunstâncias imaginadas, um bom valor, ou seja, mais de 500 mil reais.

Não havendo, contudo, na situação concreta, elementos probatórios necessários, nos autos, para permitir que a fixação do valor do dia-multa se afaste do mínimo legal, qual seja, um trigésimo do salário mínimo, como prevê o Código Penal, essa pena deverá ser fixada no mínimo legal, ou próximo do seu valor mínimo, dependendo das condições do acusado, independentemente da gravidade do crime.

TERCEIRA FASE: finalmente, esta fase somente poderá ocorrer quando, por exemplo, mesmo aplicando o valor do dia-multa no máximo previsto (cinco salários mínimos), o juiz pode constatar que, em virtude da situação econômica do acusado, ela não seja suficiente para puni-lo adequadamente. Nesses casos, hipoteticamente falando, poderá elevá-la até o triplo (art. 60, § 1º, do CP), ajustando-a ao fato e às condições financeiras do agente. Observa-se, no entanto, que existem algumas leis extravagantes que cominam penas mais elevadas, mesmo violando as previsões do Código Penal e, nesses casos, deve-se atendê-las, ante o princípio da especialidade (adotado no art. 12 do CP).

Continuando no cálculo da pena de *dias-multa* que imaginamos, na primeira e segunda fases, aqui, considerando que foi aplicado *cem dias multa*, e, na segunda fase, foi fixado o valor de cinco salários mínimos o *dia-multa*, mas como se trata de rico empresário e a necessidade de maior valor do dia-multa, em consideração ao poder econômico-financeiro do acusado, e também respeitando o *princípio da proporcionalidade*, pode-se elevar o valor do dia-multa até o triplo, aplicando o limite máximo permitido da pena imaginada, pois, na hipótese imaginada, referida multa atingiria o valor de 1.500 (mil e quinhentos) salários mínimos, que convenhamos, trata-se de um valor bem elevado, que ultrapassa a um milhão e meio de reais. Não é multa para qualquer cidadão, não. Mas, lembrando que se poderia, por exemplo, aumentar somente em 20%, por exemplo, ou até metade, ou dobrá-la, quando as circunstâncias econômico-financeiras do condenado recomendarem, a critério do julgador. Elevar até o triplo representa a possibilidade do valor máximo da pena de multa aplicável, logicamente quando se trata de condenado com boas condições econômicas e as demais circunstâncias recomendarem essa elevação.

Aliás, aplicando-se o máximo de dias-multa possível (360), bem como o valor máximo do *dias-multa*, que é de cinco salários mínimos, e, na hipótese, de elevação a até o triplo (§ 1º do art. 60), ou seja, pode-se chegar até a 5.400 salários mínimos de multa), teoricamente. Observa-se, por outro lado, que existem algumas leis extravagantes que cominam penas mais elevadas, mesmo violando as normas gerais do CP, contudo, deve-se atendê-las, ante o *princípio da especialidade*, ressalvada no art. 12 deste Código.

Nesta terceira fase, é bom que se destaque, não há nenhum fundamento legal para se acrescer dias-multa na sanção imposta, portanto, relativamente à quantidade de dias-multa não se pode alterar, por falta de previsão legal. A quantidade de dias-multa, repetindo, somente pode ser fixada na primeira fase da dosimetria penal, fundamentando-se, sempre, nas circunstâncias judiciais, nas circunstâncias legais (agravantes e atenuantes) e nas majorantes e minorantes, nos limites previstos no *caput* do art. 49, como já demonstramos, não podendo ultrapassar o limite máximo de 360 dias.

REFERÊNCIAS BIBLIOGRÁFICAS

ALCÁCER GUIRAO, Rafael. *La tentativa inidónea. Fundamento de punición y configuración del injusto*, Granada: Comares, 2000.

ANTOLISEI, Francesco. *Manuale di diritto penale*: parte speciale. Milano, 1954 e 1977.

ATALIBA, Geraldo. *Empréstimos públicos e seu regime jurídico*. São Paulo: Revista dos Tribunais, 1973.

BACIGALUPO, Silvina. *La responsabilidad penal de las personas jurídicas*. Barcelona: Bosch, 1998.

BAJO FERNANDEZ, M. *Manual de derecho penal*: parte especial. 2. ed. Madrid: Civitas, 1991.

BATISTA, Nilo. *Decisões criminais comentadas*. Rio de Janeiro: Liber Juris, 1976.

———. *Temas de direito penal*. Rio de Janeiro: Liber Juris, 1984.

———. *Introdução crítica ao direito penal brasileiro*. Rio de Janeiro: Revan, 1990.

———. *O elemento subjetivo da denunciação caluniosa*. Rio de Janeiro: 1975.

BATISTA, Weber Martins. *O furto e o roubo no direito e no processo penal*. 2. ed. Rio de Janeiro: Forense, 1997.

BELING, Ernest von. *Esquema de derecho penal. La doctrina del delito tipo*. Trad. Sebastian Soler. Buenos Aires: Depalma, 1944.

BENTO DE FARIA, Antônio. *Código Penal brasileiro (comentado)*: parte especial. Rio de Janeiro: Record, 1961. v. 4.

———. *Código Penal brasileiro comentado*. Rio de Janeiro: Record, 1961. v. 6.

———. *Código Penal brasileiro comentado*. 3. ed. Rio de Janeiro: Record, 1961. v. 7.

BETTIOL, Giuseppe. *Diritto penale*. Padova, 1945.

――――. *Direito penal*. Trad. Paulo José da Costa Jr. e Alberto Silva Franco. São Paulo: Revista dos Tribunais, 1977. v. 1.

――――. *Direito penal*. 2. ed. Trad. Paulo José da Costa Jr. e Alberto Silva Franco. São Paulo: Revista dos Tribunais, 1977.

BIANCHINI, Alice. Verdade real e verossimilhança fática. *Boletim IBCCrim*, ano 6, n. 67, jun. 1998, p. 10-11.

BIANCHINI, Alice; GOMES, Luiz Flávio. *Crimes de responsabilidade fiscal*. São Paulo: Revista dos Tribunais, 2001.

BIDASOLO, Corcoy. *El delito imprudente* [sem outros dados].

BIERRENBACH, Sheila de Albuquerque. *Crimes omissivos impróprios*. Belo Horizonte: Del Rey, 1996.

BITENCOURT, Cezar Roberto. *Tratado de direito penal*: parte geral. 27. ed. São Paulo: Saraiva, 2021. v. 1.

――――. *Tratado de direito penal*: parte especial – Crimes contra a pessoa. 21. ed. São Paulo: Saraiva, 2021. v. 2.

――――. *Tratado de direito penal*: parte especial – Crimes contra o patrimônio até crimes contra o sentimento religioso e contra o respeito aos mortos. 17. ed. São Paulo: Saraiva, 2021. v. 3.

――――. *Tratado de direito penal*: parte especial – Crimes contra a dignidade sexual até crimes contra a fé pública. 15. ed. São Paulo: Saraiva, 2021. v. 4.

――――. *Tratado de direito penal*: parte especial – Crimes contra a Administração Pública e crimes praticados por prefeitos. 15. ed. São Paulo: Saraiva, 2021. v. 5

――――. *Código Penal comentado*. 10. ed. São Paulo: Saraiva, 2019.

――――. *Erro de tipo e erro de proibição*. 6. ed. São Paulo: Saraiva, 2013.

BITENCOURT, Cezar Roberto; MUÑOZ CONDE, Francisco. *Teoria geral do delito*. São Paulo: Saraiva, 2000.

BITTAR, Walter Barbosa. *Condições objetivas de punibilidade e causas pessoais de exclusão de pena*. Rio de Janeiro: Lumen Juris, 2004.

BITTENCOURT, Sidney (org.). *A nova Lei de Responsabilidade Fiscal e legislação correlata atualizada*. Rio de Janeiro: Temas & Ideias, 2000.

BRUNO, Aníbal. *Direito penal*. 3. ed. Rio de Janeiro: Forense, 1967. v. 1 e 2.

CANCIO MELIÁ, Manuel; SUÁREZ GONZÁLEZ, Carlos. Estudio preliminar. In: Günther Jakobs. *La imputación objetiva en derecho penal*. Madrid: Civitas, 1996.

CARRARA, Francesco. *Programa de derecho criminal*. Bogotá: Temis, 1973. v. 4 e 5.

CAVALCANTI, Eduardo Medeiros. *Crime e sociedade complexa*. Campinas: Ed. LZN, 2005.

CEREZO MIR, José. *Curso de derecho penal español*. Madrid: Tecnos, 1985. v. 1.

CERNICCHIARO, Luiz Vicente. *Questões penais*. Belo Horizonte: Del Rey, 1998.

CERVINI, Raúl. Macrocriminalidad económica – apuntes para una aproximación metodológica. *RBCCrim*, n. 11, 1995.

COBO DEL ROSAL, M.; VIVES ANTÓN, Tomás. *Derecho penal*. 3. ed. Valencia: Tirant lo Blanch, 1991.

CÓRDOBA RODA, Juan. *El conocimiento de la antijuridicidad en la teoría del delito*. Barcelona, 1962.

COSTA, Álvaro Mayrink da. *Direito penal – doutrina e jurisprudência*: parte especial. 3. ed. Rio de Janeiro: Forense, 1993. v. 2, t. 1.

COSTA, Antonio Tito. *Responsabilidade de prefeitos e vereadores*. 3. ed. São Paulo: Revista dos Tribunais, 1998.

COSTA JR., Paulo José da. *Comentários ao Código Penal*: parte especial. São Paulo: Saraiva, 1988. v. 2.

————. *Direito penal das licitações*. 2. ed. São Paulo: Saraiva, 2004.

————. *Comentários ao Código Penal*. 6. ed. São Paulo: Saraiva, 2000.

————. *Direito penal objetivo*. 2. ed. Rio de Janeiro: Forense Universitária, 1991.

CRETELLA JUNIOR, José. *Licitações e contratos públicos*. 18. ed. Rio de Janeiro: Forense, 2006.

————. *Das licitações públicas*. 18. ed. Rio de Janeiro: Forense, 2009.

CUNHA, Rogério Sanches. In: GOMES, Luiz Flávio; CUNHA, Rogério Sanches (coords.). *Direito penal*: parte especial. 3. ed. São Paulo: Revista dos Tribunais, 2010. v. 3.

―――――. In: *Comentários à reforma criminal de 2009*. São Paulo: Revista dos Tribunais, 2009.

D'AVILA, Fabio Roberto. Lineamentos estruturais do crime culposo. In: *Crime e sociedade* (obra coletiva). Curitiba: Juruá, 1999.

DELGADO, Yordan de Oliveira. *Comentários à Lei 12.015/09*. Disponível em: <http://jus2.uol.com.br/doutrina/texto.asp?id=13629&p=1>.

DELMANTO, Celso. *Código Penal comentado*. 3. ed. Rio de Janeiro: Renovar, 1991; 5. ed., 2000.

DETLEV, Sternberg-Lieben. *Bien jurídico, proporcionalidad y libertad del legislador penal*. In: HEFENDEHL, Roland (ed.), *La teoría del bien jurídico ¿Fundamento de legitimación del derecho penal o juego de abalorios dogmático?* Madrid/Barcelona: Marcial Pons, 2007.

DIAS, Jorge de Figueiredo. *O problema da consciência da ilicitude em direito penal*. 3. ed. Coimbra: Coimbra Ed., 1987.

DOTTI, René Ariel. A incapacidade criminal da pessoa jurídica. *RBC-Crim*, n. 11, jul./set. 1995.

―――――. *O incesto*. Curitiba: Distr. Ghignone, 1976.

EL TASSE, Adel. *Licitações e contratos administrativos*. In: GOMES, Luiz Flávio; CUNHA, Rogério Sanches (coords.). *Legislação criminal especial*. 2. ed. Coleção Ciências Criminais, São Paulo: Revista dos Tribunais, 2010, v. 6.

FAZZIO JUNIOR, Waldo. *Improbidade administrativa e crimes de prefeitos*. São Paulo: Atlas, 2000.

FERNANDES, Antonio Scarance. *O papel da vítima no processo criminal*. São Paulo: Malheiros Ed., 1995.

FEUERBACH, Ludwig Andreas. *Lehrbuch des gemeinen in Deutschland gultigen peinlichen Rechts*. 14. ed., Aalen, 1973.

FERRAJOLI, Luigi. *Derecho y razón – teoría del garantismo penal*. Madrid: Trotta, 1995.

FIGUEIREDO, Carlos M. C.; FERREIRA, Cláudio S. O.; TORRES FERNANDO, R. G.; BRAGA, Henrique A. S.; NÓBREGA, Marcos A. R. da. *Comentários à Lei de Responsabilidade Fiscal*. Recife: Nossa Livraria, 2001.

FONSECA, Antonio Cezar Lima da. *Abuso de autoridade*. Porto Alegre: Livr. do Advogado Ed., 1997.

FRAGOSO, Heleno Cláudio. *Lições de direito penal*: parte geral. 2. ed. São Paulo: Bushatsky, 1962. v. 1.

————. *Lições de direito penal*: parte especial. 10. ed. Rio de Janeiro: Forense, 1988. v. 1.

————. *Lições de direito penal*: parte especial. 11. ed. Rio de Janeiro: Forense, 1995. v. 1.

————. *Lições de direito penal*. Rio de Janeiro: Forense, 1981. v. 2.

FRANCO, Alberto Silva et al. *Código Penal e sua interpretação jurisprudencial*. 7. ed. São Paulo: Revista dos Tribunais, 2001.

FRANCO, Alberto Silva; STOCO, Rui (coords.). *Leis penais e sua interpretação jurisprudencial*. 7. ed. rev., atual. e ampliada. São Paulo: Revista dos Tribunais, 2001.

FRISCH, Wolfgang. *Comportamiento típico e imputación del resultado*. Trad. da edição alemã (Heidelberg, 1988) por Joaquín Cuello Contreras e José Luis Serrano González de Murillo. Madrid: Marcial Pons, 2004.

GALVÃO, Fernando. *Imputação objetiva*. Belo Horizonte: Mandamentos, 2000.

GARCIA, Basileu. *Instituições de direito penal*. São Paulo: Max Limonad, 1982. v. 1 e 2.

————. *Dos crimes contra a administração pública*. Rio de Janeiro: Forense, 1944.

GARCÍA ARÁN, Mercedes; MUÑOZ CONDE, Francisco. *Derecho penal*: parte general. Valencia: Tirant lo Blanch, 1999.

GASPARINI, Diógenes. *Crimes na licitação*. 2. ed. São Paulo: NDJ, 2001.

GIMBERNAT ORDEIG, Enrique. *Delitos cualificados por el resultado y causalidad*. Madrid: Reus, 1966; ECERA, 1990.

GOMES, Luiz Flávio. *A ação penal é pública condicionada*. Disponível em: <http://www.lfg.com.br>. Acesso em: 28 set. 2009.

————. Crimes contra a dignidade sexual e outras reformas penais. Disponível em: <http://www.jusbrasil.com.br/noticias/1872027/crimes-contra-a-dignidade-sexual-e-outras-reformas-penais>.

————. *Erro de tipo e erro de proibição*. 3. ed. São Paulo: Revista dos Tribunais, 1998.

————. Teoria constitucional do delito no limiar do 3º milênio. *Boletim IBCCrim*, ano 8, n. 93, ago. 2000.

GOMES, Luiz Flávio (org.). *Responsabilidade penal da pessoa jurídica e medidas provisórias em matéria penal*. São Paulo: Revista dos Tribunais, 1999.

GOMES, Luiz Flávio; BIANCHINI, Alice. *Crimes de responsabilidade fiscal*. São Paulo: Revista dos Tribunais, 2001.

GOMES, Luiz Flávio; CUNHA, Rogério Sanches; MAZZUOLI, Valério de Oliveira. *Comentários à reforma criminal de 2009*. São Paulo: Revista dos Tribunais, 2009.

GOMEZ, Eusebio. *Tratado de derecho penal*. 1939. v. 2.

GRECO FILHO, Vicente. *Dos crimes da Lei de Licitações*. 2. ed. São Paulo: Saraiva, 2007.

HASSEMER, Winfried. *Três temas de direito penal*. Porto Alegre: Escola Superior do Ministério Público, 1993.

————. *Fundamentos del derecho penal*. Trad. Francisco Muñoz Conde e Luís Arroyo Sapatero. Barcelona: Bosch.

HUERTA TOCILDO, Susana. *Sobre el contenido de la antijuridicidad*. Madrid: Tecnos, 1984.

HUNGRIA, Nélson. *Comentários ao Código Penal*. Rio de Janeiro: Forense, 1942. v. 2.

————. *Comentários ao Código Penal*. Rio de Janeiro: Forense, 1958. v. 5; 5. ed., 1979. v. 5.

————. *Comentários ao Código Penal*. 5. ed. Rio de Janeiro: Forense, 1980. v. 6.

————. *Comentários ao Código Penal*. 5. ed. Rio de Janeiro: Forense, 1980. v. 7.

————. *Comentários ao Código Penal*. 5. ed. Rio de Janeiro: Forense, 1981. v. 8.

————. *Comentários ao Código Penal*. 2. ed. Rio de Janeiro: Forense, 1959. v. 9.

JAKOBS, Gunther. *Derecho penal – fundamentos y teoría de la imputación*: parte general. Madrid: Marcial Pons, 1995.

JESCHECK, H. H. *Tratado de derecho penal*. Trad. Santiago Mir Puig e Francisco Muñoz Conde. Barcelona: Bosch, 1981.

––––––––. *Tratado de derecho penal*. Trad. da 4. ed. alemã de 1988 por José Luis Manzanares Samaniago. Granada: Comares, 1993.

JESCHECK, Hans-Heinrich; WEINGEND, Thomas. *Tratado de derecho penal*. 5. ed. Granada: Comares, 2002.

JESUS, Damásio E. de. *Direito penal*: parte especial. 22. ed. São Paulo: Saraiva, 1999. v. 2.

––––––––. *Direito penal*. São Paulo: Saraiva, 1979. v. 2.

––––––––. *Direito penal*: parte especial. 15. ed. São Paulo: Saraiva, 2002. v. 3.

––––––––. *Direito penal*: parte especial. São Paulo: Saraiva, 1988. v. 4.

JIMÉNEZ DE ASÚA, Luis. *Principios de derecho penal – la ley y el delito*. Buenos Aires: AbeledoWPerrot, 1990.

JUSTEN FILHO, Marçal. *Comentários à Lei de Licitações e Contratos Administrativos*. 11. ed. São Paulo: Dialética, 2005.

KHAIR, Amir Antônio. *Lei de Responsabilidade Fiscal*: guia de orientação para prefeituras. Brasília, Ministério do Planejamento e Orçamento, Orçamento e Gestão/BNDES, 2000.

LEONARDO, Marcelo. *Crimes de responsabilidade fiscal*: crimes contra as finanças públicas; crimes nas licitações; crimes de responsabilidade de prefeitos. Belo Horizonte: Del Rey, 2001.

LOGOZ, Paul. *Commentaire du Code Pénal suisse*: partie spéciale. Paris: Neuchâtel, 1955. v. 1.

––––––––. *Commentaire du Code Pénal suisse*. 2. ed. Paris: Delachaux & Nestlé, 1976.

LOPES, Luciano Santos. *Os elementos normativos do tipo penal e o princípio constitucional da legalidade*. Porto Alegre: SAFE, 2006.

LÓPEZ PEREGRÍN, Carmen. *La complicidad en el delito*. Valencia: Tirant lo Blanch, 1997.

LUISI, Luiz. *Os princípios constitucionais penais*. Porto Alegre: Sérgio A. Fabris, Ed., 1991.

LUZÓN PEÑA, Diego Manuel. *Curso de derecho penal.* Madrid: Universitas, 1996.

MAGALHÃES NORONHA, Edgard. *Curso de direito processual penal.* 21. ed. São Paulo: Saraiva, 1992.

————. *Direito penal*: parte geral. São Paulo: Saraiva, 1985. v. 1.

————. *Direito penal*: parte especial. 15. ed. São Paulo: Saraiva, 1979. v. 2.

————. *Direito penal*: parte especial. 11. ed. São Paulo: Saraiva, 1978. v. 3.

————. *Direito penal*: parte especial. São Paulo: Saraiva, 1986. v. 4.

MAGGIORE, GiuseWe. *Diritto penale*: parte speciale. Bologna, 1953 e 1958. v. 1, t. 2.

————. *Derecho penal.* Trad. José J. Ortega Torres. Bogotá: Temis, 1956. v. 5.

MALBLANC. *Opuscula ad ius criminale spectantia.* Erlangen, 1793.

MANZINI, Vincenzo. *Trattato di diritto penale italiano.* Padova, 1947. v. 3.

————. *Istituzioni di diritto penale italiano*: parte speciale. 3. ed. Padova: CEDAM, 1955. v. 2.

————. *Trattato di diritto penale italiano*: Padova, 1947. v. 8.

————. *Trattato di diritto penale italiano.* Padova, UTET, 1952. v. 9.

————.*Trattato di diritto penale italiano.* Torino, 1951. v. 7.

MARQUES, José Frederico. *Tratado de direito penal*: parte especial. São Paulo: Saraiva, 1961. v. 3.

————. *Tratado de direito penal.* São Paulo, Saraiva, 1961. v. 4.

————. Estelionato, ilicitude civil e ilicitude penal. *Revista dos Tribunais,* v. 560, São Paulo, jun. 1982.

MARTÍNEZ ESCAMILLA, Margarita. *La imputación objetiva.* Madrid: Edersa, 1992.

MAURACH, Reinhart; ZIPF, Heins. *Derecho penal*: parte general. Buenos Aires: Astrea, 1997. v. 1.

MEIRELLES, Hely Lopes. *Estudos e pareceres de direito público*. São Paulo: Revista dos Tribunais, 1984. v. 8.

—————. *Direito municipal brasileiro*. 10. ed. São Paulo: Malheiros, 1998.

—————. *Finanças municipais*. São Paulo: Revista dos Tribunais, 1979.

—————. *Direito administrativo brasileiro*. 16. ed. São Paulo: Revista dos Tribunais, 1991.

MEZGER, Edmund. *Tratado de derecho penal*. Trad. José Arturo Rodriguez Muñoz. Madrid: Revista de Derecho Privado, 1935. t. 1 e 2.

MIR PUIG, Santiago. *Derecho penal*: parte general. 5. ed. Barcelona: Ed. PPU, 1998.

—————. *Introducción a las bases del derecho penal*. 2. ed. Montevideo: Ed. IB de F, 2003.

MONTEIRO, Washington de Barros. *Curso de direito civil*. São Paulo: Saraiva, 1984. v. 2.

—————.*Curso de direito civil*. São Paulo: Saraiva, 1994. v. 5.

MOREIRA, Rômulo de Andrade. *Ação penal nos crimes contra a liberdade sexual e nos delitos sexuais contra vulnerável – a Lei n. 12.015/09*. Inédito.

MOTTA, Carlos Pinto Coelho; SANTANA, Jair Eduardo; FERNANDES, Jorge Ulisses Jacob; ALVES, Léo da Silva. *Responsabilidade fiscal: lei complementar 101 de 04/05/2000*. Belo Horizonte: Del Rey, 2000.

MUÑOZ CONDE, Francisco. *Derecho penal*: parte especial. 12. ed. Valencia: Tirant lo Blanch, 1999.

—————. *Derecho penal y control social*. Sevilla: Fundación Universitaria de Jerez, 1985.

—————. *El error en derecho penal*. Valencia: Tirant lo Blanch, 1989.

—————. Principios políticos criminales que inspiran el tratamiento de los delitos contra el orden socioeconómico en el proyecto de Código Penal español de 1994. *RBCCrim*, n. 11, 1995.

—————. *Teoria geral do delito*. Trad. Juarez Tavares e Régis Prado. Porto Alegre: SAFE, 1988.

MUÑOZ CONDE, Francisco; BITENCOURT, Cezar Roberto. *Teoria geral do delito*. São Paulo: Saraiva, 2000.

MUÑOZ CONDE, Francisco; GARCÍA ARÁN, Mercedes. *Derecho penal*: parte general. 3. ed. Valencia: Tirant lo Blanch, 1996.

―――――. *Derecho penal*: parte general. 8. ed. Valencia: Tirant lo Blanch, 2010.

―――――. *Derecho penal*: parte especial. 15. ed. Valencia: Tirant lo Blanch, 2004.

NAVARRO FRÍAS, Irene. El principio de proporcionalidad en sentido estricto: ¿principio de proporcionalidad entre el delito y la pena o balance global de costes y beneficios? *InDret*, revista para el análisis del derecho, n. 2, 2010.

NUCCI, Guilherme de Souza. *Código Penal comentado*. 2. ed. São Paulo: Revista dos Tribunais, 2002; 5. ed., 2005.

―――――. *Leis penais e processuais penais comentadas*. 3. ed. São Paulo: Revista dos Tribunais, 2008.

OLIVEIRA, Regis Fernandes de. *Responsabilidade fiscal*. São Paulo: Revista dos Tribunais, 2001.

PANTUZZO, Giovanni Mansur Solha. *Crimes funcionais de prefeitos*. Belo Horizonte: Del Rey, 2000.

PEREIRA, Jeferson Botelho. Análise dos tipos penais na nova lei de licitação e contratos administrativos – Princípio da codificação e a segurança jurídica na esfera penal. Portal JUS. Disponível em: <https://jus.com.br/artigos/89593/analise-dos-tipos-penais-na-nova--lei-de-licitacao-e-contratos-administrativos>. Acesso em: 9 ago. 2021.

PEREIRA JR., José Torres. *Comentários à Lei das Licitações e Contratações da Administração Pública*. 6. ed. Rio de Janeiro: Renovar, 2003.

PIERANGELI, José Henrique. *Códigos Penais do Brasil*: evolução histórica. São Paulo: Jalovi, 1980.

PIERANGELI, José Henrique; ZAFARONI, Eugenio Raúl. *Da tentativa*: doutrina e jurisprudência. 4. ed. São Paulo: Revista dos Tribunais, 1995.

PRADO, Luiz Régis. *Curso de direito penal*: parte especial. São Paulo: Revista dos Tribunais, 2000. v. 2.

———. *Curso de direito penal*: parte especial. São Paulo: Revista dos Tribunais, 2001. v. 3.

———. *Curso de direito penal*: parte especial. São Paulo: Revista dos Tribunais, 2001. v. 4.

———. *Crimes contra o ambiente*. São Paulo: Revista dos Tribunais, 1998.

PRADO, Luiz Régis; BITENCOURT, Cezar Roberto. *Elementos de direito penal*: parte geral. São Paulo: Revista dos Tribunais, 1995. v. 1.

QUEIROZ, Paulo. Crítica à teoria da imputação objetiva. *Boletim do ICP*, n. 11, dez. 2000.

RODRIGUEZ MOURULLO, Gonzalo. *Derecho penal*. Madrid: Civitas, 1978.

ROXIN, Claus. *Derecho penal*: parte general. Fundamentos. La estructura de la teoría del delito. Madrid: Civitas, 1997. t. 1.

———. *Autoría y dominio del hecho en derecho penal*. Madrid: Marcial Pons, 1998.

———. *Política criminal y sistema del derecho penal*. Trad. Francisco Muñoz Conde. Barcelona: Bosch, 1999.

———. *Política criminal e sistema de direito penal*. Trad. Luis Greco. Rio de Janeiro: Renovar, 2000.

———. *Teoría del tipo penal*. Buenos Aires: Depalma, 1979.

———. *Funcionalismo e imputação objetiva no direito penal*. Tradução e introdução de Luis Greco. Rio de Janeiro/São Paulo: Renovar, 2002.

SALES, Sheila Jorge Selim de. *Dos tipos plurissubjetivos*. Belo Horizonte: Del Rey, 1997.

SANTOS, Juarez Cirino dos. *Direito penal*: parte geral. Rio de Janeiro: Forense, 1985.

SAUER, Guillermo. *Derecho penal*. Barcelona: Bosch, 1956.

SCHMIDT, Andrei Zenkner. *O método do direito penal*: perspectiva interdisciplinar. Rio de Janeiro: Lumen Juris, 2007.

SILVA, José Afonso da. *Curso de direito constitucional positivo*. 5. ed. São Paulo: Revista dos Tribunais, 1989.

SILVA SÁNCHEZ, Jesús María. *Aproximación al derecho penal contemporáneo*. Barcelona: Bosch, 1992.

SILVESTRONI, Mariano H. *Teoría constitucional del delito*. Buenos Aires: Ed. del Puerto, 2004.

SOLER, Sebastian. *Derecho penal argentino*. Buenos Aires: TEA, 1970. v. 3.

————. *Derecho penal argentino*. 3. ed. Buenos Aires: TEA, 1970. v. 4.

————. *Derecho penal argentino*. Buenos Aires: TEA, 1951. v. 4.

STEVENSON, Oscar. Concurso aparente de normas penais. In: *Estudos de direito penal e processo penal em homenagem a Nélson Hungria*. Rio de Janeiro: Forense, 1962.

STOCO, Rui. Código de Trânsito Brasileiro: disposições penais e suas incongruências. *Boletim IBCCrim*, n. 61, dez. 1997.

————. *Leis penais especiais e sua interpretação jurisprudencial*. São Paulo: Revista dos Tribunais, 1997.

————. Improbidade administrativa e os crimes de responsabilidade fiscal. *Boletim IBCCrim*, n. 99, fev. 2001.

————. *Código Penal e sua interpretação jurisprudencial*. São Paulo: Revista dos Tribunais, 1995. t. 2.

STOCO, Rui et al. *Leis penais especiais e sua interpretação jurisprudencial*. 7. ed. São Paulo: Revista dos Tribunais, 2001. v. 3.

STRATENWERTH, Günther. *Derecho penal*: parte general. Trad. Gladys Romero. Madrid: Edersa, 1982.

STRECK, Lenio Luiz. *As interceptações telefônicas e os direitos fundamentais: Constituição – cidadania – violência*. Porto Alegre: Livr. do Advogado Ed., 1997.

————. O "crime de porte de arma" à luz da principiologia constitucional e do controle de constitucionalidade: três soluções à luz da hermenêutica. *Revista de Estudos Criminais do ITEC*, n. 1, 2001.

TAVARES, Juarez. Espécies de dolo e outros elementos subjetivos do tipo. *Revista de Direito Penal*, n. 6, Rio de Janeiro: Borsoi, 1972.

————. *Direito penal da negligência*. São Paulo: Revista dos Tribunais, 1985.

TAVARES DE FREITAS, André Guilherme. *Crimes na Lei de Licitações*, 2. ed. Rio de Janeiro: Lumen Juris, 2010.

TIEDEMANN, Klaus. Responsabilidad penal de personas jurídicas y empresas en derecho comparado. *RBCCrim*, n. 11, 1995.

TOLEDO, Francisco de Assis. Teorias do dolo e teorias da culpabilidade. *Revista dos Tribunais*, v. 566, 1982.

————. *Princípios básicos de direito penal*. 4. ed. São Paulo: Saraiva, 1991.

TOURINHO FILHO, Fernando da Costa. *Código de Processo Penal comentado*. São Paulo: Saraiva, 1996. v. 2.

————. *Código de Processo Penal comentado*. São Paulo: Saraiva, 1996. v. 1.

VERGARA, Pedro. *Os motivos determinantes no direito penal*. Rio de Janeiro, 1980.

VIANNA, Segadas. *Direito coletivo do trabalho*. São Paulo: LTr, 1972.

VON LISZT, Franz. *Tratado de derecho penal*. Trad. Luiz Giménez de Asúa, Madrid: Reus, 1929.

WELZEL, Hans. *Derecho penal alemán*. 3. ed. castelhana. Trad. da 12. ed. alemã por Juan Bustos Ramírez e Sérgio Yáñez Pérez. Santiago: Ed. Jurídica de Chile, 1987.

————. *El nuevo sistema del derecho penal*: una introducción a la doctrina de la acción finalista. Trad. José Cerezo Mir. Barcelona: Ariel, 1964.

WESSELS, Johannes. *Direito penal*: parte geral. Trad. Juarez Tavares. Porto Alegre: Sérgio A. Fabris, Ed., 1976.

ZAFFARONI, Eugenio Raúl. *Manual de derecho penal*. 6. ed. Buenos Aires: Ediar, 1991.

ZAFFARONI, Eugénio Raúl; PIERANGELI, José Henrique. *Manual de derecho penal*. 6. ed. Buenos Aires: Ediar, 1991.